Manfred Kaschube

Was Sie schon immer wissen wollten!
Lösungen für Fragen des Alltags

Band I

Bibliografische Information der Deutschen Nationalbibliothek:
Die Deutsche Nationalbibliothek verzeichnet diese Publikation
in der Deutschen Nationalbibliografie; detaillierte bibliografische
Daten sind im Internet über dnb.dnb.de <http://dnb.dnb.de/> abrufbar.

© 2017 Manfred Kaschube
Herstellung und Verlag:
BoD - Books on Demand, Norderstedt

ISBN: 9783744848404

Mathematik ist das Alphabet, mit dessen Hilfe Gott das Universum beschrieben hat.

Galileo Galilei

Vorwort

Liebe Leserinnen und Leser,

erinnern Sie sich an Ihre Schulzeit, so werden Sie feststellen, dass das Schulfach - Mathematik - stark polarisiert. Lieben oder hassen Sie die Mathematik?
Lassen Sie sich im vorliegenden Buch Band I „Was Sie schon immer wissen wollten! Lösungen für Fragen des Alltags" von der Auswahl der Themen faszinieren und betrachten das „bisschen" Mathematik am Rande. Beantworten Sie die oben gestellte Frage erst, wenn Sie sich einige Themen angesehen haben oder nach dem Lesen am Ende des Buches.
Bevor ich auf den Inhalt näher eingehe, noch kurze Anmerkungen zur Entstehungsgeschichte des Buches. Schon als Schüler hatte ich die Angewohnheit Fakten aus dem Alltag in Verbindung mit Zahlen auf Zetteln und später in Schreibblöcke zu notieren. Dieser Marotte bin ich bis heute treu geblieben und so haben sich in den Jahren diverse Schreibblöcke gefüllt. Aus diesem riesigen Fundus habe ich die Beispiele und Aufgaben ausgesucht und sie 10 Kapiteln der Mathematik zugeordnet.
In Band I stehen Alltagsthemen im Mittelpunkt, wobei ich die Mathematik genutzt habe, um etwas zu verdeutlichen oder es plausibel darzustellen. Mit Fakten, Tipps, Zahlen und Berechnungen gehen Sie in den mehr als 160 Beispielen und 120 Aufgaben auf Entdeckungsreise durch die Mathematik, wobei Sie den Berührungsgrad mit ihr selbst bestimmen.
Jedes Kapitel hat ein Vorwort, in dem Sie allgemeine Informationen zum jeweiligen Gebiet der Mathematik und einen Überblick zum Inhalt der Beispiele erhalten. Den Lösungen in den Beispielen können Sie sich auf verschiedenen Wegen nähern. Eine einfache Möglichkeit besteht darin, die Excel-Programme rechnen zu lassen. Sie können sich natürlich auch mit Formelherleitungen auseinandersetzen oder die Lösungswege mithilfe von Bleistift, Papier und Taschenrechner nachvollziehen.
Sollten Sie beim Durcharbeiten der Beispiele oder beim Lösen der Übungsaufgaben doch noch Fragen haben, so finden Sie in Band II „Nachschlagewerk, Lösungen der Übungsaufgaben für Band I" die mathematischen Grundlagen, umfangreiche Herleitungen, Formeln und vieles mehr. Dies erspart Ihnen das Wälzen von Lehrbüchern oder zeitraubende Internetrecherchen.
So, liebe Leserinnen und Leser, jetzt wird es konkret. Ihre Bank hat Ihnen die Kreditunterlagen für eine Immobilienfinanzierung mit Tilgungsplan übergeben. Hieraus ergibt sich eine zu hohe monatliche Belastung und Sie möchten deshalb weitere Finanzierungsvarianten rechnen. Dieses Beispiel zur Immobilienfinanzierung finden Sie in Kapitel 4 „Zins- und Zinseszinsrechnung, Ratensparen, Rentenberechnung und Tilgung". Darüber hinaus berechnen Sie, ob für eine Geldanlage Abgeltungssteuer fällig ist oder auch nicht, nach welcher Laufzeit sich Ihr Kapital verdoppelt, verfünffacht oder verzehnfacht hat und wie sich Ihr Kapital beim monatlichen Ratensparen entwickelt.
In Kapitel 9 „Mathematische Funktionen" erfolgt die Darstellung des Zinseszins-Effektes und Sie erfahren, was Sie tun müssen, um im Rentenalter über eine Million Euro zu verfügen. In diesem Kapitel lernen Sie einen Amortisationsrechner für Glüh-, Energiespar- und LED-Lampen, einen BMI-Rechner und Rechnungen zum Anhalteweg eines Fahrzeuges kennen.
Sie berechnen in Kapitel 2 „Grundrechenarten, Potenzieren, Radizieren und Logarithmieren" Ihre Rente und kontrollieren Ihr Rentenkonto. Die auf den ersten Blick kompliziert erscheinende Rentenberechnung ist es nicht, denn hierfür reichen schon die Grundrechen-

arten aus. Auch die Antworten auf die folgenden Fragen finden Sie in diesem Kapitel. Wie groß werden meine Kinder, wenn sie erwachen sind? Muss ich mein Taille-Hüfte-Verhältnis verändern? Wussten Sie schon, dass bei allen Papierformaten das Verhältnis zwischen Breite und Höhe gleich ist? Wie lautet die Formel für den perfekten Weihnachtsbaum?

Die Berechnungen zur Fitness, Ernährung, Rabatt, Skonto, Blutalkoholgehalt oder der Anteil von Gold in Legierungen sind nur einige Beispiele aus Kapitel 3 „Prozent- und Promillerechnung".

Mit „Pi mal Daumen" ermitteln Sie, die Höhe von Bäumen oder peilen über den Daumen, um eine Entfernung zu bestimmen. Sie berechnen die Entfernung zu einem Schiff oder den erforderlichen Durchmesser eines Starthilfekabels. Schätzen Sie die Kantenlänge eines Würfels für die Goldmenge (160.000 Tonnen), die von der Menschheit bis 2008 gefördert wurde. Sie werden über das Ergebnis erstaunt sein. Für Malerarbeiten benötigen Sie eine bestimmte Länge Abdeckband. Welche Länge hat das Band einer angefangenen Rolle? Welcher Betrachtungsabstand ergibt sich für Ihren neuen Fernseher? Dies sind nur sieben Beispiele von 31 aus Kapitel 5 „Flächen- und Körperberechnung, Wichtige Lehrsätze".

Das Kapitel 6 „Durchschnitts- und Mischungsrechnung" enthält Beispiele zum Führen eines Fahrtenbuches, Berechnungen zum Mischen von Frostschutzmitteln und die Ermittlung der Dichte von Goldschmuck.

Mit einem Würfelsimulator und Zahlengenerator können Sie fehlende Würfel beim Spiele - Abend ersetzen oder Ihr Glück beim Lotto 6 aus 49 auf „die Sprünge" helfen. Sie berechnen die Kochzeit für ein perfektes Frühstücksei und kommen mit der Mathematik zum perfekten Weihnachtsgeschenk. An welchem Wochentag bin ich geboren oder an welchen Wochentagen wurden die „großen" Entdeckungen gemacht? Mit dem ewigen Kalender und der Osterformel berechnen Sie die unregelmäßigen Feiertage eines Jahres- und Wandkalenders. Dies und Weiteres erfahren Sie in den Kapiteln 8 und 10.

Sie haben vielleicht die Kapitel mitgezählt und festgestellt, dass die Kapitel 1 und 7 fehlen. In Kapitel 1 „Zahlensysteme" finden Sie viele Beispiele zur Sprache der Computer (Dualsystem) und wie man die Uhrzeit von Binäruhren ermittelt. Sie berechnen die momentan verfügbaren Internetadressen und erfahren warum diese zukünftig nicht mehr ausreichen. In einem Gedankenexperiment falten Sie ein Blatt aus Papier so oft, dass das Paket die Entfernung zwischen Erde und Mond überbrückt. Aus Kapitel 7 „Dreisatz" möchte ich nur ein Beispiel ansprechen. Ihre Heizungsanlage wurde modernisiert, so dass pro Tag 2 Liter Heizöl weniger verbraucht werden. Wie lange reicht jetzt der Heizölvorrat?

Die Lösungen (u. a. Excel-Programme) zu den Beispielen finden Sie unter http://www.alltagsantworten.de im Ordner „Beispiele". Die Lösungen der Übungsaufgaben und die entsprechenden Excel-Programme sind in Band II „Nachschlagewerk, Lösungen der Übungsaufgaben für Band I" enthalten. Alle Excel-Programme in den Bänden I und II wurden mit Hilfe des Tabellenkalkulationsprogramms Microsoft Excel 2003 erstellt.

Habe ich Sie jetzt neugierig gemacht, dann beginnen Sie die Entdeckungsreise durch die Mathematik anhand der vielen Alltagsbeispiele. Viel Spaß!

Manfred Kaschube

Hamburg im Dezember 2014

Inhalt

1. Zahlensysteme

1.1 Allgemeines

Das wohl bekannteste Zahlensystem ist das Zehner- oder Dezimalsystem mit der Basis 10. Dieses System ist ein Stellenwertsystem (Positionssystem), bei dem man Zahlen durch eine Folge von Ziffern schreibt, wobei der Wert der Ziffer von der Stelle innerhalb der Folge abhängt. Zahlensysteme können auf jeder beliebigen Basiszahl aufgebaut werden. Aus der elektronischen Datenverarbeitung und Computertechnik sind das Dual- oder Binärsystem mit der Basis 2 und das Hexadezimalsystem mit der Basis 16 bekannt.

Bei Inschriften zur Bezeichnung von Jahresangaben oder zum Nummerieren werden manchmal noch römische Zahlen benutzt.

Im ersten Beispiel lernen Sie die 10er Potenzen und deren Abkürzungen kennen. Sie berechnen das Alter der Erde und des Universums in Sekunden und werden feststellen, dass die Zahlendarstellung mit Hilfe der Abkürzungen sehr vereinfacht wird.

Das erste Kapitel enthält viele Beispiele zur Sprache der Computer (Dualsystem), so werden Dual- in Dezimalzahlen umgerechnet, die Uhrzeiten von Binäruhren berechnet und Speicherkapazitäten umgerechnet. Im Beispiel „Neue Hausnummern im Internet" berechnen Sie die momentan verfügbaren Internetadressen und erfahren, warum diese zukünftig nicht mehr ausreichen. In einem Gedankenexperiment falten Sie ein Blatt aus Papier so oft, dass das Paket die Entfernung zwischen Erde und Mond überbrückt.

Sie werden Möglichkeiten kennen lernen, wie man sich Geheimzahlen notiert, Dezimal- in römische Zahlen wandelt und wie man mit dem Hexadezimalsystem einfach Dualzahlen darstellen kann.

1.2 Beispiele zu den Zahlensystemen

1.2.1 Dezimalsystem – Abkürzungen für 10er Potenzen, Alter der Erde und des Universums in Sekunden

1. Kilo, Mega, Giga ... - Abkürzungen für 10er Potenzen

In der Computertechnik hat in den letzten 25 Jahren eine rasante Entwicklung bei technischen Merkmalen und Leistungsgrößen um mehrere Zehnerpotenzen stattgefunden. Früher sprach man von Kilobyte, Kilobit pro Sekunde und KOPS (Kilooperationen pro Sekunde) und heute ist man bei Terabyte, Tera FLOPS (Floating Point Operations per Second; englisch für Gleitkommaoperationen pro Sekunde) usw. [1.1]. FLOPS ist ein Maß für die Leistungsfähigkeit von Rechnersystemen und gibt die Anzahl von Gleitkommazahlen-Operationen (Additionen oder Multiplikationen) an, die von ihnen pro Sekunde ausgeführt werden können. Der erste frei programmierbare Rechner, die elektromechanische Zuse Z3 aus dem Jahre 1941 schaffte 2 FLOPS (zwei Additionen pro Sekunde). Der derzeit schnellste Supercomputer IBM Sequoia bringt es auf 16,32 Peta FLOPS [1.2].

Die oben aufgeführten Abkürzungen Kilo, Mega, Giga usw. wendet man auf die 7 Basiseinheiten (SI-Einheiten) ↑ Tabelle I_1.1 an [1.1].

Tabelle I_1.1: Basiseinheiten

Dimension	Benennung	Symbol
Länge	Meter	m
Masse	Gramm	g
Zeit	Sekunden	s
Stromstärke	Ampere	A
Temperatur	Kelvin	K
Stoffmenge	Mol	Mol
Lichtstärke	Candela	cd

Von diesen Einheiten ergeben sich durch Multiplizieren oder Teilen mit bzw. durch 10er Potenzen (1.000er Schritte) folgende Bezeichnungen:

Tabelle I_1.2: 10er Potenzen (↑ Band II Kap. 1) und deren Abkürzungen

Potenz	Abkürzung		Bezeichnung
10^{18}	Exa	E	Trillionen
10^{15}	Peta	P	Billiarden
10^{12}	Tera	T	Billionen
10^{9}	Giga	G	Milliarden
10^{6}	Mega	M	Millionen
10^{3}	Kilo	k	Tausend
10^{0}			
10^{-3}	Milli	m	Tausendstel
10^{-6}	Mikro	μ	Millionstel
10^{-9}	Nano	n	Milliardstel
10^{-12}	Piko	p	Billionstel
10^{-15}	Femto	f	Billiardstel
10^{-18}	Atto	a	Trillionstel

2. Beispiele - Zeitabschnitte in Sekunden

Oft stellt man sich die Frage, wie viele Sekunden dauert ein Zeitabschnitt? Für einen Tag, ein Jahr, ein Menschenleben (80 Jahre) und für das Alter der Erde (ca. 4,6 Milliarden Jahre) ergeben sich folgende Werte (↑ Tabelle I_1.3).

Tabelle I_1.3: Zeitabschnitte in Sekunden

Zeitabschnitt	Anzahl Sekunden (s)	Anzahl Sekunden (abgekürzte Schreibweise)
1 Minute (min)	60 s	
1 Stunde (h)	60 x 60 = 3.600 s	
1 Tag (t)	1 h x 24 = 86.400 s	= 86,4 ks
1 Jahr (j)	1 t x 365 = 31.536.000 s $\approx 31,5 \times 10^6$	= 31,5 Ms
80 Jahre (Menschenleben)	1 j x 80 = 2.522.880.000 s $\approx 2,5 \times 10^9$	= 2,5 Gs
4,6 Milliarden Jahre (Alter Erde)	$(4,6 \times 10^9) \times (31,5 \times 10^6)$ $= (1,449 \times 10^{17}) / 10^{15}$ $(10^{15} - \text{Peta})$	= 144,9 Ps

3. Alter des Universums in Sekunden

Berechnen Sie für die Existenz des Universums (13,75 Milliarden Jahre) die Anzahl der Sekunden [1.3].

Lösung:

(13,75 Milliarden Jahre) x (ein Jahr in s)

$(13,75 \times 10^9)$ x $(31,5 \times 10^6)$ = $4,33125 \times 10^{17} / 10^{15}$ = 433,125 Ps

$(10^{15} - \text{Peta})$

oder

[13,75 Milliarden Jahre / 4,6 Milliarden Jahre (Alter Erde)] x 144,9 Ps (Alter Erde)

= 433,125 Ps

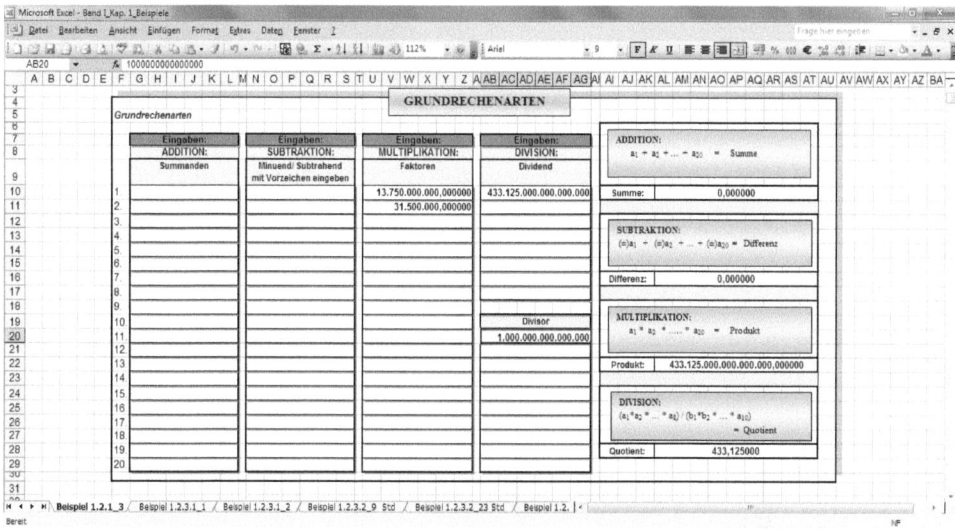

Abbildung I_1.1: Berechnung des Alters des Universums in Sekunden

Das Alter des Universums in Sekunden umgerechnet ergibt einen Wert von **433,125 Ps (Petasekunden)**.

1.2.2 Umwandlung von Dezimal- in römische Zahlen

Römische Zahlen dienten im Römischen Reich zum Schreiben von Zahlen und wurden in Europa bis zum 12. Jahrhundert verwendet. Heute schreibt man sie nur zur Nummerierung oder bei Inschriften. In einer römischen Zahl hat jedes Zahlenzeichen einen festen Wert und stellt somit kein Stellenwertsystem (wie z. B. das Dezimalsystem) dar [1.4].

1. Umwandlung anhand der Regeln (↑ Band II Kap. 1)

Dezimalzahl: **römische Zahl:**

1.963 $= 1.000 + (-100+1.000) + 50 + 10 + 3$ **MLMXIII**

3.600 $= 1.000 + 1.000 + 1.000 + 500 + 100$ **MMMDC**

489 $= (-100 + 500) + 50 + 10 + 10 + 10 + (-1 + 10)$ **LDXXXIX**

34 $= 10 + 10 + 10 + (-1 + 5)$ **XXXIV**

2. Umwandlung mit der Excel-Tabellenfunktion „RÖMISCH"

Syntax dieser Tabellenfunktion
RÖMISCH (Zahl; Typ)

- **Zahl:**   Die Dezimalzahl eingeben, die Sie umwandeln möchten.

- **Typ:**   Mit dem Argument **Typ** können Sie die Schreibweise der römischen Zahl bestimmen. Die Schreibweise wird mit höherem Typ (0 - 4) kürzer.

Mit der **Excel-Tabellenfunktion „RÖMISCH"** sind folgende Dezimalzahlen in römische Zahlen zu wandeln:

Dezimalzahlen: **1.963, 3.600, 489, 34** (aus Beispiel 1.2.2)
und
8, 17, 49, 999,
3.999 (Ist die größte Dezimalzahl, die über diese Tabellenfunktion gewandelt werden kann.)

Dezimal-zahlen	römische Zahl, Typ0	römische Zahl, Typ1	römische Zahl, Typ2	römische Zahl, Typ3	römische Zahl, Typ4
1.963	MCMLXIII	MLMXIII	MLMXIII	MLMXIII	MLMXIII
3.600	MMMDC	MMMDC	MMMDC	MMMDC	MMMDC
489	CDLXXXIX	LDXXXIX	LDXXXIX	LDXXXIX	LDXXXIX
34	XXXIV	XXXIV	XXXIV	XXXIV	XXXIV
8	VIII	VIII	VIII	VIII	VIII
17	XVII	XVII	XVII	XVII	XVII
49	XLIX	VLIV	IL	IL	IL
999	CMXCIX	LMVLIV	XMIX	VMIV	IM
3.999	MMMCMXCIX	MMMLMVLIV	MMMXMIX	MMMVMIV	MMMIM

Abbildung I_1.2: Umwandlung von Dezimal- in römische Zahlen

Aus Abbildung I_1.2 ist ersichtlich, dass der Typ (0 - 4) in der Excel - Tabellenfunktion einen großen Einfluss auf die Länge der römischen Zahl hat. Dies erkennt man besonders bei den Umwandlungen der Dezimalzahlen **999** und **3.999**.

1.2.3.1 Umwandlung von Dual- in Dezimalzahlen

Es gibt 10 Arten von Menschen.
Diejenigen, die das binäre System verstehen, und die, die es nicht verstehen [1.5].

Das Dual- oder Binärsystem ist die Basis für die Informationsverarbeitung in der elektronischen Datenverarbeitung. Es gibt nur zwei Zustände, die logischen Zustände 1 und 0. Zum besseren Verständnis im Umgang mit dem Dualsystem finden Sie in Band II Kap. 1 weitere Informationen.

1. Kleine Dualzahl (1 Byte)

Im folgenden Beispiel wird aus der **Binärzahl 1111** die Dezimalzahl ermittelt.

$$\mathbf{1111} \quad = 1*2^3 + 1*2^2 + 1*2^1 + 1*2^0$$
$$= 1*8 \ + 1*4 \ + 1*2 \ + 1*1$$
$$= 8 \ \ + \ 4 \ \ + \ 2 \ \ + \ 1 \ \ \ = \mathbf{15}$$

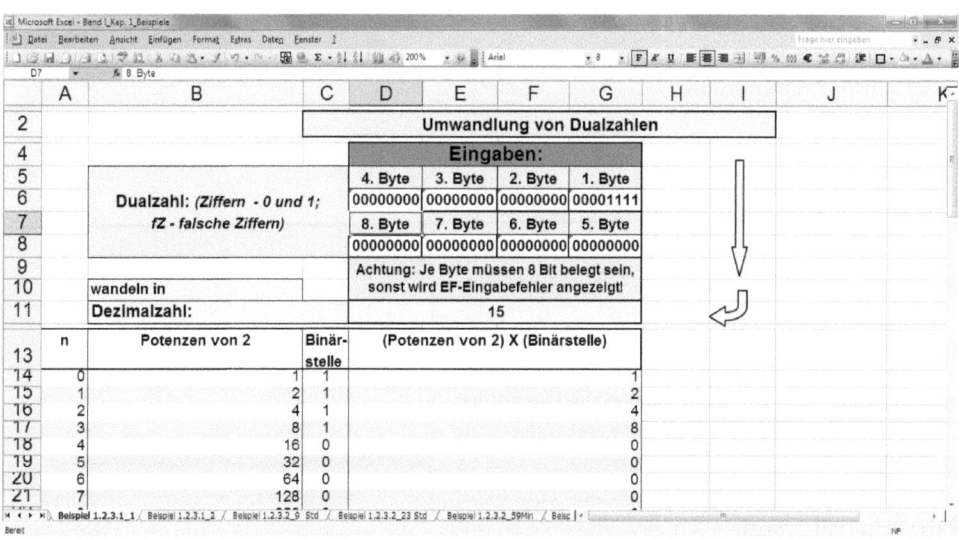

Abbildung I_1.3: Umwandlung einer kleinen Dual- in eine Dezimalzahl

2. Große Dualzahl (mehrere Bytes) in Dezimalzahl wandeln

Dualzahl: **00000010 00000000 00000000 00000000** = $\mathbf{2^{25}}$
               (4. Byte)   (3. Byte)   (2. Byte)   (1. Byte)

Dezimalzahl: $\mathbf{2^{25}}$ = **33.554.432**

	A	B	C	D	E	F	G	H	I	J	K
2				Umwandlung von Dualzahlen							
4				Eingaben:							
5				4. Byte	3. Byte	2. Byte	1. Byte				
6		Dualzahl: *(Ziffern - 0 und 1;*		00000010	00000000	00000000	00000000				
7		*fZ - falsche Ziffern)*		8. Byte	7. Byte	6. Byte	5. Byte				
8				00000000	00000000	00000000	00000000				
9				Achtung: Je Byte müssen 8 Bit belegt sein,							
10		wandeln in		sonst wird EF-Eingabefehler angezeigt!							
11		Dezimalzahl:		33.554.432							
13	n	Potenzen von 2	Binär-stelle	(Potenzen von 2) X (Binärstelle)							
36	22	4.194.304	0				0				
37	23	8.388.608	0				0				
38	24	16.777.216	0				0				
39	25	33.554.432	1				33.554.432				
40	26	67.108.864	0				0				
41	27	134.217.728	0				0				
42	28	268.435.456	0				0				
43	29	536.870.912	0				0				

Abbildung I_1.4: Umwandlung einer großen Dual- in eine Dezimalzahl

1.2.3.2 Binärarmbanduhr

Bei einer Binärarmbanduhr [1.6] besteht das Display aus LEDs (Leuchtdioden), die die Uhrzeit im Binärcode anzeigen (↑ Band II Kap. 1). Die Darstellung der Uhrzeit erfolgt durch 4 LEDs für die Stunden und 6 LEDs für die Minutenanzeige. Über bzw. unter den LED-Reihen befinden sich Zahlen, die Werte der 2er Potenzen. Um die Uhrzeit zu bestimmen, muss man die Zahlen der leuchtenden LEDs addieren. Leuchten die LEDs 1 und 4 (von links nach rechts) und keine der Minutenanzeige, so ist es 9 Uhr. Mit den LEDs der Stundenanzeige kann man maximal 15 darstellen, dass heißt es ist nur eine 12 Stundenanzeige möglich. Für die Uhrzeitanzeige am Vormittag leuchtet zusätzlich „AM" und am Nachmittag „PM".

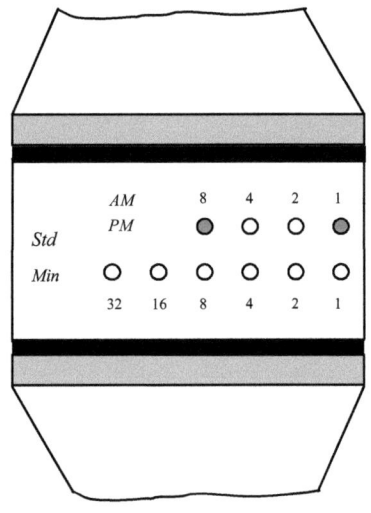

Abbildung I_1.5: Binärarmbanduhr (9:00 Uhr)

	A	B	C	D	E	F	G	H	I	J	K
2				Umwandlung von Dualzahlen							
4				Eingaben:							
5				4. Byte	3. Byte	2. Byte	1. Byte				
6		Dualzahl: *(Ziffern - 0 und 1;*		00000000	00000000	00000000	00001001				
7		*fZ - falsche Ziffern)*		8. Byte	7. Byte	6. Byte	5. Byte				
8				00000000	00000000	00000000	00000000				
9				Achtung: Je Byte müssen 8 Bit belegt sein,							
10		wandeln in		sonst wird EF-Eingabefehler angezeigt!							
11		Dezimalzahl:		9							
13	n	Potenzen von 2	Binär-stelle	(Potenzen von 2) X (Binärstelle)							
14	0	1	1				1				
15	1	2	0				0				
16	2	4	0				0				
17	3	8	1				8				
18	4	16	0				0				
19	5	32	0				0				
20	6	64	0				0				
21	7	128	0				0				

Abbildung I_1.5.1: Binärarmbanduhr (9:00 Uhr) - Wandlung Dual- in Dezimalzahl (Stunden)

Was muss man tun, um eine 24 Stundenanzeige zu erreichen? Für die Uhrzeit 23:59 ergibt sich folgende Anordnung der LEDs.

Lösung:

Damit die Uhrzeit 23:59 dargestellt werden kann, muss die Stundenanzeige um eine LED-Stelle $(16 = 2^4)$ erweitert werden.

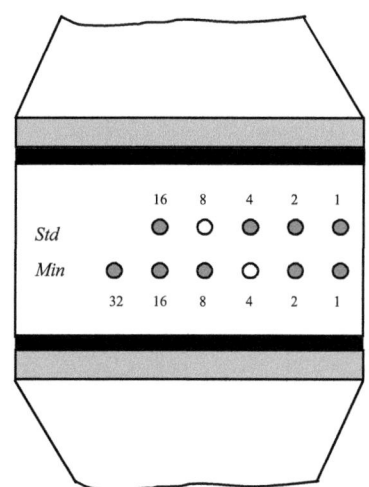

Stunden:
16 + 4 + 2+ 1 = 23

Minuten:
32 + 16 +8 + 2 + 1 = 59

**Abbildung I_1.6: Binärarmbanduhr
(23:59 Uhr)**

25

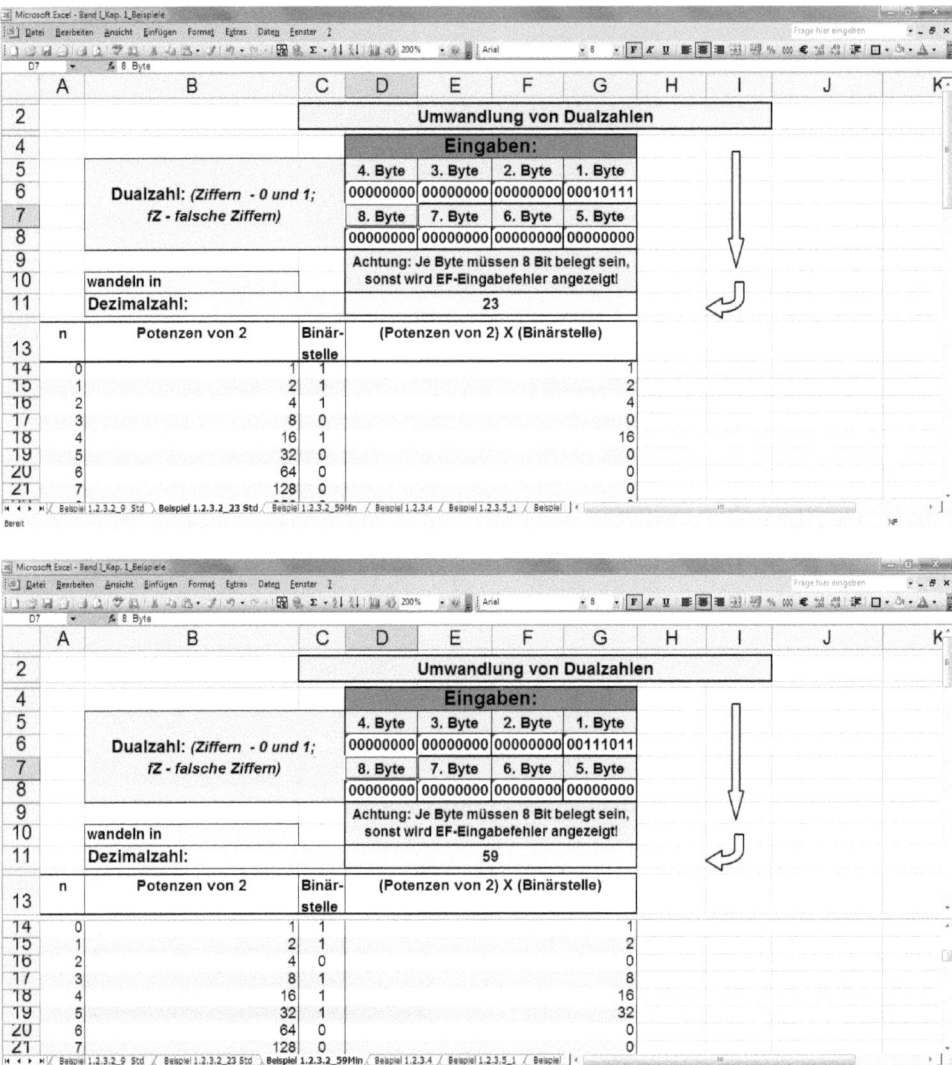

Abbildung I_1.6.1: Binärarmbanduhr (23:59 Uhr) - Wandlung Dual- in Dezimalzahlen (Stunden - oben, Minuten - unten)

1.2.3.3 Binäruhr (Tisch- oder Wanduhr)

In einer Digitaluhr können die Informationen für die Stunden (Std.), Minuten (Min.) und Sekunden (Sek.) im BCD-Code an Decodern ausgegeben werden, die dann 7-Segment-Anzeigedisplays ansteuern.

Uhrzeit:	Std.		Min.		Sek.	
	2	3	4	5	1	9
BCD-Code:	0010	0011	0100	0101	0001	1001

7-Segment-Anzeigedisplays: ᗡᗡ ᒍᒡ ᗡᒡ

Der BCD-Code (engl. Binary Coded Decimal) stellt eine binär codierte Dezimalzahl dar, wobei jede Stelle der Dezimalzahl durch 4 Bit codiert wird. Hierbei werden von den $2^4 = 16$ Möglichkeiten nur die Ziffern 0 bis 9 benutzt (↑ Band II Kap. 1).

Bei einer binären Tisch- oder Wanduhr werden die die 7-Segment-Anzeigedisplays durch LEDs ersetzt, wobei jede Spalte eine Ziffer der Uhrzeit als binäre Zahl darstellt. Die untere LED-Zeile repräsentiert den Wert 1, die zweite den Wert 2, die dritte den Wert 4 und die oberste Zeile den Wert 8. Die Ziffern der Uhrzeit erhält man, indem die Werte der leuchtenden LEDs in einer Spalte addiert werden [1.7].

Für die oben aufgeführte Uhrzeit ergibt sich folgende binäre Darstellung:

Uhrzeit:	Std.		Min.		Sek.	
	2	3	4	5	1	9
BCD-Code:	0010	0011	0100	0101	0001	1001

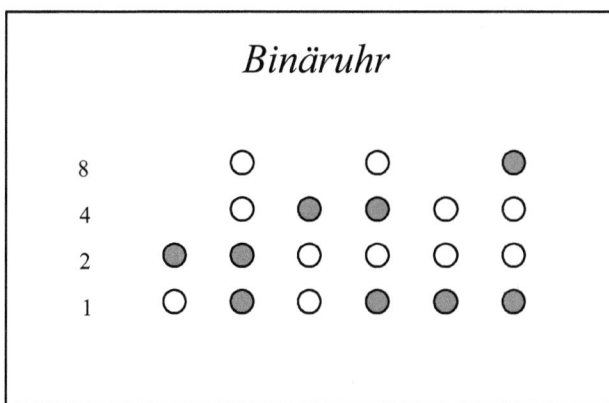

Abbildung I_1.7: Binäruhr (23:45 19 Uhr)

27

1.2.3.4 Speicherumfang eines Speichersticks

Welchen Speicherumfang (Anzahl Bytes) kann man mit der folgenden Dualzahl adressieren?

Dualzahl: **01000000   00000000   00000000   00000000**
              (4. Byte)   (3. Byte)   (2. Byte)   (1. Byte)

Speicherplätze: 2^{30} Byte = 1.073.741.824 Byte =1 GB (Gigabyte)

Abbildung I_1.8: Umwandlung Dual (1GB)- in Dezimalzahl

Der Stick mit einer Kapazität von 1 GB adressiert **1.073.741.824 Byte Speicherplätze**.

1.2.3.5 Umrechnung von Speicherkapazitäten

Speichersticks (USB-Flash-Speicher) haben sich in kurzer Zeit zu einem zweckmäßigen Speichermedium entwickelt. Diese „kleinen Dinger" passen in jede Hosentasche, benötigen keine Batterie und können große Datenmengen speichern.
Es folgen die Umrechnungen der Speicherkapazitäten von Kilobyte (KB), Megabyte (MB) , Gigabyte (GB) und Terabyte (TB) in Byte.

1. Kilobyte

1 KB = 1KByte (Kilobyte): 2^{10} **Byte = 1.024 Byte**

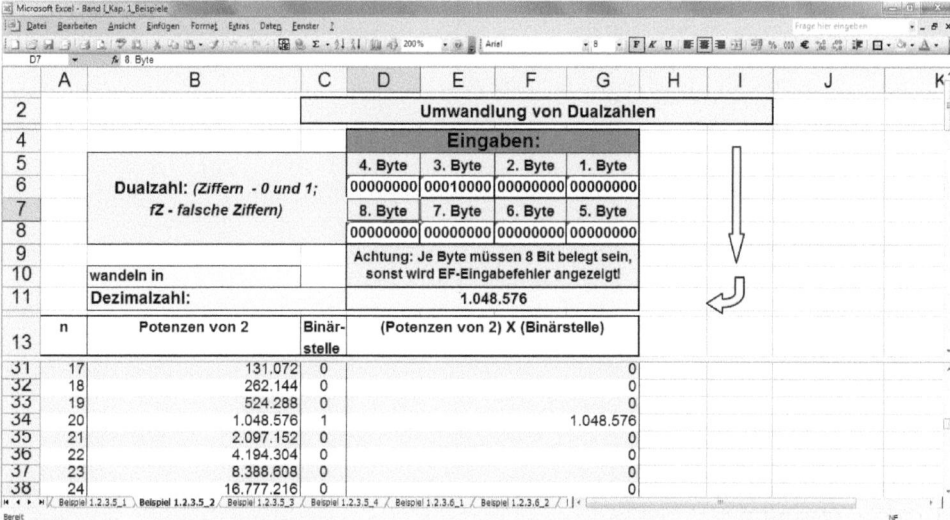

Abbildung I_1.9: Umwandlung von Dual (1 KB) - in Dezimalzahl (Byte)

2. Megabyte

1 MB = 1MByte (Megabyte): $2^{10} * 2^{10}$ **Byte = 2^{20} Byte = 1.048.576 Byte**

Abbildung I_1.10: Umwandlung von Dual (1 MB) - in Dezimalzahl (Byte)

3. Gigabyte

1 GB = 1GByte (Giga-Byte): $2^{10} * 2^{10} * 2^{10}$ Byte $= 2^{30}$ Byte $= 1.073.741.824$ Byte

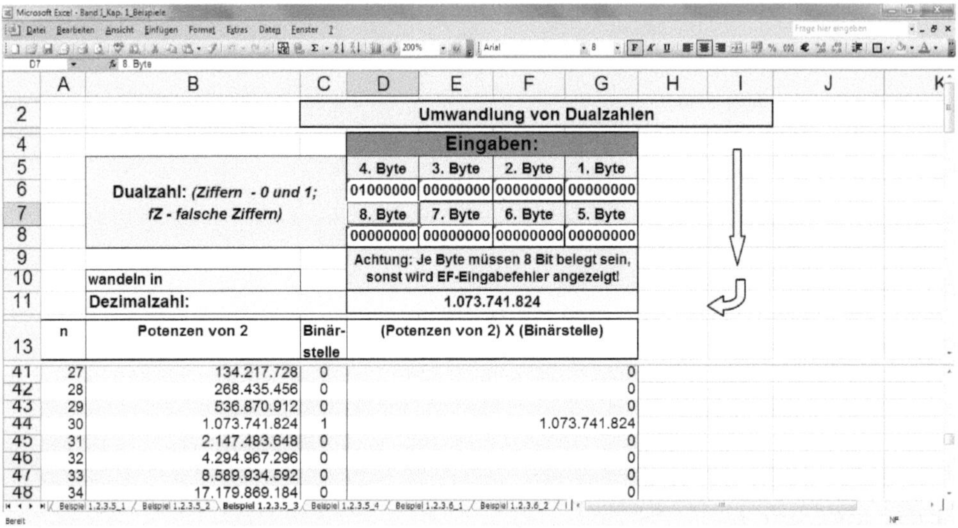

Abbildung I_1.11: Umwandlung von Dual (1GB) - in Dezimalzahl

4. Terabyte

1 TB = 1TByte (Terabyte): $2^{10} * 2^{10} * 2^{10} * 2^{10}$ Byte $= 2^{40}$ Byte $= 1.099.511.627.776$ Byte

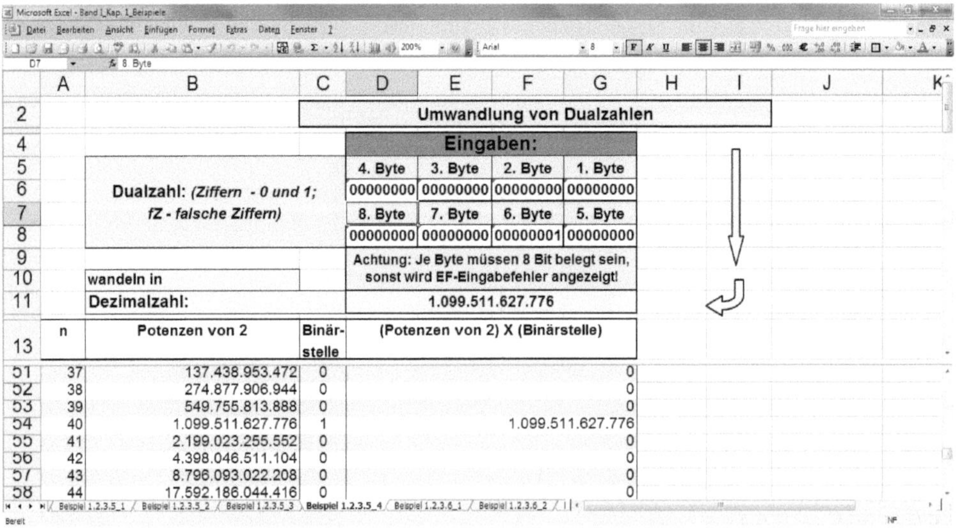

Abbildung I_1.12: Umwandlung von Dual (1TB) - in Dezimalzahl

Tabelle I_1.4: Umrechnungen von Speicherkapazitäten

Speicherstick (Speicherkapazität in :)	Speicherkapazität in Byte	
256 MB	256 * 1.048.576 =	268.435.456
512 MB	512 * 1.048.576 =	536.870.912
1 GB	=	1.073.741.824
2 GB	2 * 1.073.741.824 =	2.147.483.648
4 GB	4 * 1.073.741.824 =	4.294.967.296
8 GB	8 * 1.073.741.824 =	8.589.934.592
1 TB	=	1.099.511.627.776

1.2.3.6 Neue „Hausnummern" im Internet

Damit die Daten im Internet den richtigen Empfänger erreichen, muss er eindeutig identifizierbar sein. Jeder Nutzer (Gerät) ist im Internet mit einer eigenen IP- Adresse unterwegs. Momentan erfolgt eine Umstellung beim Transport der Datenmengen von IPv4 (Internet-Protokoll Version 4) auf IPv6.

1. IP-Adressen mit IPv4
Mit dem IPv4 lassen sich nur etwa 4,3 Milliarden Adressen abdecken. Die 32-stellige IP-Adressen bilden „Hausnummern" im Internet.

$$2^{32} = 4.294.967.296 \text{ IP- Adressen } (\uparrow \text{ Abbildung I\_1.13})$$

2. IP-Adressen mit IPv6

User sind immer mehr mit Computern, Tablets und Smarthphones online. Zukünftig haben auch Haushaltsgeräte, wie Kühlschränke und Staubsauger, einen Internetanschluss und werden übers Netz gesteuert. Die 4,3 Milliarden IP-Adressen sind fast erschöpft [1.8]. Deshalb wird der neue Standard IPv6, der aus 128 Stellen besteht, eingeführt. Hiermit kann man 340 Sextillionen Adressen generieren [1.9].

$$2^{128} \approx 340 \text{ Sextillionen} = 3,4 * 10^{38} \text{ IP- Adressen } (\uparrow \text{ Abbildung I\_1.14})$$

(Sextillion: Wort für die Zahl 2^{36}, eine Eins mit 36 Nullen - Binär)

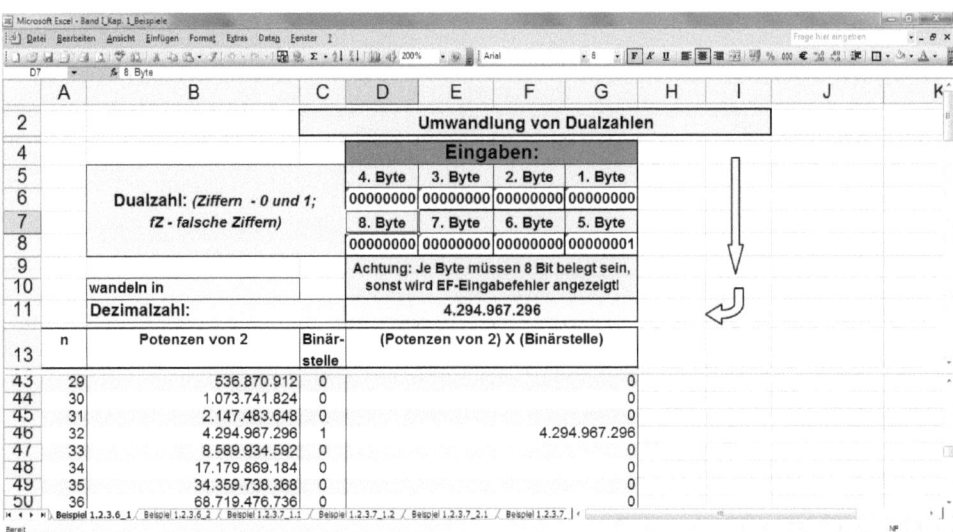

Abbildung I_1.13: IP-Adressen mit IPv4

Abbildung I_1.14: IP-Adressen mit IPv6

Die Umstellung auf das neue Internetprotokoll wird noch einige Jahre dauern. Beide Protokolle werden zunächst parallel laufen, wobei die Nutzer aber nichts bemerken werden. Vorausgesetzt man benutzt keine sehr alten Geräte. Das neue Format wird von modernen Betriebssystemen unterstützt. Auch das bereits in die Jahre gekommene Windows XP kommt hiermit klar, wenn die aktuellen Updates vorliegen [1.9].

1.2.3.7 Was geschieht im Computer bei Tastatureingaben (ASCII-Code)?

ASCII ist die Abkürzung für „American Standard Code for Information Interchange" (sprich: Asski) und bedeutet übersetzt „Amerikanischer Standard-Code für Informations-austausch" [1.10]. Der ASCII-Code mit einer Größe von 7 Bit wandelt somit $2^7 = 128$ Zeichen. Diese Zeichen sind alle Buchstaben des lateinischen Alphabets, alle Ziffern sowie Steuer- und Sonderzeichen und ermöglichen den Datenaustausch zwischen verschiedenen Hard- und Softwaresystemen. Zum Beispiel werden Eingaben, die am Computer über die Tastatur erfolgen, in ASCII- Zeichen gewandelt -intern verarbeitet- und über die Grafikkarte auf dem Display angezeigt.

Tabelle I_1.5: Auswahl von ASCII-Zeichen

Zeichen	Dezimalzahl	ASCII-Code	Zeichen	Dezimalzahl	ASCII-Code
0	48	0110000	Leerzeichen	32	0100000
↓	↓	↓	, (Komma)	44	0101100
9	57	0111001	. (Punkt)	46	0101110
A	65	1000001	etc.		
Z	90	1011010			

1. Folgende Zeichen (4 -) werde über die Tastatur in den Computer eingegeben und in ASCII-Zeichen gewandelt

Tabelle I_1.6: Umwandlung von Tastatureingaben - in ASCII-Zeichen

Zeichen	Dezimalzahl	ASCII-Code
4	52	?
- (Strich, minus)	45	?

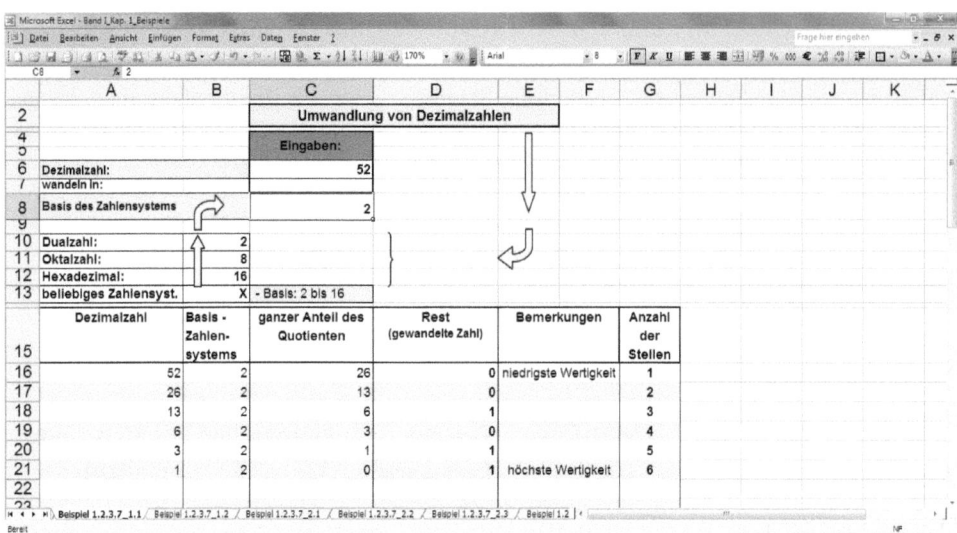

Abbildung I_1.15: Umwandlung der Dezimalzahl (52) in ein ASCII-Zeichen

Abbildung I_1.16: Umwandlung der Dezimalzahl (45) in ein ASCII-Zeichen

Tabelle I_1.7: ASCII-Zeichen für die Tastatureingabe (4 -)

Zeichen	Dezimalzahl	ASCII-Code
4	52	0110100
- (Strich, minus)	45	0101101

2. Im Computer wird folgender Text verarbeitet

ASCII

Welche ASCII-Zeichen (Code) entstehen?

Tabelle I_1.8: ASCII-Zeichen – Text 'ASCII'

Zeichen	Dezimalzahl	ASCII-Code
A	65	1000001
S	83	1010011
C	67	1000011
I	73	1001001
I	73	1001001

Die Wandlungen der Zeichen (Dezimalzahlen) in den ASCII-Code können Sie anhand der Programme Beispiele 1.2.3.7_2.1 bis _2.4 (↑ Band I_Kap. 1_Beispiele) kontrollieren.

1.2.4.1 Wandeln von Dezimal- in Dualzahlen

1. Umwandlung Dezimal - in Dualsystem

Im Beispiel 1.2.3 wurden Dual- in Dezimalzahlen umgewandelt. Umgekehrt ist es etwas komplizierter. Die Beschreibung des Umrechnungsverfahrens finden Sie in Band II Kap. 1.2.4.

Im folgenden Beispiel wird die Dezimalzahl 2004 in eine Dualzahl gewandelt.

Dezimalzahl: 2004 $\Longrightarrow$ **Dualzahl: 111 1101 0100**

2.004 : 2 = 1.002	Rest **0 (LSB –niedrigste Wertigkeit)**
1.002 : 2 = 501	Rest **0**
501 : 2 = 250	Rest **1**
250 : 2 = 125	Rest **0**
125 : 2 = 62	Rest **1**
62 : 2 = 31	Rest **0**
31 : 2 = 15	Rest **1**
15 : 2 = 7	Rest **1**
7 : 2 = 3	Rest **1**
3 : 2 = 1	Rest **1**
1 : 2 = 0	Rest **1 (MSB – höchste Wertigkeit)**

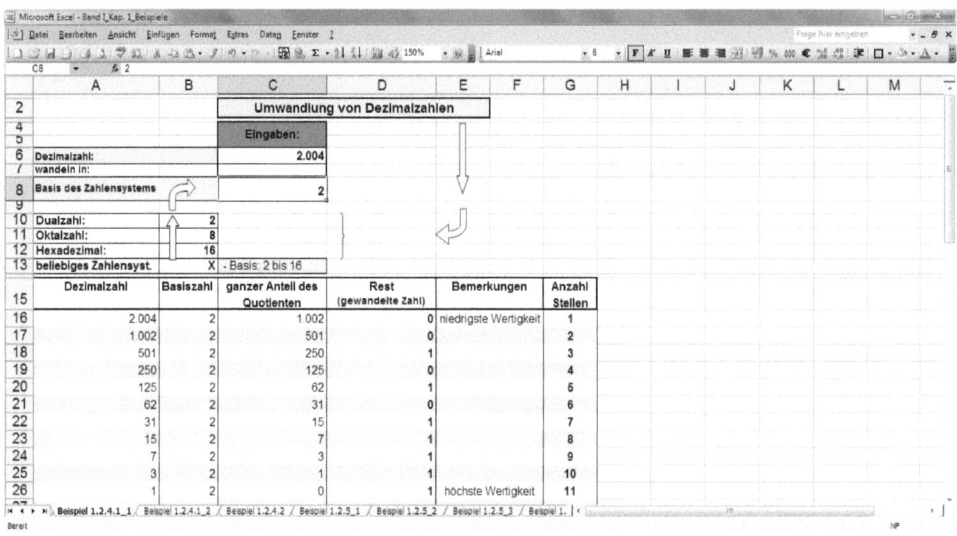

Abbildung I_1.17: Umwandlung einer Dezimal (2004)- in eine Dualzahl

2. Probe - Umwandlung vom Dual - ins Dezimalsystem

$$
\begin{array}{lrcr}
\text{MSB-} & 1 * 2^{10} & = & 1.024 \\
& 1 * 2^{9} & = & 512 \\
& 1 * 2^{8} & = & 256 \\
& 1 * 2^{7} & = & 128 \\
& 1 * 2^{6} & = & 64 \\
& 0 * 2^{5} & = & 0 \\
& 1 * 2^{4} & = & 16 \\
& 0 * 2^{3} & = & 0 \\
& 1 * 2^{2} & = & 4 \\
& 0 * 2^{1} & = & 0 \\
\text{LSB-} & 0 * 2^{0} & = & \underline{0} \\
& & & \mathbf{\underline{2.004}}
\end{array}
$$

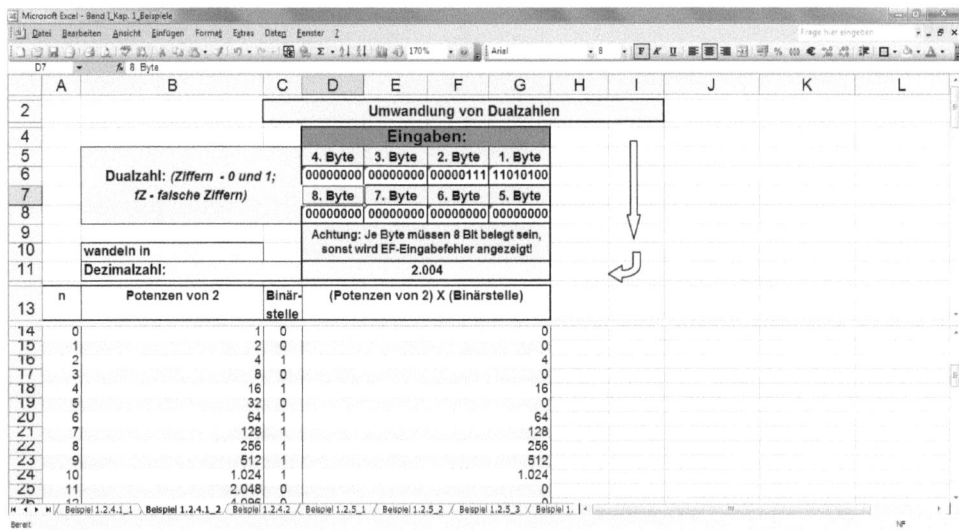

Abbildung I_1.18: Umwandlung einer Dual- in eine Dezimalzahl

1.2.4.2 Entfernung Erde-Mond durch Falten von Papier erreichen

Folgendes Gedankenexperiment:
Wie oft muss ein Blatt aus Papier (0,1 mm dick) gefaltet werden, damit das Paket die Entfernung zwischen Erde und Mond (384.401 km) überbrückt?

Lösung:
Faltet man ein Blatt Papier einmal, so verdoppelt sich die Dicke des Paketes. Wird dieses Paket wiederum gefaltet, so entstehen schon vier Papierlagen usw. Sie erkennen, dass diese Aufgabe mit Potenzen von „2" zu tun hat. Die Anzahl der Faltungen entspricht dem Exponenten n von 2^n. Das Programm zur Umwandlung von Dezimal- in Dualzahlen ermittelt die Anzahl der Dualstellen, die dem Exponenten und somit der Anzahl der Faltungen entspricht.
Weiterhin muss man sich überlegen, welche Dezimalzahl zu wandeln ist. Sie müssen die Entfernung zwischen Erde und Mond in $^1/_{10}$ mm umrechnen. Vor dem Rechnen schätzen Sie die Anzahl der Faltungen.

Folgende Lösungsvorschläge: **a) 42   b) 4.200   c) 42.000   d) 42 Millionen**

Nehmen Sie sich ein Blatt Papier und falten es, bis das Paket eine Dicke erreicht hat, bis es nicht mehr faltbar ist. Wie oft haben Sie gefaltet? Sechs mal! Das Paket hat dann eine Dicke von etwa 6 Millimeter. Rechnerisch ergibt sich: 0,1 mm * 2^6 = 6,4 mm. Spätestens jetzt wird klar, dass die obige Aufgabe nur ein Gedankenexperiment sein kann.

Bemerkungen:

Faltungen	Dicke des Paketes
1.	0,1mm * 2 = 0,2mm
2.	0,1mm * 2 * 2 = 0,4mm
3.	0,1mm * 2 * 2 * 2 = 0,8mm
.	....
?	....

mittlere Entfernung Erde-Mond: 384.401 km
in $^1/_{10}$ mm: 3.844.010.000.000

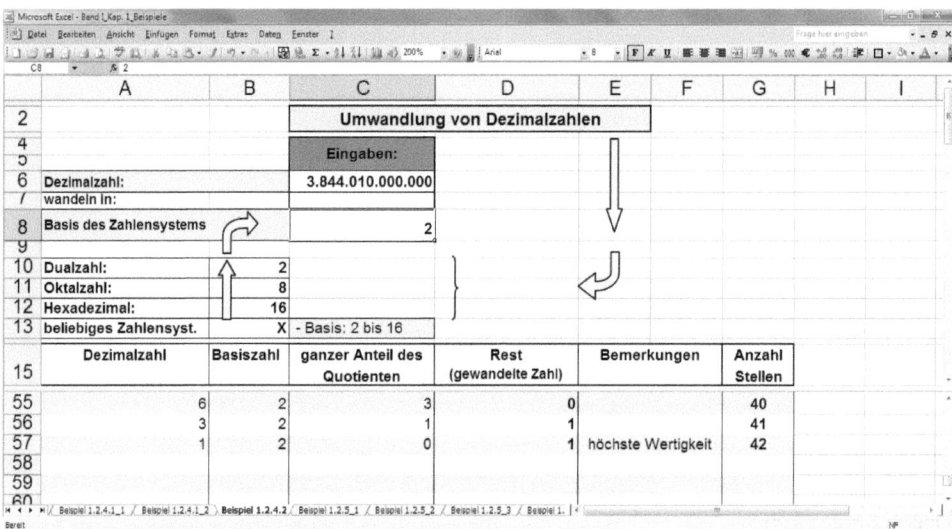

Abbildung I_1.19: Lösung zur Aufgabe 1.8.9

Ein Blatt Papier bzw. das Paket muss **theoretisch 42-mal** gefaltet werden, um eine Paket-dicke von 384.401 km zu erreichen. Wahrscheinlich liegen Ihre Schätzungen etwas höher, oder?

1.2.5 Schreiben von Geheimzahlen

Sie notieren sich 31013 und haben eine Möglichkeit eine Geheimzahl so aufzuschreiben, dass Ihr Konto nicht für jedermann zugänglich ist. Die Zahl 31013 entspricht der gewandel-ten Dezimalzahl 2008 ins 5er-Zahlensystem. Einen Nachteil hat diese Verfahrensweise, denn Sie müssen mit den Potenzen von „5" rechnen (↑ Punkt 1.1). Sollte dies zu einfach sein, probieren Sie andere Zahlensysteme aus (↑ Punkt 2.1).

1.1 Umwandlung einer Dezimal - ins 5er-Zahlensystem

Dezimalzahl: 2008 ⟹ **5er-System: 31013**

$$2.008 : 5 = 401 \quad \text{Rest } 3 \text{ (LSB)}$$
$$401 : 5 = 80 \quad \text{Rest } 1$$
$$80 : 5 = 16 \quad \text{Rest } 0$$
$$16 : 5 = 3 \quad \text{Rest } 1$$
$$3 : 5 = 0 \quad \text{Rest } 3 \text{ (MSB)}$$

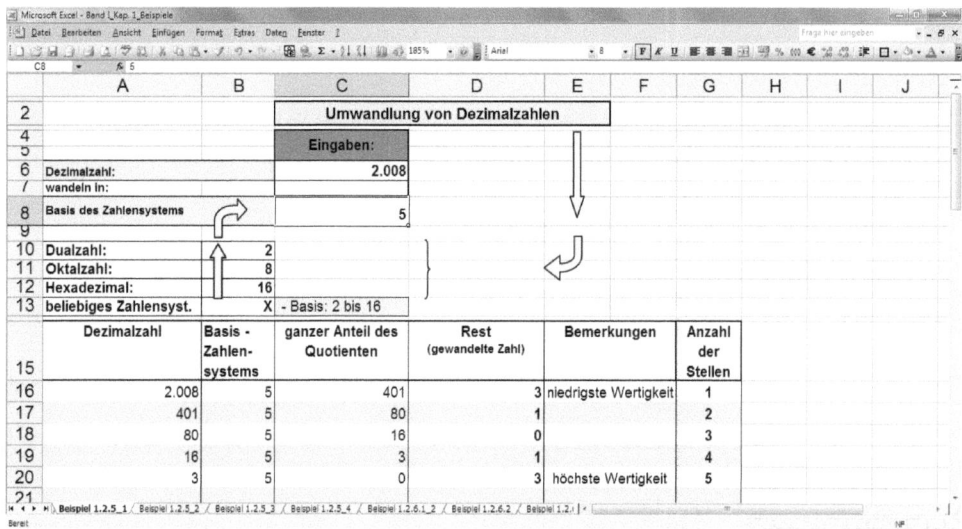

Abbildung I_1.20: Umwandlung von einer Dezimalzahl (2008) in das 5er-System

1.2 Probe - Umwandlung einer Zahl im 5er-Zahlensystem in eine Dezimalzahl

$$\text{MSB-} \quad 3 * 5^4 \ (625) = 1.875$$
$$1 * 5^3 \ (125) = 125$$
$$0 * 5^2 \ (25) = 0$$
$$1 * 5^1 \ (5) = 5$$
$$3 * 5^0 \ (1) = 3$$
Summe: **__2.008__**

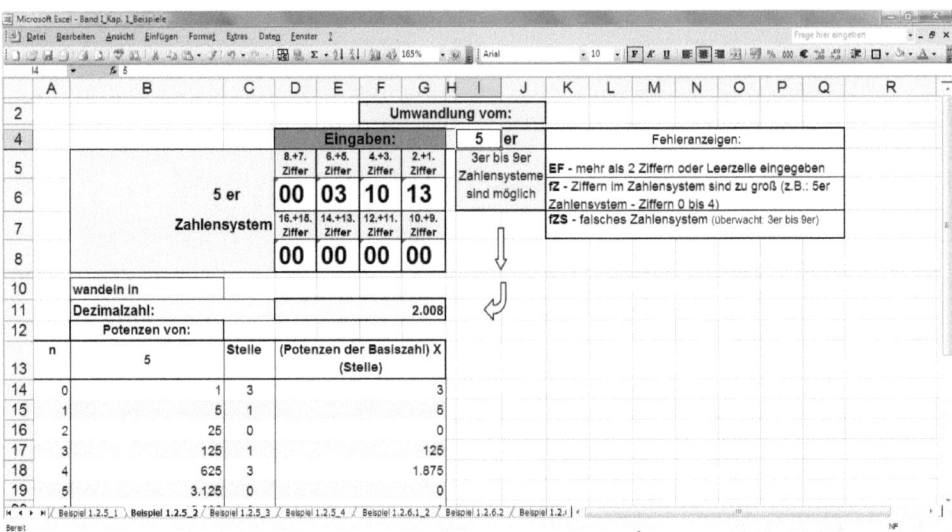

Abbildung I_1.21: Umwandlung einer Zahl im 5er-System in eine Dezimalzahl

2.1 Umwandlung einer Dezimal (2008) - ins 7er-Zahlensystem

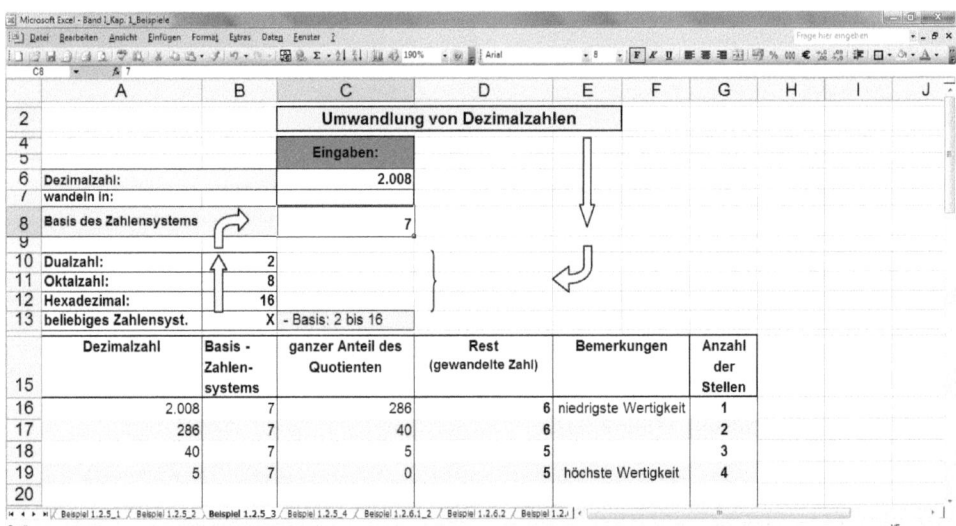

Abbildung I_1.22: Umwandlung einer Dezimalzahl ins 7er-System

2.2 Probe - Umwandlung einer Zahl im 7er-Zahlensystem in eine Dezimalzahl

Abbildung I_1.23: Umwandlung einer Zahl im 7er-Zahlensystem in eine Dezimalzahl

Die Geheimzahl 5566 erscheint sehr einfach, ist es aber nicht, denn das Rechnen mit den Potenzen von „7" (1 7 49 343 2.401 ......) ist doch etwas schwieriger. Viel Spaß beim Wandeln Ihrer Geheimzahlen.

1.2.6.1 Umwandlung von Dual- in Hexadezimalzahlen

1. Umwandlung einer Dual- in Hexadezimalzahl

Das hexadezimale Zahlensystem wird auch als Hexadezimal- oder Sedezimalsystem bezeichnet. Dieses Zahlensystem ist eine einfache Informationsdarstellung von Dualzahlen. Hierbei werden 4 Bit (Halbbyte) einer Dualzahl durch eine hexadezimale Ziffer ersetzt. So ergeben 4 Bits $2^4 = 16$ Ziffern (0 bis 15) im Hexadezimalsystem. Damit man die Ziffern 10 bis 15 auch einstellig darstellen kann, werden die Buchstaben A bis F (a bis f) des Alphabets benutzt ($\uparrow$ Band II Kap. 1)

1. Umwandlung einer Dual- in Hexadezimalzahl

Binärzahl:	0000 0001 0011 1001 1101 1111
Hexadezimalzahl:	0 1 3 9 d f
Dezimalzahl:	80.351

Aus einer 17stelligen Dualzahl, die sehr unübersichtlich ist, wird eine fünfstellige Hexadezimalzahl.

2. Umwandlung der Hexadezimalzahl 139DF in eine Dezimalzahl:

$$1*16^4+3*16^3+9*16^2+D*16^1+F*16^0 =$$
$$1*65.536 + 3*4.096 + 9*256 + 13*16 + 15*1 = 80.351$$

Wobei **1, 16, 256, 4.096** und **65.536** Potenzen von **16** sind.

Tabelle I_1.9: Potenzen von 16

Potenzen (16^n)	16^7	16^6	16^5	16^4	16^3	16^2	16^1	16^0
Dezimale Wertigkeit	268.435.456	16.777.216	1.048.576	65.536	4.096	256	16	1

Abbildung I_1.24: Umwandlung einer Hexadezimal- in eine Dezimalzahl

1.2.6.2 Umwandlungsverfahren von Dezimal- in Hexadezimalzahlen

Die Umwandlung einer Zahl aus dem Hexadezimalsystem in eine Dezimalzahl und umgekehrt erfolgt analog den Regeln und Verfahren, wie in Beispiel 1.2.5 und Band II Kap. 1.2.4 beschrieben wurde.

Dezimalzahl: 2004 $\Longrightarrow$ **Hexadezimalzahl: 7D4**

$$2004 : 16 = 125 \qquad \text{Rest } \textbf{4} \text{ (niedrigste Wertigkeit)}$$
$$125 : 16 = 7 \qquad \text{Rest } \textbf{D}$$
$$7 : 16 = 0 \qquad \text{Rest } \textbf{7} \text{ (höchste Wertigkeit)}$$

Probe:
$$7 * 16^2 = 1.792$$
$$D * 16^1 = 208$$
$$4 * 16^0 = \underline{\quad 4}$$
$$\underline{\underline{2.004}}$$

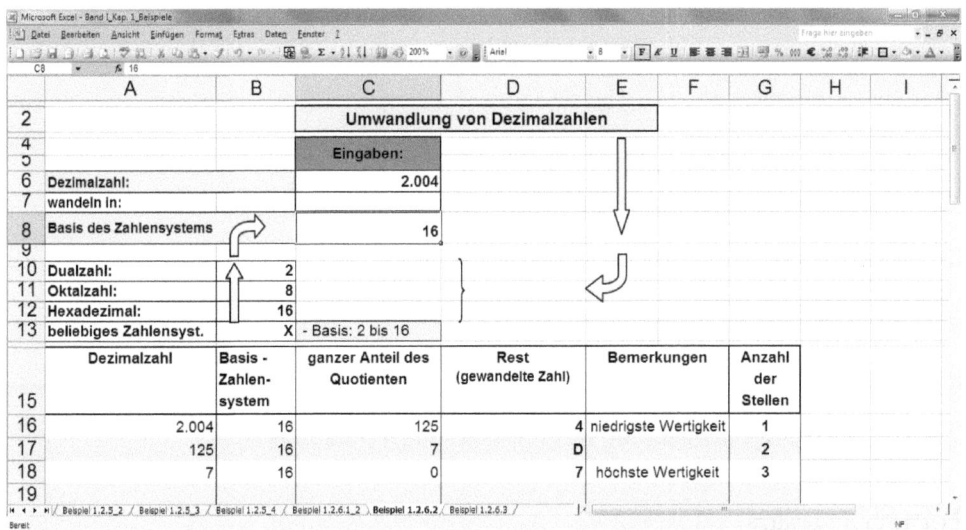

Abbildung I_1.25: Umwandlung einer Dezimal- in eine Hexadezimalzahl

1.2.6.3 Adressbereich eines Mikrocontrollers

Ein Mikrocontroller hat 16 Adressleitungen (16 Bit).
Welchen Adressbereich kann der Mikrocontroller ansteuern?

kleinste Dualzahl:	**0000**	**0000**	**0000**	**0000**
maximale Dualzahl:	**1111**	**1111**	**1111**	**1111**
kleinste Hexadezimalzahl:	**0**	**0**	**0**	**0**
maximale Hexadezimalzahl:	**F**	**F**	**F**	**F**

Tabelle I_1.10: Darstellung der Hexadezimalzahl FFFF

Potenzen (16^n)	16^3	16^2	16^1	16^0
Dezimale Wertigkeit	4.096	256	16	1
Hexadezimalzahl	F	F	F	F

$$F*16^3 + F*16^2 + F*16^1 + F*16^0 = 15*4.096 + 15*256 + 15*16 + 15*1 = 65.535$$

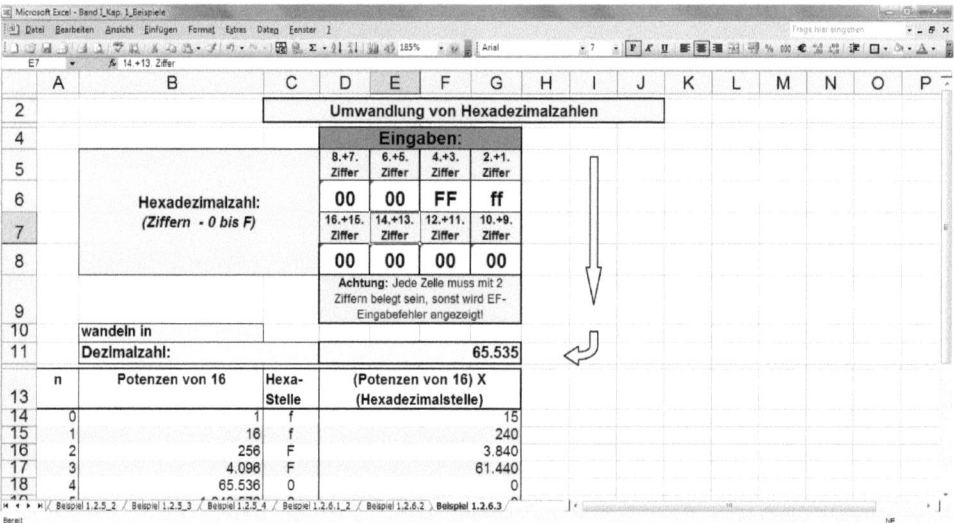

Abbildung I_1.26: Umwandlung Hexadezimal- in Dezimalzahl

Der Mikrokontroller kann **65.536 Adressen** (65.535 + Adresse '0') ansteuern.

1.3 Übungsaufgaben zu den Zahlensystemen

1.3.1 Ein Notebook hat einen Arbeitsspeicher von **512 MB** (Mega-Byte) und wird auf **1024 MB** erweitert. Rechnen Sie den gesamten Arbeitsspeicher in Gigabyte (GB) und Byte (B) um.

1.3.2 Ihr Computer hat eine Festplatte mit einer Speicherkapazität von **320 GB**. Wie lautet die Zahlenangabe in Mega-Byte (MB)?

1.3.3 Wandeln Sie folgende Dezimal- in Dualzahlen um.
22   1.018   8.087

1.3.4 Wandeln Sie **FECAH, 7429H** (H- Kennzeichnung Hexadezimalzahl) und **1dF2H** in Dezimalzahlen um.

1.3.5 Wandeln Sie folgende Zahl **abch** (h - Kennzeichnung Hexadezimalzahl) in eine Dualzahl um.

1.3.6 Die Zahlen **1259, 65537** und **10099** sind in BCD-Zahlen umzuwandeln.

1.3.7 Wandeln Sie folgende Dezimalzahlen **96, 485, 949** und **1763** in römische Zahlen um.

1.3.8 Welcher Hexadezimalzahl entspricht **1.000**?

22FH, 5bbH, 3E8H, 423H, 1B8H (H- Kennzeichnung Hexadezimalzahl)

1.3.9 Ein Tisch kippelt, wobei an einem Bein zum Fußboden ein Spalt von   3,2 mm auftritt. Ein Blatt aus Papier (Papierdicke: 0,1 mm ↑ Band I Beispiel 1.2.4.2) soll gefaltet werden, um provisorisch Abhilfe zu schaffen.
<blockquote>a) Schätzen Sie, wie oft das Blatt zu falten ist.
b) Berechnen Sie die Anzahl der Faltungen.</blockquote>

1.3.10 Ein USB-Stick hat eine Speicherkapazität von **8 GB**. Rechnen Sie die Speicherkapazität in Mega-Byte (MB) und Byte um.

1.4 Lösungen der Übungsaufgaben zu den Zahlensystemen (↑ Band II Kap. 1.4)

2. Grundrechenarten, Potenzieren, Radizieren und Logarithmieren

Kapitel 2 beginnt mit Beispielen zum Kopfrechnen, so berechnen Sie in einer Aufgabe vom großen Rechenmeister Adam Ries die Höhe einer Linde und mit der Binomischen Formel (↑ Band II Kap. 2) ermitteln Sie Quadrate von Zahlen mit einer fünf in der Einerstelle. Mit diesem Berechnungsverfahren glänzen Sie beim Kopfrechnen. Das Beispiel 2.1.6 beinhaltet ein Excel-Programm zu den Grundrechenarten, dass bei Berechnungen in anderen Beispielen hilfreich sein kann. Sie werden staunen, dass schon die Grundrechenarten ausreichend sind, um die kompliziert erscheinende Rentenberechnung nachzuvollziehen. Im Beispiel 2.1.7.5 wird die Monatsrente berechnet und das dazugehörige Excel-Programm ermöglicht Ihnen, den jährlichen Rentenbescheid zu kontrollieren. In weiteren Beispielen zu den Grundrechenarten bestimmen Sie die Auflösung beim Hochauflösenden Fernsehen (HDTV), mit dem Wachstumsrechner die Größe Ihrer erwachsenden Kinder und lernen eine Methode kennen, um die Attraktivität von Frauen und Männern zu ermitteln.

In den Beispielen 2.3.1 und 2.3.2 werden das gesamte Wasservorkommen der Erde zu einem Wassertropfen und die momentan verfügbaren zu den zukünftigen Internetadressen ins Verhältnis gesetzt. Dies sind zwei interessante Beispiele zur Anwendung der Potenzgesetze (↑ Band II Kap. 2).

Wussten Sie schon, dass die Standardgrößen für Papierformate im Jahr 1922 in der DIN 476 festgelegt wurden und bei allen Formaten das Verhältnis zwischen Breite und Höhe $1 : \sqrt{2}$ beträgt. In weiteren Beispielen zur Wurzelrechnung werden die Flächen- und Raumdiagonale eines Quaders, der Radius einer Kugel und die Abmessungen eines Quaders bestimmt.

Anhand des binären Logarithmus errechnen Sie, wie aus einer Frequenz eines Uhrenquarzes die Zeitbasis für eine Digitaluhr entsteht. Weiterhin erhalten Sie eine einfache Lösung zum Gedankenexperiment (↑ Beispiel 1.2.4.2): Wie oft muss ein Blatt aus Papier gefaltet werden, um die mittlere Entfernung Erde-Mond zu erreichen?

In der Aufgabe 2.6.3 lernen Sie eine Formel kennen, mit der Sie den perfekten Weihnachtsbaum finden. Weitere Aufgaben zum Kopfrechnen, zur Ermittlung der Kapazität von Speicherkarten etc. finden Sie in Kapitel 2.6 und die dazugehörigen Lösungen in Band II Kap. 2.7.

2.1 Beispiele zu den Grundrechenarten, Potenzieren, Radizieren und Logarithmieren

2.1.1 Setzen von Rechenzeichen

Setzen Sie die richtigen Rechenzeichen, so dass eine wahre Aussage entsteht.

29.......7......3 = 20......17......2
45.....18......3 = 17......19......6

Lösung:

$29 + 7 + 3 = 20 + 17 + 2 = \mathbf{39}$
$45 - 18 + 3 = 17 + 19 - 6 = \mathbf{30}$

2.1.2 Nachrechnen

Wie heißt es richtig?

$\mathbf{6 * 13}$ sind oder

$\mathbf{6 * 13}$ ist **87?**

Lösung:

Beides ist falsch, denn
$\mathbf{6 * 13 = 78}$

2.1.3 Gemischte Rechnung, Aufgabe von Adam Ries

Der Rechenmeister Adam Ries schrieb im Jahre 1550:

Unten an einer schönen Linden
war gar ein kleiner Wurm zu finden.
Der kroch hinauf mit aller Macht,
acht Ellen richtig bei der Nacht,
und alle Tage kroch er wieder
vier Ellen dran hernieder.
Zwölf Nächte trieb er dieses Spiel,
bis dass er von der Spitze fiel,
am Morgen in die Pfütze,
und kühlt sich ab von seiner Hitze.
Mein Schüler, sage ohne Scheu,
wie hoch dieselbe Linde sei!

Lösung:

$12 * 8 - 11 * 4 = \mathbf{52}$

Die Linde hat eine Höhe von **52 Ellen.**

2.1.4 Quadratzahlen von 1 bis 20

Werden Zahlen mit sich selbst multipliziert, spricht man von Quadratzahlen; zum Beispiel in der Geometrie ergibt sich die Fläche eines Quadrats (↑ Band II Kap. 5) $A = a * a = a^2$
(lies: a hoch 2, zweite Potenz von a oder a im Quadrat).
Sie können bei Ihrem Gegenüber durchaus einen bleibenden Eindruck hinterlassen, wenn Sie die in Tabelle I_2.1 aufgeführten Quadratzahlen sich gemerkt haben und das Verfahren zur einfachen Berechnung von Quadratzahlen anwenden (↑ Kap. 2.1.5).

Tabelle I_2.1: Quadrate der Zahlen von 1 bis 20

a	a^2	a	a^2	a	a^2	a	a^2
1	1	6	36	11	121	16	256
2	4	7	49	12	144	17	289
3	9	8	64	13	169	18	324
4	16	9	81	14	196	19	361
5	25	10	100	15	225	20	400

2.1.5 Verfahren zur einfachen Berechung von Quadratzahlen

Die Quadrate von Zahlen mit einer fünf in der Einerstelle können einfach nach der Binomischen Formel (↑ Band II Kap. 2.1, Tabelle II_2.1) berechnet werden.

$$a^2 = ?$$

Berechnungsverfahren:

1. $(a-5) * (a+5) = a^2 + 5a - 5a - 25 = a^2 - 25$

2. $(a-5) * (a+5) + 25 = a^2$

Beispiele:

5^2:
$[(5-5) * (5+5)] + 25 = [(0) * (10)] + 25 = 0 + 25 = 25$

15^2:
$[(15-5) * (15+5)] + 25 = [(10) * (20)] + 25 = 200 + 25 = 225$

55^2:
$[(50) * (60)] + 25 = 3.000 + 25 = 3.025$

105^2:
$[(100) * (110)] + 25 = 11.000 + 25 = 11.025$

Tabelle I_2.2: Spezielle Quadratzahlen

a	a^2	a	a^2
5	25	55	3.025
15	225	65	4.225
25	625	75	5.625
35	1.225	85	7.225
45	2.025	95	9.025

2.1.6 Rechnen mit dem Excel - Programm

$$222 + 3,45 + 6,88 + 88,9999 = \quad 321,3299$$
$$222 - 3,45 + 6,88 - 88,9999 = \quad 314,4299$$
$$222 * 3,45 * 6,88 * 88,9999 = 468.975,361061$$
$$(222 * 3,45) : (6,88 * 88,9999) = \quad 1,250818$$

(↑ Excel-Programm Band I_Kap. 2_Beispiel 2.1.6)

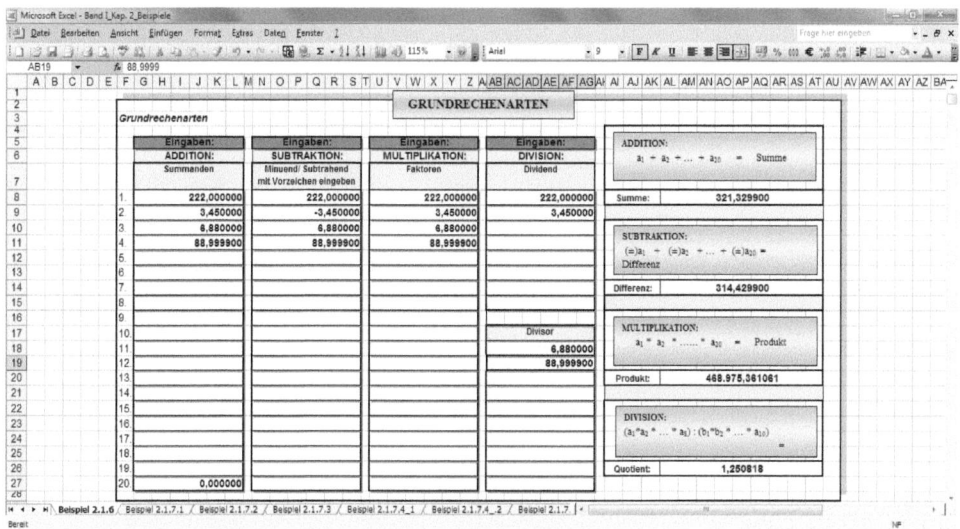

Abbildung I_2.1: Rechnen mit dem Excel-Programm

2.1.7 Rentenberechnung - Rentenformel, Entgeltpunkte, Aktueller Rentenwert

Die Rentenberechnung wird als kompliziert empfunden, weil sie von folgenden Faktoren maßgeblich bestimmt wird:

- Von der Höhe Ihres jährlichen Einkommens, denn hieraus berechnen sich Ihre Entgeltpunkte
- Wie lange Sie Beiträge in die gesetzliche Rentenversicherung gezahlt haben
- Dem aktuellen Rentenwert

Entscheidend für Ihre staatliche Altersrente ist die Höhe des Jahresbruttoverdienstes und wie lange in die gesetzliche Rentenversicherung eingezahlt wurde. Jeder Arbeitnehmer (Angestellte) führt bis zur Höhe der so genannten Beitragsbemessungsgrenze einen Teil seines Gehaltes an die gesetzliche Rentenkasse ab und erwirbt somit Ansprüche an die gesetzliche Rentenversicherung.

TIP:
Sammeln Sie alle relevanten Belege, wie Dezember-Gehaltsabrechnungen, Sozialversicherungs- und Ausbildungsnachweise.

Normalerweise werden Ihre gezahlten Rentenbeiträge auf Ihrem Rentenkonto gutgeschrieben und Sie erhalten ab 2004 von der Deutschen Rentenversicherung jährlich Auszüge zu Ihrem Rentenkonto mit den bisher erworbenen Entgeltpunkten.

Auch oder gerade im Computerzeitalter gilt: **Sicher ist sicher!**

Rentenformel [2.1]:

$$\text{Monatsrente }(R) = \text{Summe aller Entgeltpunkte}(EP) * \text{Zugangsfaktor} * \text{aktueller Rentenwert} * \text{Rentenfaktor}$$

Entgeltpunkte [2.1]:
Ihre Entgeltpunkte für ein Jahr ergeben sich, wenn Sie Ihr Jahresbruttoverdienst durch das Durchschnittsbruttoentgelt aller Versicherten dividieren. Das Durchschnittsbruttoentgelt aller Arbeitnehmer wird aufgrund von statistischen Daten jährlich vom Gesetzgeber festgelegt. Man erhält einen Entgeltpunkt, wenn der Jahresverdienst gleich dem Durchschnittsbruttoentgelt ist.

$$\text{Entgeltpunkte }(EP_{West}) = \frac{\text{Individueller Jahresverdienst }(IJV)}{\text{Durchschnitt} - \text{Jahresverdienst }(DJV)}$$

2.1.7.1 Rentenberechnung - Berechnung von Entgeltpunkten (West) [2.2]

Ein Angestellter hatte im Jahr 2002 ein Einkommen von 33.500 Euro. Der Durchschnittsverdienst liegt bei 28.518 Euro [2.2], [2.5].
Berechnen Sie die Entgeltpunkte.

Lösung:

gegeben:
IJV = 33.500 Euro
DJV = 28.626 Euro

gesucht:
EP = ?

$$EP_{West} = \frac{IJV}{DJV} = \frac{33.500}{28.626} = 1,170264794$$

Dem Rentenkonto des Angestellten werden für das Jahr 2002 **1,170264794 Entgeltpunkte** gutgeschrieben (↑ Excel-Programm Band I_Kap. 2 Beispiel 2.1.7.1).

2.1.7.2 Rentenberechnung - Berechnung von Entgeltpunkten (Ost)

Bei der Berechnung der Entgeltpunkte in den neuen Bundesländern wird ein Umrechnungswert berücksichtigt:

$$EP_{Ost} = \frac{Umrechnungswert\ (UW) * Individueller\ Jahresverdienst\ (IJV)}{Durchschnitt - Jahresverdienst\ (DJV)}$$

Die Löhne und Gehälter, die in der ehemaligen DDR gezahlt wurden, werden mittels des Umrechnungswertes in vergleichbare Westeinkommen umgerechnet, so dass ein Vergleich mit den Durchschnittjahreseinkommen möglich wird [2.2], [2.5].

Ein Ingenieur in Rostock verdiente 1980 12.600 Ost-Mark. Der Durchschnittsverdienst im Jahre 1980 lag bei 29.485 DM und der Umrechnungswert beträgt 3,1208.

Lösung:

gegeben:
IJV = 12.600 Ost-Mark
DJV = 29.485 DM
UW = 3,1208

gesucht:
EP = ?

$$EP_{Ost} = \frac{UW * IJV}{DJV} = \frac{3,1208 * 12.600}{29.485} = 1,333629981$$

Der Rostocker Ingenieur erhält für das Jahr 1980 **1,333629981 Entgeltpunkte** (↑ Excel-Programm Band I_Kap. 2 Beispiel 2.1.7.2).

2.1.7.3 Rentenberechnung - Berechnung von Entgeltpunkten mit Begrenzung

Herr Mustermann verdiente im Jahre 1970 25.000 DM. Das Durchschnittsentgelt lag in diesem Jahr bei 13.343 DM und die Bemessungsgrenze (BG) bei 21.600 DM.

gegeben:
IJV = 25.000 DM
DJV = 13.343 DM
BG = 21.600 DM

gesucht:
EP = ?

Lösung:

Das Jahreseinkommen von Herrn Mustermann ist größer als die Bemessungsgrenze, deshalb wird die Bemessungsgrenze berücksichtigt [2.3].

$$EP = \frac{BG}{DJV} = \frac{21.600}{13.343} = 1,618826351$$

Die Entgeltpunkte für das Rentenkonto von Herrn Mustermann werden für das Jahr 1970 auf **1,618826351** begrenzt (↑ Excel-Programm Band I_Kap. 2 Beispiel 2.1.7.3).

2.1.7.4 Rentenberechnung - Aktueller Rentenwert (AR)

Der aktuelle Rentenwert ist der Betrag, den man bei Renteneintritt für einen Entgeltpunkt an monatlicher Rente bekommt [2.4]. Der Rentenwert wird zum 1. Juli eines Jahres von den Rentenkassen neu festgelegt. Die Rentenwerte im Osten und Westen der Republik sind aufgrund der Unterschiede bei den Einkommensverhältnissen nicht einheitlich.

Für einen Entgeltpunkt erhalten Sie ab:

	01. Juli 2010	01. Juli 2011	01. Juli 2012
AR (West)	27,20 Euro	27,47 Euro	28,07 Euro
AR (Ost)	24,13 Euro	24,37 Euro	24,92 Euro

Ein Dresdner und ein Hamburger haben auf ihren Rentenkonten 50 Entgeltpunkte stehen und beide gehen am 01. Dezember 2012 mit 65 Jahren in den Ruhestand.
Berechnen Sie die Renten der Männer.

Lösung:

$$R = EP * AR$$

gegeben:		
EP	=	50
AR (West)	=	28,07 Euro
AR (Ost)	=	24,92 Euro
gesucht:		
R (West)	=	?
R (Ost)	=	?

1. R(West) = EP * AR(West) = 50 * 28,07 Euro   = **1.403,50 EUR**
   (↑ Excel-Programm Band I_Kap. 2 Beispiel 2.1.7.4_1)

2. R(Ost)   = EP * AR(Ost) = 50 * 24,92 Euro   = **1.246,00 EUR**
   (↑ Excel-Programm Band I_Kap. 2 Beispiel 2.1.7.4_2)

2.1.7.5 Monatsrente

Rentenartfaktor [2.6]:

Die Rente wird auch von der Rentenart bestimmt, so ist beispielsweise der Rentenfaktor einer Altersrente 1,0.

Tabelle I_2.1: Rentenfaktoren

Rentenart	Faktor
Altersrente	1,0
Rente wegen teilweiser Erwerbsminderung	0,5
Rente wegen voller Erwerbsminderung	1,0
Erziehungsrenten	1,0
....	
....	

Zugangsfaktor [2.6]:

Hiermit werden Zu- und Abschläge bei der Rentenberechnung berücksichtigt. Verzichten Sie nach Erreichen des Rentenalters zunächst auf Ihre Altersrente, so erhalten Sie einen Zuschlag. Wird die Rente vorzeitig in Anspruch genommen, so müssen Sie mit Abschlägen rechnen.

Bei den folgenden Betrachtungen werden weder Zu- noch Abschläge berücksichtigt, so dass der Faktor 1,0 beträgt.

Im unten aufgeführten Beispiel erfolgen die Rentenberechnungen für einen Angestellten in Ost- und Westdeutschland. Diese Beispiele verdeutlichen, insbesondere für das Jahr 1990, wo die Bruttoverdienste (IJV) einzutragen sind. Für den Fall, dass Sie dieses Excel-Programm nutzen möchten, müssen die Spalten: Umrechnungswert (UW), Bemessungs-grenze (BG) und Durchschnittsentgelte (DJV) für die Kalenderjahre sowie die Kopfdaten, wie Rentenwerte Ost und West aktualisiert werden.

1. Berechnung der monatlichen Rente für einen Angestellten in Ostdeutschland

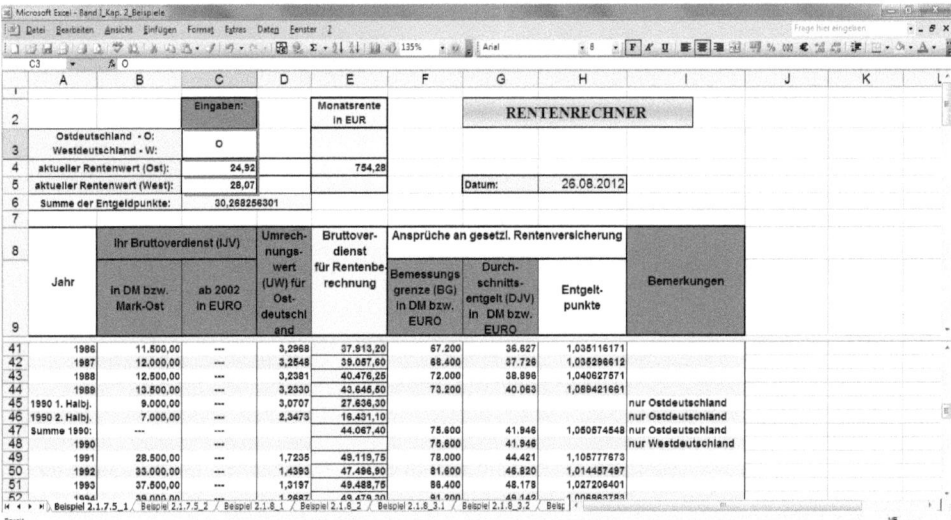

Abbildung I_2.2: Berechnung der monatlichen Rente (Ost) [2.7]

2. Berechnung der monatlichen Rente für einen Angestellten in Westdeutschland

Abbildung I_2.3: Berechnung der monatlichen Rente (West) [2.7]

2.1.8 Auflösung beim Hochauflösenden Fernsehen (HDTV)

Dem HDTV (High Definition Television – hochauflösendes Fernsehen) gehört die Zukunft. Dieser neue Fernsehstandard hat fünfmal so viele Bildpunkte wie das herkömmliche Fernsehen. Das hochauflösende Fernsehen bietet Sendungen und Filme im Breitwandformat (Spielfilme ohne schwarze Balken) mit scharfen Konturen, satten Farben, einer hohen Tiefenschärfe und besseren Ton. In Europa sind die beiden Standards **720p** und **1080i** von praktischer Bedeutung [2.8] bis [2.10].

Was bedeuten 720p und 1080i?

1. HDTV **720p** steht für die vertikale Wiedergabe von 720 Bildpunkten (Pixel) nach dem Vollbildverfahren, auch „p - progressive" genannt. Bei diesem Verfahren wird jede Zeile sequentiell beschrieben. Bei einer Bildwiederholungsrate von 50 bzw. 60 Hz werden 50 bzw. 60 Vollbilder pro Sekunde dargestellt, so dass sich eine hohe zeitliche Auflösung ergibt. Dies liefert ein stabiles, klares Fernsehbild und eignet sich für Übertragungen mit schnellen Bewegungen, wie Sport.

Mit 1.280 Pixel in der horizontalen Auflösung errechnet sich die Bildauflösung wie folgt:

720 * 1.280 = 921.600 Pixel
(↑ Excel-Programm Band I_Kap. 2 Beispiel 2.1.8_1)

2. Beim **1080i** Standard werden 1080 Pixel vertikal nach dem Zeilensprungverfahren (i - interlaced) dargestellt. Bei diesem Verfahren werden 50 Halbbilder pro Sekunde übertragen. Dieser Standard erreicht ein Maximum an horizontaler Auflösung 1920 Pixel und durch die 25 Vollbilder pro Sekunde eine geringere zeitliche Auflösung. Bei diesem Verfahren ist das Bild detailreicher, führt aber bei schnellen Bewegungen zu etwas unschärferen Bildern.

Die maximale Bildauflösung errechnet sich wie folgt:

$$\textbf{1.080 * 1.920 = 2.073.600 Pixel}$$
(↑ Excel-Programm Band I Kap. 2 Beispiel 2.1.8_2)

3. Umrechnung in Mega-Pixel

Die Umrechnung der Bildpunkte in MPixel (Mega-Pixel – ↑ Band II Kap. 2.3.3 Zehnerpotenzen) ergeben sich, indem die Werte durch $1.000.000 = 10^6$ dividiert werden.

Beispiele (HDTV):

$$\textbf{921.600 Pixel (Bildpunkte)} : 10^6 \approx \textbf{0,92 MPixel)}$$

$$\textbf{2.073.600 Pixel (Bildpunkte)} : 10^6 \approx \textbf{2,07 MPixel)}$$

(↑ Excel-Programme – Band I_Kap. 2_Beispiele 2.1.8_3.1 und 3.2)

4. Schärfefaktor im Vergleich zum PAL-System

Tabelle I_2.3: TV-Systeme

Fernsehnorm	NTSC [1]	PAL [2]	HDTV 720p	HDTV 1080i
vertikale Auflösung Pixel:	525	576	720	1.080
horizontale Auflösung Pixel:	720	720	1.280	1.920
maximale Bildpunkte	378.000	414.720	921.600	2.073.600
Bildpunkte in MPixel	0,38	0,41	0,92	2,07
Schärfefaktor zum PAL-System	0,91	1,00	2,24	5,05

[1] National Television Systems Committee, Verfahren zur Farbübertragung beim analogen Fernsehen [2.20]

[2] Phase Alternation Line, Verfahren zur Farbübertragung beim analogen Fernsehen [2.21]

Der Auflösungsunterschied zwischen dem PAL-System (0,41Mpixel) und HDTV 720p beträgt das 2,24 fache (0,92Mpixel/0,41Mpixel) sowie beim HDTV 1.080i das 5,05 fache (2,07Mpixel/0,41Mpixel). Die Berechnungen der Schärfefaktoren für das hochauflösende Fernsehen entnehmen Sie den Excel-Programmen Band I Kap. 2 Beispiele 2.1.8_4.1 und 4.2.

2.2.1 Wachstumsrechner - Wie groß werden meine Kinder?

Nach [2.11] hängt die Körpergröße eines Menschen zu 80 bis 90 Prozent von den elterlichen Genen ab. Bei 80 Prozent der Erwachsenen, die nicht sehr groß geworden sind, gibt es familiäre Ursachen. Zur Bestimmung der Körpergröße des Nachwuchses als Erwachsener gibt es folgende Faustformel, bei der Sie einen Fehler von 10 Prozent ($\pm$ 5 Prozent) berücksichtigen müssen:

$$Gr_{Kind} = \frac{Gr_{Vater} + Gr_{Mutter}}{2} \pm 6,5\,cm$$
$$m - männlich \quad : +; \quad w - weiblich \quad : -$$

Gr_{Kind}:   - Größe des Kindes als Erwachsener (in cm)
Gr_{Vater}:   - Größe des Vaters (in cm)
Gr_{Mutter}:   - Größe der Mutter (in cm)
Geschlecht: **m** - männlich
               w - weiblich

Der Vater hat eine Größe von 189 Zentimeter und die Mutter von 163 Zentimeter.
Welche Größe hat ihr Sohn, wenn er erwachsen ist?

gegeben:
Gr_{Vater} =   189 cm
Gr_{Mutter} =   163 cm

gesucht:
Gr_{Sohn} =   ?

Lösung:

$$Gr_{Kind} = \frac{Gr_{Vater} + Gr_{Mutter}}{2} \pm 6,5\,cm$$
$$m - männlich \quad : +; \quad w - weiblich \quad : -$$

$$Gr_{Sohn} = \frac{189\,cm + 163\,cm}{2} + 6,5\,cm = 182,5\,cm$$

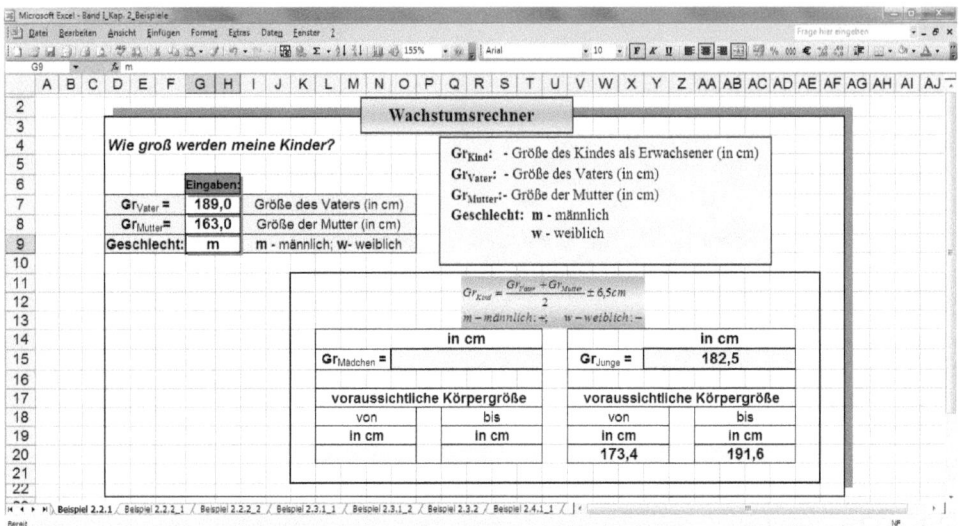

Abbildung I_2.4: Wachstumsrechner – Größe eines erwachsenen Sohnes

Die Größe des erwachsenen Sohnes wird im **Bereich von 173 bis 192 Zentimetern** liegen.

2.2.2 Taille-Hüfte-Verhältnis (THV)

Das Taille-Hüfte-Verhältnis gibt an, ob ein Gesundheitsrisiko besteht und ist eine Methode die Attraktivität von Frauen und Männern zu ermitteln. Nach [2.12] leidet die Hälfte der deutschen Bevölkerung an Übergewicht. Als Folge kann es zu hohem Blutdruck, erhöhten Blutzuckerwerten und Störungen im Fettstoffwechsel kommen. Ärzte haben erkannt, dass eine Gefährdung von zu viel Bauchfett ausgeht. Für den Bauchumfang gilt folgende Faustregel: Bei Frauen sollte dieser Wert nicht mehr als 88 Zentimeter und bei Männern nicht 102 Zentimeter überschreiten. Die Idealwerte liegen bei 80 Zentimeter für Frauen und 94 Zentimeter für Männer.

Männer finden Frauen besonders attraktiv, wenn das THV bei 0,7 oder darunter liegt. Das ideale THV von Männern liegt bei 0,9. Das Taille-Hüfte-Verhältnis sollte bei Frauen nicht 0,85 und bei Männern 1,0 überschreiten. Werden diese Werte überschritten, so sollten Sie, um das Gesundheitsrisiko zu senken, sich gesund ernähren und regelmäßig Sport treiben.

Taille-Hüfte-Verhältnis berechnet sich nach folgender Formel [2.13]:

$$THV = \frac{Taillenumfang\ (Tu)}{H\ddot{u}ftumfang\ (Hu)}$$

THV:	- Taille-Hüfte-Verhältnis
Tu:	- Taillen- (Bauch-) Umfang
Hu:	- Hüftumfang

Wie ermittelt man den Taillen- und Hüftumfang? Den Bauchumfang bestimmt man auf Höhe des Bauchnabels und den Hüftumfang am Gesäß.

1. THV einer Frau

$$THV = \frac{Taillenumfang\ (Tu)}{Hüftumfang\ (Hu)}$$

$$THV = \frac{78cm}{102cm} = 0,76$$

gegeben:
Tu   =   78 cm
Hu   =   102 cm

gesucht:
THV   =   ?

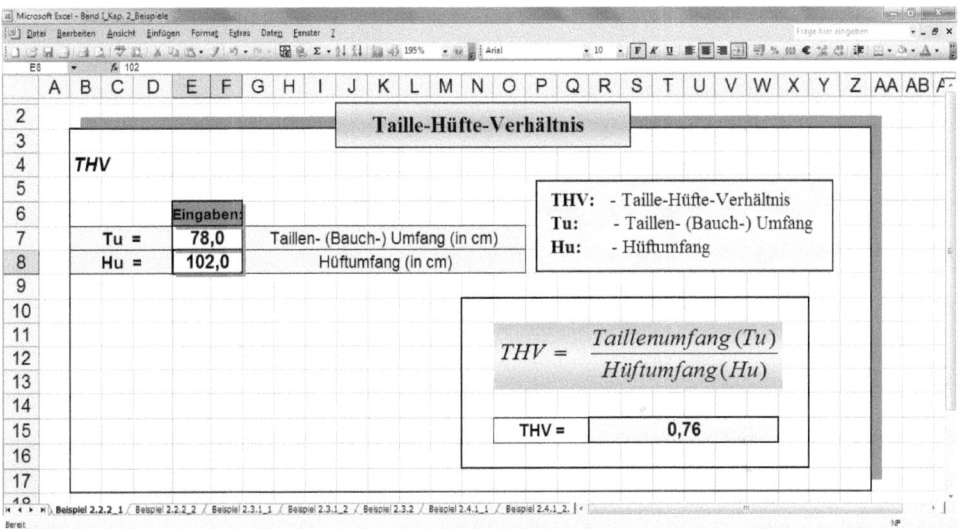

Abbildung I_2.5: Beispiel für ein Taille-Hüfte-Verhältnis einer Frau

Ein **Taille-Hüfte-Verhältnis** von **0,76** ist topp - Herzlichen Glückwunsch zu diesen Maßen!

2. THV eines Mannes

$$THV = \frac{Taillenumfang\ (Tu)}{Hüftumfang\ (Hu)}$$

$$THV = \frac{105cm}{108cm} = 0,97$$

gegeben:
Tu   =   105 cm
Hu   =   108 cm

gesucht:
THV   =   ?

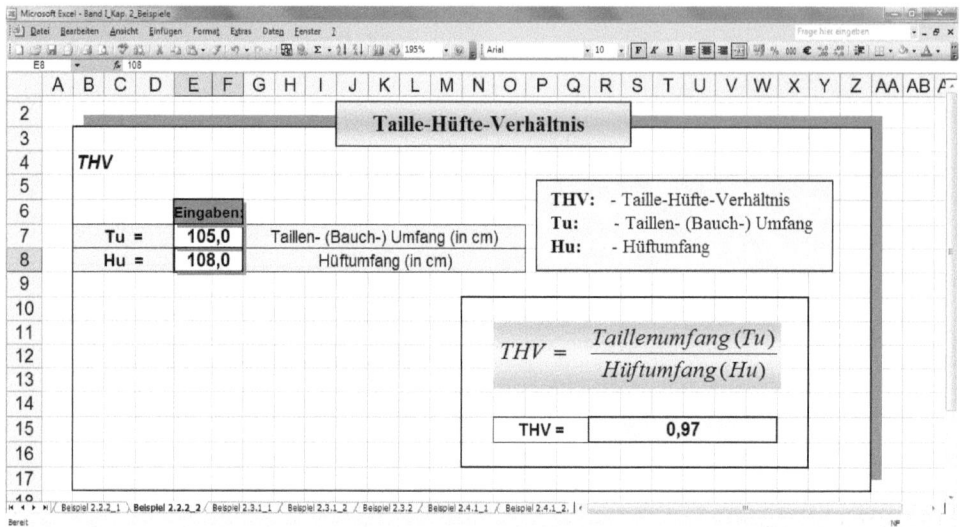

Abbildung I_2.6: Beispiel für ein Taille-Hüfte-Verhältnis eines Mannes

Achtung das **Taille-Hüfte-Verhältnis (0,97)** nähert sich dem kritischen Wert (1,0) - Mann sollte etwas dagegen tun!

2.3.1 Verhältnis des gesamten Wasservorkommens der Erde zu einem Wassertropfen

In [2.14] wird der gesamte Wasservorrat der Erde mit 1,38 Milliarden Kubikkilometer angegeben. Nach [2.15] haben zwanzig Wassertropfen ein Volumen von 1 ml (Milliliter) und somit hat ein Tropfen ein Volumen von 0,05 ml (1ml/20) entspricht 0,05 cm³ (Kubikzentimeter). Wie groß ist das Volumenverhältnis (VV) zwischen einem Wassertropfen und dem gesamten Wasservorrat der Erde (Wasser: H_2O).

Lösung:

$$VV = \frac{V_{H_2O-Erde}}{V_{H_2O-Tropfen}} = \frac{1,38 * 10^9}{5 * 10^{-17}}$$

$$= \frac{1,38}{5} * \frac{10^9}{10^{-17}} = \frac{1,38}{5} * 10^{9-(-17)}$$

$$= 2,76 * 10^{25} = 2,76\ E + 25$$

gegeben:
$V_{H_2O\text{-Tropfen}} = 0,05$ ml $=$
$\quad 0,05$ cm³ $= 5*10^{-17}$ km³

$V_{H_2O\text{-Erde}} = 1,38*10^9$ km³

gesucht:
VV $\quad = \quad ?$

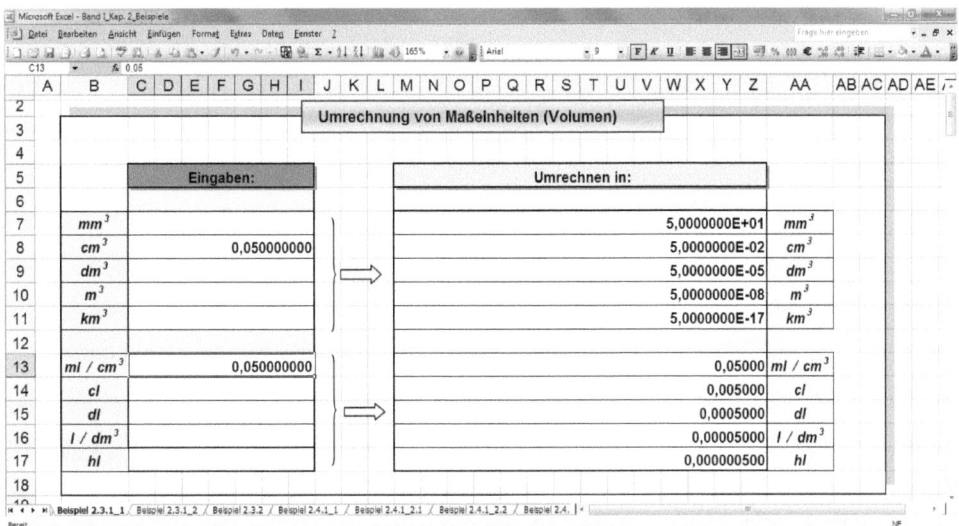

Abbildung I_2.7: Volumen eines Wassertropfens in km^3

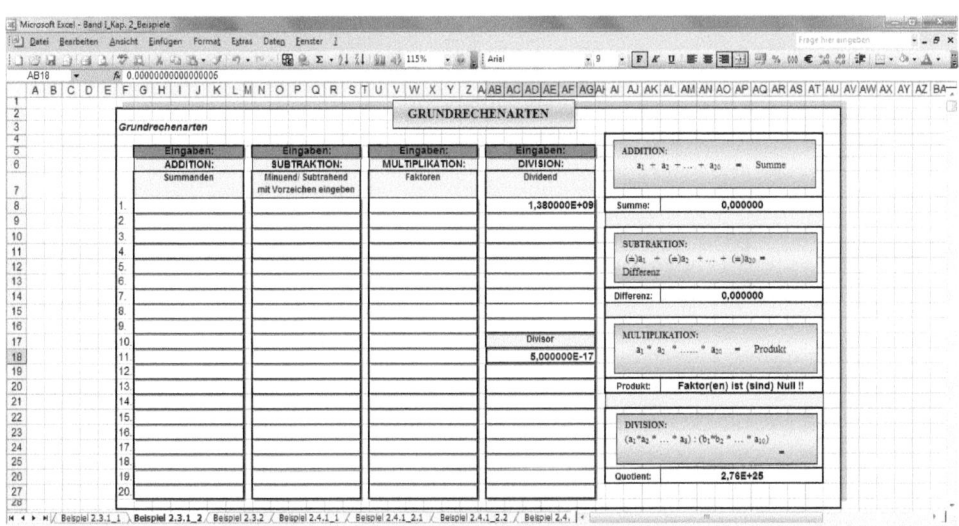

Abbildung I_2.8: Verhältnis zwischen Wasservorrat der Erde und einem Wassertropfen

Das Volumen eines Wassertropfens verhält sich zum gesamten Wasservorrat der Erde, wie **1 : 2,76*10^{25}**.

2.3.2 Verhältnis von Internetadressen

Im Beispiel 1.2.3.6 (↑ Band I Kap. 1) haben wir die möglichen Internetadressen nach den Internet-Protokollen Versionen 4 und 6 (IPv4: $4{,}3 * 10^9$ und 6: $3{,}4 * 10^{38}$) berechnet. In welchem Verhältnis stehen die Internetadressen dieser Versionen zueinander?

Lösung:

$$V_{IPv} = \frac{IPv6}{IPv4} = \frac{3{,}4 * 10^{38}}{4{,}3 * 10^9} =$$

$$\frac{3{,}4}{4{,}3} * \frac{10^{38}}{10^9} = \frac{3{,}4}{4{,}3} * 10^{38-9}$$

$$\approx 7{,}91 * 10^{28} = 7{,}91\ E + 28$$

gegeben:
Adressen:
IPv4 $= 4{,}3 * 10^9$
IPv6 $= 3{,}4 * 10^{38}$
gesucht:
$V_{IPv} = ?$

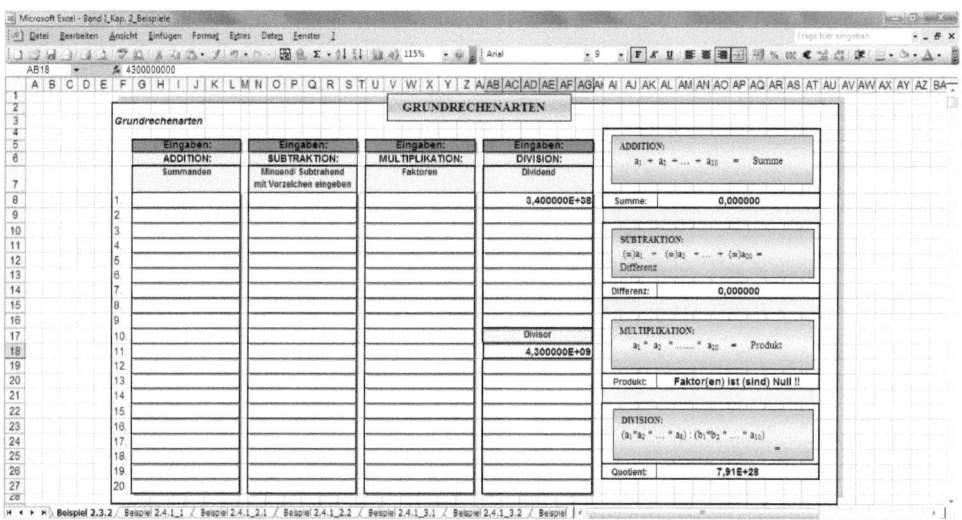

Abbildung I_2.9: Verhältnis von Internetadressen

Die Anzahl der Internetadressen mit IPv4 verhält sich zu den Adressen mit Internet-Protokoll Version 6 (IPv6), wie **1 : 7,91*10²⁸**. Dieses Verhältnis ist etwas größer als die Lösung aus dem vorhergehenden Beispiel (↑ Beispiel 2.3.1) und veranschaulicht sehr gut die Anzahl der zukünftig verfügbaren Internetadressen. Oder, gibt es einen besseren Vergleich von einem Wassertropfen zum gesamten Wasservorrat der Erde?

2.4.1 Wurzelberechnungen am Quadrat, Würfel, Quader und an der Kugel

Die am häufigsten benutzten Wurzeln sind die Quadrat- und Kubikwurzeln. Bei Berechnungen der Flächen- und Raumdiagonale am Würfel, Quader und an der Kugel kommen beide Wurzeln zur Anwendung.

1. Flächen- und Raumdiagonale

Bei einem Quader mit einer Kantenlänge a ergibt sich die Flächendiagonale $e_F = a * \sqrt{2}$ und die Raumdiagonale $e_R = a * \sqrt{3}$ (↑ Band II Kap. 5.2 und 5.3). Für Quader mit einem Volumen von 1 Liter (1 dm^3 ; a = 1dm = 10 cm) sind die Flächen- und Raumdiagonale zu berechnen.

Lösung:

$$e_F = a * \sqrt{2} = 10\,cm * \sqrt{2} = 10\,cm * 1,4142 = 14,142\,cm$$

$$e_R = a * \sqrt{3} = 10\,cm * \sqrt{3} = 10\,cm * 1,7321 = 17,321\,cm$$

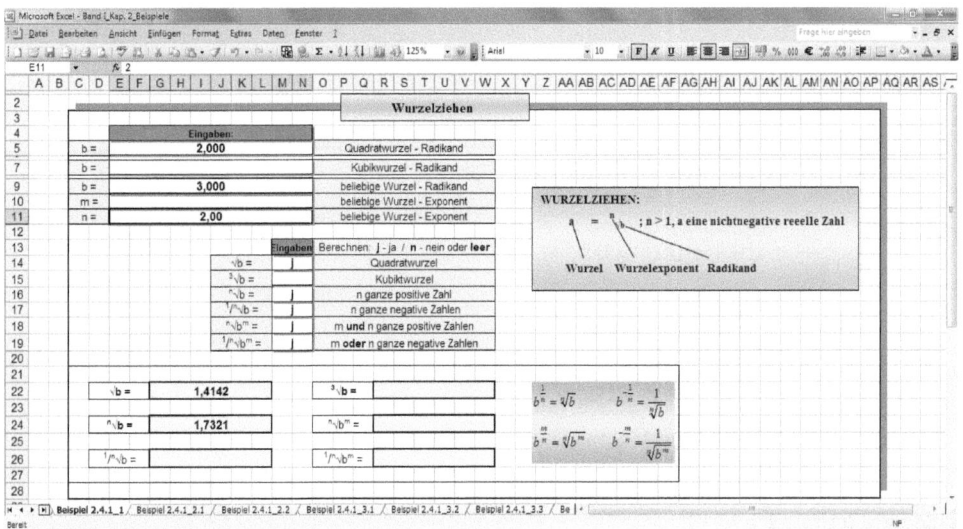

Abbildung I_2.10: Quadratwurzeln aus 2 und 3

Bei einem Quader mit einem Volumen von 1 Liter hat die **Flächendiagonale eine Länge von 14,142 cm** und die **Raumdiagonale von 17,321 cm**.

2. Radius einer Kugel

Für eine Kugel mit einem Volumen V von 1 Liter (1 dm^3) ist der Radius zu berechnen (↑ Band II Kap. 5.3).

$$r = \sqrt[3]{\frac{3 * V}{4 * \pi}} = \sqrt[3]{\frac{3dm^3}{4 * 3,141592653}}$$

$$= \sqrt[3]{\frac{3dm^3}{12,56637061}} = \sqrt[3]{0,238732dm^3}$$

$$= 0,6204dm = 6,204cm \approx 6,2cm$$

gegeben:		
V	=	1 m^3
gesucht:		
r	=	?

(↑ Excel-Programm Band I_Kap. 2 Beispiele 2.4.1_2.1 und _2.2)

Eine Kugel mit einem Volumen von 1 Liter hat einen **Radius von 6,2 cm.**

3. Abmessungen eines Quaders [2.16]

Bei einem Quader stehen die Seiten im Verhältnis 1: 2 : 3 und das Volumen V (↑ Band II Kap. 5.3) beträgt 1 Kubikmeter (m^3). Wie lang sind die Seiten a, b, und c des Quaders?

Lösung:

$$V = a * b * c = a * 2a * 3a = 1m^3 = 6a^3$$

$$a = \sqrt[3]{\frac{1}{6}} = \sqrt[3]{0,166667} \approx 0,55m$$

gegeben:		
V	=	1 m^3
b	=	2a
c	=	3a
gesucht:		
a	=	?

(↑ Excel-Programm Band I_Kap. 2
Beispiele 2.4.1_3.1 und _3.2)

Bei dem Seitenverhältnis von **a : b : c = 1 : 2 : 3** hat der Quader folgende Abmessungen: **0,55 m x 1,10 m x 1,65 m.**

Probe:

$$V = a * b * c = 0,55m * 1,10m * 1,65m = 0,99825 \approx 1$$

(↑ Excel-Programm Band I_Kap. 2 Beispiele 2.4.1_3.3)

2.4.2 Papierformate, Gewicht einer Briefsendung ohne Waage

Die Standardgrößen für Papierformate wurden erstmals 1922 in der DIN-Norm DIN 476 festgelegt [2.17]. DIN steht für Deutsche Institut für Normung. Bei allen Formaten beträgt das Verhältnis zwischen Breite und Höhe $1 : \sqrt{2}$.

1. Herleitung:
Das Format A0 hat einen Flächeninhalt von einem Quadratmeter. Wird die längere Seite dieses Formates halbiert, so entsteht das Format A1 mit dem gleichen Seitenverhältnis.

$$Höhe : Breite = \sqrt{2} : 1$$

$$\frac{x}{1} = \frac{1}{\frac{x}{2}} \qquad x = \frac{2}{x} \quad x^2 = 2 \quad x = \sqrt{2}$$

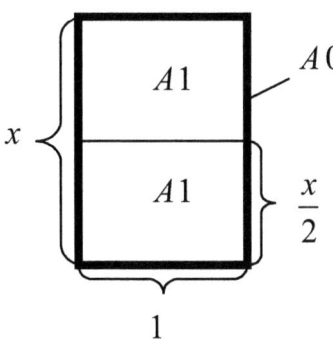

Abbildung I_2.11: Papierformate und deren Seitenverhältnisse

2. Format A0 (Fläche $A_{A0} = 1\ m^2$):

$$A_{A0} = x * y \qquad y = x\sqrt{2}$$

$$A_{A0} = x * x\sqrt{2} \qquad A_{A0} = 1\ m^2$$

Breite: x

$$1\,m^2 = x^2 * \sqrt{2} \qquad x^2 = \frac{1\,m^2}{\sqrt{2}} \quad x = \sqrt{\frac{1\,m^2}{\sqrt{2}}} = \sqrt{\frac{1\,m^2}{1,4142}} = \sqrt{0,7071}$$

$$= 0,8409m \approx 0,841\,m = 841\,mm$$

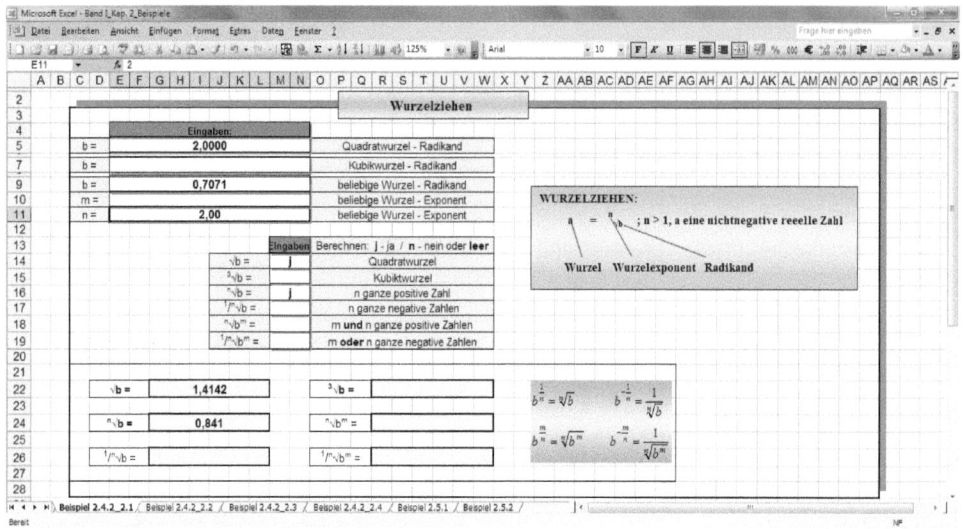

Abbildung I_2.12: Breite des Papierformats A0

Höhe y:

$$A_{A0} = 0,8408964\,m * y \qquad A_{A0} = 1\,m^2$$

$$y = \frac{1\,m^2}{0,8408964\,m} = 1,189207\,m \approx 1,189\,m = 1189\,mm$$

(↑ Excel-Programm Band I_Kap. 2_Beispiele 2.4.2_2.2)

oder

$$\frac{x}{y} = \frac{1}{\sqrt{2}}$$

$$y = \sqrt{2} * x = 1,414213 * 0,8408964\,m \approx 1,189207\,m \approx 1,189\,m = 1189\,mm$$

(↑ Excel-Programm Band I_Kap. 2_Beispiele 2.4.2_2.3)

Das Papierformat A0 hat eine Fläche von **einem Quadratmeter** mit den **Abmessungen 841 mm** in der **Breite** und in der **Höhe von 1189 mm**.

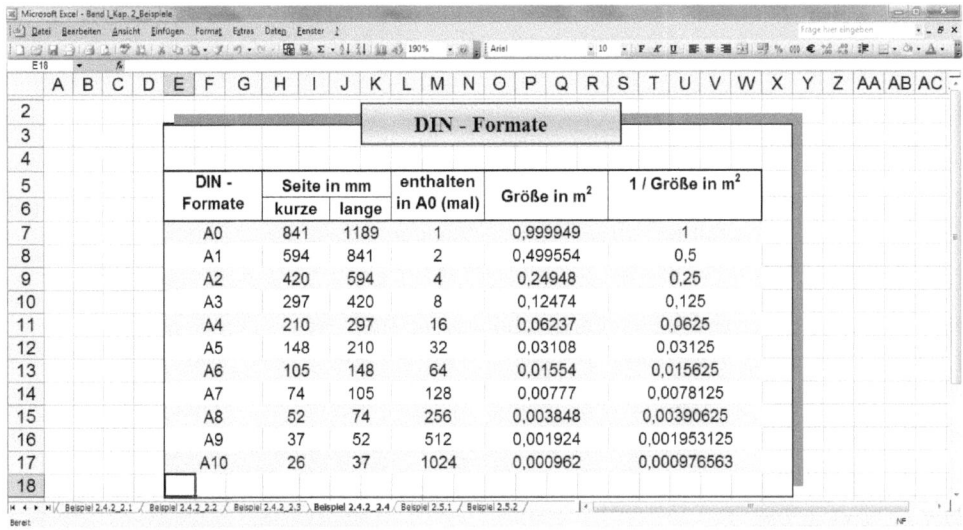

Abbildung I_2.13: Papierformate

In [2.18], [2.19] und in der Abbildung I_2.13 und _2.14 finden Sie die Abmessungen und Zusammenhänge zwischen den DIN-Formaten.

$1\ m^2 = 1$ x DIN A0 = 2 x DIN A1 = 4 x DIN A2 = 8 x DIN A3 = 16 x DIN A4 = 32 x DIN A5 ....

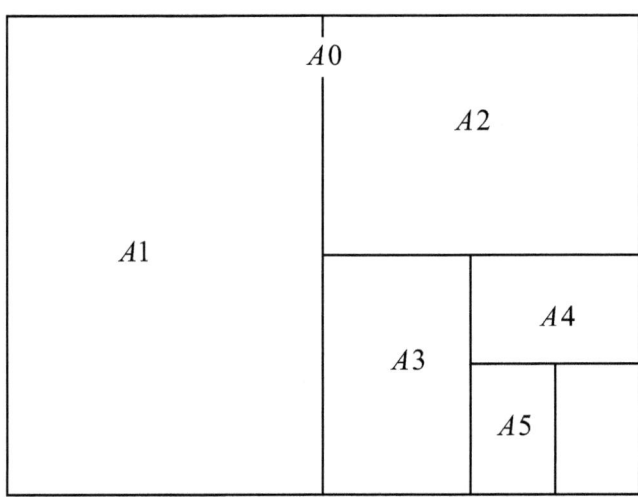

Abbildung I_2.14: Zusammenhänge zwischen den DIN-Formaten

Das Seitenverhältnis von 1 : √2 begegnet uns bei Technischen Zeichnungen, See-/ Landkarten, Druckbögen, Fahrplänen, Zeitungen, Briefpapier, Schulheften, Karteikarten, Büchern etc. immer wieder.

3. Wie viel Gramm wiegt eine Briefsendung?

Im Alltag verwenden Sie Standardpapier A4 mit einer Qualität von 80 Gramm pro Quadratmeter. Sie wissen wie viele Blätter (16) einen Quadratmeter ergeben (↑Abbildung I_2.13: Papierformate).
Ein Papierblatt A4 wiegt somit 5 Gramm. Hiermit könnten Sie ohne Briefwaage das Gewicht einer Briefsendung ermitteln und richtig frankieren. Hierbei müssen Sie das Gewicht des Umschlages (ca. 20 bis 25 g) berücksichtigen. Das Gewicht einer Briefsendung mit 100 Blättern A4 errechnet sich, wie folgt:

$$G_B = \frac{G_{qm}}{16} * n + G_U$$

G_B:	- Gewicht der Briefsendung
G_{qm}:	- Gewicht eines Quadratmeters
G_U:	- Gewicht des Umschlages
n:	- Anzahl der Blätter DIN A4

Lösung:

$$G_B = \frac{G_{qm}}{16} * n + G_U$$

$$= \frac{80g}{16} * 100 + 25g = 525g$$

gegeben:

G_{qm}	=	80 g
G_U	=	25 g
n	=	100

gesucht:

G_B	=	?

Achten Sie beim Frankieren dieses Briefumschlages darauf, dass bis 500 Gramm 1,45 Euro und schwerer 500 Gramm **2,40 Euro** fällig sind.

2.5.1 Zeitbasis für Digitaluhren

Soll eine Digitaluhr funktionieren, so ist ein möglichst genauer Zeittakt (Ein-Sekundentakt) erforderlich. Die Basis zur Erzeugung des Zeittaktes 1 Hertz (Hz = 1/s) ist ein sogenannter Uhrenquarz mit einer Frequenz von 32.768 Hz. Was muss man tun, um aus dieser krummen Frequenz den Ein- Sekundentakt zu erhalten? Die Lösung ist, dass die Quarzfrequenz durch einen n-stufigen Binärteiler (Binär – Basis 2: ↑ Band II Kap. 1) herunter geteilt wird. Anhand des binären Logarithmus (↑ Band II Kap. 2.5) errechnen wir den Binärteiler.

Lösung:

$$\log_a b = n \quad \Leftrightarrow \quad a^n = b$$

$$n = \log_a b = \log_2 32.768 = 15$$

gegeben:		
b	=	32.768 Hz ($^1/_s$)
a	=	2
gesucht:		
n	=	?

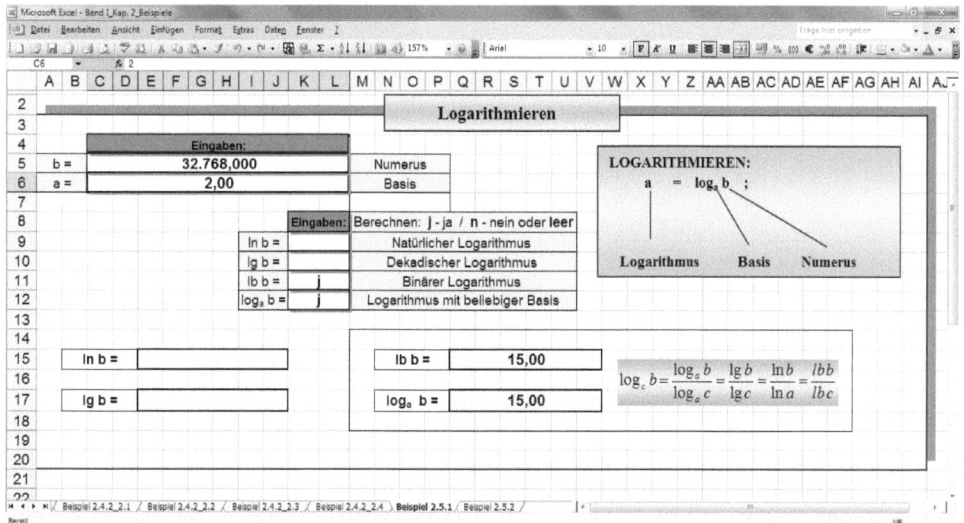

Abbildung I_2.15: 15-stufiger Binärteiler

Ein **15-stufiger Binärteiler** erzeugt aus der Quarzfrequenz den Zeittakt von 1 Hz.

2.5.2 Gedankenexperiment - Entfernung Erde-Mond

In Beispiel 1.2.4.2 (↑ Band I Kap. 1) hatten Sie bereits das folgende Gedankenexperiment mit Hilfe des Umwandelprogramms von Dezimal- in Dualzahlen gelöst:
Wie oft muss ein Blatt aus Papier (0,1 mm dick) gefaltet werden, damit das Paket die Entfernung zwischen Erde und Mond (384.401 km) überbrückt?

mittlere Entfernung Erde-Mond:	384.401 km
in $^1/_{10}$ mm:	3.844.010.000.000
Lösung:	42

Einfacher kann man diese Aufgabe mit dem binären Logarithmus lösen.

Lösung:

$$\log_2 b = lb\, b$$

$$\log_2 b = lb\, b$$
$$= lb\, 3.844.010.000.000$$
$$= 41,806 \approx 42$$

gegeben:
b	=	3.844.010.000.000
		($^1/_{10}$ mm)
a	=	2

gesucht:
n	=	?

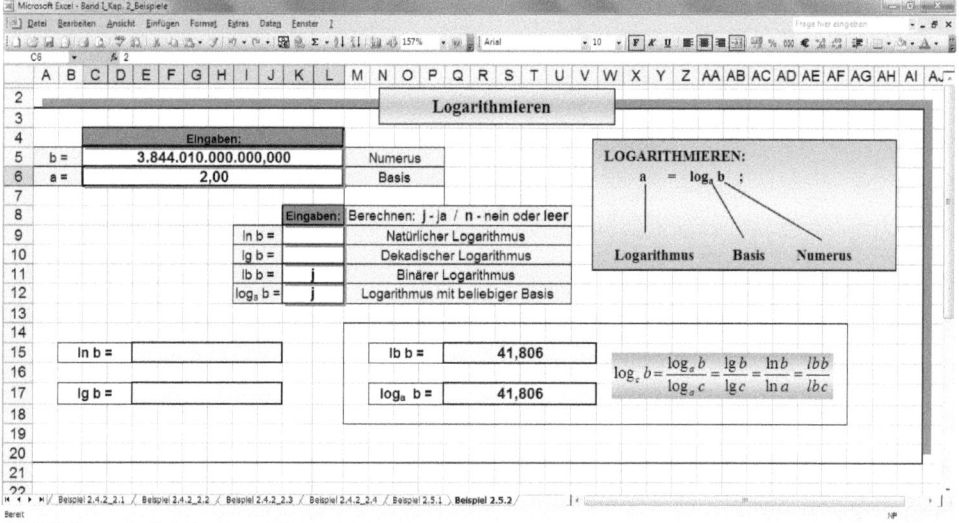

Abbildung I_2.16: Anzahl der Faltungen

Wie nicht anders zu erwarten war, ergibt auch die Logarithmenrechnung runde **42 Faltungen**.

2.5.3 Weitere Beispiele zum Potenzieren, Radizieren und Logarithmieren

In den Beispielen 9.4.1 und 9.5.1 (↑ Band I Kap. 9) finden Sie weitere interessante Beispiele, wie die Zinseszinsdarstellung, das Wachstum von Hefezellen, die Barometrische Höhenformel etc. zum Potenzieren, Radizieren und Logarithmieren.

2.6 Übungsaufgaben zu den Grundrechenarten, Potenzieren, Radizieren und Logarithmieren

2.6.1 Konzentrationsfähigkeit:
Innerhalb von 90 Sekunden sind alle Fehler in den folgenden Rechenaufgaben zu finden.

Tabelle I_2.4: Rechenaufgaben

Aufgaben	Aufgaben	Aufgaben	Aufgaben
4+11=15	14 -11= 3	19+11=30	3+13= 16
17 - 5=22	27 - 5=12	24 - 5=29	17 - 6=11
18+ 6=24	6+ 9=14	28- 22=14	16+ 9=25
10+12=22	11+ 12=23	10 - 2=12	16+ 12=28
18+ 9=26	24 - 9=13	8+ 12=20	28 - 9=19

Aufgaben	Aufgaben	Aufgaben	Aufgaben
22+13=35	30 -11= 19	19+12=31	13+16=29
7 - 5=12	27- 15=12	25 - 5=20	15 - 6= 9
18 - 6=12	16+ 9=25	28 - 22= 6	16+ 3=19
10+11=21	17+ 12=29	10 - 2 = 8	16- 12=28
8+ 9=17	14 - 9= 3	18 + 2=20	4 + 9=13

2.6.2 In einer Digitalkamera wird eine Speicherkarte mit 4GByte (Gigabyte) verwendet. Für eine hohe Bildqualität wird die Kamera so eingestellt, dass pro Bilddatei 3 MByte (Megabyte) benötigt werden.
Wie viele Bilder passen auf die Speicherkarte?

2.6.3 Die Formel für den perfekten Weihnachtsbaum lautet 1: 0,65 (Höhe-Breite-Verhältnis). Bitte wandeln Sie das Verhältnis für den perfekten Weihnachtsbaum in einen Bruch um. Bei einer Weihnachtsbaumhöhe von 1,80 m ist die Breite zu ermitteln.

2.6.4 Berechnen Sie die Angaben der Bildauflösung (Pixel) in Mega-Pixel (MPixel) um.

Tabelle I_2.5: Bildauflösungen

Bildauflösung (Pixel)	Anzahl in MPixel
800 X 600	?
1280 X 960	?
1800 X 1200	?
2048 X 1536	?
2272 X 1704	?

2.6.5 Berechnen Sie den Gesamtwiderstand der Parallelschaltung der Widerstände R_1 und R_2.
$R_1 = 1{,}58$ Ohm $[\Omega]$ $R_2 = 2{,}75$ Ohm $[\Omega]$
Bemerkungen:
Der Gesamtwiderstand R zweier parallel geschalteter Widerstände R_1 und R_2 berechnet sich aus folgender Beziehung:

$$\frac{1}{R} = \frac{1}{R_1} + \frac{1}{R_2}$$

2.6.6 Der Vater hat eine Größe von 177 Zentimeter und die Mutter von 165 Zentimeter. Welche Größe hat die Tochter, wenn sie erwachsen ist?

2.6.7 Wie viele Bits umfasst ein Kilobyte? Antworten Sie spontan. Sie Denken vielleicht an 1.000, nein es sind ..... .

2.6.8 Die Lichtgeschwindigkeit beträgt 300.000 km/s. Rechnen Sie die Lichtgeschwindigkeit in m/s, cm/s und mm/s um.

2.6.9 Berechnen Sie die Raumdiagonale eines Zimmers mit folgenden Abmessungen: 5 x 6 x 2,5 m (L x B x H)

2.7 Lösungen zu den Übungsaufgaben - Grundrechenarten, Potenzieren, Radizieren und Logarithmieren (↑ Band II Kap. 2.7)

3. Prozent- und Promillerechnung

3.1 Prozentrechnung

Im Alltag und Berufsleben stößt man oft auf die Prozentrechnung. Beim Einkaufen oder beim Geldverkehr werden Rabatte, Zinsen usw. in Prozent angeben. Dies wird durch die Auswahl der Beispiele belegt: In den Beispielen zur Fitness und Ernährung lernen Sie ein effektives Training und ein Abnehmprogramm kennen.
Beispiel 3.1.1.4 enthält Berechnungen zur neuen Erbschaftssteuer und in weiteren Beispielen werden der Umsatz einer Firma, der Bruttopreis für eine Badsanierung, der Rabatt beim Kauf einer Waschmaschine, der Rechnungsbetrag beim Kauf eines Fernsehers mit oder ohne Skonto und der Kaufpreis eines Autos ermittelt. Wenn Sie jetzt neugierig geworden sind, dann schauen Sie sich doch die folgenden Beispiele und die Übungsaufgaben (↑ Band I Kap. 3.1.2) mit den dazugehörigen Lösungen (↑ Band II Kap. 3.1) an. Über die Grundlagen zur Prozentrechnung können Sie sich im Band II Kap. 3.1 informieren.

3.1.1 Beispiele zur Prozentrechnung

3.1.1.1 Fitness – Training in den Zielzonenbereichen

Fitness und Konditionen sind heute einfach selbstverständlich. Dies erreicht man durch ein vernünftig aufgebautes Training. Hierbei sollten die körperlichen Belastungen den Punkt der normalen Belastung überschreiten, wobei es nicht um sportliche Höchstleistungen geht, sondern die Gesundheit und das Wohlbefinden zu steigern. Ein geeigneter Richtwert für die richtige körperliche Belastung kann hierbei der Puls (Herzfrequenz) sein. Dieser sollte sich bei einem effektiven Training im Bereich zwischen 70 % und 85 % der maximalen Herzfrequenz (MHF) befinden. Als grober Anhaltspunkt zur Ermittlung Ihrer MHF müssen Sie von 220 Ihr Alter abziehen. Dies ist nur für gesunde Personen zu empfehlen, und sollte bei Herz-/ Kreislauf-Patienten von einem Arzt anhand eines Belastungstests bestimmt werden.

$$Maximale\ Herzfrequenz\,(MHF) = 220 - Alter$$

Für folgende Prozentsätze der MHF gelten folgende Zielzonenbereiche [3.1]:

Prozentsatz von der MHF	Zielzonenbereiche
50-60%:	**- Training stabilisiert die Gesundheit** Es handelt sich hierbei um ein Training mit geringer Intensität, wie zum Beispiel beim Gehen oder Wandern.

60-70%:   - **Training aktiviert den Fettstoffwechsel**
Das Training hat eine geringe bis mäßige Intensität, wobei in diesem Zielbereich Ihre Fitness und die Gewichtsreduktion gefördert werden.

75-85%:   - **Training verbessert die Fitness**
Ein Training in diesem Herzfrequenz-Zielbereich eignet sich zur Verbesserung Ihrer Fitness. Dieses Training ist mit einer körperlichen Belastung von mäßiger bis hoher Intensität verbunden.

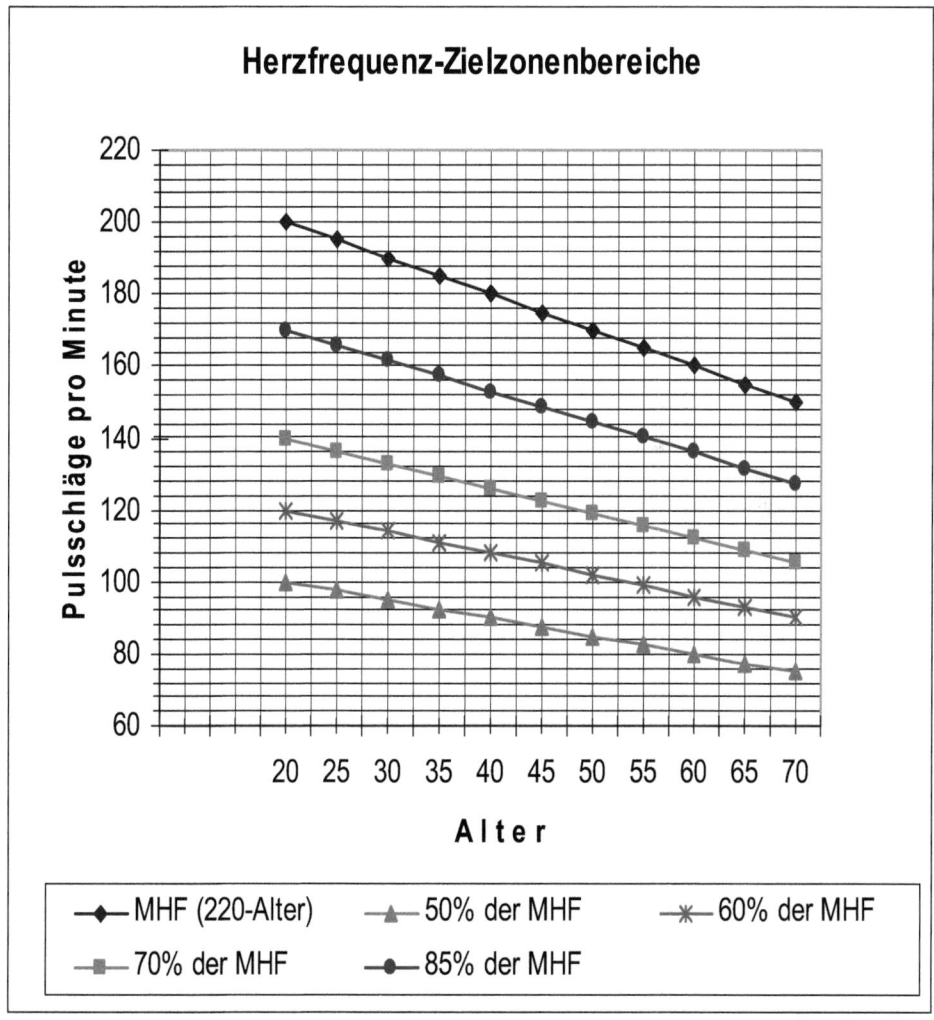

Abbildung I_3.1: Herzfrequenzen (Puls) in den Zielzonenbereichen

3.1.1.2 Fitness - Maximale Herzfrequenz und Zielzonenbereiche

Wie messen Sie Ihren Puls bzw. Herzfrequenz?

1. Pulsmessung ohne Messgerät
   Sie messen den Puls auf herkömmliche Weise, indem der Pulsschlag an der Handgelenkinnenseite unterhalb des Daumens oder an der Halsschlagader neben dem Kehlkopf abgetastet wird. Hierbei werden die Schläge innerhalb von 15 Sekunden gezählt. Die Herzschläge pro Minute erhält man, wenn der gezählte Wert mit vier multipliziert wird.

2. Automatische Pulsmessung mit einem Blutdruckoberarmmessgerät

Bestimmen Sie für eine 50 Jahre junge Frau die MHF und den Puls in den oben aufgeführten Herzfrequenzzielzonen.

gegeben:		
p	=	50 – 60 %,
		60 – 70 %,
		70 – 85 %
gesucht:		
MHF	=	?
$W_{(50\%)}$	=	?
$W_{(60\%)}$	=	?
$W_{(70\%)}$	=	?
$W_{(85\%)}$	=	?

Lösungen:

$$MHF = 220 - Alter = 220 - 50 = \mathbf{170}$$

$$W = \frac{p * G}{100}$$

p	=	Prozentsatz in %
W	=	Prozentwert
G	=	Grundwert

$$W_{(50\%)} = \frac{50\% * 170}{100} = 85$$

$$W_{(60\%)} = \frac{60\% * 170}{100} = 102$$

$$W_{(70\%)} = \frac{70\% * 170}{100} = 119$$

$$W_{(85\%)} = \frac{85\% * 170}{100} \approx 144$$

(Lösungen: ↑ Excel-Programm Band I_Kap. 3_Beispiele 3.1.2)

Den letzten Wert können Sie auch aus der **Abbildung I_3.2** entnehmen.

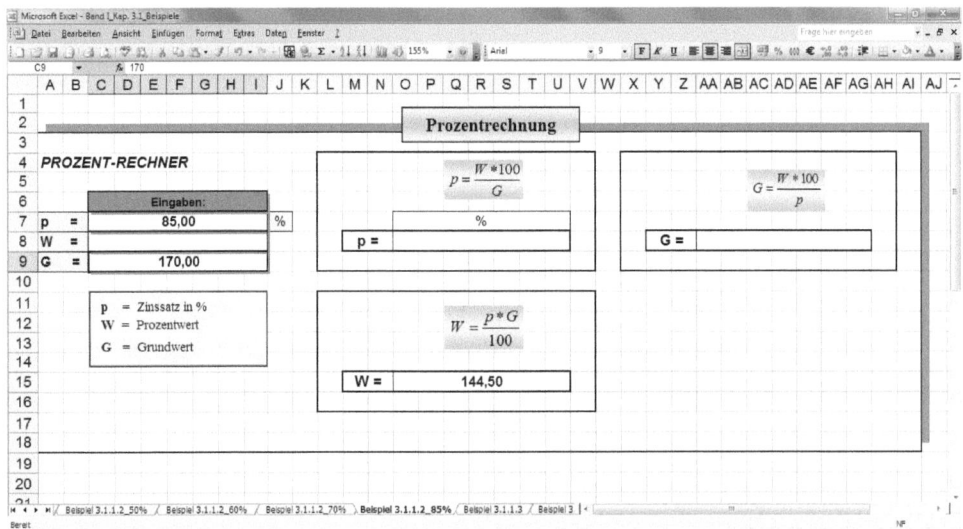

Abbildung I_3.2: Prozentwert, Herzfrequenz bei 85 % von der MHF

3.1.1.3 Ernährung, schlank mit der 30%-Fett-Formel

Ernährungswissenschaftler haben ein Abnehmprogramm entwickelt, bei dem man sich satt essen kann und trotzdem abnimmt. Die einzige Bedingung hierbei ist, dass man Lebensmittel mit einem Fettanteil von unter 30 % isst. Dem Low-Fat-Konzept [3.2] liegt zugrunde, dass nicht alle Kalorien gleich bewertet sind. Ein Gramm Kohlenhydrate und Proteine haben nur 4 Kilokalorien (kcal) und ein Gramm Fett enthält dagegen einen Brennwert von 9,3 kcal [3.3]. Das Fett hat neben der doppelten Kalorienzahl pro Gramm auch den negativen Effekt, dass es nicht lange satt macht und direkt in die Fettdepots an Hüfte, Bauch und Po wandert. Die Deutsche Gesellschaft für Ernährung (DGE) empfiehlt deshalb, nur bis maximal 30 % der täglich benötigten Kalorien durch den Verzehr von Fett zu sich zu nehmen. Bei Männern mit einem durchschnittlichen Kalorienbedarf von 2400 kcal ergeben sich in etwa 80 Gramm und bei Frauen mit einem Energiebedarf von 2000 kcal entsprechend 65 Gramm [3.4].

Zur Bestimmung des prozentualen Fettgehaltes im Essen haben Ernährungsexperten die 30 %-Formel aufgestellt [3.2]:

$$Fettprozente = \frac{Gramm\ Fett * 9{,}3\,kcal * 100}{Gesamtkalorien\ (in\ kcal\,)}$$

Achtung - Kalorien

Kalorien sind die kleinen Männchen, die über Nacht die Kleidung enger nähen.

Tabelle I_3.1: Fett-Prozentwerte einiger Nahrungsmittel

Lebensmittel	Kaiser-schmarrn	frische Vollmilch 3,5 % Fett	fettarme Landmilch 1,5% Fett	Pizza	Joghurt
1) ... Brennwert	1589kJ/ 376 kcal	267 kJ 64 kcal	192 kJ 46 kcal	891 kJ 211 kcal	511 kJ/ 121 kcal
Eiweiß	12,3 g	3,3 g	3,3 g	9,9 g	4,8 g
Kohlenhydrate	67,9 g	4,8 g	4,7 g	28,1 g	16,4 g
Fett	6,1 g	3,5 g	1,5 g	6,6 g	4,0 g
Fett-Prozentwert	15,1%	50,9%	30,3%	29,1%	30,7%

1) 100g bzw. 100ml dieses Produktes enthalten einen durchschnittlichen......

Abbildung I_3.3: Prozentwerte, Berechnung von Fett-Prozentwerten

Der Anteil der Fettkalorien wird in der Abbildung I_3.3 mit Ampel-Farben dargestellt. Die Farbe Rot steht für einen Fettkalorienanteil von über 60 % im Nahrungsmittel. Diese fetten

Nahrungsmittel sollten sie, wenn Sie abnehmen möchten, nicht sehr oft zu sich nehmen. Die Ampel-Farbe Grün signalisiert, dass der Fettkalorienanteil gemäß der DGE- Empfehlung unter 30 % liegt.

3.1.1.4 Neue Erbschaftssteuer

Die Reform der Erbschaftsteuer ist am 01. Januar 2009 in Kraft getreten. Die Höhe der Erbschaftssteuer hängt vom Wert des Erbes nach Abzug des Freibetrages und vom prozentualen Steuersatz in der jeweiligen Erbschaftssteuerklasse ab [3.5], [3.6].

Ein Ehepartner muss 32.450 Euro Erbschaftssteuer zahlen und hat für die Erbschaft einen Steuersatz von 11 % (bis 300.000 Euro – ↑ Tabelle I_3.3). Berechnen Sie den Wert des Erbes, wenn der Freibetrag (500.000 Euro - ↑ Tabelle I_3.2) des Ehepartners schon berücksichtigt wurde.

gegeben:			
W	=	32.450	Euro
p	=	11	%
gesucht:			
G	=	?	

Lösung:

$$G = \frac{W * 100}{p}$$

p	= Prozentsatz in %
W	= Prozentwert
G	= Grundwert

$$= \frac{32.450 * 100\%}{11\%} = 295.000 \ Euro$$

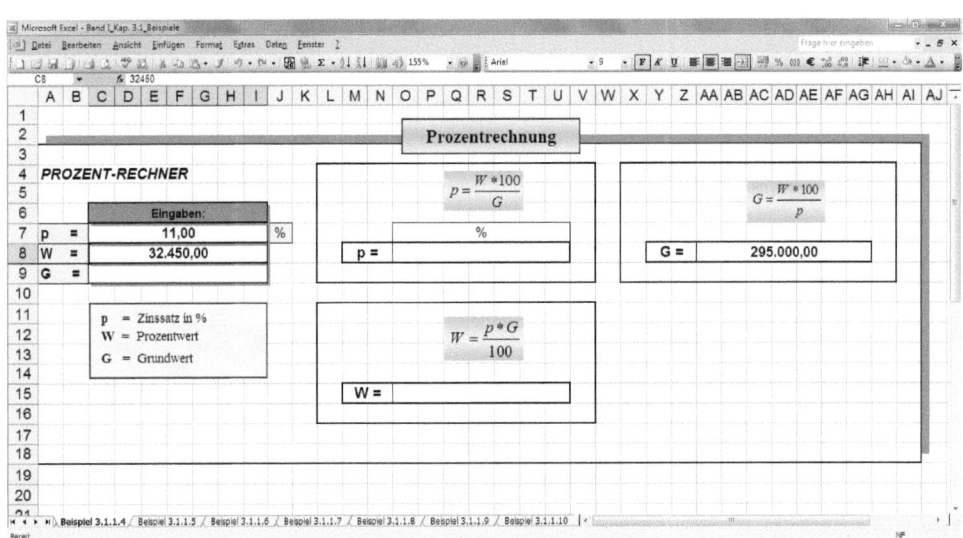

Abbildung I_3.4: Grundwert, Berechnung der Erbschaft

79

Tabelle I_3.2: Erbschaftssteuerklassen und Freibeträge [3.6]

	Steuerklasse I			Steuerklasse II	Steuerklasse III
Ehepartner	**Kinder-, Stief- und Adoptiv-kinder; En-kel ***	**Enkel**	**Eltern, Großeltern**	**Geschwister, Nichten, Nef-fen, Schwie-ger-eltern und -kinder**	**Nicht Ver-wandte** (Lebensge-fährten, Verlobte, Sonstige)
Freibetrag (in Euro):	Freibetrag (in Euro):	Freibetrag (in Euro):	Freibetrag (in Euro):	Freibetrag (in Euro):	Freibetrag (in Euro):
500.000 *	**400.000**	**200.000**	**100.000**	**20.000**	**20.000**

*   wenn Eltern verstorben
** auch gleichgeschlechtliche eingetragene Partner

Tabelle I_3.3: Erbschaftssteuerklassen und Steuersätze [3.6]

Wert des Erbes nach Abzug des Freibetrages (in Euro)	Steuersatz (in Prozent) in der jeweiligen Erbschaftssteu-erklasse		
	Steuerklasse I	**Steuerklasse II**	**Steuerklasse III**
bis 75.000	7	30	30
bis 300.000	11	30	30
bis 600.000	15	30	30
bis 6.000.000	19	30	30
bis 13.000.000	23	50	50
bis 26.000.000	27	50	50
> 26.000.000	30	50	50

Das Erbe hat einen Wert von **795.000 Euro** (inklusive 500.000 Euro Freibetrag).

3.1.1.5 Erhöhter Grundwert, Umsatzberechnung einer Firma

Eine Firma hatte im Jahr 2006 einen Umsatz von 600.000 Euro. Für 2007 war ein Wachstum von 8 % zu verzeichnen.
Wie groß war der Umsatz im Jahr 2007?

gegeben:

G	=	600.000 Euro
p	=	8 %

gesucht:

$G_{(erh.)}$	=	?

Lösung:

$$G_{(erh.)} = \frac{G * (100\% + p\%)}{100\%}$$

p	= Prozentsatz in %
G	= Grundwert
$G_{(erh.)}$	= erhöhter Grundwert

$$= \frac{600.000\ Euro * (100\% + 8\%)}{100\%} = 648.000\ Euro$$

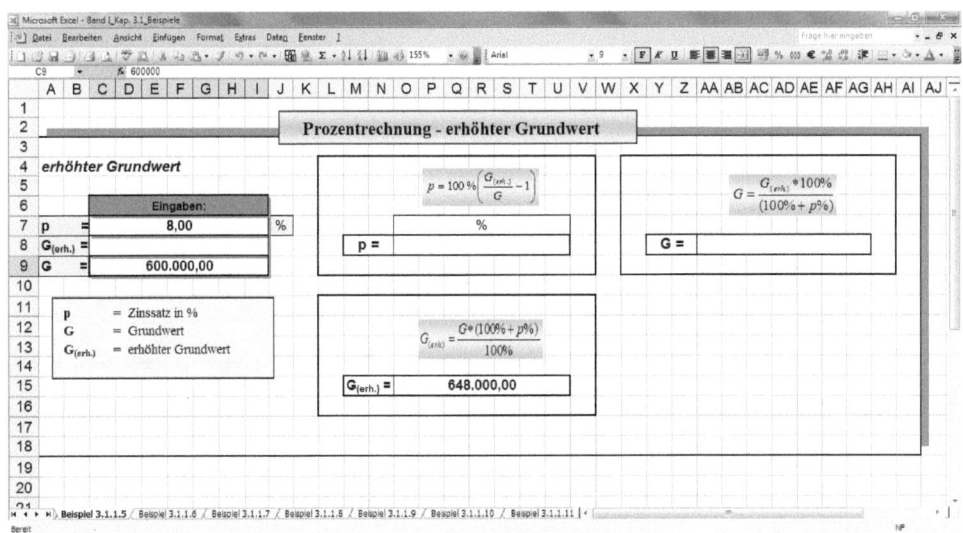

Abbildung I_3.5: Erhöhter Grundwert, Umsatzberechnung

Die Firma hatte im Jahr 2007 einen Umsatz von **648.000 Euro**.

81

3.1.1.6 Erhöhter Grundwert, Angebot zur Badsanierung

Sie erhalten ein Angebot zum Umgestalten Ihres Bades. Das Angebot weist einen Netto-wert von 1.500 Euro aus. Auf alle Waren und Dienstleistungen wird die Mehrwertsteuer (MwSt.) erhoben. Die MwSt. beträgt zurzeit 19 %.

Der Preis (Bruttopreis), den Sie für die Handwerkerleistung bezahlen müssen, ergibt sich wie folgt:

$$Bruttopreis = Nettopreis + (19\% Mehrwertsteuer * Nettopreis)$$

Lösung:

$$G_{(erh.)} = \frac{G*(100\%+p\%)}{100\%}$$

$$G_{(erh.)} = \frac{1.500\,Euro*(100\%+19\%)}{100\%}$$

$$G_{(erh.)} = \frac{1.500\,Euro*(119\%)}{100\%}$$

$$G_{(erh.)} = 1.500\,Euro*1,19 = 1.785\,Euro$$

gegeben:

G	=	1.500	Euro
p	=	19	%

gesucht:

$G_{(erh.)}$	=	?

p	= Prozentsatz in %
G	= Grundwert
$G_{(erh.)}$	= erhöhter Grundwert

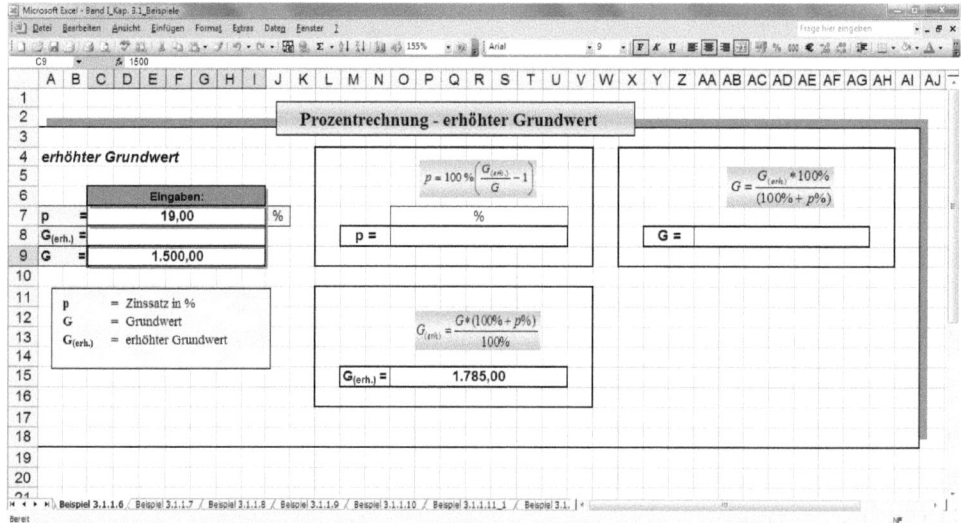

Abbildung I_3.6: Erhöhter Grundwert, Berechnung eines Bruttopreises

Die Badsanierung kostet **1.785,00 Euro**.

3.1.1.7 Grundwertberechnung, Familieneinkommen

Sie hatten 2007 ein Familieneinkommen von 60.000 Euro. Ihr Familienbruttoeinkommen ist von 2006 zu 2007 um 1,9 % gestiegen. Berechnen Sie Ihr Einkommen für 2006.

gegeben:		
$G_{(erh.)}$	=	60.000 Euro
p	=	1,9 %
gesucht:		
G	=	?

Lösung:

$$G = \frac{G_{(erh.)} * 100\%}{(100\% + p\%)}$$

p	= Prozentsatz in %
G	= Grundwert
$G_{(erh.)}$	= erhöhter Grundwert

$$G = \frac{60.000\,Euro * 100\%}{(100\% + 1,9\%)}$$

$$G = \frac{60.000\,Euro * 100\%}{101,9\%} = 58.881,26\ Euro$$

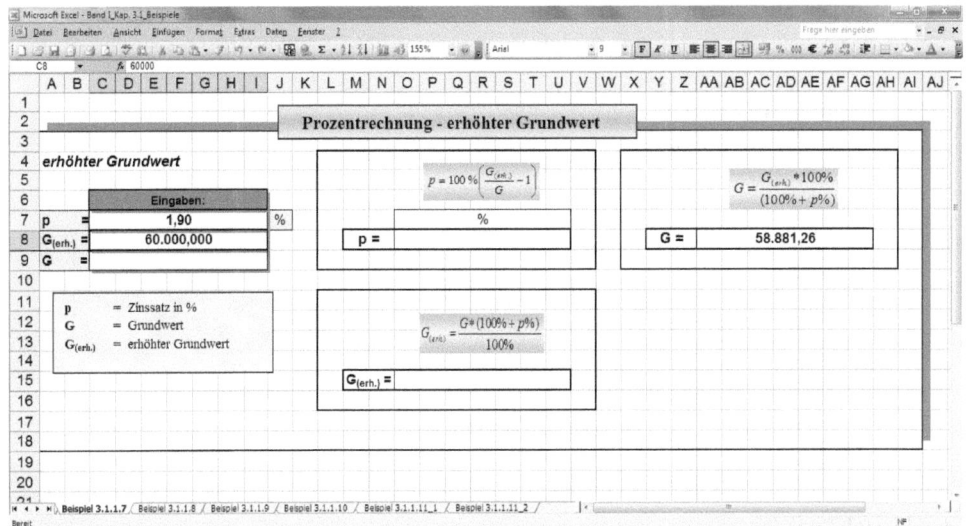

Abbildung I_3.7: Grundwertberechnung, Berechnung des Familienbruttoeinkommens

Im Jahr 2006 hatten Sie ein Familienbruttoeinkommen von **58.881,26 Euro**.

3.1.1.8 Erhöhter Grundwert, Kostenvoranschlag bei einer Autoreparatur

Für eine Autoreparatur macht eine Kfz-Werkstatt einen Kostenvoranschlag (unverbindlicher Schätzwert) von 400 Euro. Die Rechnung sollte den Kostenvoranschlag nicht mehr als 15 % überschreiten. Bis zu welchem Betrag darf die Rechnung betragen, ohne dass die Werkstatt den Kunden informieren muss. Der Kunde kann vom Vertrag zurücktreten, wenn die 15 % überschritten werden. Die von der Werkstatt bis zu diesem Zeitpunkt erbrachten Leistungen müssen aber bezahlt werden.

gegeben:

G	=	400	Euro
p	=	15	%

gesucht:

$G_{(erh.)}$ = ?

p = Prozentsatz in %
G = Grundwert
$G_{(erh.)}$ = erhöhter Grundwert

Lösung:

$$G_{(erh.)} = \frac{G * (100\% + p\%)}{100\%} = \frac{400 \; Euro * (100\% + 15\%)}{100\%}$$

$$G_{(erh.)} = \frac{400 \; Euro * (115\%)}{100\%} = 400 \; Euro * 1,15 = 460,00 \; Euro$$

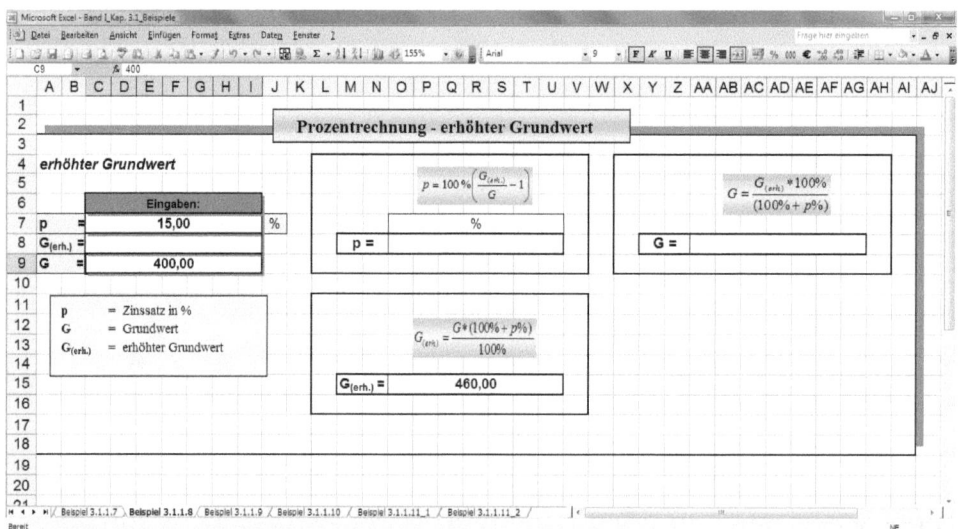

Abbildung I_3.8: Erhöhter Grundwert, Kostenvoranschlag

Der Rechnungsbetrag kann bis **460,00 Euro** betragen.

3.1.1.9 Ermäßigter Grundwert, Rabatt beim Kauf einer Waschmaschine

Beim Kauf einer Waschmaschine gewährt der Händler einen Preisnachlass (Rabatt) von 5 % bei Barzahlung. Der Listenpreis der Waschmaschine beträgt 500 Euro.
Was kostet die Waschmaschine?

gegeben:
$$G \quad = \quad 500 \quad \text{Euro}$$
$$p \quad = \quad 5 \quad \%$$

gesucht:
$$G_{(erm.)} \quad = \quad ?$$

Lösung:

$$G_{(erm.)} = \frac{G*(100\% - p\%)}{100\%}$$

$$G_{(erm.)} = \frac{500\,Euro * (100\% - 5\%)}{100\%} = 500\,Euro * 0,95 = 475,00\,Euro$$

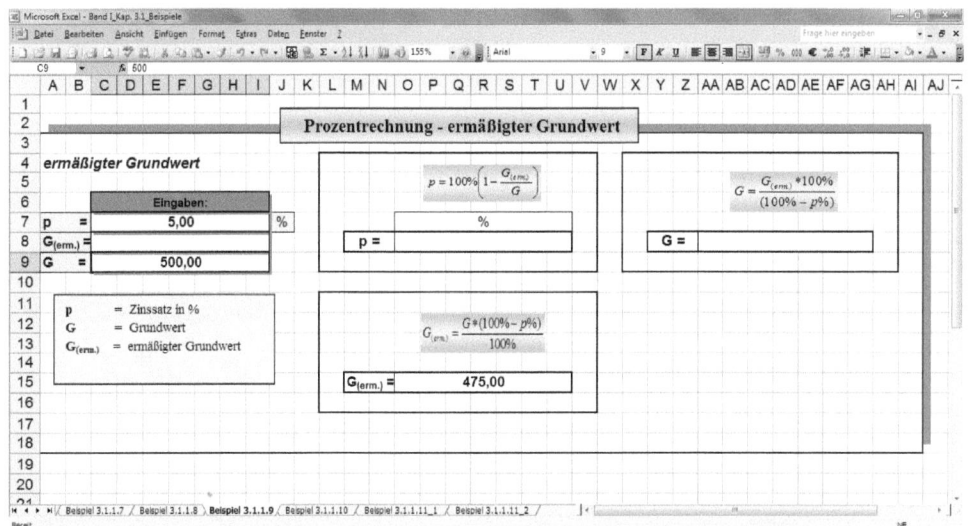

Abbildung I_3.9: Ermäßigter Grundwert, Preis für eine Waschmaschine

Die Waschmaschine kostet **475,00 Euro**.

3.1.1.10 Rechnung mit Skonto beim Fernseherkauf

Beim Kauf Ihres neuen LCD-Fernsehers gewährt Ihnen der Händler folgende Zahlungskonditionen:
14 Tage mit 3% Skonto oder 30 Tage ohne Abzug
Das Gerät kostet unter Abzug von 3% Skonto 970 Euro. Berechnen Sie den Preis, wenn Sie erst nach 30 Tagen zahlen.

gegeben:		
$G_{(erm.)}$	=	970 Euro
p	=	3 %
gesucht:		
G	=	?

Lösung:

p	= Prozentsatz in %
G	= Grundwert
$G_{(erm.)}$	= ermäßigter Grundwert

$$G = \frac{G_{(erm.)} * 100\%}{(100\% - p\%)} = \frac{970\,Euro * 100\%}{(100\% - 3\%)}$$

$$= \frac{970\,Euro * 100\%}{97\%} \qquad = \frac{970\,Euro}{0,97} = 1.000\,Euro$$

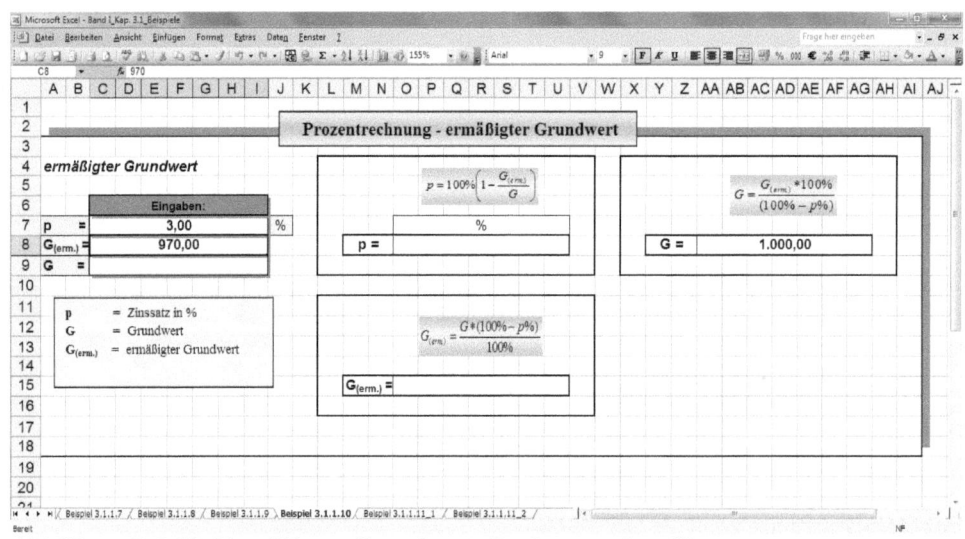

Abbildung I_3.10: Ermäßigter Grundwert, Rechnung ohne Skonto

Der LCD-Fernseher kostet ohne Inanspruchnahme des Skontos **1.000 Euro**.

3.1.1.11 Erhöhter und ermäßigter Grundwert beim Autokauf

Ihr neues Auto hat einen Nettopreis von 16.000 Euro. Beim Händler erzielen Sie auf den Bruttowert einen Rabatt von 9 %. Was müssen Sie für das neue Auto letztendlich bezahlen?

gegeben:

G = 16.000 Euro
p (MwSt.) = 19 %
p (Rabatt) = 9 %

gesucht:

$G_{(erh.)}$ = ?
$G_{(erm.)}$ = ?

Lösung:

1.

$$G_{(erh.)} = \frac{G * (100\% + p\%)}{100\%}$$

p = Prozentsatz in %
G = Grundwert
$G_{(erh.)}$ = erhöhter Grundwert

$$G_{(erh.)} = \frac{16.000\,Euro * (100\% + 19\%)}{100\%}$$

$$G_{(erh.)} = 16.000\,Euro * 1{,}19 = 19.040\,Euro$$

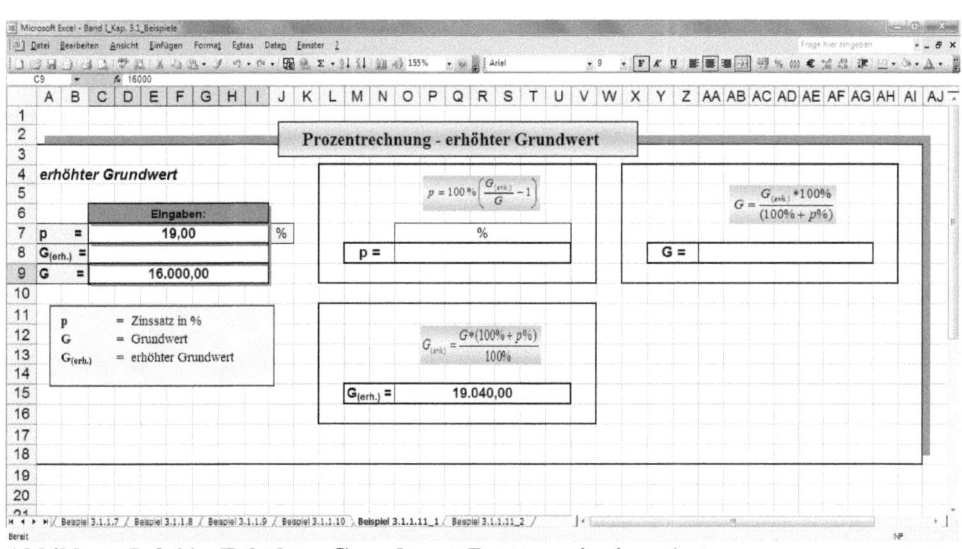

Abbildung I_3.11: Erhöhter Grundwert, Bruttopreis eines Autos

Das Auto hat einen Bruttopreis von **19.040 Euro.**

2.

$$G_{(erm.)} = \frac{G*(100\% - p\%)}{100\%}$$

p	=	Prozentsatz in %
G	=	Grundwert
G(erm.)	=	ermäßigter Grundwert

$$G_{(erm.)} = \frac{19.040\,Euro*(100\% - 9\%)}{100\%} = 19.040\,Euro*0,91$$

$$G_{(erm.)} = 17.326,40\,Euro$$

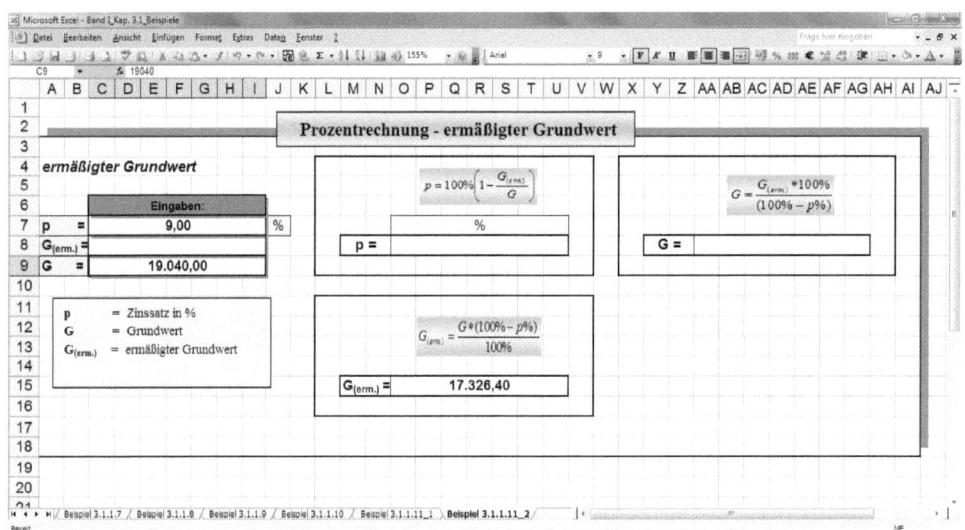

Abbildung I_3.12: Ermäßigter Grundwert, Rabatt beim Autokauf

Das neue Auto kostet **17.326,40 Euro**.

3.1.2 Übungsaufgaben zur Prozentrechnung

3.1.2.1

  a) Ein Enkel hat bei einem Steuersatz von 15 Prozent 615.000 Euro Erbschaftssteuer zu zahlen. Berechne Sie sein Erbe.
  b) Ein Lebensgefährte erbt nach Abzug des Freibetrages 170.000 Euro und hat 51.000 Euro Erbschaftssteuern gezahlt. Berechnen Sie den Steuersatz dieser Erbschaft.
  c) Ein Ehepartner erbt 6.3000.000 Euro. Berechnen Sie die Erbschaftssteuer.
  (Freibetrag und Steuersatz: ↑ Tabellen I_3.4 und 3.5)

Tabelle I_3.4: Erbschaftssteuerklassen und Freibeträge [3.6]

Steuerklasse I				Steuerklasse II	Steuerklasse III
Ehepartner	Kinder-, Stief- und Adoptiv- kinder; En- kel*	Enkel	Eltern, Großeltern	Geschwister, Nichten, Nef- fen, Schwie- ger-eltern und -kinder	Nicht Ver- wandte (Lebensge- fährten, Verlobte, Sonstige)
Freibetrag (in Euro):	Freibetrag (in Euro):	Freibetrag (in Euro):	Freibetrag (in Euro):	Freibetrag (in Euro):	Freibetrag (in Euro):
500.000 **	400.000	200.000	100.000	20.000	20.000

* wenn Eltern verstorben
** auch gleichgeschlechtliche eingetragene Partner

Tabelle I_3.5: Erbschaftssteuerklassen und Steuersätze [3.6]

Wert des Erbes nach Abzug des Freibetrages (in Euro)		Steuersatz (in Prozent) in der jeweiligen Erbschaftssteu- erklasse		
		Steuerklasse I	Steuerklasse II	Steuerklasse III
bis	75.000	7	30	30
bis	300.000	11	30	30
bis	600.000	15	30	30
bis	6.000.000	19	30	30
bis	13.000.000	23	50	50
bis	26.000.000	27	50	50
	> 26.000.000	30	50	50

3.1.2.2 Nach Mitteilung des Statistischen Bundesamtes vom 30. Mai 2005 lebten Ende 2003 nur noch 15,4 Prozent oder 12,7 Millionen (jeder Sechste) in ländlichen Gebieten. Die Menschen in Deutschland ziehen immer mehr in die Städte und in die so genannten Speckgürtel größerer Städte oder Ballungszentren.
Berechnen Sie die Bevölkerung, die Ende 2003 in Deutschland lebte.

3.1.2.3 In der Fußballsaison 2007/2008 haben die 36 Vereine und Kapitalgesellschaften der 1. und 2. Bundesliga 1,75 Millionen Euro Gesamtertrag eingespielt. Dieser Wert sind 15 Prozent mehr als in der Saison zuvor. 16.186.221 Eintrittskarten verkauften beide Bundesligen in der Saison 2007/2008. Gegenüber der Saison zuvor waren das rund 820.000 Karten mehr [3.7].
a) Welchen Ertrag spielten beide Bundesligen in der Saison 2006/2007 ein?
b) Wie viel Prozent Karten wurden in der Saison 2006/2007 weniger verkauft?

3.1.2.4 Im Jahr 2007 wurde die Mehrwertsteuer (MwSt.) von 16 % auf 19 % angehoben. Um wie viel Prozent wurden die Waren teurer?
Bemerkungen: Nettowert 1 Euro → Bruttowert 1,16 Euro (16 % MwSt.)
→ Bruttowert 1,19 Euro (19 % MwSt.)

3.1.2.5 Nach Angaben der Bundesbank vom 23. März 2006 sind die Gesamtschulden des deutschen Staates 2005 um 70 Milliarden Euro auf 1,521 Billionen Euro gestiegen. Um wie viele Prozentpunkte stieg die Neuverschuldung?

3.1.2.6 Ab 2007 gibt es das Elterngeld. Wer im Berufsleben eine Babypause einlegt, erhält monatlich für ein Jahr 67 Prozent des letzten Nettoeinkommens. Das Elterngeld ist auf 1.800 Euro begrenzt.
Berechnen Sie für diese Grenze das maximale Nettoeinkommen.

3.1.2.7 Das Statistische Bundesamt teilte am 02.01.2007 mit, dass die Zahl der Erwerbstätigen für 2006 im Jahresdurchschnitt bei 39,1 Millionen und somit um 0,7 Prozent höher als im Vorjahr lag.
Berechnen Sie die Zahl der Erwerbstätigen für 2005.

3.1.2.8 Welche Menge an Mandeln wird für die Herstellung von 750 Gramm Marzipan benötigt? (Hinweis: Marzipan besteht aus 70 Prozent Mandeln und 30 Prozent Puderzucker)

3.1.2.9 Der Rechnungsbetrag von 1.500 Euro wurde unter Abzug von 3 % Skonto beglichen. Wie lautet der ursprüngliche Rechnungsbetrag?

3.1.2.10 Nach Abzug von 15 % Rabatt und 2 % Skonto beträgt der Rechnungsbetrag 750 Euro.
a) Welcher Rechnungsbetrag muss ohne Skonto gezahlt werden?
b) Wie hoch ist der Rechnungsbetrag ohne Rabatt und Skonto?

3.1.2.11 Der Bundesverband Deutscher Banken berichtete, dass im Jahr 2005 aus 10.000 Euro folgende Renditen erzielt wurden:

Tabelle I_3.6: Renditen für Kapitalanlagen

Geld-/ Kapitalanlage	in Euro	Rendite in %
Gold	13.600	?
Deutsche Aktien (DAX-Werte)	12.700	?
Bundesobligationen (5 Jahre Laufzeit)	10.300	?
Sparbrief (vier Jahre Laufzeit)	10.290	?
Finanzierungsschätze (ein Jahr Laufzeit)	10.210	?
Sparbuch (drei Monate Kündigungsfrist)	10.090	?

3.1.3 Lösungen der Übungsaufgaben zur Prozentrechnung (↑ Band II Kap. 3.1.3)

3.2 Promillerechnung

Die Promillerechnung (↑ Band II Kap. 3.2) findet man u. a. im Versicherungs- und Bankwesen immer dann, wenn kleine Anteile zu berechnen sind. In Beispiel 3.2.1.1 wird die Prämie eines Außendienstmitarbeiters berechnet. In der Schmuckindustrie gibt man den Anteil eines Edelmetalls in einer Legierung in Tausendstel (Promille) an (↑ Beispiel 3.2.1.2). Promille bezeichnet im umgangssprachlichen Sinne die Alkoholmenge im Blut und wird nach der Widmark - Formel (↑ Beispiel 3.2.1.3) berechnet. In diesem Beispiel berechnen Sie neben dem Blutalkoholwert weiterhin den aufgenommenen Alkohol und die Zeit, nach dem der Körper den Alkohol abgebaut hat. Die Grundlagen zur Promillerechnung finden Sie im Band II Kap. 3.2.

3.2.1 Beispiele zur Promillerechnung

3.2.1.1 Prämienberechnung

Von einer Firma wird eine Prämie von 750 Euro an einem Außendienstmitarbeiter ausge-schüttet. Dieser Wert entspricht 2,5 Promille des Firmenumsatzes in einem Quartal.
Welchen Umsatz hatte die Firma im Quartal?

Lösung:

$$G = \frac{W * 1000}{p}$$

p	=	Promillesatz in $^0/_{00}$
W	=	Promillewert
G	=	Grundwert

$$= \frac{750\,Euro * 1000\,^0/_{00}}{2,5\,^0/_{00}} = 300.000\,Euro$$

gegeben:

W	=	750	Euro
p	=	2,5	$^0/_{00}$

gesucht:

G	=	?

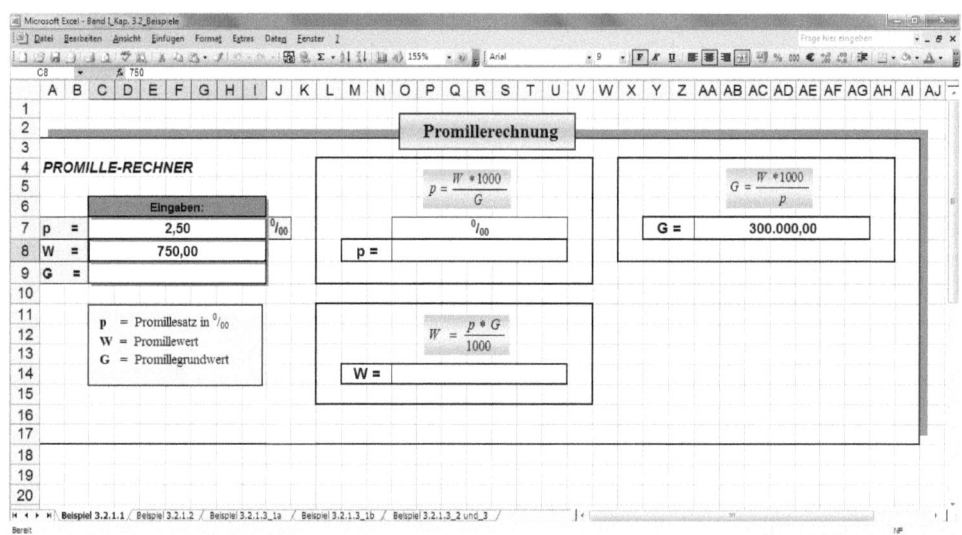

Abbildung I_3.13: Grundwert, Berechnung einer Prämie

Die Firma hatte einen Umsatz von **300.000 Euro**.

3.2.1.2 Legierungen aus Gold und Silber

Vielleicht haben Sie sich schon mal die Frage gestellt, welchen Feingehalt an Gold und Silber enthält der Familienschmuck. Da reines Gold (Feingold) und reines Silber (Feinsilber) verhältnismäßig weich sind, werden diese Edelmetalle im Allgemeinen nur als Legierungen verarbeitet. Besonders bei Goldlegierungen [3.8] ist die Farbe von den Zusatzmetallen abhängig. Die unten aufgeführte Tabelle I_3.7 enthält die so genannten Farbgolde (Rot-, Grün-, Gelb- und Weißgold), wobei 750 Teile Feingold mit den entsprechenden Zusatzmetallen verschmolzen werden. Silber wird meist mit Kupfer legiert. Der Feingehalt bezeichnet die Volumenanteile eines Edelmetalls in der Legierung. Die Angaben erfolgen in Tausendstel (Promille). Die Maßeinheiten für den Feingehalt von Silber [3.9] war früher das Lot [3.10] (reines Silber = Feinsilber = 16 Lot = $^{1000}/_{1000}$ Volumenanteile) und von Gold Karat [3.8] (reines Gold = Feingold = 24 Karat = $^{1000}/_{1000}$ Volumenanteile). Im Handel ist bei Gold weiterhin die Bezeichnung Karat gebräuchlich. So entsprechen acht Karat ($^8/_{24}$ = 0,333; 0,333 * 1000 = 333) Volumenanteile Feingold, dieses Gold wird daher auch 333er Gold genannt. Die heute gebräuchlichen Silberlegierungen [3.9] sind 800er oder 900er Silber. Diese Legierungen bestehen aus 800 und 900 Teilen Feinsilber und 200 und 100 Teilen Fremdmetalle.

Umrechnung in Karat und Lot:

Karat:

$$\frac{X\ Karat}{24\ Karat} = \frac{p}{1000} \qquad X\ Karat = \frac{p*24Karat}{1000} \qquad p = \frac{(X\ Karat)*1000}{24\ Karat}$$

Beispiel: **916er Gold** (916 $^0/_{00}$):

$$X\ Karat = \frac{916*24Karat}{1000} = 21,98 \approx 22\ Karat$$

Lot:

$$\frac{X\ Lot}{16\ Lot} = \frac{p}{1000} \qquad X\ Lot = \frac{p*16\ Lot}{1000} \qquad p = \frac{(X\ Lot)*1000}{16\ Lot}$$

Beispiel: **800er Silber** (800 $^0/_{00}$):

$$X\,Lot = \frac{800 * 16\,Lot}{1000} = 12,80 \approx 13\,Lot$$

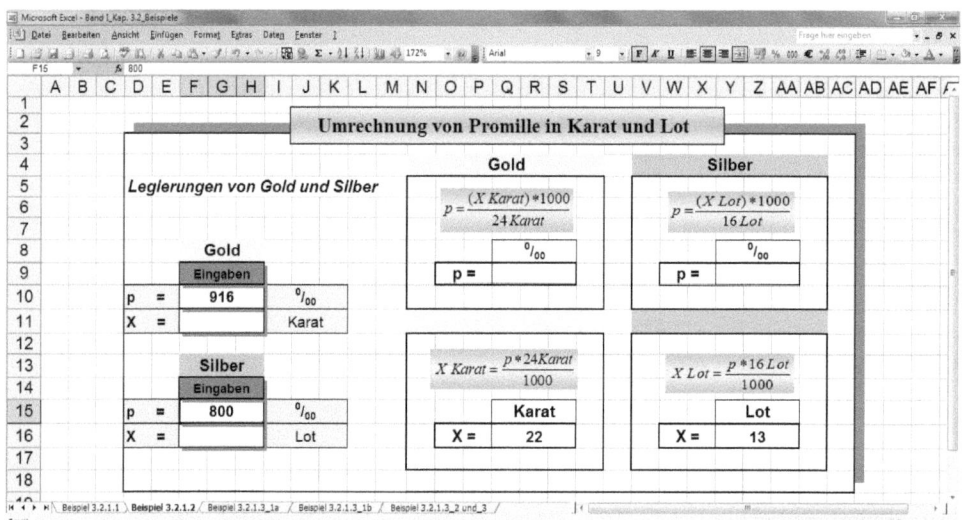

Abbildung I_3.14: Umrechnung in Karat und Lot

Tabelle I_3.7: Farbgolde mit Feingoldgehalt 750 [3.7]

Bezeichnung	Legierungsbestandteile - Zusatzmetalle
Rotgold	Vorwiegend mit Kupfer
Grüngold	Kadmium
Gelbgold	ungefähr zu gleichen Teilen Kupfer und Silber
Weißgold	Farbgebende Metalle Nickel und/ oder Palladium

Tabelle I_3.8: Goldlegierungen mit Kupfer für Schmuckwaren [3.10]

Feingoldan-teile	1000 (999,9)	916	750	585	375	333
Karat	24	22	18	14	9	8

3.2.1.3 Berechnung des Blutalkoholgehaltes und Alkoholabbaus

Die Menge des Alkohols im Blut wird in Promille ($^0/_{00}$) angegeben und berechnet sich nach der Widmark-Formel [3.11] oder kann in der Atemluft sowie im Blut gemessen werden. Mit einem Alkoholtestgerät, in das man hineinpustet, kann die Alkoholkonzentration in der Atemluft ermittelt werden. Als Maßeinheit dient die Alkoholmenge in Milligramm pro Liter Atemluft ($mg/l = mg/1.000 ml$). Ein Milligramm Atemalkoholkonzentration entspricht $2,1\ mg/g = 2,1\ ^0/_{00}$ Blutalkoholkonzentration.

Widmark-Formel [3.11]:

$$C = \frac{A}{r * G}$$

C = Blutalkohol in Promille ($^0/_{00}$)
A = aufgenommene Alkoholmenge in Gramm (g)
r = Verteilungsfaktor im Körper (0,7 für Männer; 0,6 für Frauen)
G = Körpergewicht der Person in Kilogramm (kg)

Der Verteilungsfaktor (r) berücksichtigt das Körpergewicht (G), in dem sich der aufgenommene Alkohol (A) verteilt. Alkohol ist ausschließlich wasserlöslich und verteilt sich nicht in den Knochen und im Fettgewebe, daher steht dieser Körpermasseanteil nicht zur Verfügung. Der Verteilungsfaktor ist für Frauen niedriger, da ihr Körper einen durchschnittlich höheren Fettanteil enthält.

Beispiel:
Ein Mann hat in relativ kurzer Zeit 1 Liter (*l*) Bier zu sich genommen. Er hat ein Gewicht von 80 kg. Das Bier hat einen Alkoholgehalt von 5 %. Dies sind Volumenprozente, so dass sich in dem Liter Bier 50 cm^3 ($1l = 1.000$ cm^3, 5 % von 1.000 cm^3 = 50 cm^3) Alkohol befinden.

1. Berechnung der aufgenommenen Alkoholmenge:

a) Bei einer Dichte des Alkohols von rund 0,8 g/cm^3 hat der Mann somit 40 g Alkohol zu sich genommen.

Lösung:

$$A = V * e * d$$

A	=	aufgenommene Alkoholmenge in Gramm (g)
V	=	Volumen des Getränks in Kubikzentimeter (cm^3)
e	=	Volumenanteil (Vol % - auf dem Getränkebehälter zu finden) – als Dezimalwert verwenden
d	=	Dichte von Alkohol rund 0,8g/cm^3

$$A = 1.000\, cm^3 * 5\%/100 * 0,8\, g/cm^3$$

$$= 1.000\, cm^3 * 0,05 * 0,8\, g/cm^3 = 40\, g$$

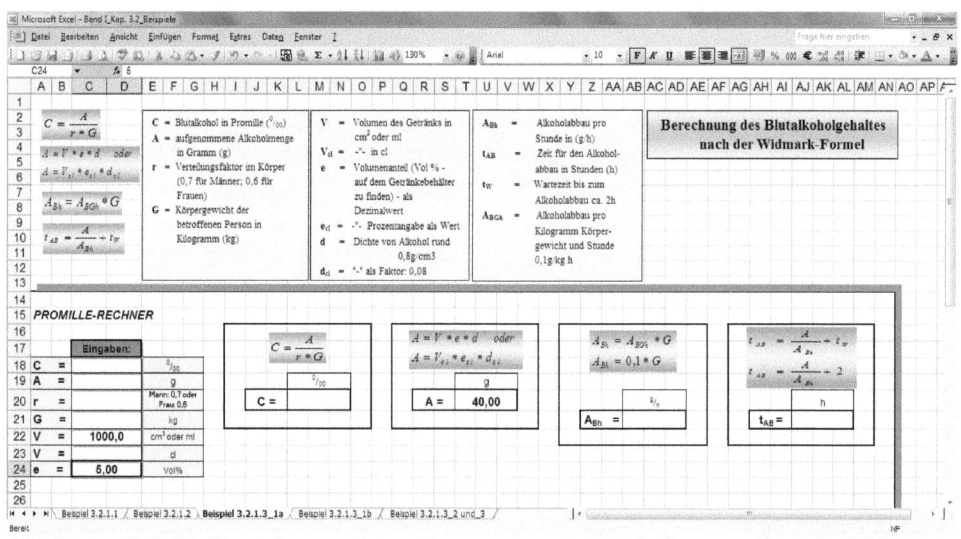

Abbildung I_3.15: Berechnung der aufgenommenen Alkoholmenge über die Volumenangabe in cm^3

b) Die aufgenommene Menge an Alkohol kann auch wie folgt berechnet werden:
Die Menge des Getränks in Zentiliter (cl - hundertstel Liter, 1 l = 100 cl) wird mit dem Alkoholgehalt in Volumenprozent (Vol %) und 0,08 multipliziert.

A	= aufgenommene Alkoholmenge in Gramm (g)
V$_{cl}$	= Volumen des Getränks in Zentiliter (cl)
e$_{cl}$	= Volumenanteil (Vol % - auf dem Getränkebehälter zu finden) – Prozentangabe als Wert verwenden
d$_{cl}$	= Dichte von Alkohol als Faktor: 0,08

Lösung:

$$A = V_{cl} * e_{cl} * d_{cl}$$

$$= 100 * 5 * 0,08 = 40\,g$$

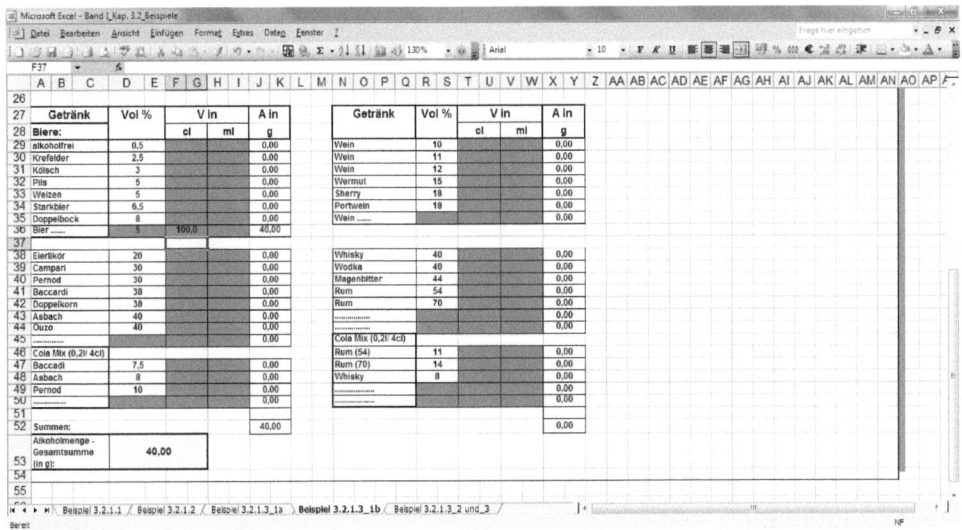

Abbildung I_3.16: Berechnung der aufgenommene Alkoholmenge über die Volumenangabe in cl

2. Blutalkoholgehalt :

Widmark-Formel:

$$C = \frac{A}{r * G} \quad = \frac{40}{0,7 * 80} = 0,71\,{}^{0}/_{00}$$

(↑ Abbildung I_3.17)

97

Mit der Widmark-Formel soll man den Blutalkoholgehalt mit einer Genauigkeit von $\pm 0,1$ Promille berechnen können.

Tabelle I_3.9: Promille und Auswirkungen [3.12], [3.13]

Promille	Auswirkungen
0,3	Man spürt schon die Wirkung des Alkohols. Aufmerksamkeit wird herabgesetzt.
0,5	deutliches Wärmegefühl, angeheitert Ab 0,5 Promille ist das Unfallrisiko im Straßenverkehr doppelt so hoch wie bei Personen, die gar kein Alkohol und zu sich genommen haben.
1,0	Konzentration- und Koordinationsschwierigkeiten, Muskelkontrolle und das Gleichgewicht sind beeinträchtigt, erster Sprachstörungen
1,5	starke Betrunkenheit
2,0	unkontrolliertes Torkeln, Vollrausch, Erbrechen
2,5	ab 2,5 Promille besteht Lebensgefahr
3,0	Man kann sich nicht mehr aufrecht halten und verliert das Bewusstsein.
4,0	tödliche Dosis

> **Hinweis:**
> **Schon geringe Mengen an Alkohol beeinflussen die Konzentration beim Autofahren.**

3. Alkoholabbau (Ab):

Der Körper baut den anfallenden Alkohol mit gleich bleibender Geschwindigkeit von 0,1 bis 0,2 Promille pro Stunde (h) genauer 0,1 g bis 0,2 g Alkohol pro Kilogramm Körpergewicht ab. Der Blutalkoholwert wird nach circa einer Stunde nach Alkoholaufnahme erreicht und nach circa 2 Stunden beginnt der Abbau des Alkohols im Körper.

Für den Alkoholabbau [3.11] ergibt sich:

$$A_{Bh} = A_{BGh} * G$$

$$t_{AB} = \frac{A}{A_{Bh}} + t_W$$

$$A_{Bh} = 0{,}1(g/kgh) * 80 kg = 8\,g/h$$

$$t_{AB} = \frac{A}{A_{Bh}} + t_w$$

$$= \frac{40\ g}{8\ g\ /h} + 2\ h = 7\ h$$

Ab	=	Alkoholabbau
A$_{Bh}$	=	Alkoholabbau pro Stunde in (g/h)
A	=	aufgenommen Alkoholmenge in Gramm (g)
t$_{AB}$	=	Zeit für den Alkoholabbau in Stunden (h)
t$_W$	=	Wartezeit bis zum Alkohol-abbau circa 2h
A$_{BGh}$	=	Alkoholabbau pro Kilogramm Körpergewicht und Stunde in (g/kg h) = 0,1
G	=	Körpergewicht der betroffenen Person in Kilogramm (kg)
C	=	Blutalkohol in Promille ($^0/_{00}$)

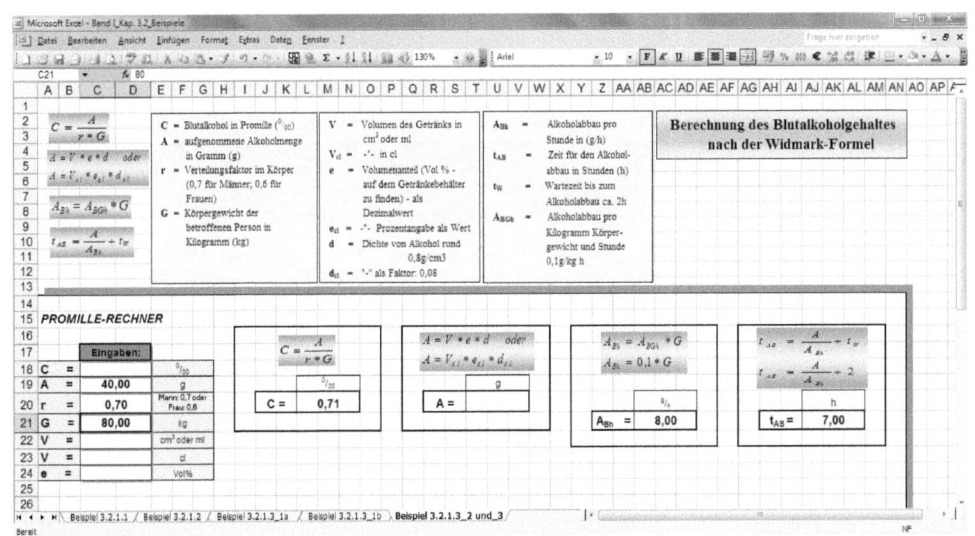

Abbildung I_3.17: Blutalkoholgehalt und Alkoholabbau

Von einem Mann mit einem Gewicht von 80 kg werden 8 g Alkohol pro Stunde abgebaut. Der **aufgenommene Alkohol (40 g)** ist nach 5 Stunden plus zwei Stunden Wartezeit und somit nach **mindestens 7 Stunden abgebaut**. Die aufgenommenen 40 g Alkohol führen zu einem **Blutalkoholgehalt von 0,71 Promille**. Pro Stunde werden 0,142 Promille ($0{,}71\ ^0/_{00} : 5 = 0{,}142\ ^0/_{00}$) des Blutalkohols abgebaut.

3.2.2 Übungsaufgaben zur Promillerechnung

3.2.2.1 Von einem Jahresgehalt in Höhe von 50.000 Euro zahlt eine Firma 12 Promille Prämie. Wie groß ist die Prämie?

3.2.2.2 Berechnen Sie die Volumenanteile (Promille) Feingold für Legierungen mit 15 und 19 Karat.

3.2.2.3 Wie viele Promille Kupfer sind in Gelbgold?

3.2.2.4 Wie viele Promille Fremdmetalle enthält 600er Silber?

3.2.2.5 Berechnen Sie den Feinsilberanteil in einer Legierung von 7,5 Lot.

3.2.2.6 Wie viel Karat hat 585er Gold?

3.2.3 Lösungen der Übungsaufgaben zur Promillerechnung (↑ Band II Kap. 3.2.3)

4. Zins- und Zinseszinsrechnung, Ratensparen, Rentenberechnung und Tilgung

4.1 Zins- und Zinseszinsrechnung

4.1.1 Finanzen – Hinweise und Tipps

4.1.1.1 Ratenkredit, Dispositionskredit, Effektiver Zinssatz, Nominalzinssatz

Sie beabsichtigen in der nächsten Zeit sich neue Möbel, ein neues Auto oder für die Kinder einen neuen Computer anzuschaffen. Für die Finanzierung Ihrer Wünsche gibt es einige Möglichkeiten und Sie sollten deshalb verschiedene Kreditangebote genau miteinander vergleichen.
Bei Überziehung des Girokontos zahlen Sie Zinsen für den Dispositionskredit (Dispo). Diese Zinsen sind derzeit recht hoch und liegen im Durchschnitt bei 12 Prozent. Sie fahren günstiger mit einem Ratenkredit. Die Konditionen eines Ratenkredites hängen vom Umfang und der Laufzeit ab, und sind für 2,5 bis 4,5 Prozent effektiven Jahreszins zu haben. Beim Ratenkredit vereinbart die Bank mit Ihnen eine monatliche Rückzahlungsrate. Die Kosten für den Ratenkredit ergeben sich aus der Höhe des angegebenen Zinssatzes, der als Nominalzinssatz bezeichnet wird, und eventuell anfallende Bearbeitungs- und Provisionskosten. Die Summe ergibt den effektiven oder tatsächlichen Zinssatz [4.1] bis [4.4].

Effektiver Zinssatz = Nominalzinssatz + Gebühren und Nebenkosten

---

Sie sollten beim Vergleich der Finanzierungsangebote auf den effektiven Zinssatz achten. Ein Kredit ist umso günstiger, je niedriger der effektive Zinssatz ist.

Wer sich Geld von der Bank leiht, muss dafür Zinsen bezahlen - Man macht Schulden und zahlt **Sollzinsen** [4.5]

Wer Geld verleiht, in dem das Geld auf ein Sparkonto angelegt wird, erhält Zinsen von der Bank - Man hat ein Guthaben und erhält **Habenzinsen** [4.6]

Zinsen sind somit eine Vergütung für leihweise überlassenes Kapital. Die Zinsen hängen von der Höhe des Kapitals, der Zeitdauer und dem Zinssatz ab. Der Zinssatz ist der prozentuale Anteil des Kapitals, der als Zinsen zu zahlen ist. Bei den Zinssätzen handelt es sich, wenn die Zeit nicht besonders genannt wird, um Jahreszinsen.

4.1.2 Beispiele zur Zinsrechnung

Kapitel 4.1.2 enthält diverse Beispiele zur Zinsrechnung. Allgemein kann der hierbei verwendete Zinsrechner zur Berechnung von Zinsen, Zinssatz, Laufzeit und zur Kapitalberechnung genutzt werden. In Beispiel 4.1.2.4 lernen Sie einige Verfahren zur Laufzeitberechnung kennen und ermitteln in Beispiel 4.1.2.5 Tageszinsen sowie in 4.1.2.6 den Zinssatz. In Beispiel 4.1.2.7 (Abgeltungssteuer) bestimmen Sie für verschiedene Zinssätze die Geldanlagen, bis zu denen die Gewinne steuerfrei sind.
Die Formeln für die folgenden Berechnungen finden in Band II Kap. 4.1.2.

4.1.2.1 Habenzinsen für Jahre

Ihr Kapital von 2.000,00 Euro wird mit 3,5 % verzinst. Berechnen Sie die Zinsen für 4 Jahre.
Lösung:

gegeben:
K = 2.000,00 Euro
P = 3,50 %
j = 4 Jahre

gesucht:
Z = ? Euro

$$Z = \frac{K * p * j}{100} \, (Jahr)$$

$$= \frac{2.000,00 \cdot 3,5 * 4}{100} = 280 \, Euro$$

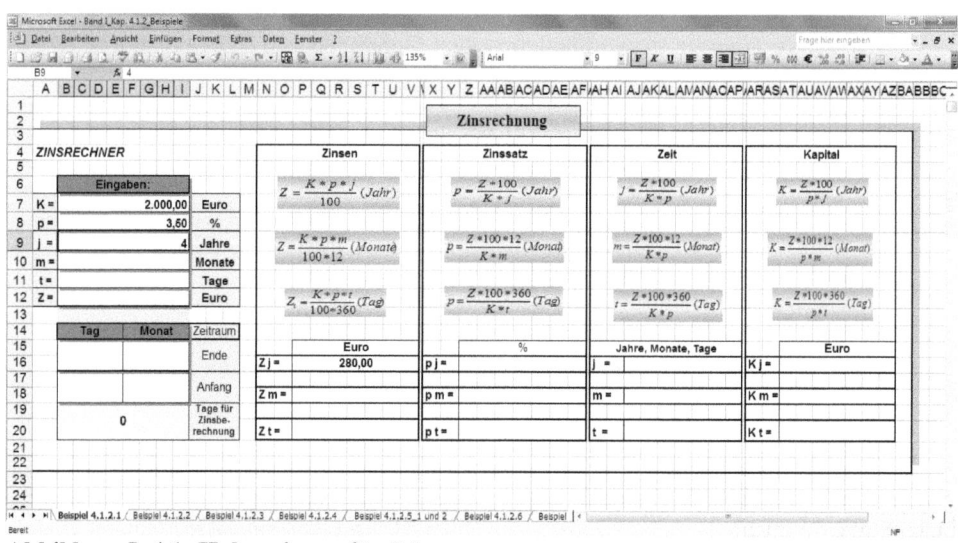

Abbildung I_4.1: Habenzinsen für Jahre

Sie erhalten **280,00 Euro** Zinsen.

Bei diesem und den folgenden Beispielen wurden die Zinsen nach Ablauf eines Jahres ausgezahlt. Werden die Zinsen nicht ausgezahlt, sondern dem Kapital zugeschlagen, so berechnet sich das Kapital nach Zinseszins (↑ 4.1.5 Beispiele zur Zinseszinsrechnung).

4.1.2.2 Habenzinsen für Monate

Auf Ihrem Sparbuch liegt ein Betrag von 1.600,00 Euro und wird mit 0,50 % verzinst. Wie viele Zinsen erhalten Sie nach 13 Monate?

gegeben:
K = 1.600,00 Euro
p = 0,50 %
m = 13 Monate

Lösung:

gesucht:
Z = ? Euro

$$Z = \frac{K*p*m}{100*12} \ (Monate)$$

$$= \frac{1.600,00*0,50*13}{100*12} = 8,67 \ Euro$$

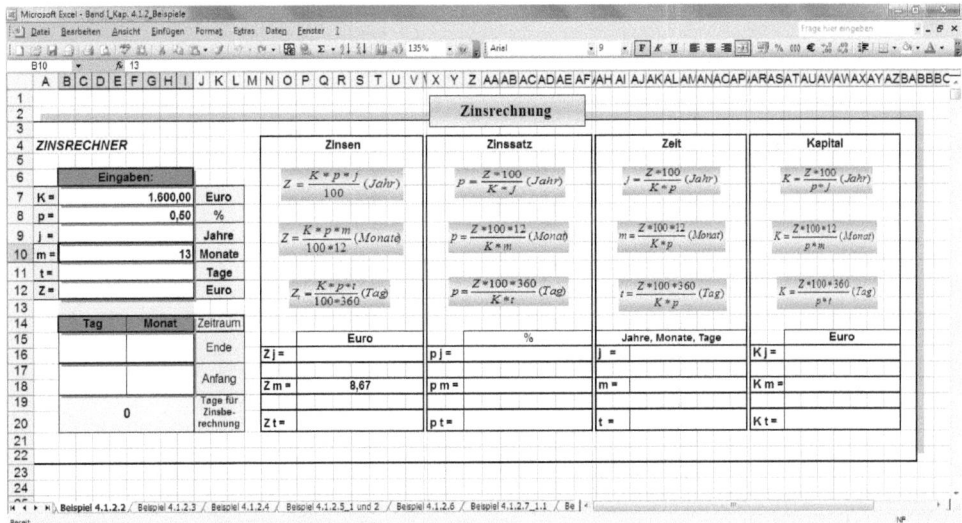

Abbildung I_4.2: Habenzinsen für Monate

Die Zinsen betragen **8,67 Euro**.

4.1.2.3 Sollzinsen für Monate

Sie haben Ihr Girokonto für den Kauf eines Computers überzogen. Der Dispokredit in Höhe von 1.500,00 Euro läuft 9 Monate und die Bank berechnet Ihnen 13 % Zinsen. Berechnen Sie die Zinsen für den Dispokredit.

gegeben:		
K =	1.500,00 Euro	
p =	13,00 %	
m =		9 Monate
gesucht:		
Z =	?	Euro

Lösung:

$$Z = \frac{K*p*m}{100*12} \; (Monate)$$

$$= \frac{1.500,00*13,00*9}{100*12} = 146,25 \; Euro$$

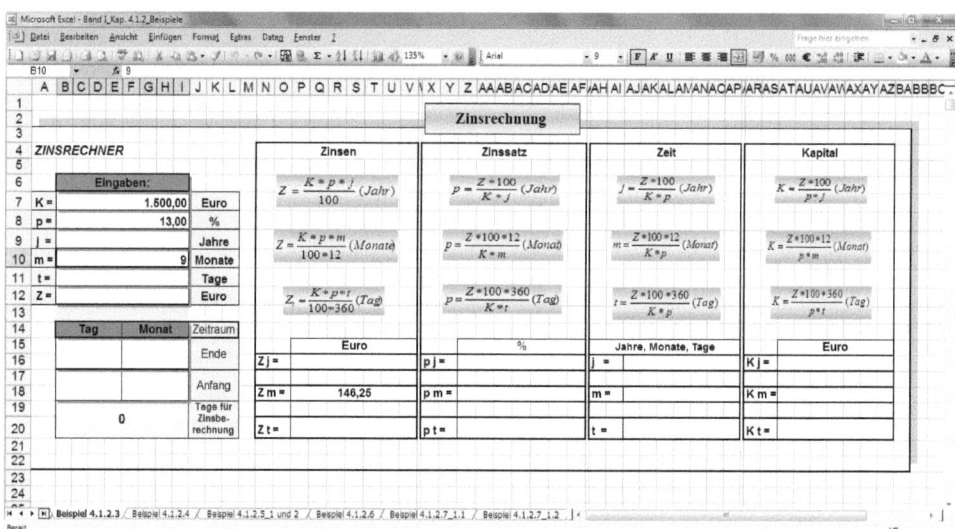

Abbildung I_4.3: Zinsberechnung, Sollzinsen für Monate

Der Dispokredit kostet Sie **146,25 Euro** an Zinsen.
Sie sehen, der Kauf auf Pump ist teuer.

4.1.2.4 Laufzeitberechnung

Bei der Berechnung von Tageszinsen gilt [4.7]:

- Für Monate mit 31 Tagen werden 30 Tage berücksichtigt
- läuft der Zinszeitraum Ende Februar ab, so werden 28 bzw. 29 Tage berechnet
- Der 1. Tag der Laufzeit wird nicht, der letzte hingegen mitgezählt

Die Tage für die Zinsberechnung kann man nach folgenden Möglichkeiten ermitteln:

Zeitraum: 10. Januar bis 25. März

a)

Januar:	20 Tage
Februar:	30 Tage
März:	25 Tage
	75 Tage(t)

b)

10.1. – 10.3.	= 2 m = 60 t
10.3. – 25.3.	= 15 t
10.1. - 25.3.	= 75 t

c)
Man schreibt das Anfangsdatum des Zeitraumes unter das Enddatum und subtrahiert die Tage und Monate.

```
   25.      3.
-  10.    - 1.
   15 t  + 2 m  =  15 t + 60 t = 75 t
```

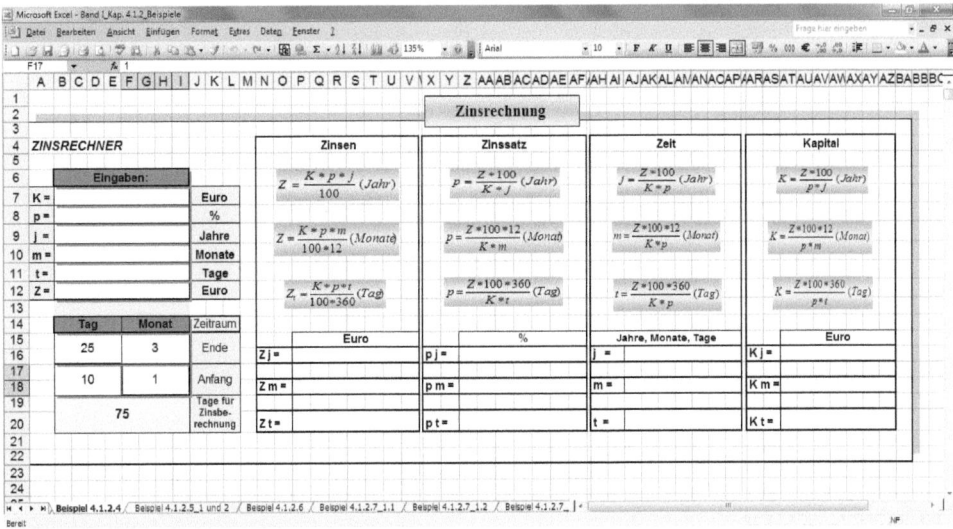

Abbildung I_4.4: Laufzeit für Zinsen

4.1.2.5 Laufzeitberechnung und Tageszinsen

1. Laufzeitberechnung

Berechnen Sie Zinsen für Ihr Guthaben von 10.000 Euro mit der Laufzeit vom 16.4. bis 31.12. Der Zinssatz beträgt 2,5 %.

Ermittlung der Tage nach:

a)

Monate	Tage
April	14
Mai	30
Juni	30
Juli	30
August	30
September	30
Oktober	30
November	30
Dezember	31
Summe:	**255 t**

b)

16.4 – 16.12. = 8 m = 240 t
16.12. – 31.12 = 15 t

16.4 - 31.12. = **255 t**

c)

	31.	12
-	16.	- 4
	15 t	8 m (240 t)

15 t + 240 t = **255 t**

Die Verfahren a bis c zur Laufzeitberechnung ergeben 255 Tage für die Zinsberechnung.

2. Zinsberechnung

$$Z = \frac{K * p * t}{100 * 360} \, (Tag)$$

gegeben:
K = 10.000,00 Euro
p = 2,50 %
t = 255 Tage

$$= \frac{10.000,00 * 2,50 * 255}{100 * 360} = 177,08 \, Euro$$

gesucht:
Z = ? Euro

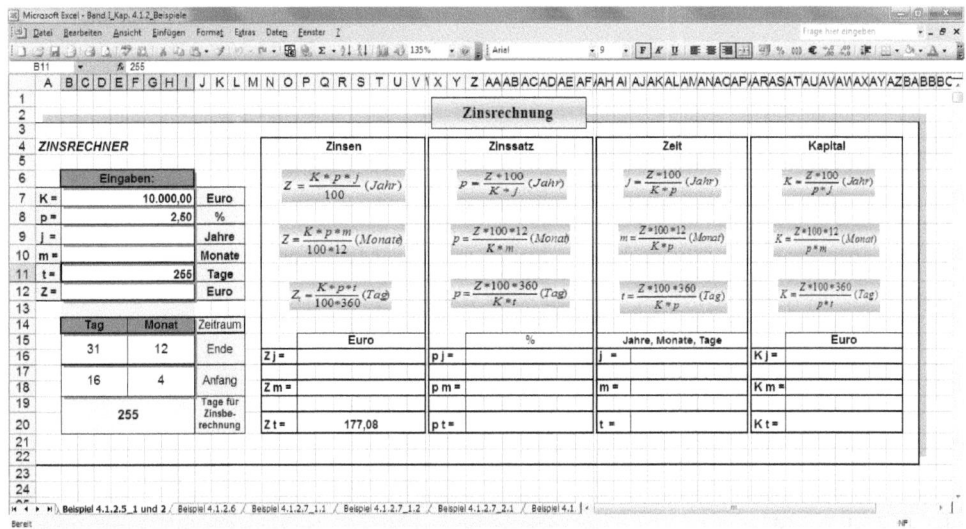

Abbildung I_4.5: Laufzeit für Zinsen und Tageszinsen

Sie erhalten für 255 Tage **177,08 Euro** Zinsen.

4.1.2.6 Berechnung des Zinssatzes

Kapital von 5.000,00 Euro brachte im Zeitraum vom 24.06. bis 13.12. 2008   58,60 Euro Zinsen. Mit welchem Zinssatz wurde das Kapital verzinst?

Ermittlung der Tage:

Tage	Monat	Jahr
13	12	2004
-24	06	2004

$-11\,t\ +\ 06\,m = -11\,t\ + 180\,t = \mathbf{169\ t}$

---

gegeben:
$K\ =\ \ 5.000,00$ Euro
$Z\ =\ \ \ \ 58,60$ Euro
$t\ =\ \ \ \ \ \ 169$ Tage

gesucht:
$p\ =\ \ \ \ \ \ ?\ \ \%$

Lösung:

$$p = \frac{Z * 100 * 360}{K * t}(Tag) \ \ = \frac{58,60 * 100 * 360}{5.000,00 * 169} = 2,50\ \%$$

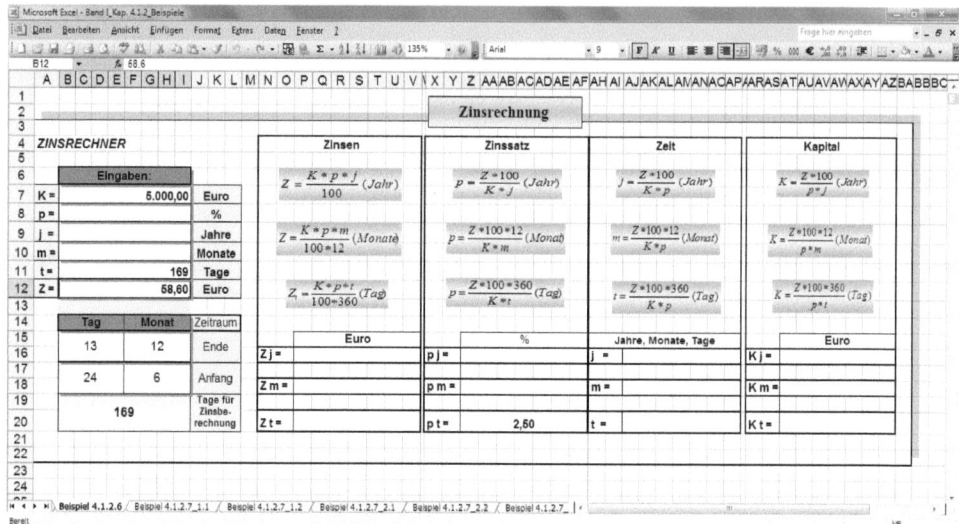

Abbildung I_4.6: Berechnung des Zinssatzes

Das Kapital wurde mit **2,50 %** verzinst.

4.1.2.7 Abgeltungssteuer – Jährlicher Pauschbetrag

Ab dem 01. Januar 2009 gilt in Deutschland die Abgeltungssteuer [4.8]. Für Gewinne aus Fonds, Aktien, Zertifikaten und Zinserträgen werden einheitlich 25 Prozent Abgeltungssteuer zzgl. Solidaritätszuschlag und gegebenenfalls Kirchensteuer fällig, wenn der jährliche Pauschbetrag von 801 Euro für Ledige und 1.602 Euro für Verheiratete überschritten wird. Für folgende Zinssätze (2,0%, 2,5%, 3,0% und 3,5%) sind die Geldanlagen, bis zu denen die Gewinne steuerfrei sind, zu berechnen. Im folgenden Beispiel wird nur die Abgeltungssteuer berücksichtigt.

1. Beispiel mit dem Zinssatz p = 2 %:

Lösung:

$$K = \frac{Z * 100}{p}$$

gegeben:		
Z	=	1.602 Euro
Z	=	801 Euro
p	=	2,0 %
gesucht:		
K	=	?

1.1 für Ledige:　　　　　　　　　　　　**1.2 für Verheiratete:**

$$K = \frac{801 \ Euro \ * 100 \ \%}{2,0\%} = 40.050 \ Euro \qquad K = \frac{1.602 \ Euro \ * 100 \ \%}{2,0\%} = 80.100 \ Euro$$

Tabelle I_4.1: Geldanlagen, bis zu denen die Gewinne steuerfrei sind

Zinssatz in %	Geldanlagen in Euro für Ledige	Geldanlagen in Euro für Verheiratete
2,0	40.050	80.100
2,5	32.040	64.080
3,0	26.700	53.400
3,5	22.885,71	45.771,43

Die Berechnungen der steuerfreien Geldanlagen finden Sie in den Excel-Programmen „Beispiele 5.1.2.7_1.1 bis _4.2".

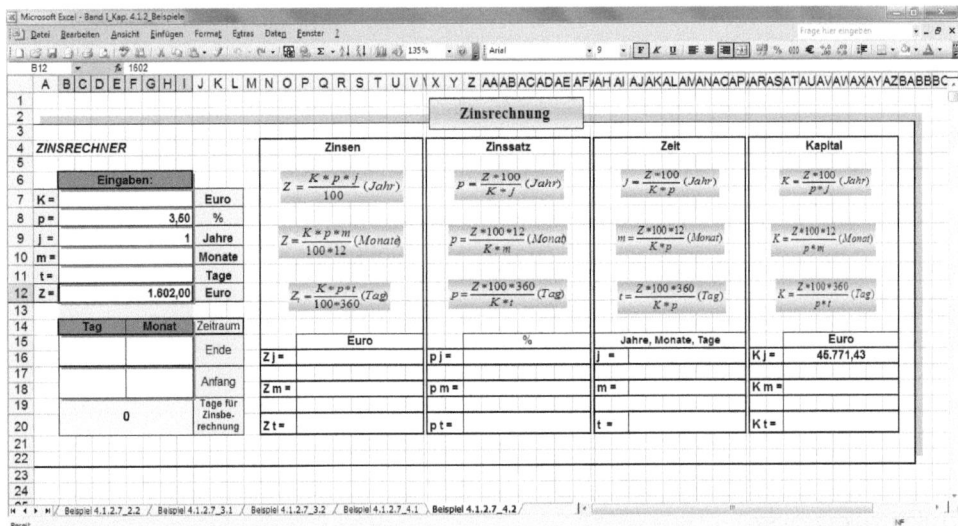

Abbildung I_4.7: Geldanlagen (Zinssatz: 3,5 %) von Verheirateten, bis zu denen die Gewinne steuerfrei sind

4.1.3 Übungsaufgaben zur Zinsrechnung

4.1.3.1 Ihr Kapital von 9.000 Euro wird mit 3 % verzinst.
Berechnen Sie die Zinsen nach 3 Jahren.

4.1.3.2 Auf Ihrem Sparbuch liegt ein Betrag von 3.800 Euro und wird mit 0,2 % verzinst.
Wie viele Zinsen bringt Ihr Guthaben in 16 Monate?

4.1.3.3 Sie haben Ihr Girokonto für den Kauf von Möbeln überzogen. Der Dispokredit in Höhe von 2.300 Euro läuft 6 Monate mit einem Zinssatz von 9 %.
Berechnen Sie die Zinsen für den Dispokredit.

4.1.3.4 Ermitteln Sie die Tage zur Zinsberechnung für den Zeitraum vom 08.01. bis 31.08.2004.

4.1.3.5 Berechnen Sie Zinsen für Ihr Guthaben von 6.000 Euro für den Zeitraum vom 13.01. bis 31.12.2011. Der Zinssatz beträgt 2,75 %.

4.1.3.6 Ihr Kapital von 8.000 Euro brachte im Zeitraum vom 13.02. bis 14.12.2005 200 Euro Zinsen. Zu welchem Zinssatz wurde Ihr Kapital verzinst?

4.1.3.7 Ein Ehepaar hat 90.000 Euro bei einem Zinssatz von 3,1 % angelegt. Bis zur Höhe des maximalen Wertes von 1.602 Euro liegt ein Freistellungsantrag vor.
Überprüfen Sie, ob die Zinsen steuerfrei sind.

4.1.3.8 Ein Junggeselle hat mehrere Konten: 20.000 Euro sind mit 4,0 % und 25.000 Euro mit 2,75 % angelegt.
Wie groß sind die Zinsen für diese Geldanlagen und muss der Junggeselle (Freistellungsantrag: 801 Euro) Steuern zahlen?

4.1.3.9 Es liegt bei einer Bank ein Zinsfreistellungsantrag über 950 Euro vor. Welchen Betrag kann ein Ehepaar bei einem Zinssatz von 4 % steuerfrei sparen?

4.1.3.10 Ein Festgeldkonto in Höhe von 20.000 Euro hat im Jahr 500 Euro Zinsen ergeben.
Mit welchem Zinssatz wurde das Konto verzinst?

4.1.3.11 Ein Sparbuch mit einem Geldbetrag von 10.000 Euro und 0,8 % Zinsen wird aufgelöst und ergab 50 Euro Zinsen.
Welche Zeit bestand das Guthaben?

4.1.4 Lösungen zu den Übungsaufgaben – Zinsrechnung (↑ Band II Kap. 4.1.4)

4.1.5 Beispiele zur Zinseszinsrechnung

Mit dem Zinseszinsrechner lösen Sie folgende Aufgaben: wie vermehrt sich Ihr Kapital nach 10 und 20 Jahren (4.1.5.1) und welches Anfangskapital ist notwendig, wenn das Kapital und die Laufzeit bekannt sind (4.1.5.2). Im Beispiel 4.1.5.3 werden für ein Anfangskapital nach einer bestimmten Laufzeit die Zinseszinsen ermittelt. Sie bekommen im Beispiel 4.1.5.4 Lösungen zu den Fragen: nach welcher Laufzeit verdoppelt, verfünffacht und verzehnfacht sich Ihr Kapital. Die Inflation des Euros wird in den Beispielen 4.1.5.5 sowie 4.1.5.6 berücksichtigt. Die finanziellen Mittel für das Studium Ihrer Kinder unter Beachtung der Inflationsrate berechnen Sie im Beispiel 4.1.5.7 und in 4.1.5.8 die Vermögensentwicklung für Einmalzahlungen.

Sollten Sie Fragen zur Zinseszinsberechnung oder zur Vermögensbildung für Einmalzahlungen haben, so können Sie, in Band II Kap. 4.1.5 nachschlagen.

4.1.5.1 Berechnung des Kapitals nach j Jahren

Wenn Sie 5.000,00 Euro mit einer jährlichen Verzinsung von 2,5 % anlegen, wie hoch ist Ihr Kapital nach 10 und 20 Jahren?

Lösung:

$$K_j = K_0 (1 + \frac{p}{100})^j$$

gegeben:		
K_0	=	5.000,00 Euro
p	=	2,50 %
j	=	10 / 20 Jahre

gesucht:			
K_{10}	=	?	Euro
K_{20}	=	?	Euro

1. Kapital nach 10 Jahren:

$$K_{10} = 5.000,00 * (1 + \frac{2,5}{100})^{10} = 6.400,42 Euro$$

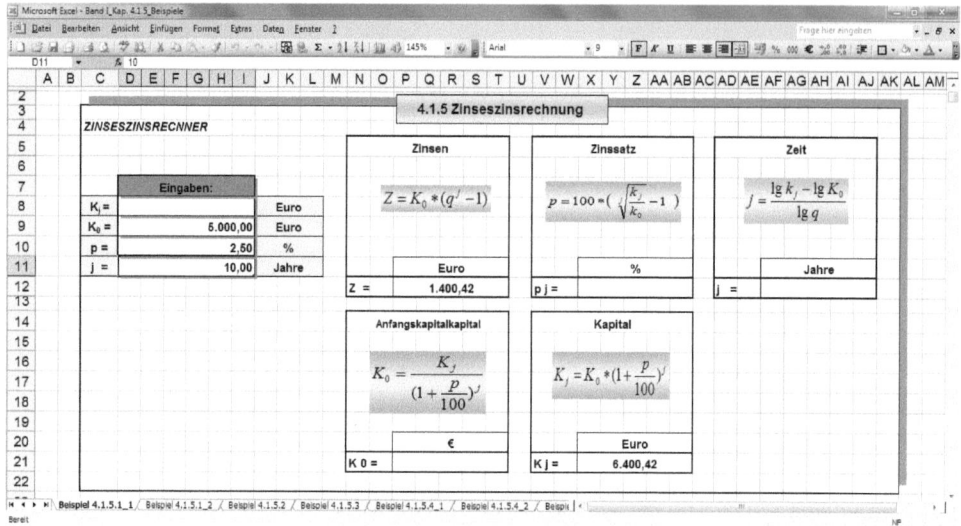

Abbildung I_4.8: Berechnung des Kapitals nach 10 Jahren

2. Kapital nach 20 Jahren:

$$K_{20} = 5.000,00 * (1 + \frac{2,5}{100})^{20} = 8.193,08 \; Euro$$

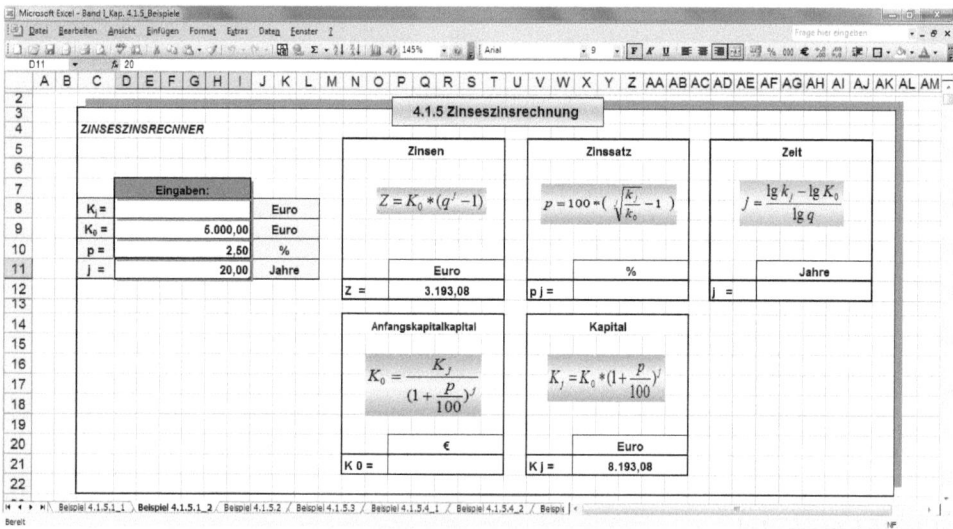

Abbildung I_4.9: Berechnung des Kapitals nach 20 Jahren

Nach 10 und 20 Jahren vermehrt sich das Kapital auf **6.400,42 Euro** und **8.193,08 Euro**.

4.1.5.2 Berechnung des Anfangskapitals

Welches Anfangskapital müssen Sie bei einer Bank anlegen, wenn Ihr Kapital nach 20 Jahren 50.000,00 Euro betragen soll?
Die Verzinsung beträgt 4,0 %.

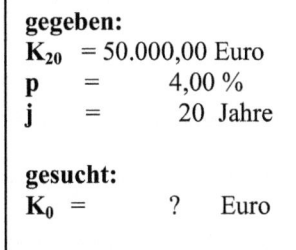

gegeben:
K_{20} = 50.000,00 Euro
p   =   4,00 %
j   =   20 Jahre

gesucht:
K_0 =   ?   Euro

Lösung:

$$K_0 = \frac{K_j}{(1 + \frac{p}{100})^j}$$

$$= \frac{50.000,00}{(1 + \frac{4,00}{100})^{20}} = 22.819,35 \, Euro$$

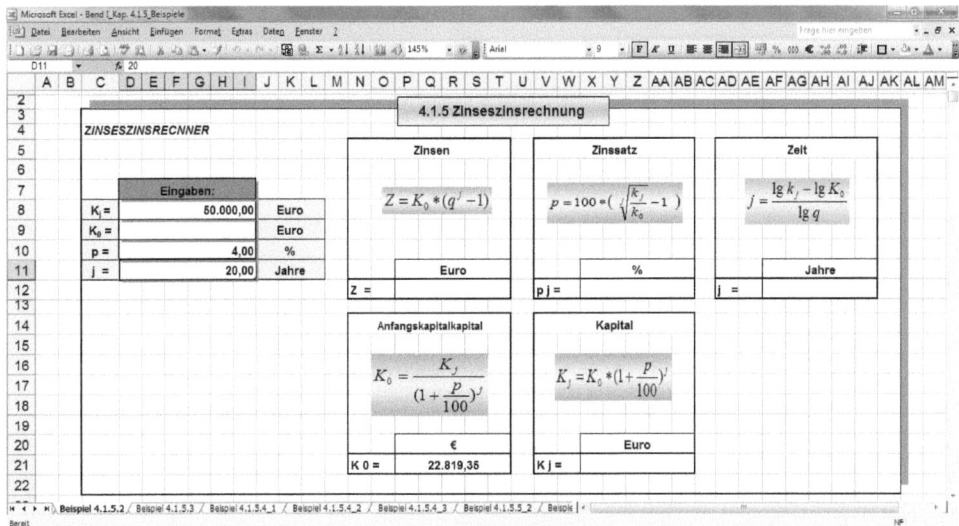

Abbildung I_4.10: Berechnung des Anfangskapitals

Damit Sie Ihr Sparziel erreichen, müssen Sie runde **22.819 Euro** anlegen.

4.1.5.3 Zinseszinsen

Für ein Anfangskapital von 4.000 Euro und einem Zinssatz von 3,0 % sowie einer Laufzeit von 4 Jahren sind die Zinseszinsen zu bestimmen.

gegeben:
K_0 = 4.000,00 Euro
p = 3,00 %
q = 1,03
j = 4 Jahre

gesucht:
Z = ? Euro

Lösung:

$$Z = K_0 * (q^j - 1)$$

$$Z = K_0 * (q^j - 1) = 4.000,00 * (1,03^4 - 1) = 502,04 \ Euro$$

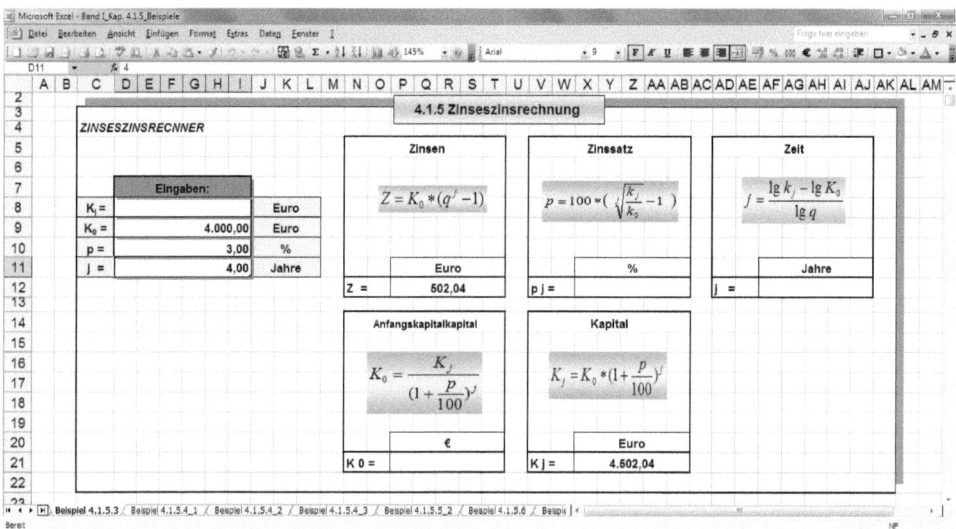

Abbildung I_4.11: Berechnung von Zinsen

Mit dem Anfangskapital werden **502,04 Euro an Zinsen** erzielt.

4.1.5.4 Nach welcher Laufzeit hat sich das Kapital verdoppelt, verfünffacht und verzehnfacht?

Nach wie vielen Jahren hat sich Ihr Kapital bei einem Zinssatz von 3,0 % verdoppelt, verfünffacht und verzehnfacht.

Lösung:

$$j = \frac{(\lg K_j - \lg K_0)}{\lg(1 + \frac{p}{100})}$$

gegeben:

K_0	=	1
$K(2X)$	=	2
$K(5X)$	=	5
$K(10X)$	=	10
p	=	3,00 %

gesucht:

$j(2X)$	=	?
$j(5X)$	=	?
$j(10X)$	=	?

1.1 Kapital, verdoppeln

$$j(2X) = \frac{(\lg 2 - \lg 1)}{\lg(1 + \frac{3,00}{100})} \approx 23,45 \; Jahre$$

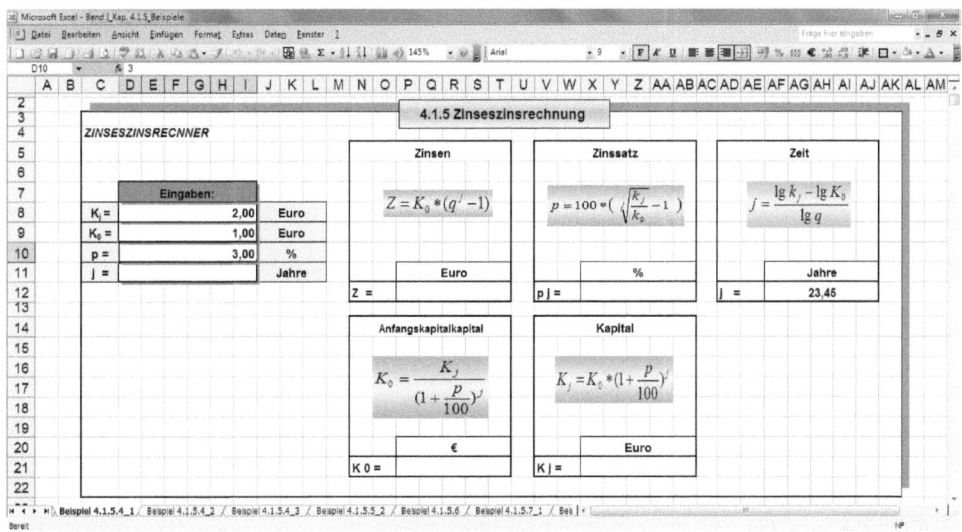

Abbildung I_4.12: Laufzeit – Kapital, verdoppelt

1.2 Verdopplungszeit

Für die Berechnung der Verdopplungszeit des Kapitals gibt es eine grobe Formel [4.9]:

$$Verdopplungszeit\ (in\ Jahre) = \frac{70}{jährliche\ Zuwachsrate\,(in\ \%)}$$

$$j\,(2X) = \frac{70}{3\%} \approx 23,33\ Jahre$$

Ihr Kapital hat sich nach circa **23 Jahren verdoppelt**.

2. Kapital, verfünffacht

$$j(5X) = \frac{(\lg 5 - \lg 1)}{\lg(1 + \frac{3,00}{100})} \approx 54,45\ Jahre$$

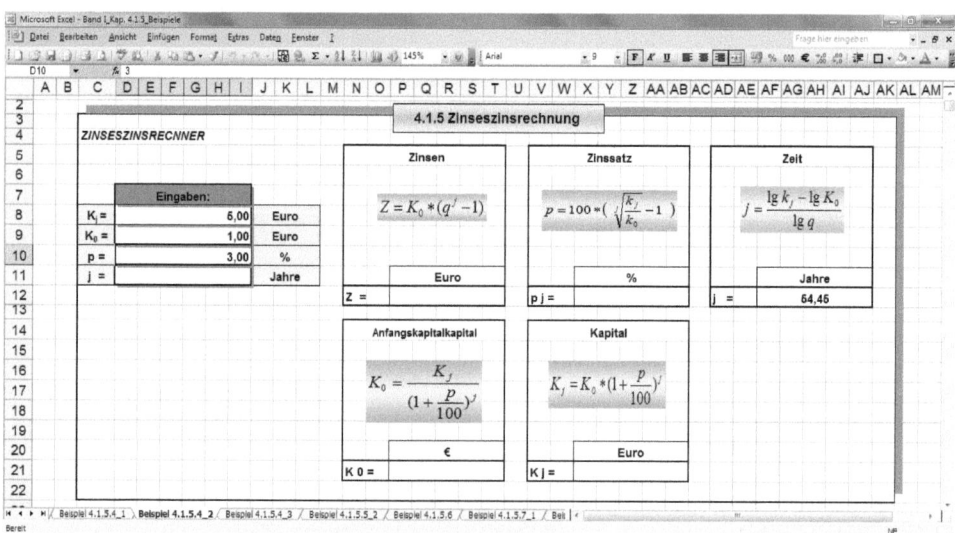

Abbildung I_4.13: Laufzeit – Kapital, verfünffacht

Ihr Kapital hat sich nach circa **54,5 Jahren verfünffacht**.

3. Kapital, verzehnfacht

$$j(10X) = \frac{(\lg 10 - \lg 1)}{\lg(1 + \frac{3,00}{100})} \approx 77,90 \; Jahre$$

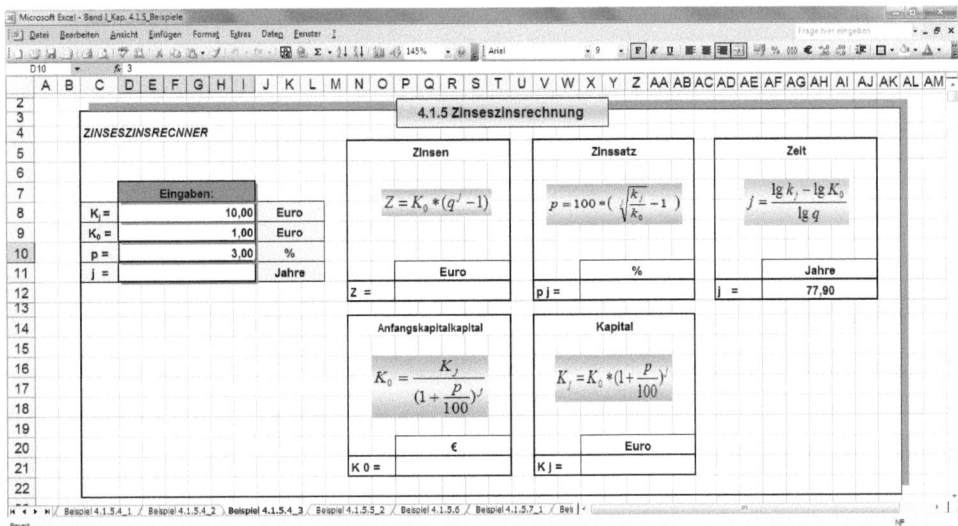

Abbildung I_4.14: Laufzeit – Kapital, verzehnfacht

Ihr Kapital hat sich nach circa **78 Jahren verzehnfacht.**

4.1.5.5 Inflation des Euros

Die Frage, nach welcher Zeit der Euro nur noch die Hälfte wert ist, wenn die jährliche Inflationsrate zwei Prozent beträgt, können Sie mit der oben genannten Formel (↑ Beispiel 4.1.5.4) schnell berechnen. Um diese Formel für die Lösung dieser Aufgabe einsetzen zu können, geht man von 0,5 als Anfangs- und 1,0 als Endbedingung aus.

1. Lösung mit grober Formel [4.9]:

$$Verdopplungszeit\,(in\;Jahre) = \frac{70}{j\ddot{a}hrliche\;Zuwachsrate\,(in\;\%)}$$

$$j(2X) = \frac{70}{2\%} = 35 \, Jahre$$

2. Probe

Damit beim Nachrechnen keine negativen Werte herauskommen, werden Anfangs- und Endkapital vertauscht.

Lösung:

$$j = \frac{(\lg K_j - \lg K_0)}{\lg(1 + \frac{p}{100})}$$

gegeben:		
K₀	=	0,5
K(2X)	=	1
p	=	2 %
gesucht:		
j(2X)	=	?

Kapital, verdoppeln:

$$j(2X) = \frac{(\lg 1 - \lg 0,5)}{\lg(1 + \frac{2,00}{100})} = 35 \, Jahre$$

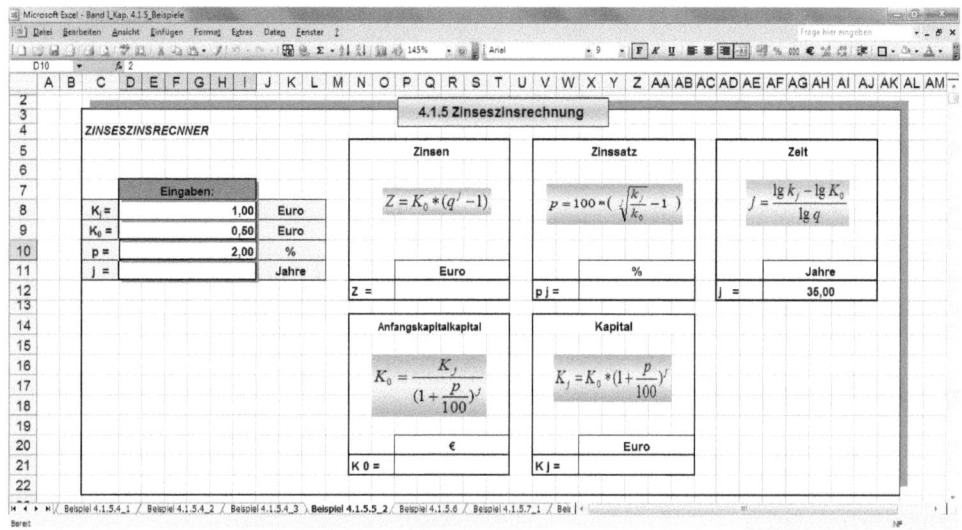

Abbildung I_4.15: Laufzeit – Euro, halber Wert

4.1.5.6 Berechnung des Zinssatzes

Auf Ihrem Sparbuch stehen nach 10 Jahren
1.051,14 Euro und Ihr Anfangskapital hatte
einen Wert von 1.000,00 Euro.
Wie groß war der Zinssatz?

gegeben:
K_0 = 1.000,00 Euro
K_{10} = 1.051,14 Euro
j = 10 Jahre

gesucht:
p = ? %

Lösung:

$$p = 100 * \left(\sqrt[j]{\frac{k_j}{k_0}} - 1 \right)$$

$$= 100 * \left(\sqrt{\frac{1.051,14}{1.000,00}} - 1 \right) \approx 0,50\%$$

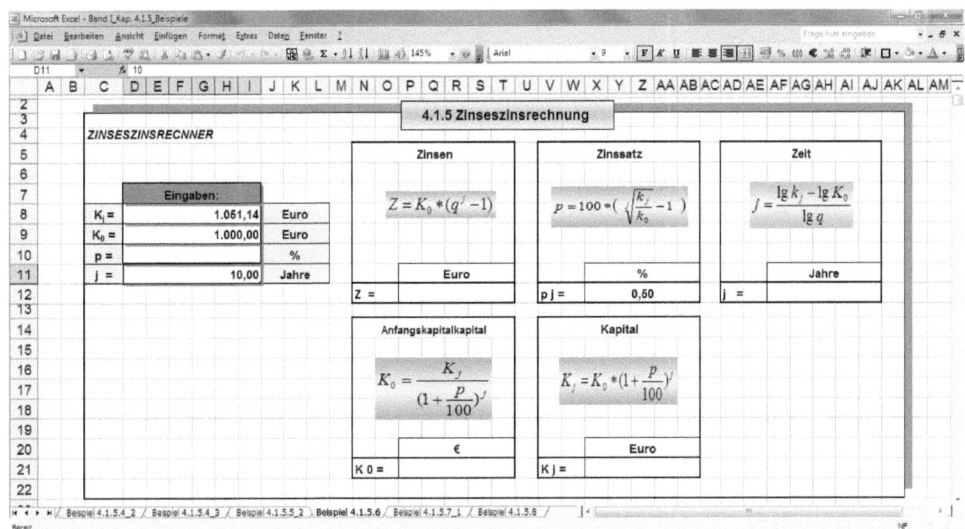

Abbildung I_4.16: Berechnung des Zinssatzes

Ihr Guthaben auf dem Sparbuch wurde mit nur **0,5 % verzinst**.

119

4.1.5.7 Finanzierung eines Studiums unter Beachtung der Inflationsrate

Nach Daten des Deutschen Studentenbundes und des Statischen Bundesamtes müssen Studierende je nach Fachrichtung, Studienort und Studiendauer 37.000 bis 62.000 Euro für einen Universitätsabschluss aufbringen.
Berechnen Sie die finanziellen Mittel, die Sie für das Studium Ihres Kindes in 18 Jahren benötigen. Rechnen Sie mit einer durchschnittlichen Inflationsrate von 2,0 % pro Jahr.

1. Korrekturfaktor

Lösung:
Anhand dieser Formel wird der Faktor ermittelt, mit dem die oben aufgeführten Werte zu korrigieren sind.

$$K_j = K_0 (1 + \frac{p}{100})^j$$

$$F_j = F_0 (1 + \frac{p}{100})^j$$

$$F_{18} = 1 * (1 + \frac{2}{100})^{18} \approx 1,43$$

F_j	=	Faktor nach j Jahren
F_0	=	1
p	=	Zinssatz in %
j	=	Anzahl der Jahre

gegeben:

F_0	=	1
p	=	2,00 %
j	=	18 Jahre

gesucht:

F_j	=	?

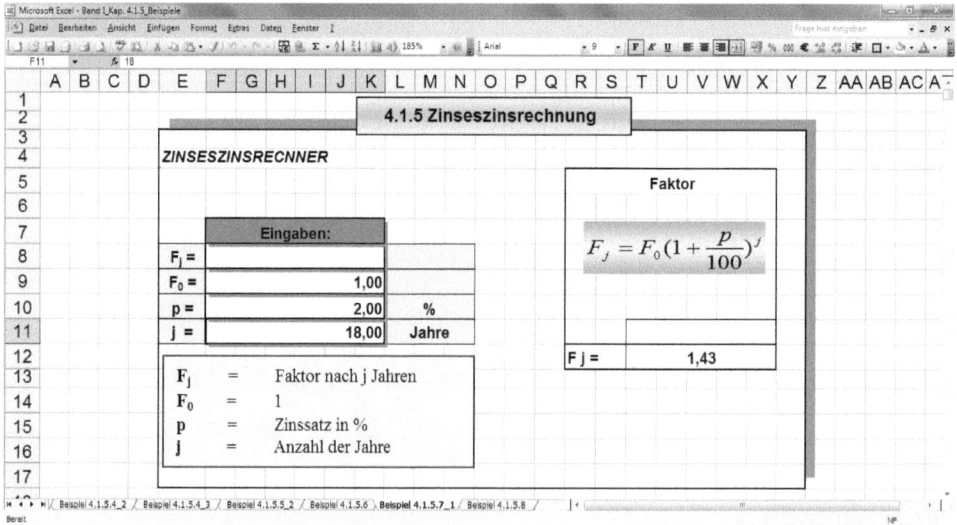

Abbildung I_4.17: Finanzierung des Studiums

2. Finanzielle Mittel nach 18 Jahren

K_1 = 37.000 EUR * 1,43 = **52.919 Euro**

K_2 = 62.000 EUR * 1,43 = **88.660 Euro**

Sie müssen in 18 Jahren für das Studium Ihres Kindes circa **53.000 bis 89.000 Euro** aufbringen.

4.1.5.8 Vermögensbildung für Einmalzahlungen

Für eine Einmalanlage über 5.000 Euro und Zinsen im Bereich von 0,5 % bis 4,25 % mit 0,25 % Zinsschritten ist die Kapitalentwicklung über einen Zeitraum von 30 Jahren in einer Tabelle darzustellen.

1. Zinsrechner für Einmalzahlung

Im Eingabefeld sind folgende Eingaben vorzunehmen:

1. **Einmalanlage**
2. **Anfang des Zinsbereiches (Zinsbereich beinhaltet 16 Zinssätze)**
3. **Zinsschritte (Minimalwert: 0,25%)**

2. Berechnung

Lösung:

$$K_j = K_0 (1 + \frac{p}{100})^j$$

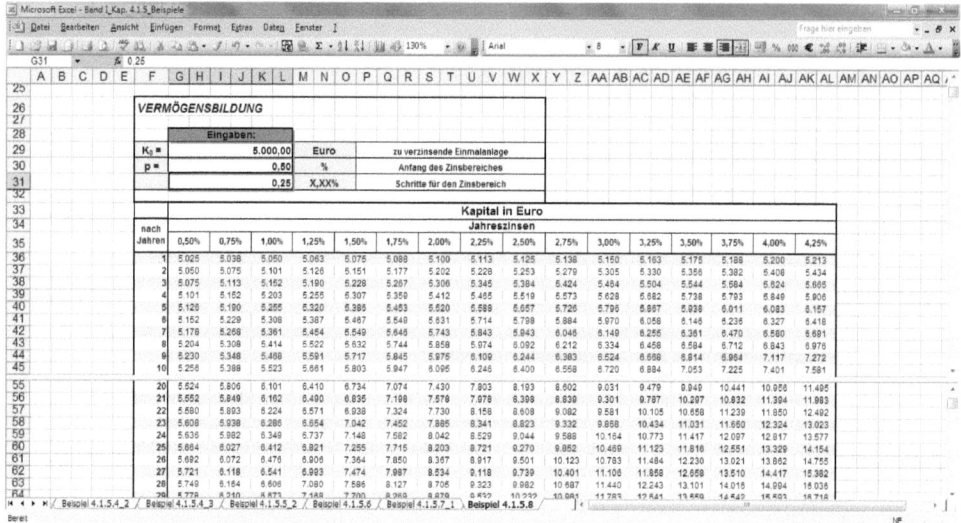

Abbildung I_4.18: Zinsrechner für Einmalzahlung

4.1.6 Übungsaufgaben zur Zinseszinsrechnung

4.1.6.1 Für ein Anfangskapital von 6.000 Euro und einem Zinssatz von 2,25 % sowie einer Laufzeit von 5 Jahren sind die Zinseszinsen zu bestimmen.

4.1.6.2 Nach wie vielen Jahren hat sich Ihr Kapital bei einem Zinssatz von 2,5 % vervierfacht?

4.1.6.3 Mit welchem Anfangskapital erreicht man nach 15 Jahren 40.000 Euro? Die Verzinsung beträgt 3,5 %.

4.1.6.4 Sie sparen 3.000 Euro mit einer Verzinsung von 2,0 %. Wie groß ist Ihr Kapital nach 13 Jahren?

4.1.6.5 Auf einem Sparbuch stehen nach 20 Jahren 1.807 Euro. Das Anfangskapital hatte einen Wert von 1.000,00 Euro. Wie groß war der Zinssatz

4.1.6.6 Für eine Einmalanlage über 10.000 Euro und Jahreszinsen im Bereich von 1,5 % bis 3,0 % ist mit 0,1 % Zinsschritten über einen Zeitraum von 10 Jahren eine Tabelle für die Kapitalentwicklung aufzustellen.

4.1.6.7 Ein heutiges Einkommen in Höhe von 1.000 Euro hat in 20 Jahren nur noch eine Kaufkraft von rund 740 Euro. Berechnen Sie den jährlichen Kaufkraftverlust.

4.1.7 Lösungen zu den Übungsaufgaben - Zinseszinsrechnung   (↑ Band II Kap. 4.1.7)

4.2 Rentenrechnung und Ratensparen

Bei einer Zeitrente werden Zahlungen (Raten) zu in voraus festgelegten Zeitpunkten über eine bestimmte Anzahl von Jahren vorgenommen. Die Raten der Zeitrente werden am Ende des betrachteten Zeitabschnittes (Monat, Jahr), man spricht von nachträglich oder postnumerando, in vereinbarter Höhe geleistet. Rentenzahlungen am Anfang eines Zeitabschnittes nennt man im Voraus oder pränumerando. Der Endwert einer Zeitrente ist der Betrag, auf den die Ratenzahlungen bis zum Ende der Laufzeit anwachsen, wenn man diesen Betrag zu einem Zinssatz von p % geliehen hätte.

4.2.1 Beispiele zur Rentenrechnung

In diesem Kapitel finden Sie diverse Beispiele zur Rentenrechnung und zum Ratensparen, so bestimmen Sie den Endwert und die Laufzeit von Rentenzahlungen (4.2.1.1, 4.2.1.3), vergleichen monatliche und jährliche Renten (4.2.1.2), die Kapitalbildung einer im Vorausrente (4.2.1.4), die Rentenzahlung bei einem Anfangskapital (4.2.1.5) und die Kapitalbildung beim monatlichen Ratensparen (4.2.1.6).
Wann berechnet man eine nachträgliche oder eine im Vorausrente? Welchen Zusammenhang gibt es zwischen Rentenberechnung und Ratensparen? Die Antworten auf diese Fragen, die Herleitungen diverser Formeln und die Zusammenstellungen für die Berechnungen der Renten und die Vermögensbildung beim Ratensparen entnehmen Sie Band II Kap. 4.2.

4.2.1.1 Endwerte von nachträglichen Renten

Eine nachträgliche Rente von 100 Euro soll monatlich über einen Zeitraum von 5, 10 und 20 Jahren bei einem Zinssatz von 2,85 % gezahlt werden.
Wie groß sind die Endwerte?
Nach wie vielen Monaten ergibt sich der Endwert von 20.000 Euro?

gegeben:		
R =	100	Euro
p =	2,85	%
q_M =	1,002375	
m = 60, 120, 240		Monate

gesucht:	
K_{60} =	?
K_{120} =	?
K_{240} =	?

1. Endwerte:

Lösung:

$$K_{m(n)} = R * \frac{(q_M^m - 1)}{(q_M - 1)}$$

$$K_{60} = 100 * \frac{(1,002375^{60} - 1)}{(1,002375 - 1)} = 100 * \frac{0,152958271}{0,002375} = 6.440,35 \; Euro$$

$$K_{120} = 100 * \frac{(1,002375^{120} - 1)}{(1,002375 - 1)} = 100 * \frac{0,329312774}{0,002375} = 13.865,80 \; Euro$$

$$K_{240} = 100 * \frac{(1,002375^{240} - 1)}{(1,002375 - 1)} = 100 * \frac{0,767072451}{0,002375} = 32.297,79 \; Euro$$

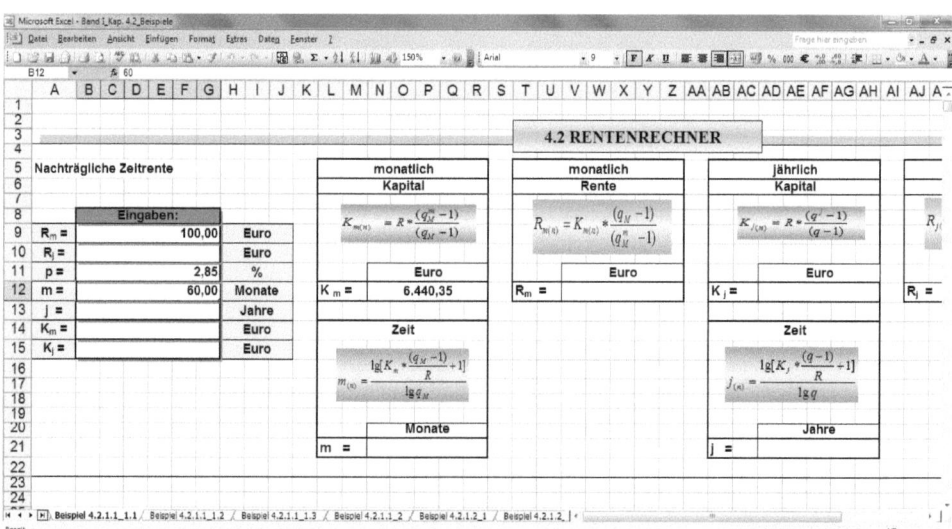

Abbildung I_4.19: Endwert einer nachträglichen Zeitrente nach 60 Monaten

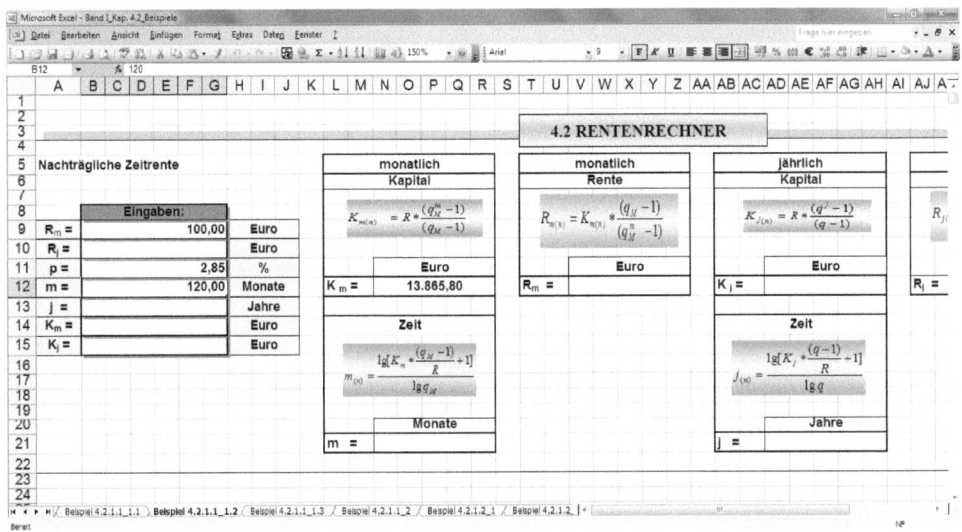

Abbildung I_4.20: Endwert einer nachträglichen Zeitrente nach 120 Monaten

Abbildung I_4.21: Endwert einer nachträglichen Zeitrente nach 240 Monaten

Für eine **nachträgliche Rente** von **monatlich 100 Euro** über einen **Zeitraum** von **5, 10 und 20 Jahren** werden folgende Endwerte: **6.440,35, 13.865,80 und 32.297,79 Euro** gezahlt.

2. Laufzeit für einen Endwert von 20.000 Euro:

$$m_{(n)} = \frac{\lg[K_m * \frac{(q_M - 1)}{R} + 1]}{\lg q_M}$$

gegeben:

R	=	100	Euro
K_m	=	20.000	Euro
p	=	2,85	%
q_M	=	1,002375	

gesucht:

m = ?

$$m = \frac{\lg[20.000 * \frac{0,002375}{100} + 1]}{\lg 1,002375} = \frac{\lg 1,475}{\lg 1,002375} = \frac{0,16879202}{0,001030226} = 163,84 \, Monate$$

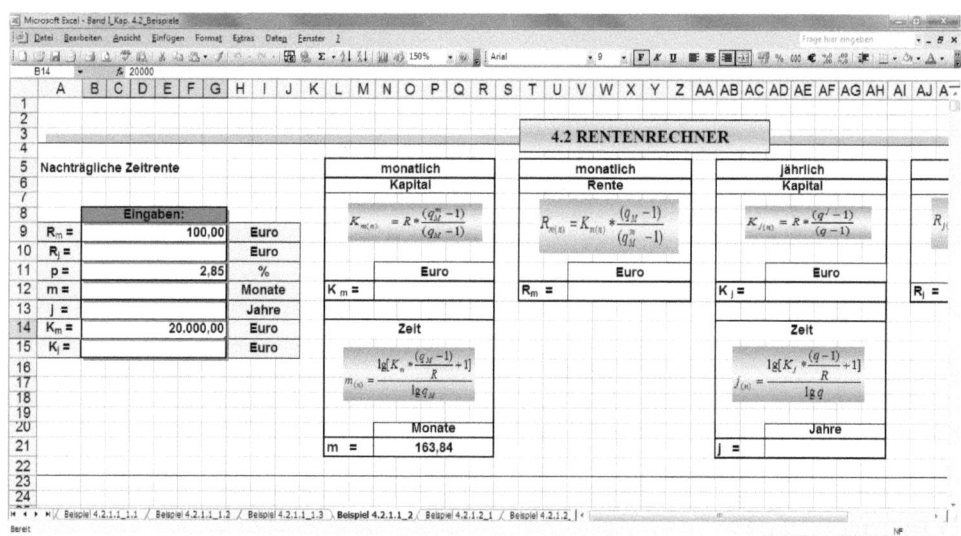

Abbildung I_4.22: Laufzeit einer nachträglichen Zeitrente

Nach circa **164 Monaten (13,7 Jahre)** wird der Endwert von 20.000 Euro erreicht.

4.2.1.2 Rentenhöhe einer nachträglichen Rente

Für einen Endwert von 50.000 Euro und einem Zinssatz von 2,75 % ist für einen Zeitabschnitt von 20 Jahren die monatliche sowie die jährliche nachträgliche Zeitrente zu berechnen.

1. Monatliche Zeitrente:

Lösung:

$$R_{m(n)} = K_{m(n)} * \frac{(q_M - 1)}{(q_M^m - 1)}$$

gegeben:

p	=	2,75	%
q	=	1,0275	
q_M	=	1,002291667	
m	=	240	Monate
j	=	20	Jahre
K_m	=	50.000	Euro
K_j	=	50.000	Euro

gesucht:

R_m	=	?
R_j	=	?

$$R_{m(n)} = 50.000 * \frac{(1,002291667 - 1)}{(1,002291667^{240} - 1)} = 50.000 * \frac{(0,002291667)}{(0,732162855)}$$

$$R_{m(n)} = 156,50 \, Euro$$

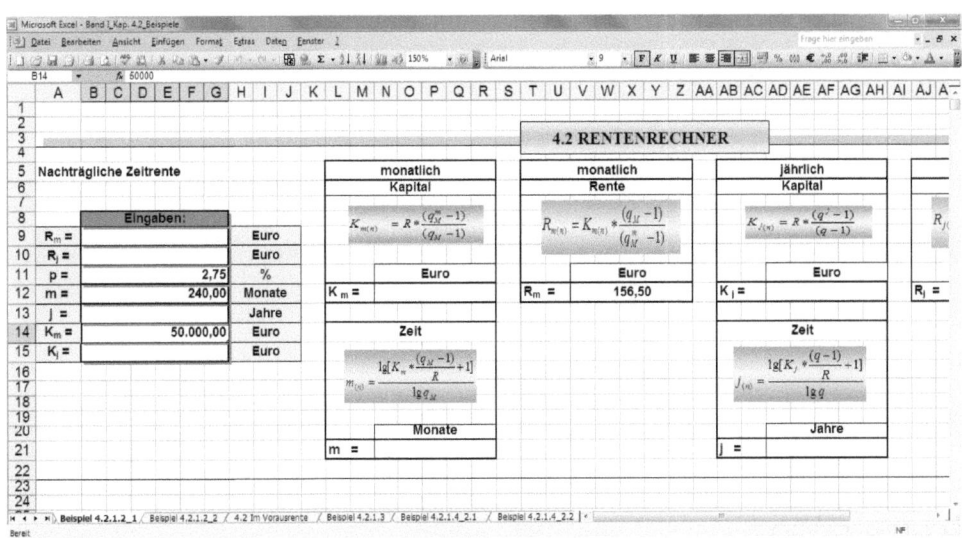

Abbildung I_4.23: Monatliche nachträgliche Zeitrente

2. Jährliche Zeitrente:

$$R_{j(n)} = K_{j(n)} * \frac{(q-1)}{(q^j - 1)}$$

$$R_{j(n)} = 50.000 * \frac{(1,0275 - 1)}{(1,0275^{20} - 1)} = 50.000 * \frac{(0,0275)}{(0,720428431)}$$

$$R_{j(n)} = 1.908,59 \, Euro$$

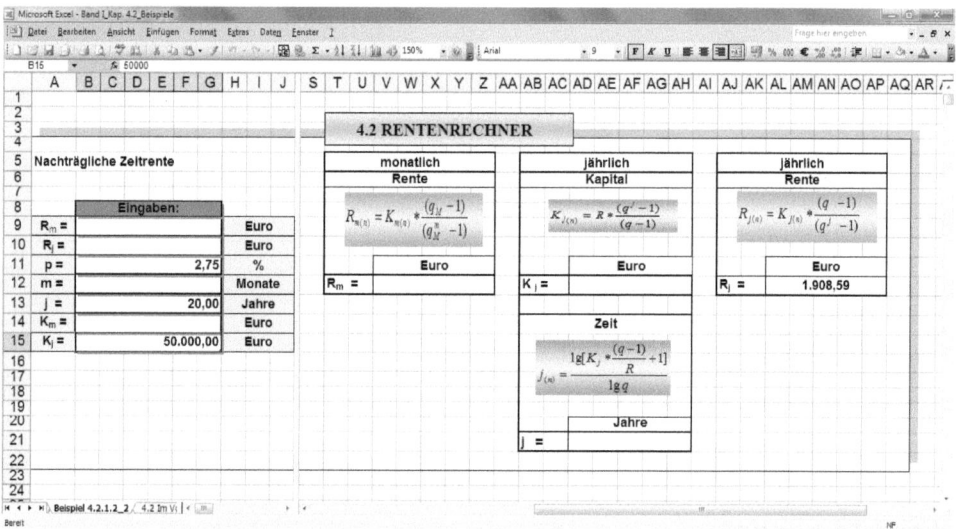

Abbildung I_4.24: Jährliche nachträgliche Zeitrente

Für die nachträgliche Zeitrente ergeben sich **156,50 Euro** (12*156,50 Euro = 1.878 Euro für ein Jahr) bei **monatlicher Zahlung** und **1.908,59 Euro**, wenn die **Zahlung jährlich** erfolgt.

4.2.1.3 Endwert einer im Vorausrente

Für eine monatliche im Vorausrente (R) von 100 Euro und einer jährlichen Verzinsung von 3,75 % ist der Endwert nach 20 Jahren zu berechnen.

Lösung:

gegeben:		
R =	100	Euro
p =	3,75	%
q_M =	1,003125	
m =	240	Monate

gesucht:	
K_{240} =	?

$$K_{m(v)} = q_M R \frac{(q_M^m - 1)}{(q_M - 1)}$$

$$K_{240} = 1,003125 * 100 * \frac{(1,003125^{240} - 1)}{(1,003125 - 1)}$$

$$K_{240} = 1,003125 * 100 * \frac{(2.114525761 - 1)}{(1,003125 - 1)} = 35.776,28 \ Euro$$

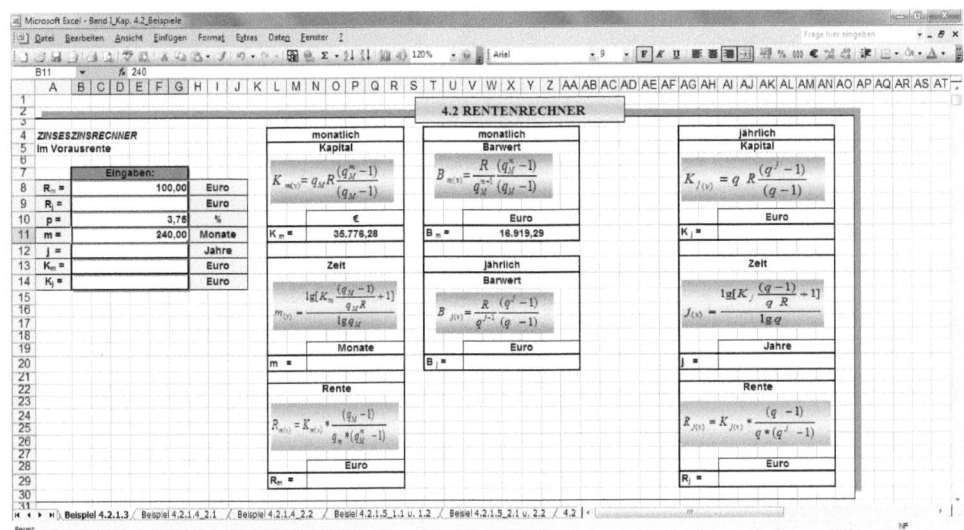

Abbildung I_4.25: Endwert einer im Vorausrente

Der Endwert der im Vorausrente beträgt **35.776,28 Euro**.

4.2.1.4 Kapitalbildung bei einer im Vorausrente

Für im Vorausrenten bei monatlicher und jährlicher Zahlung von 100 Euro und 1.200 Euro sowie bei Jahreszinsen im Bereich von 2,5 bis 5,5 % mit 0,50 % Zinsschritten ist die Kapitalentwicklung über einen Zeitraum von 480 Monaten und 40 Jahre zu berechnen.

1. Rechner für im Vorausrente

In den gekennzeichneten Eingabefeldern sind folgende Eingaben vorzunehmen:

1. **Zeitabschnitt (m - entspricht Monat, j - entspricht Jahr)**
2. **Anzahl der Monate oder Jahre angeben**
3. **monatliche Rente oder jährliche Rente**
4. **Anfang des Zinsbereiches (2,5%)**
5. **Zinsschritte (0,5%)**

2.1 Im Vorausrenten bei monatlicher Zahlung:

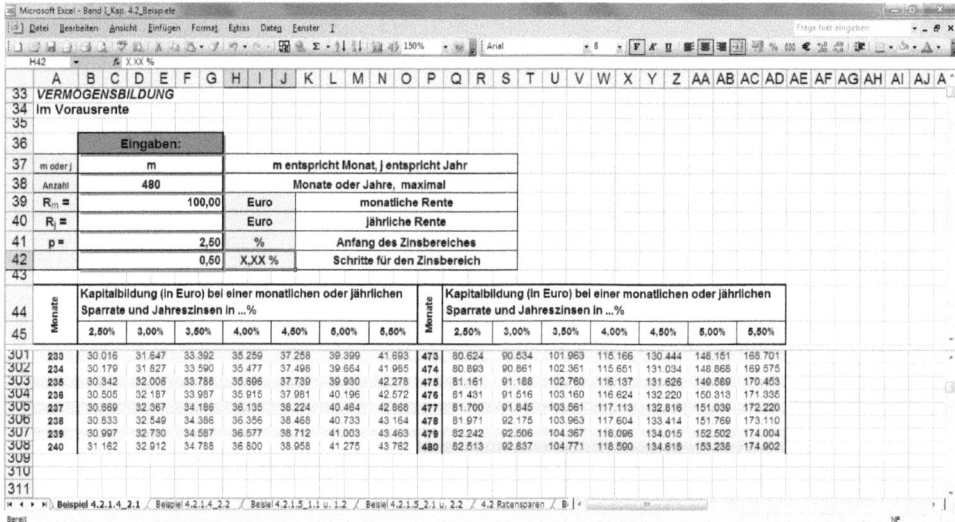

Abbildung I_4.26: Im Vorausrente bei monatlicher Zahlung

2.2 Im Vorausrenten bei jährlicher Zahlung:

Abbildung I_4.27: Im Vorausrente bei jährlicher Zahlung

4.2.1.5 Regelmäßige, gleich bleibende Rente mit sofort beginnender Kapitalentnahme

Ein Anfangskapital von 100.000 Euro und einer Kapitalverzinsung von 2,5 % soll durch eine sofort beginnende regelmäßige, gleich bleibende Rente bei monatlicher und jährlicher Kapitalentnahme über einen Zeitraum von 20 Jahren aufgezehrt werden.
Wie hoch sind die monatlichen und jährlichen Renten?

1.1 Monatliche Kapitalentnahme (Rente):

Lösung:

gegeben:

B_j, B_m	=	100.000	Euro
p	=	2,50	%
q	=	1,025	
q_M	=	1,002083333	
m	=	240	Monate
j	=	20	Jahre

gesucht:
R_j, R_m =   ?

$$R_{m(v)} = B q_M^{m-1} \frac{(q_M - 1)}{(q_M^m - 1)}$$

$$R_{m(v)} = 100.000 * 1,002083333^{239} * \frac{(1,002083333 - 1)}{(1,002083333^{240} - 1)}$$

$$R_{m(v)} = 100.000 * 1,644437932 * \frac{0,002083333}{0,647863844} = 528,80 \, Euro$$

1.2 Jährliche Kapitalentnahme (Rente):

Lösung:

$$R_{j(v)} = Bq^{j-1} \frac{(q-1)}{(q^j - 1)}$$

$$R_{j(v)} = Bq^{j-1} \frac{(q-1)}{(q^j - 1)} \qquad = 100.000 * 1,025^{19} * \frac{(1,025 - 1)}{(1,025^{20} - 1)}$$

$$R_{j(v)} = 100.000 * 1,598650186 * \frac{0,025}{0,63861644} = 6.258,26 \, Euro$$

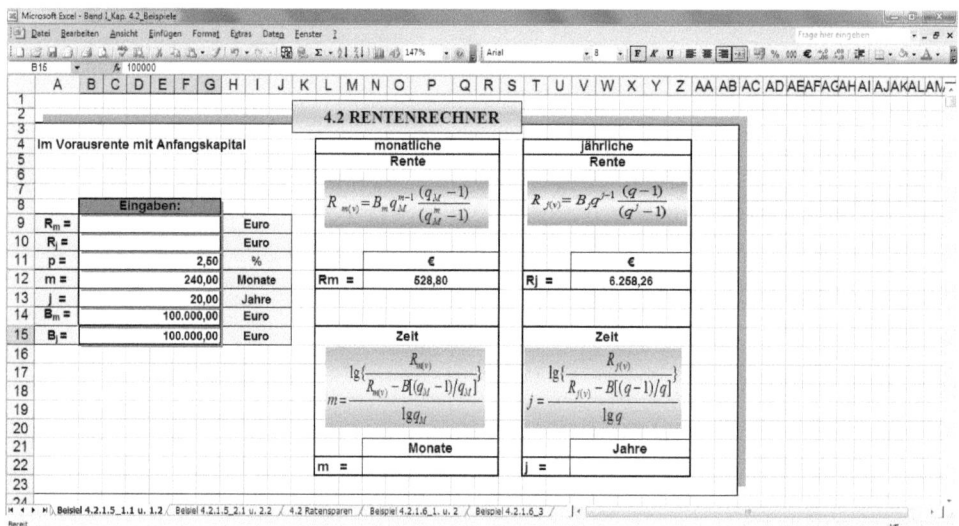

Abbildung I_4.28: Regelmäßig, gleich bleibende Rente

Die **monatliche Rente** hat einen Wert von **528,80 Euro** (12 x 528,80 = 6.345,60 Euro für ein Jahr) und die **jährliche** Kapitalentnahme beträgt **6.258,26 Euro**.

2. Wie viele Jahre reicht das Kapital zur Zahlung einer regelmäßigen, gleich bleibenden Rente, wenn monatlich 1.000 Euro oder jährlich 12.000 Euro gezahlt werden sollen?

2.1 Monatliche Rente:

Lösung:

gegeben:		
B_j , B_m	=	100.000 Euro
R_m	=	1.000 Euro
R_j	=	12.000 Euro
p	=	2,50 %
q	=	1,025
q_M	=	1,002083333
gesucht:		
m	=	?
j	=	?

$$m = \frac{\lg\{\dfrac{R_{m(v)}}{R_{m(v)} - B[(q_M - 1)/q_M]}\}}{\lg q_M}$$

$$m = \frac{\lg\{\dfrac{1.000}{1.000 - 1000.000 * [0,002079002\,]}\}}{\lg 1,002083333}$$

$$m = \frac{\lg\{\dfrac{1.000}{1.000 - 1000.000 * [(1,002083333 - 1)/1,002083333\,]}\}}{\lg 1,002083333}$$

$$m = \frac{\lg\{\dfrac{1.000}{1.000 - 207,9002\,]}\}}{\lg 1,002083333} = \frac{\lg\{\dfrac{1.000}{792,0998}\}}{\lg 1,002083333}$$

$$= \frac{\lg 1.262467179}{\lg 1,002083333} = 111,99$$

2.2 Jährliche Rente:

Lösung:

$$j = \frac{\lg\{\dfrac{R_{j(v)}}{R_{j(v)} - B[(q-1)/q]}\}}{\lg q}$$

$$j = \frac{\lg\{\dfrac{12.000}{12.000 - 100.000 * [(1,025 - 1)/1,025]}\}}{\lg 1,025}$$

$$j = \frac{\lg\{\dfrac{12.000}{12.000 - 100.000 * [0,024390244\,]}\}}{\lg 1,025}$$

$$j = \frac{\lg\{\dfrac{12.000}{12.000 - 2439,0244}\}}{\lg 1,025} = \frac{\lg\{\dfrac{12.000}{9.560,9756}\}}{\lg 1,025}$$

$$j = \frac{\lg 1,255102042}{\lg 1,025} = 9,20 \,(110,4 \; Monate\,)$$

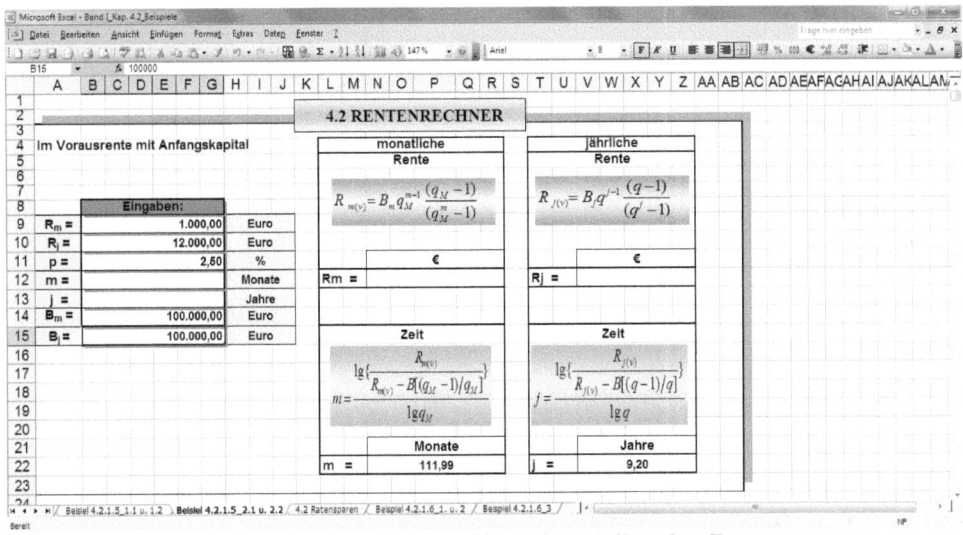

Abbildung I_4.29: Laufzeit einer regelmäßig gleich bleibenden Rente

Das Kapital von 100.000 Euro reicht bei einer **monatlichen Rente** von 1.000 Euro für **111,99 Monate** und bei einer **jährlichen Rente** von 12.000 Euro für **110,4 Monate (9,20 Jahre)**. Die monatliche Rentenzahlung kann fast 1,5 Monate länger gezahlt werden.

4.2.1.6 Kapitalbildung beim monatlichen Ratensparen

Mit den Formeln der im Vorausrente kann man auch die Kapitalbildung (Endwerte) bei laufenden Einzahlungen eines Festbetrages (Ratensparen) berechnen.

1. Wie viel Kapital wird durch das monatliche Sparen erreicht? Die Sparrate beträgt 100 Euro pro Monat für einen Zeitraum von 10 Jahren mit 5 % Jahreszinsen.

2. Wie groß ist der Zinsanteil?

3. Vergleich der Kapitalbildung nach 10 Jahren bei Jahreszinsen im Bereich von 3,00 bis 6,00 %.

1. Kapital:

Lösung:

$$K_{m(v)} = q_M R \frac{(q_M^m - 1)}{(q_M - 1)}$$

gegeben:			
R	=	100	Euro
p	=	5,00	%
q_M	=	1,004166667	
m	=	120	Monate
		(10	Jahre)
gesucht:			
K₁₂₀	=	?	

$$K_{m(v)} = 1,004166667 * 100 * \frac{(1,004166667^{120} - 1)}{(1,004166667 - 1)}$$

$$K_{m(v)} = 100,4166667 * \frac{(1,647009563 - 1)}{(1,004166667 - 1)} = 15.592,93 \ Euro$$

2. Zinsen:

Lösung:

$$Z_{m(v)} = K_{m(v)} - (mR)$$

$$Z_{m(v)} = q_M R \frac{(q_M^m - 1)}{(q_M - 1)} - (mR)$$

$$= 15.592,93 - (120 * 100) = 3.592,93 \ Euro$$

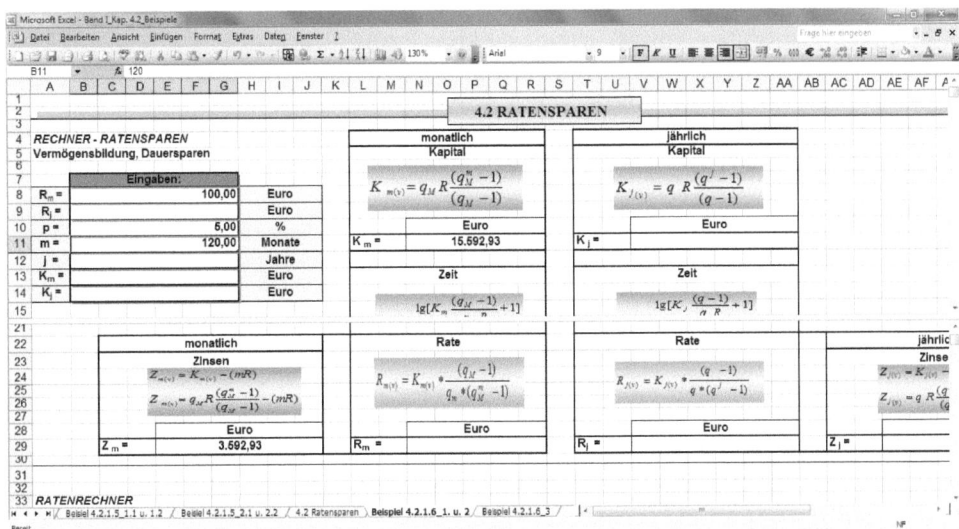

Abbildung I_4.30: Kapitalbildung und Zinsen beim monatlichen Dauersparen

3. Vergleich der Kapitalbildung:

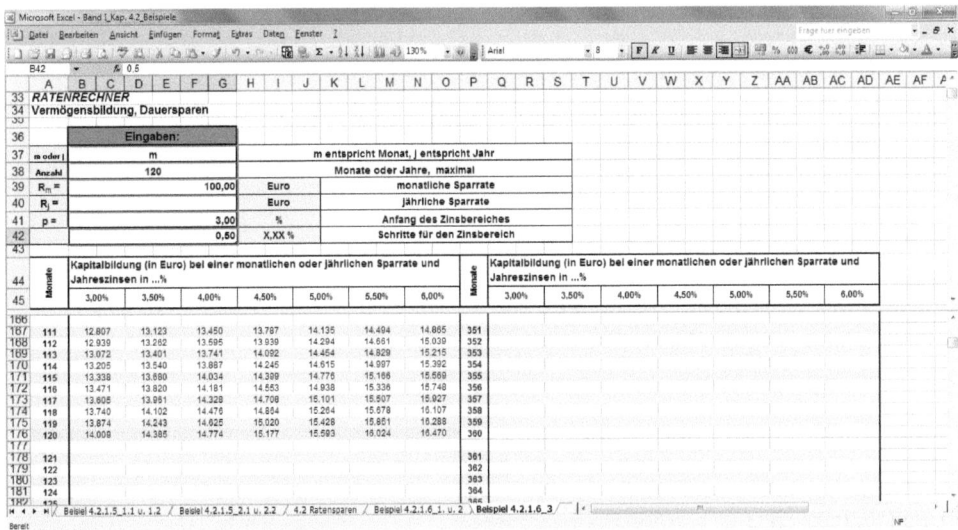

Abbildung I_4.31: Kapitalbildung für verschiedene Zinssätze

4.2.2 Übungsaufgaben zur Rentenberechnung und zum Ratensparen

4.2.2.1 Eine nachträgliche Zeitrente von 200 Euro soll monatlich über einen Zeitraum von 8 Jahren bei einem Zinssatz von 2,25 % gezahlt werden.
Wie groß ist der Endwert?

4.2.2.2 Wie viele Monate muss eine nachträgliche Zeitrente von 150 Euro pro Monat und einem Zinssatz von 2,50 % gezahlt werden, bis der Endwert von 50.000 Euro erreicht ist?

4.2.2.3 Für einen Endwert von 100.000 Euro und einem Zinssatz von 2,25 % ist für einen Zeitabschnitt von 15 Jahren die monatliche sowie jährliche nachträgliche Zeitrente zu berechnen.

4.2.2.4 Ein Anfangskapital von 200.000 Euro und einer Kapitalverzinsung von 2,1 % soll durch eine sofort beginnende regelmäßige, gleich bleibende Rente bei monatlicher und jährlicher Kapitalentnahme über einen Zeitraum von 18 Jahren aufgezehrt werden.
Wie viel Kapital kann pro Zeitabschnitt gezahlt werden?

4.2.4.5 Wie viel Kapital wird bei einer monatlichen Sparrate von 80 Euro über einen Zeitraum von 20 Jahren und bei einem Zinssatz von 3,20 % erreicht?
Wie hoch sind die Zinsen für diesen Zeitraum?

4.2.3 Lösungen zu den Übungsaufgaben zur Rentenberechnung und zum Ratensparen (↑ Band II Kap. 4.2.3)

4.3. Tilgung (Schulden abzahlen)

4.3.1 Kredite und Hypothekendarlehen – Hinweise und Tipps

Der Wunsch nach den eigenen vier Wänden kann von den meisten nicht sofort aus eigener Tasche bezahlt werden. Für die Finanzierung einer Immobilie gibt es verschiedene Modelle wie Hypothekendarlehen, Bausparen oder Lebensversicherungen. Sie sollten diese Möglichkeiten rechtzeitig vergleichen und Vor- und Nachteile herausarbeiten. Meine Erfahrungen haben gezeigt, dass man durch gute Vorbereitung auf die Kreditverhandlung durchaus einige tausend Euro an späteren Zinszahlungen spart. Hierzu sollte man sich über die aktuellen Zinskonditionen informieren, indem man schriftlich mindestens drei Angebote einholt.
Weiterhin sollten Sie sich Gedanken über die eigene Kreditwürdigkeit machen. Bei einigen Banken gibt es Faustregeln nach dem ermittelt wird, wie viel nach Abzug der Zins- und

Tilgungsraten fürs Leben übrig bleiben sollte. Die monatlichen Ausgaben für die Finanzierung (Zinszahlung und Tilgung) der Immobilie sollten nicht mehr als 30 bis 40 Prozent des Familiennettoeinkommens betragen.

Bei Festlegung der monatlichen Belastung ergibt sich der maximale Kreditumfang nach:

$$Maximaler\ Kreditbetrag = \frac{Finanzielle\ Belastbarkeit\ *12\,Monate\ *100\%}{Zinssatz\ (in\,\%) + Tilgungssatz\ (in\,\%)}$$

Bei Hypothekendarlehen oder Krediten machen Sie Schulden, die sich aus dem Kreditwert und Zinsen für diesen Kredit zusammensetzen. Bei Hypotheken handelt es sich in der Regel um Annuitäten - Darlehen. Hierbei haben Sie monatlich (jährlich) die Annuität, einen festen Betrag zu zahlen, der Zinsen und Tilgung beinhaltet. Bei der Kreditgewährung wird oft ein Tilgungsplan vorgelegt, aus dem man erkennt, dass mit fortschreitender Kreditlaufzeit der Zinsbetrag abnimmt und die Tilgung wächst [4.10], [4.11].

Bedeutung der Abkürzungen:

S	=	Schulden/ Kreditbetrag
S_j	=	abgezahlter Betrag nach j Jahren
S_m	=	abgezahlter Betrag nach m Monaten
p	=	Zinssatz in %
p_T	=	Tilgungszins in %
q	=	(1+p/100)
q_M	=	(1+p/12*100)
j	=	Anzahl der Jahre
m	=	Anzahl der Monate
A	=	Annuität $(T_1 + Z_1)$
T_1	=	Tilgungsrate des ersten Zeitabschnittes
Z_1	=	Zinsen für den ersten Zeitabschnitt

4.3.2. Beispiele zur Tilgungsrechnung

Mit den Varianten 1 bis 3 des Kreditrechners (↑ Band II Kap. 4.3.2) sind Sie gewappnet, wenn es sich um Kredite und Hypothekendarlehn dreht. Zu den Varianten des Kreditrechners lernen Sie interessante Beispiele kennen, so werden in 4.3.2.1 ein Ratenkredit zur Autofinanzierung, eine Immobilienfinanzierung (4.3.2.2) und die Kreditlaufzeit (4.3.2.3) betrachtet. Im Beispiel 4.3.2.4 wird die Tilgungsrate berechnet und die Laufzeit des Darlehns mit und ohne Sondertilgung verglichen.
Die Herleitung der Tilgungsformel, eine Zusammenstellung der Formeln für die Kreditbe-

rechnung und Varianten zur Berechnung von Hypothekendarlehen können Sie in Band II Kap. 4.3.1 und 4.3.2 nachlesen.

4.3.2.1 Variante 1 - Ratenkredit zur Autofinanzierung, Tilgungsplan

Die Finanzierung Ihres neuen Autos soll durch einen Kredit erfolgen. Der Kaufpreis des Autos beträgt 25.000,00 Euro mit einer Anzahlung von 20 %. Die Bank berechnet Ihnen 350,00 Euro Bearbeitungsgebühren. Sie vereinbaren mit der Bank eine Kreditlaufzeit von 60 Monaten, einen jährlichen Nominalzinssatz (Zinssatz) von 5,00 % und die Zahlung der ersten Rate erfolgte ab Juni 2012.
Berechnen Sie die monatliche Rate, die gezahlten Zinsen und die Summe der Zahlungen. Stellen Sie mit Hilfe des Ratenkreditrechners den Tilgungsplan auf.

1. Kreditbetrag :

Sie müssen aufgrund der 20%-igen Anzahlung 80% des Kaufpreises finanzieren.

Gesucht wird der **Auszahlungsbetrag** (Prozentwert - ↑ Band II Kap. 3.1):

$$W = \frac{p * G}{100\%} \quad = \frac{80\% * 25.000,00\,Euro}{100\%} = 20.000,00\,Euro$$

Auszahlungsbetrag:	20.000,00 Euro
Bearbeitungsgebühr:	+ 350,00 Euro
Kreditbetrag (Nennbetrag):	**20.350,00 Euro**

2. Monatliche Rate (A-Annuität): $A = T_1 + Z_1$

2.1 Tilgungsrate des ersten Monats (T_1):

$$T_1 = S * \frac{(1 + \frac{p}{100 * 12}) - 1}{(1 + \frac{p}{100 * 12})^m - 1} \quad = 20.350 * \frac{(1 + \frac{5}{100 * 12}) - 1}{(1 + \frac{5}{100 * 12})^{60} - 1}$$

$$= 20.350 * \frac{0,004166667}{0,2833586785} = 299,24\,Euro$$

2.2 Zinsen für den 1. Monat (Z_1):

$$Z_1 = \frac{S_0 * p * m}{100 * 12} = \frac{20.350 * 5 * 1}{100 * 12} = 84,79\, Euro$$

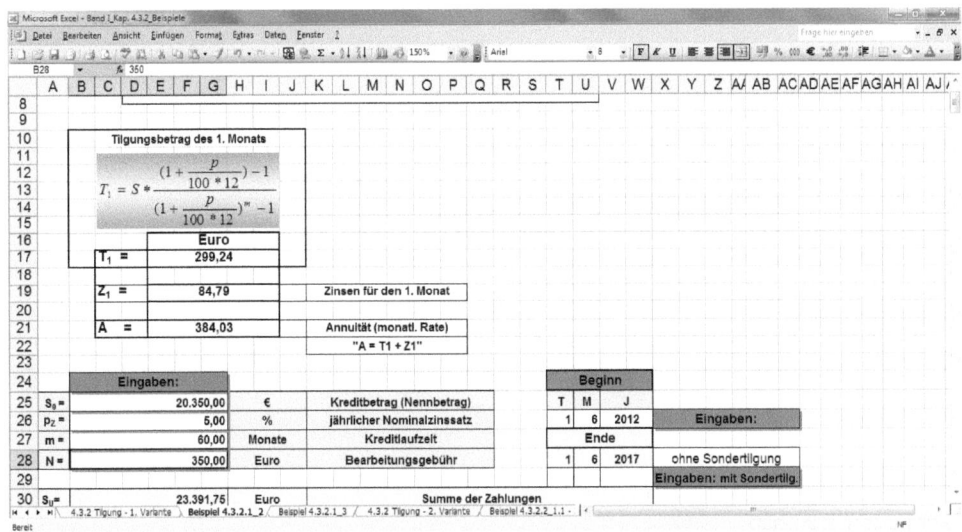

Abbildung I_4.32: Ratenkredit zur Autofinanzierung, Annuität

$A = T_1 + Z_1 = 299,24$ Euro $+ 84,79$ Euro $= 384,03$ Euro

3.Tilgungsplan

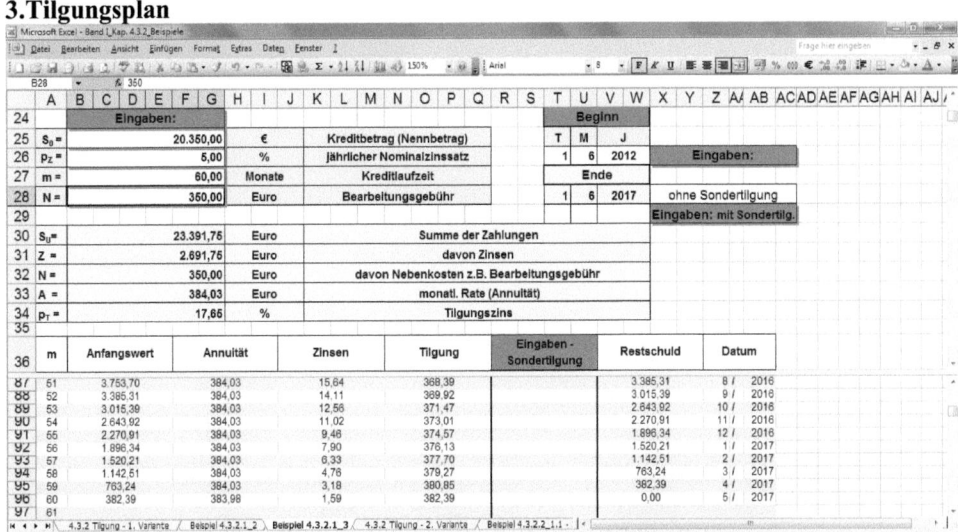

Abbildung I_4.33: Ratenkredit zur Autofinanzierung, Tilgungsplan

Den Autokredit zahlen Sie mit einer **monatlichen Rate** von **384,03 Euro** ab und haben nach 60 Monaten **2.691,75 Euro Zinsen** gezahlt.

4.3.2.2 Variante 2 - Immobilienfinanzierung, Tilgungsplan

Nach Angaben des Bundesverbandes deutscher Banken ist der Kauf einer Immobilie in der anhaltenden Niedrigzinsphase so günstig wie selten zuvor. Hypothekendarlehen mit einer Laufzeit von fünf bis zehn Jahren und etwa 5 % Effektivzins sind zurzeit sehr günstig.
Berechnen Sie die Laufzeit für ein herkömmliches Hypothekendarlehen (200.000 Euro; 5,0 % jährlicher Nominalzinssatz) und einem Prozent Tilgung. Nach welcher Laufzeit ist das Darlehen bei einer Tilgungsrate von vier Prozent getilgt?
Bei höheren Tilgungsraten haben Sie den Kredit schneller zurück gezahlt und dass spart Geld (Zinsen). Dies setzt voraus, dass Sie ein überdurchschnittliches Einkommen haben und mehr als ein Prozent tilgen können.
Wie hoch ist die monatliche Belastung (Annuität) bei einem und vier Prozent Tilgung?
Stellen Sie mithilfe des Ratenkreditrechners die Tilgungspläne auf.

1. Annuität (A) mit 1 % Tilgung: $A = T_1 + Z_1$

1.1 Tilgungsrate des ersten Monats (T_1):

$$T_1 = \frac{S_0 * p_T * m}{100\% * 12} = \frac{200.000\,Euro * 1\% * 1}{100\% * 12} = 166,67\,Euro$$

1.2 Zinsen für den 1. Monat (Z_1):

$$Z_1 = \frac{S_0 * p * m}{100\% * 12} = \frac{200.000\,Euro * 5\% * 1}{100\% * 12} = 833,33\,Euro$$

$A = T_1 + Z_1 = 166,67$ Euro + 833,33 Euro = 1.000 Euro

1.3 Tilgungszeit (m):

$$m = \frac{\lg[\frac{S*(\frac{p}{100*12})}{T1} + 1]}{\lg[1 + (\frac{p}{100*12})]} = \frac{\lg[\frac{200.000\,Euro*(\frac{5}{100*12})}{166,67\,Euro} + 1]}{\lg[1 + (\frac{5}{100*12})]} = 430,91$$

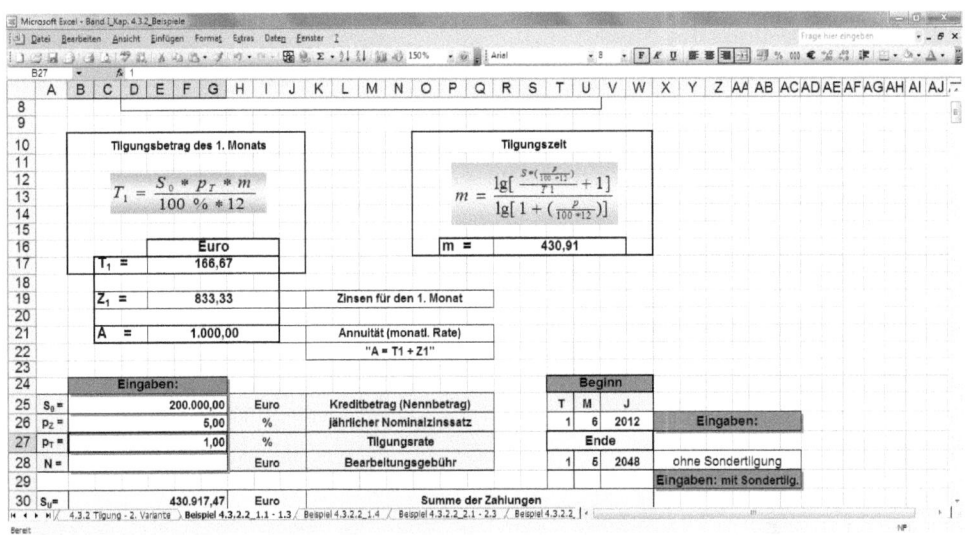

Abbildung I_4.34: Immobilienfinanzierung mit 1 % Tilgung

1.4 Tilgungsplan mit 1 % Tilgung:

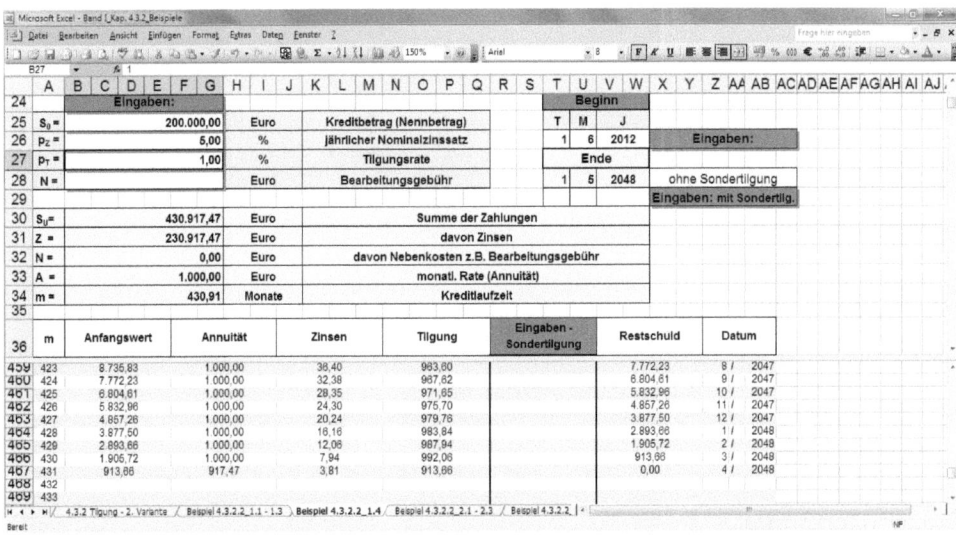

Abbildung I_4.35: Immobilienfinanzierung mit 1 % Tilgung, Tilgungsplan

2. Annuität (A) mit 4 % Tilgung: $A = T_1 + Z_1$

2.1 Tilgungsrate des ersten Monats (T_1):

$$T_1 = \frac{S_0 * p_T * m}{100\% * 12} = \frac{200.000\,Euro * 4\% * 1}{100\% * 12} = 666,67\,Euro$$

2.2 Zinsen für den 1. Monat (Z_1):

$$Z_1 = \frac{S_0 * p * m}{100\% * 12} = \frac{200.000\,Euro * 5\% * 1}{100\% * 12} = 833,33\,Euro$$

A = T_1 + Z_1 = 666,67 Euro + 833,33 Euro = 1.500 Euro

2.3 Tilgungszeit (m):

$$m = \frac{\lg[\frac{S*(\frac{p}{100*12})}{T1} + 1]}{\lg[1 + (\frac{p}{100*12})]} = \frac{\lg[\frac{200.000\,Euro*(\frac{5}{100*12})}{666,67\,Euro} + 1]}{\lg[1 + (\frac{5}{100*12})]} = 195,03$$

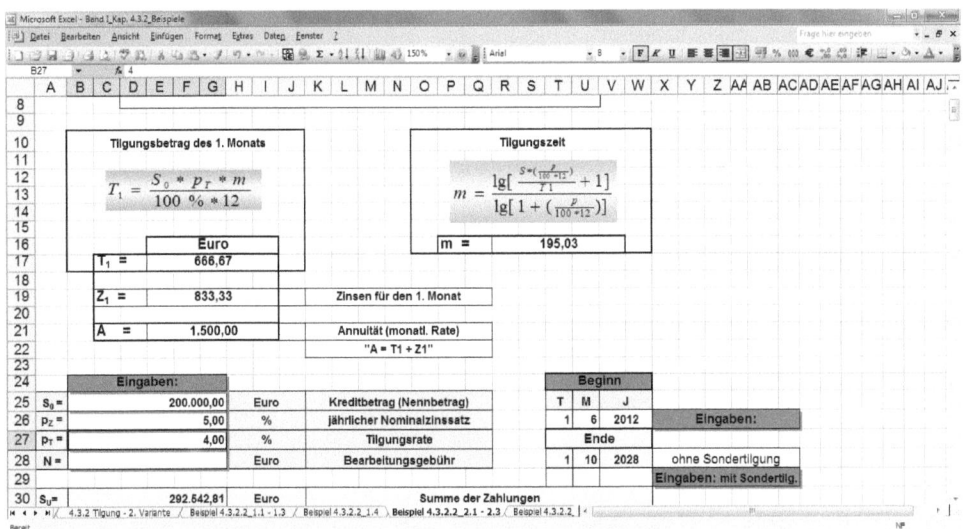

Abbildung I_4.36: Immobilienfinanzierung mit 4% Tilgung

2.4 Tilgungsplan mit 4 % Tilgung:

		Eingaben:				Beginn			
						T	M	J	
25	S_0 =	200.000,00	Euro	Kreditbetrag (Nennbetrag)					
26	p_Z =	5,00	%	jährlicher Nominalzinssatz		1	6	2012	Eingaben:
27	p_T =	4,00	%	Tilgungsrate			Ende		
28	N =		Euro	Bearbeitungsgebühr		1	10	2028	ohne Sondertilgung
29									Eingaben: mit Sondertilg.
30	S_U=	292.542,81	Euro	Summe der Zahlungen					
31	Z =	92.542,81	Euro	davon Zinsen					
32	N =	0,00	Euro	davon Nebenkosten z.B. Bearbeitungsgebühr					
33	A =	1.500,00	Euro	monatl. Rate (Annuität)					
34	m =	195,03	Monate	Kreditlaufzeit					

m	Anfangswert	Annuität	Zinsen	Tilgung	Eingaben - Sondertilgung	Restschuld	Datum
187	13.264,05	1.500,00	55,27	1.444,73		11.819,32	12 / 2027
188	11.819,32	1.500,00	49,25	1.450,75		10.368,57	1 / 2028
189	10.368,57	1.500,00	43,20	1.456,80		8.911,77	2 / 2028
190	8.911,77	1.500,00	37,13	1.462,87		7.448,90	3 / 2028
191	7.448,90	1.500,00	31,04	1.468,96		5.979,94	4 / 2028
192	5.979,94	1.500,00	24,92	1.475,08		4.504,86	5 / 2028
193	4.504,86	1.500,00	18,77	1.481,23		3.023,63	6 / 2028
194	3.023,63	1.500,00	12,60	1.487,40		1.536,23	7 / 2028
195	1.536,23	1.500,00	6,40	1.493,60		42,63	8 / 2028
196	42,63	42,81	0,18	42,63		0,00	9 / 2028
197							

Abbildung I_4.37: Immobilienfinanzierung mit 4% Tilgung, Tilgungsplan

Bei **einem Prozent Tilgung** beträgt die **Annuität 1.000 Euro** und nach circa **431 Monaten** (runde 36 Jahre) ist der Kredit getilgt. Zahlen Sie einen höheren **Tilgungssatz (4 %)**, so verkürzen Sie die **Kreditlaufzeit auf circa 195 Monate (16,25 Jahre)**. Die **monatliche Rate** steigt dann auf **1.500 Euro**.

4.3.3.3 Variante 3 - Kreditlaufzeit, Tilgungszins und Tilgungsplan

Für einen Kredit von 5.000 Euro, einen Zinssatz von 4,5 % über die gesamte Laufzeit und einer Monatsrate von 900 Euro sind die Kreditlaufzeit und der Tilgungsplan zu ermitteln. Die Abzahlung des Kredites begann ab Juni 2012.

1. Tilgungsrate des ersten Monats (T_1):

$$T_1 = A - Z_1 = A - \frac{S_0 * p * m}{100\% * 12}$$

$$= 900\,Euro - \frac{5.000\,Euro * 4,5\% * 1}{100\% * 12} = 881,25\,Euro$$

2. Kreditlaufzeit (m):

$$m = \frac{\lg[\frac{S*(\frac{P_M}{12*100})}{T1} + 1]}{\lg[1 + (\frac{P_M}{12*100})]} = \frac{\lg[\frac{5.000*(\frac{4,50}{12*100})}{881,25} + 1]}{\lg[1 + (\frac{4,50}{12*100})]} = 5,62$$

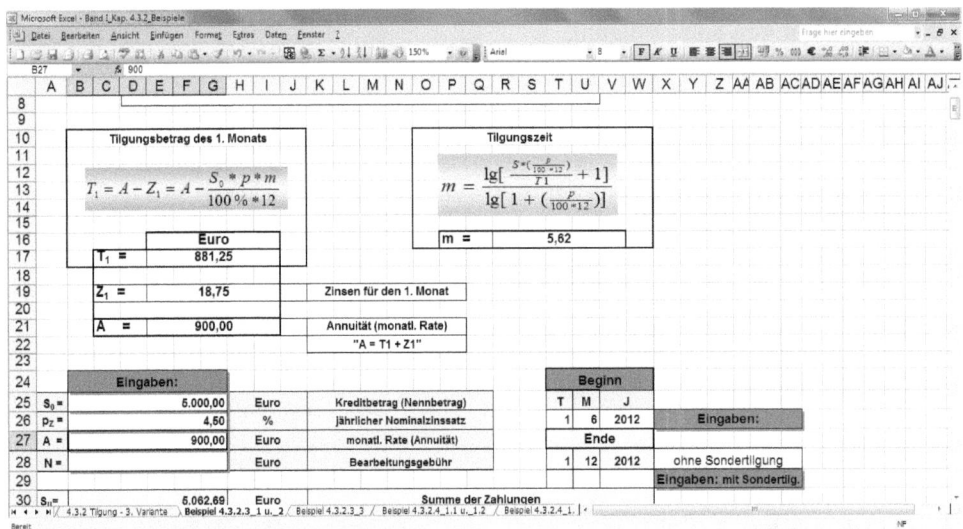

Abbildung I_4.38: Kredit - Laufzeit

3. Kredit - Tilgungsplan

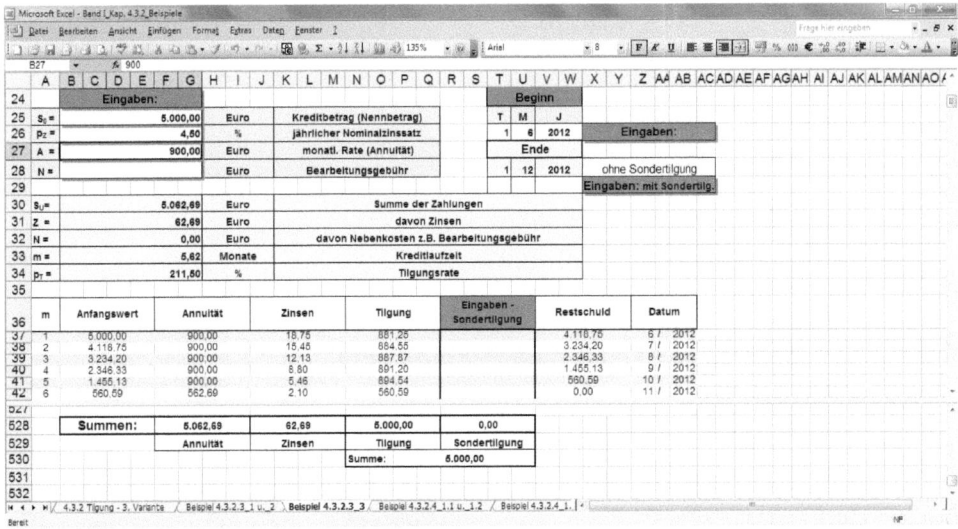

Abbildung I_4.39: Kredit - Tilgungsplan

Der Kredit wurde im **Zeitraum von Juni bis Dezember 2012** getilgt.

4.3.2.4 Darlehen und Sondertilgung

Für ein Darlehen von 50.000 Euro mit 4,25 % Zinssatz über die gesamte Laufzeit und einer Laufzeit von 15 Jahren (180 Monate) sind die Monatsrate, der Tilgungszins, die Gesamtzahlung und der Tilgungsplan zu ermitteln. Die Rückzahlung des Darlehens beginnt am 01.01.2012 mit einer Sondertilgung von 3.000 Euro pro Jahr. Wie ändert sich die Laufzeit, wenn die jährliche Sondertilgung im Januar gezahlt wird?

1. Monatsrate, Tilgungszins, Gesamtzahlung und Tilgungsplan – ohne Sondertilgung

1.1. Monatliche Rate (A-Annuität): $A = T_1 + Z_1$

1.1.1 Tilgungsrate des ersten Monats (T_1):

$$T_1 = S * \frac{(1 + \frac{p}{100 * 12}) - 1}{(1 + \frac{p}{100 * 12})^m - 1} = 50.000 * \frac{(1 + \frac{4,25\%}{100\% * 12}) - 1}{(1 + \frac{4,25\%}{100\% * 12})^{180} - 1}$$

$$= 50.000 * \frac{0,0035416667}{0,889616224} = 199,06 \, Euro$$

1.1.2 Zinsen für den 1. Monat (Z_1):

$$Z_1 = \frac{S_0 * p * m}{100 * 12} = \frac{50.000 * 4,25\% * 1}{100\% * 12} = 177,08 \, Euro$$

$A = T_1 + Z_1 = 199,06$ Euro $+ 177,08$ Euro $= 376,14$ Euro

1.2 Tilgungszins (p_T):

$$T_1 = \frac{S_0 * p_T * m}{100 * 12} \qquad p_T = \frac{T_1 * 100 * 12}{S_0 * m}$$

$$p_T = \frac{T_1 * 100 * 12}{S_0 * m} = \frac{199,06 \, Euro * 100\% * 12}{50.000 \, Euro * 1} \approx 4,78\%$$

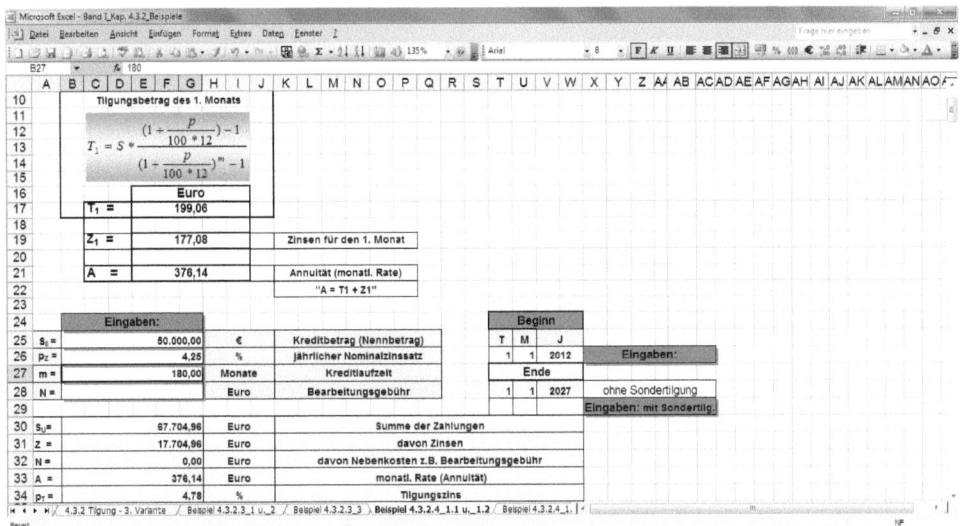

Abbildung I_4.40: Darlehen ohne Sondertilgung – monatliche Rate, Tilgungszins

1.3 Gesamtzahlung und Tilgungsplan

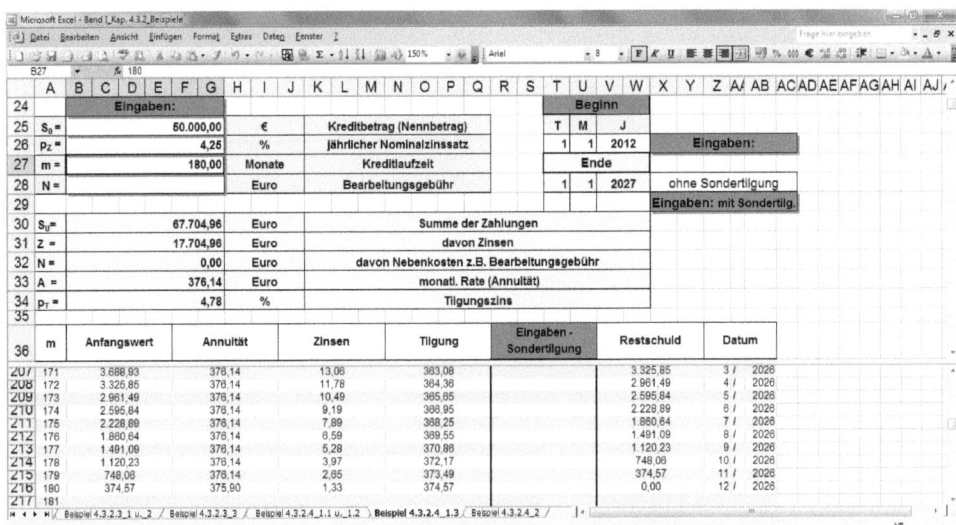

Abbildung I_4.41: Darlehen ohne Sondertilgung – Tilgungsplan

2. Darlehensdauer mit Sondertilgung:

Abbildung I_4.42: Darlehen mit Sondertilgung – Tilgungsplan

Mit einer Sondertilgung von 3.000 Euro pro Jahr (Januar) ist das Darlehen bereits im **September 2019** getilgt. Ohne Sondertilgung zahlt man **17.704,96 Euro Zinsen** und mit weniger als die Hälfte (8.326,18 Euro). Man sollte immer Sondertilgung vereinbaren, denn diese Zahlungen sind eine Option und müssen nicht, wenn es finanziell einen Engpass geben sollte, gezahlt werden.

4.3.3 Übungsaufgaben zur Tilgung

4.3.3.1 Ergänzen Sie folgende Tabelle. Die Tilgung liegt bei 1 % und der Zinssatz bei 4,50 % über die gesamte Laufzeit.

Tabelle I_4.2

Darlehensbetrag in €	Monatsrate in €	Darlehenslaufzeit (Zins u. Tilgung) Monate / Jahre	Gesamt-zahlung in €	Tilgungsplan
100.000	?	455,46 / 37,96	?	
200.000	?	455,46 / 37,96	?	
300.000	?	455,46 / 37,96	?	X

4.3.3.2 Ergänzen Sie folgende Tabelle. Der Nominalzins liegt bei 4,3 % und die Kredit-laufzeit beträgt 20 Jahre (240 Monate).

Tabelle I_4.3

Darlehensbetrag in €	Monatsrate in €	Tilgungszins in %	Gesamtzahlung in €	Tilgungsplan
100.000	?		?	
200.000	?		?	
300.000	?		?	X

4.3.3.3 Ergänzen Sie folgende Tabelle. Der Nominalzins liegt bei 5%.

Tabelle I_4.4

Darlehens-betrag in €	Monatsrate in €	Darlehens-Laufzeit in Monate	Gesamt-zahlung in €	Tilgungs-zins in %	Tilgungs-plan
100.000	**800,00**	?	?	?	
200.000	**1.500,00**	?	?	?	
300.000	**2.375,00**	?	?	?	X

4.3.4 Lösungen der Übungsaufgaben zur Tilgung (↑ Band II Kap. 4.3.4)

5. Flächen- und Körperberechnung, Wichtige Lehrsätze

5.1 Maßeinheiten

Das Rechnen mit Größen erfordert, dass alle Angaben in der gleichen Maßeinheit gewählt werden. Beim Wandeln in eine kleinere Maßeinheit vergrößert sich die Maßzahl. Soll in eine größere Maßeinheit gewandelt werden, verkleinert sich die Maßzahl.

Tabelle I_5.1.1: Längen- und Flächeneinhalten [5.1.1]

Längeneinheiten:

Millimeter (mm)	**Meter (m)**
Zentimeter (cm)	**Kilometer (km)**
Dezimeter (dm)	

1 mm = 0,1 cm = 0,01 dm = 0,001 m = 0,000001 km

1 km = 1.000 m = 10.000 dm = 100.000 cm = 1.000.000 mm

Flächeneinhalten:

Quadratmillimeter (mm^2)	**Ar (a)**
Quadratzentimeter (cm^2)	**Hektar (ha)**
Quadratdezimeter (dm^2)	**Quadratkilometer (km^2)**
Quadratmeter (m^2)	

1 mm^2 = 0,01 cm^2 = 0,0001 dm^2 = 0,000001 m^2 = 0,00000001 a = 0,0000000001 ha
= 0,000000000001 km^2

1 km^2 = 100 ha = 10.000 a = 1.000.000 m^2 = 100.000.000 dm^2 = 10.000.000.000 cm^2 =
1.000.000.000.000 mm^2

Tabelle I_5.1.2: Volumeninhalte [5.1.1]

Volumeneinheiten:

Kubikmillimeter (mm³)   Milliliter (ml)
Kubikzentimeter (cm³)   Zentiliter (cl)
Kubikdezimeter (dm³)   Deziliter (dl)
Kubikmeter (m³)   Liter (l)
Kubikkilometer (km³)   Hektoliter (hl)

$$1mm^3 = 0,001cm^3 = 0,000001dm^3 = 0,000000001m^3 = 0,000000000000000001km^3$$

$$1km^3 = 1.000.000.000m^3 = 1.000.000.000.000dm^3 = 1.000.000.000.000.000cm^3 =$$
$$1.000.000.000.000.000.000 \ mm^3$$

$$1ml = 0,1cl = 0,01dl = 0,001l = 0,00001hl$$

$$1 \ hl = 100 \ l = 1.000 \ dl = 10.000 \ cl = 100.000 \ ml$$

$$1 \ ml = 1 \ cm^3$$

$$1 \ l = 1 \ dm^3$$

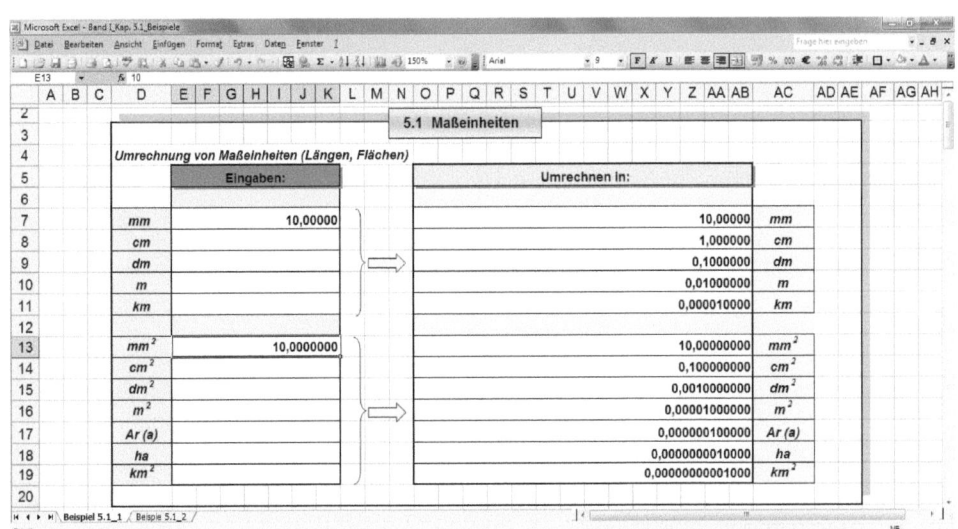

Abbildung I_5.1.1: Umrechnungen von Längen- und Flächen-Maßeinheiten

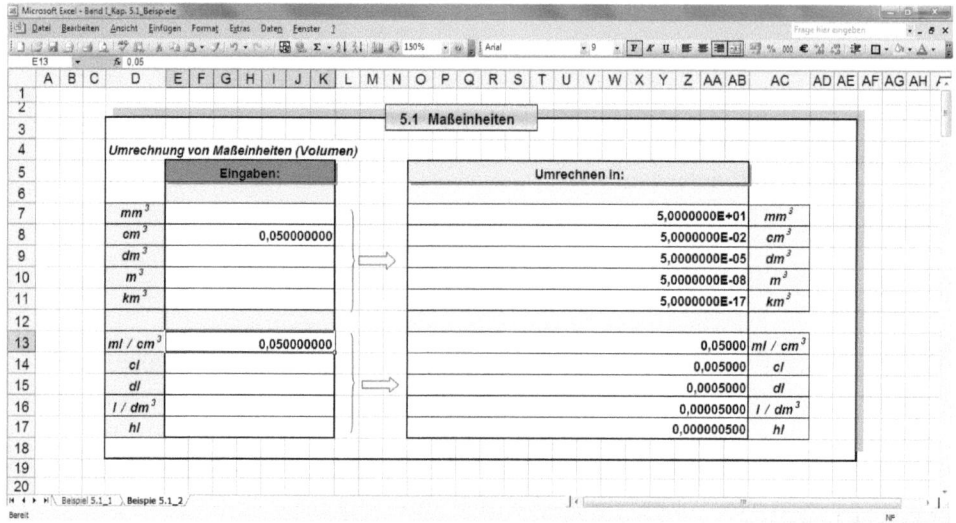

Abbildung I_5.1.2: Umrechnungen von Volumen-Maßeinheiten

5.2.1 Beispiele zur Flächenberechnung

5.2.1.1 Quadrat, Bedarf an Fußbodenbelag und Fußbodenleisten

Ein quadratisches Zimmer hat eine Wandlänge von 5,50 m. Wie viele Quadratmeter Fußbodenbelag und wie viele Meter Fußbodenleisten sind erforderlich, wenn zwei Türen von 1,00 m Breite in das Zimmer führen?

Lösung:

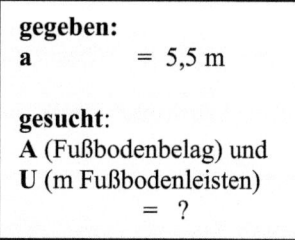

gegeben:
a $= 5,5$ m

gesucht:
A (Fußbodenbelag) und
U (m Fußbodenleisten)
 $= ?$

$$A = a * a \quad U = 4 * a$$

$$A = 5,5\,m * 5,5\,m = 30,25\,m^2$$

$$U = 4 * 5,5\,m - 2\ldots m = 20,0\,m$$

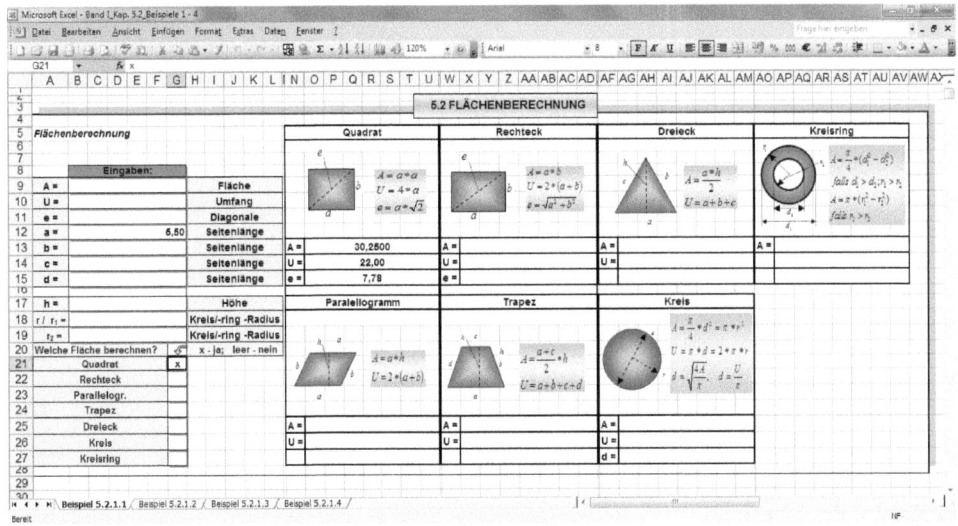

Abbildung I_5.2.1: Berechnung einer Fußbodenfläche

Für das Zimmer werden **30,25 m² Fußbodenbelag** und **20,0 m Fußbodenleisten** benötigt.

5.2.1.2 Rechteck, Kosten für Rasenfläche

Ein rechteckiger Garten hat eine Länge von 40 m und eine Breite von 15 m. In ihm soll eine Rasenfläche angelegt werden, die je Quadratmeter 0,04 Euro kostet. Wie teuer wird die Rasenfläche?

Lösung:

$$A = a * b$$

$$A = 40\,m * 15m = 600\,m^2$$

gegeben:	
a	= 40 m
b	= 15 m

gesucht:
Kosten - Rasen = ?

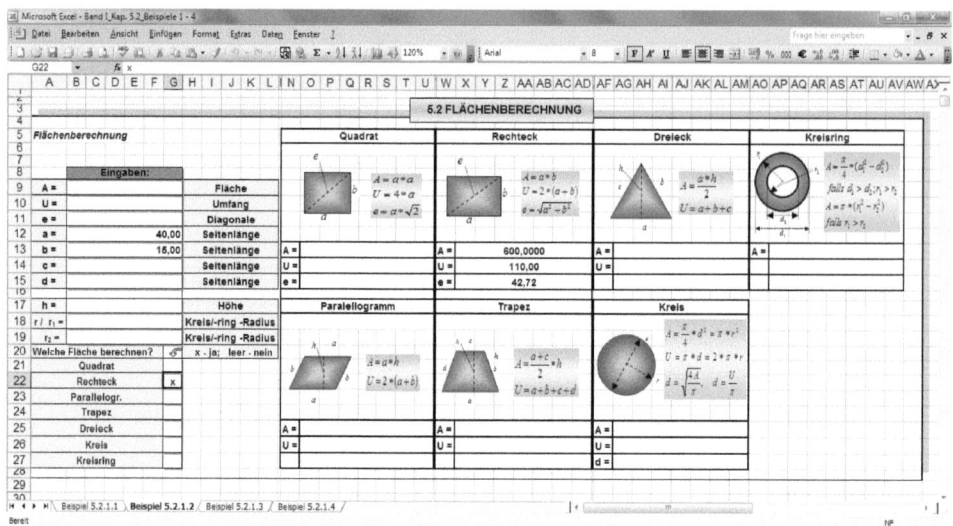

Abbildung I_5.2.2: Berechnung einer Rasenfläche

$$Kosten - Rasen := 600\,m^2 * 0,04\,Euro/m^2 = 24,00\,Euro$$

Die Rasenfläche kostet **24,00 Euro**.

5.2.1.3 Parallelogramm, Kosten für Firmenlogo

Eine Baufirma lässt an ihren Firmenfahrzeugen Firmenlogos in der Form eines Parallelogramms anbringen. Das Firmenlogo hat die Seitenlängen von 0,66 m und eine Höhe von 0,38 m. Die Werbefirma berechnet für die Gestaltung und das Aufkleben eines Firmenlogos einen Quadratmeterpreis von 160,00 Euro. Wie viel kostet ein Firmenlogo?

Lösung:

$$A = a * h$$

$$A = 0,66\,m * 0,38\,m = 0,2508\,m^2$$

gegeben:	
a	= 0,66 m
h	= 0,38 m
Kosten/m^2	= 160 Euro/m^2
gesucht:	
Kosten - Logo	= ?

$$Kosten - Logo := 0,2508\,m^2 * 160\,Euro/m^2 = 40,13\,Euro$$

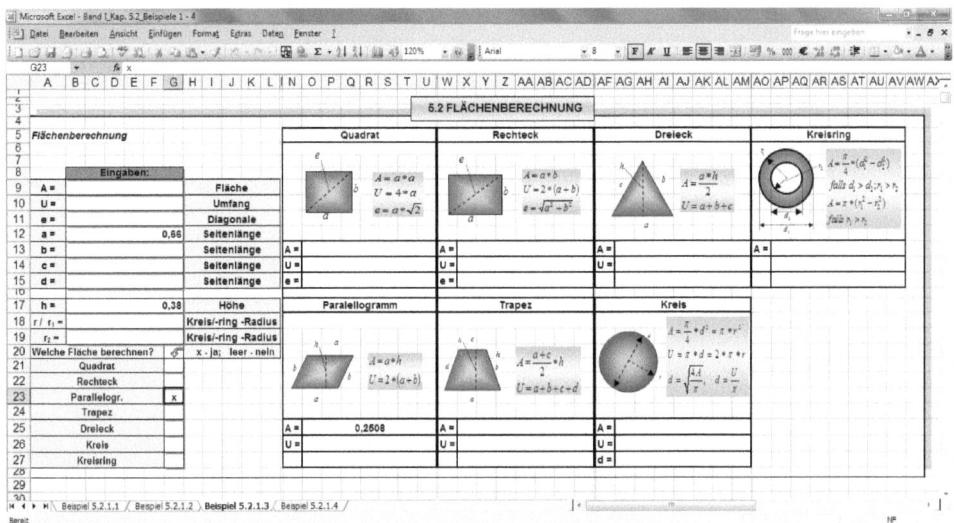

Abbildung I_5.2.3: Berechnung der Fläche eines Firmenlogos

Das Firmenlogo kostet **40,13 Euro**.

5.2.1.4 Trapez, Kosten für Wandanstrich

Die trapezförmige Wand einer Dachgeschosswohnung soll gestrichen werden. Berechnen Sie die Kosten dafür, wenn die Bodenbreite der Wand 5,45 m, die Deckenbreite 2,80 m und die Raumhöhe 2,60 m betragen. Für einen Quadratmeter Anstrich sind 2,05 Euro anzusetzen.

Lösung:

$$A = \frac{a + c}{2} * h$$

gegeben:	
a	= 5,45 m
c	= 2,80 m
Kosten/m^2	= 2,05 Euro/m^2
gesucht:	
Kosten - Wandanstrich	= ?

$$A = \frac{5,45\,m + 2,80\,m}{2} * 2,60\,m = 10,725\,m^2$$

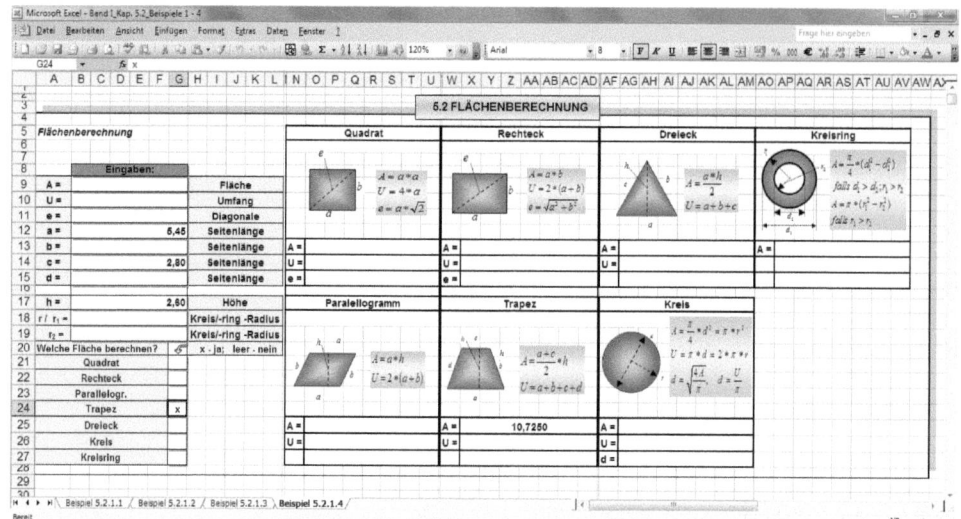

Abbildung I_5.2.4: Berechnung der Fläche einer trapezförmigen Wand

$$Kosten-Wandanstrich := 10{,}725m^2 * 2{,}05\,Euro/m^2 = 21{,}99\,Euro$$

Der Wandanstrich kostet **21,99 Euro**.

5.2.1.5 Dreieck, Querschnitt eines Erdhaufens

Ein Erdhaufen hat die Form eines Kegels (↑ Kapitel 5.3.5) mit einem Durchmesser von 4,0 m und eine Höhe von 2,5 m. Welche Fläche hat der Querschnitt dieses Erdhaufens?

Lösung:

$$A = \frac{a * h}{2}$$

gegeben:	
a	= 4,0 m
h	= 2,5 m

gesucht:
A (Querschnitt) = ?

$$A = \frac{4{,}0m * 2{,}5m}{2} = 5{,}00\,m^2$$

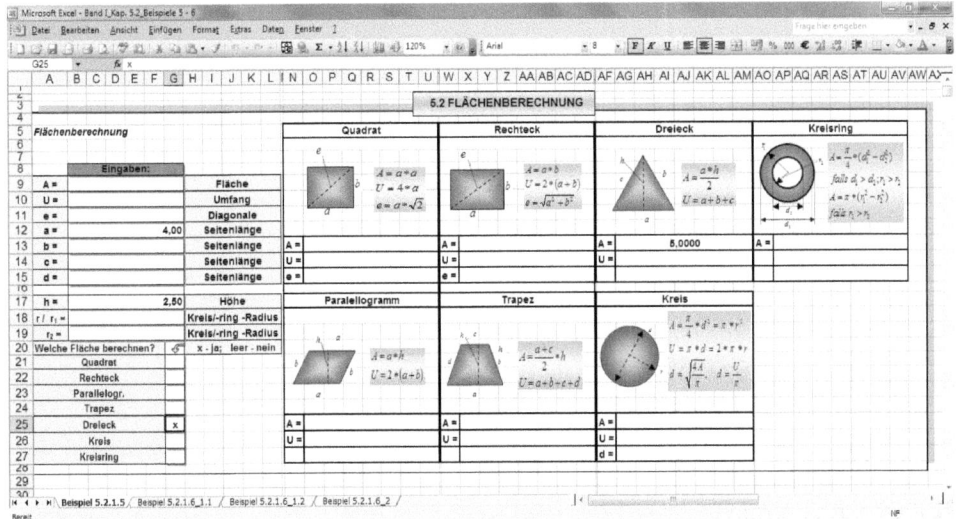

Abbildung I_5.2.5: Berechnung des Querschnittes eines Erdhaufens

Der Querschnitt des Erdhaufens hat eine Fläche von **5,00 m²**.

5.2.1.6 Kreis, Umfang eines Fußballs

Für einen Fußball mit einem Durchmesser von etwa 22 cm ist der Umfang zu bestimmen. Welchen Abstand hat ein Seil zur Oberfläche, wenn der Umfang um einen Meter erhöht und kreisförmig um den Ball gelegt wird?

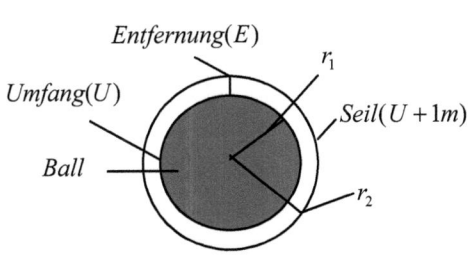

gegeben:	
d_1	= 22 cm
r_1	= 11 cm
$U_{erweitert}$	= 1 m
π	≈ 3,14

gesucht:	
d_2	= ?
r_2	= ?
$E = r_2 - r_1$	= ?

Abbildung I_5.2.6: Umfang eines Fußballs

1. Variante 1

$$A = \frac{\pi}{4} * d^2 = \pi * r^2 \quad U = \pi * d = 2 * \pi * r$$

$$U = \pi * d = 3,14 * 0,22m = 0,691150\,m$$

$$d_2 = U/\pi = (0,691150\,m + 1m)/3,14 \approx 0,54m$$

$$r_2 = d_2/2 = 0,27m; \quad r_1 = 0,11m$$

$$E = r_2 - r_1 = 0,16m$$

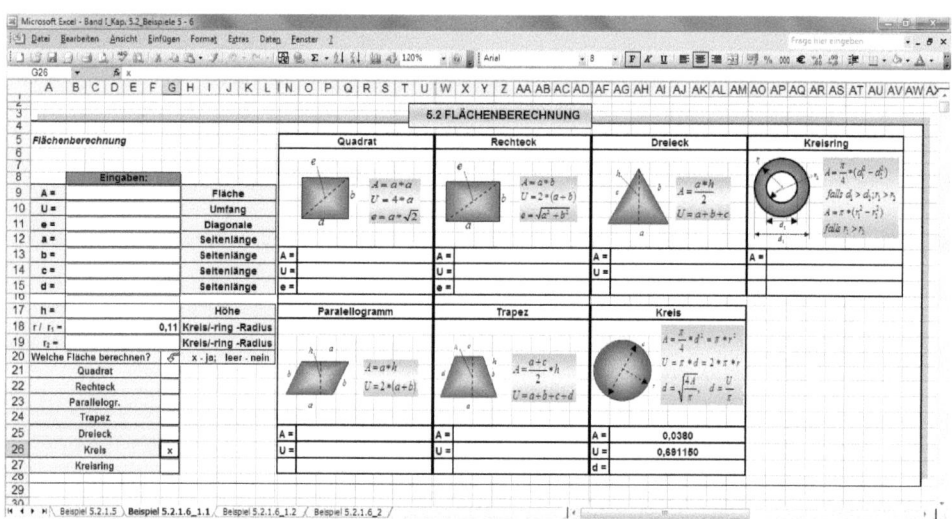

Abbildung I_5.2.7: Berechnung des Umfangs eines Fußballs

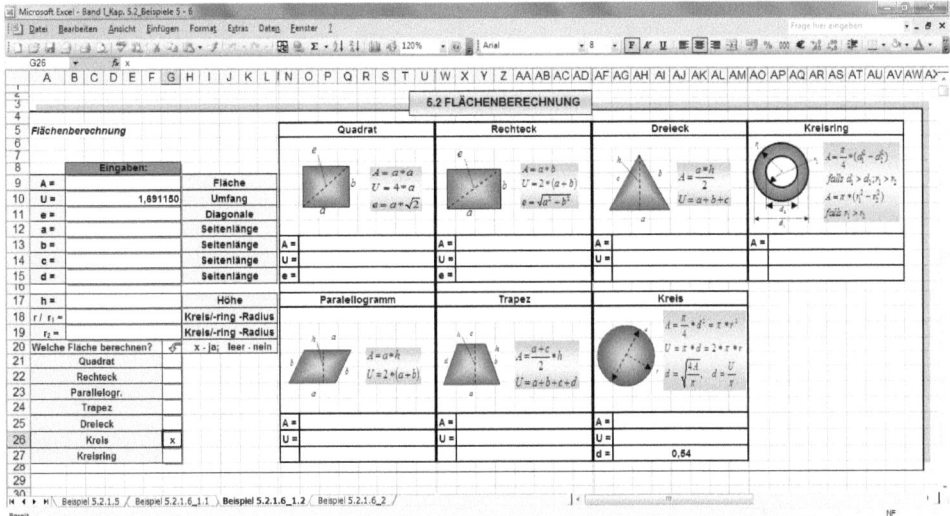

Abbildung I_5.2.8: Berechnung des Durchmessers, Ballumfang plus 1m

2. Variante 2

Bei der zweiten Variante berechnet man die Radiusänderung, wenn der Umfang um einen Meter verlängert wird. Dies zeigt, das es egal ist, welchen kugelförmigen Gegenstand (Kugel, Ball, Erde ...) man betrachtet, eine Umfangserweiterung um einen Meter bewirkt einen Abstand zur Oberfläche von etwa 16 Zentimetern. Wahrscheinlich kennen Sie diese Aufgabenstellung aus Ihrer Schulzeit.

Lösung:

$$A = \frac{\pi}{4} * d^2 = \pi * r^2$$

$$U = \pi * d = 2 * \pi * r$$

$$d = \frac{U}{\pi}, \quad r = \frac{d}{2}$$

$$d = U/\pi = 1m/3{,}14 \approx 0{,}3185\,m$$

$$r = d/2 = 0{,}3185/2 \approx 0{,}16m$$

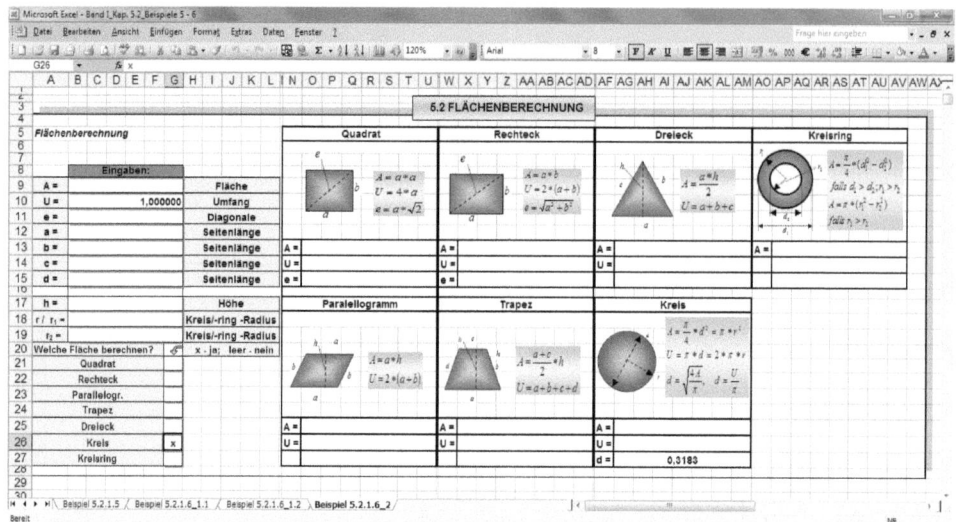

Abbildung I_5.2.9: Berechnung des Durchmessers bei 1m Umfang

Beide Berechnungsvarianten ergeben einen Abstand des Seiles von **16 cm** zur Balloberfläche.

5.2.1.7 Kreis, Maler-Krepp-Abdeckband – Länge des Bandes

Für Renovierungsarbeiten benötigen Sie 35 laufende Meter Maler-Krepp-Abdeckband (Rolle) mit einer Breite von 50 mm. Sie haben eine angefangene Rolle und möchten jetzt wissen, ob das Abdeckband noch reicht. Die Rolle hat einen Innenradius $r_1 = 40{,}75$ mm und einen Außenradius $r_2 = 55{,}5$ mm sowie eine Banddicke von $D = 0{,}12$ mm. Welche Länge hat das Abdeckband auf der Rolle?

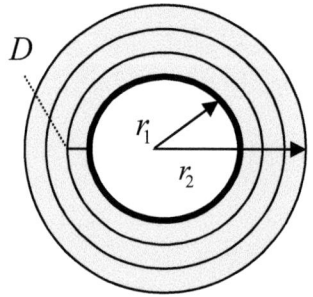

D	- Materialdicke
r_1	- innere Radius der Rolle
r_2	- äußere Radius der Rolle
N	- Anzahl der Lagen
U_N	- Länge des Bandes

Abbildung I_5.2.10: Skizze der Rolle

Um die Länge des noch zur Verfügung stehenden Abdeckbandes zu berechnen, muss erst die Anzahl der Lagen bestimmt werden.

1. Anzahl der Lagen

Lösung:

gegeben:	
r_1	= 40,75 mm
r_2	= 55,50 mm
D	= 0,12 mm
gesucht:	
N	= ?

$$N = \frac{r_2 - r_1}{D}$$

$$= \frac{55,5\,mm - 40,75\,mm}{0,12\,mm} = 122,92$$

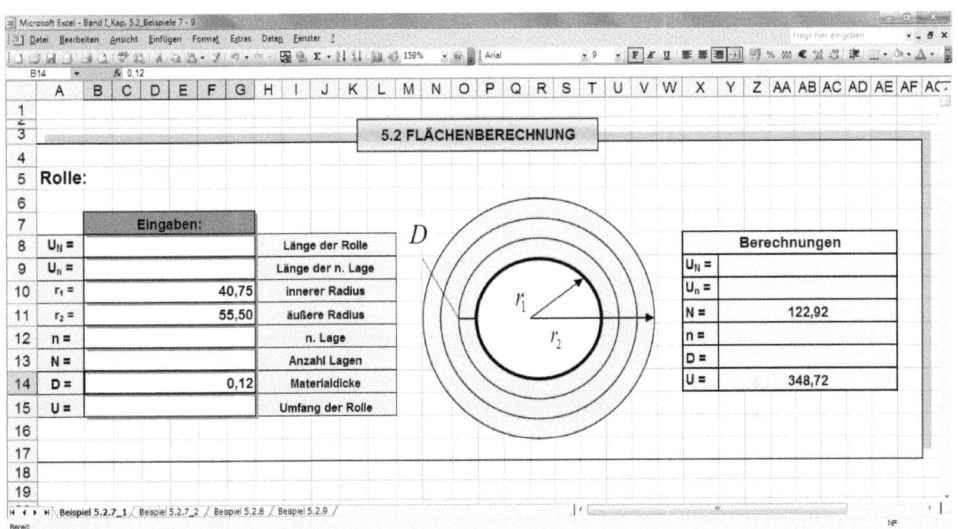

Abbildung I_5.2.11: Anzahl der Lagen

2. Länge des Abdeckbandes

Lösung:

gegeben:	
N	= 122,92
D	= 0,12 mm
gesucht:	
U_N	= ?

$$U_N = 2\pi [Nr_1 + \frac{N(N-1)}{2} D]$$

$$U_{N(122,92)} = 2\pi[122,92 * 40,75\ mm + \frac{122,92 * 121,92}{2} * 0,12\ mm\ ]$$

$$U_{N(122,92)} = 37.122,15\ mm \approx 37,12\ m$$

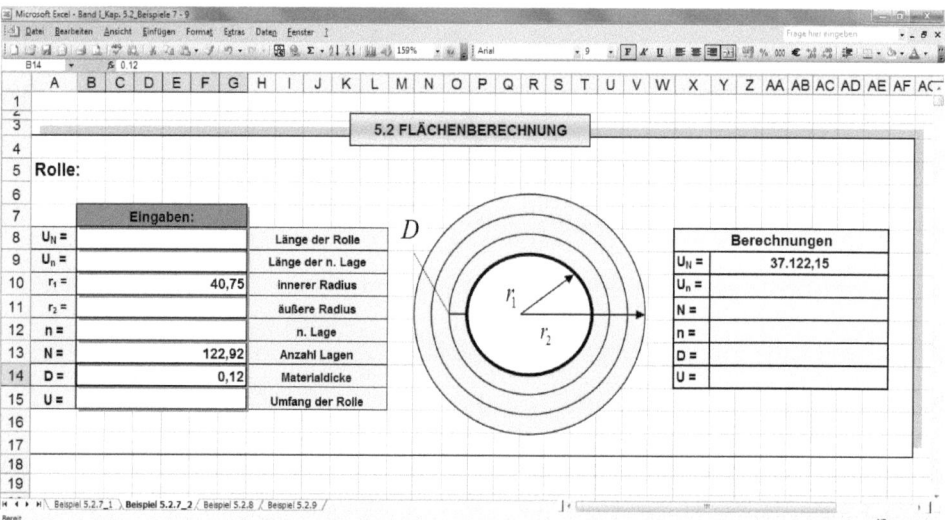

Abbildung I_5.2.12: Länge der Rolle

Sie brauchen kein Abdeckband nachkaufen, denn auf der Rolle sind noch mehr als **37 Meter**.

5.2.1.8 Kreis, Durchmesser eines Starthilfekabels

Bei einer leeren Autobatterie braucht man eine Starthilfe. Hierbei sollte man darauf achten, dass das Starthilfekabel (Kupferleiter) einen Querschnitt von mindestens 18 Quadratmillimeter hat. Ansonsten kann das Kabel beim Starten durchschmoren.

Tipp - Ablauf der Starthilfe [5.2.1]:

1. Zündung vom Empfänger- und Spenderfahrzeug sollten ausgeschaltet sein.
2. Das rote Kabel am Pluspol der entladenen Batterie anklemmen.
3. Das andere Ende des roten Kabels an den Pluspol der Spenderbatterie anschließen.
4. Die Klemme des schwarzen Kabels am Minuspol der Batterie des Helfers anbringen.

5. Das freie Ende des schwarzen Kabels an Masse (z. B. Motorblock) des Empfängerfahrzeuges anklemmen.
6. Kontrolle, ob die Kabel korrekt angebracht sind. Die Kabel nicht in Nähe der Lüfter oder der Keilriemen legen.
7. Zuerst den Motor des Spenderfahrzeuges starten und danach das Pannenfahrzeug.
8. Das Abklemmen der Kabel erfolgt in umgekehrter Reihenfolge. Zuerst wird das schwarze und anschließend das rote Kabel entfernt.
9. Die leere Batterie wird beim Fahren nach circa 30 Minuten wieder aufgeladen.

Ein Kabel (Kupferleiter) hat einen Durchmesser von 3 Millimeter. Ist der Querschnitt des Kabels zur Starthilfe ausreichend?

Lösung:

$$A = \frac{\pi}{4} * d^2 = \pi * r^2$$
$$U = \pi * d = 2 * \pi * r$$

gegeben:		
d	=	3 mm
gesucht:		
A (Kabelquerschnitt)	=	?

$$A = \frac{\pi}{4} * (3mm)^2 = \frac{3,14}{4} * 9mm^2 = 7,065\,mm^2$$

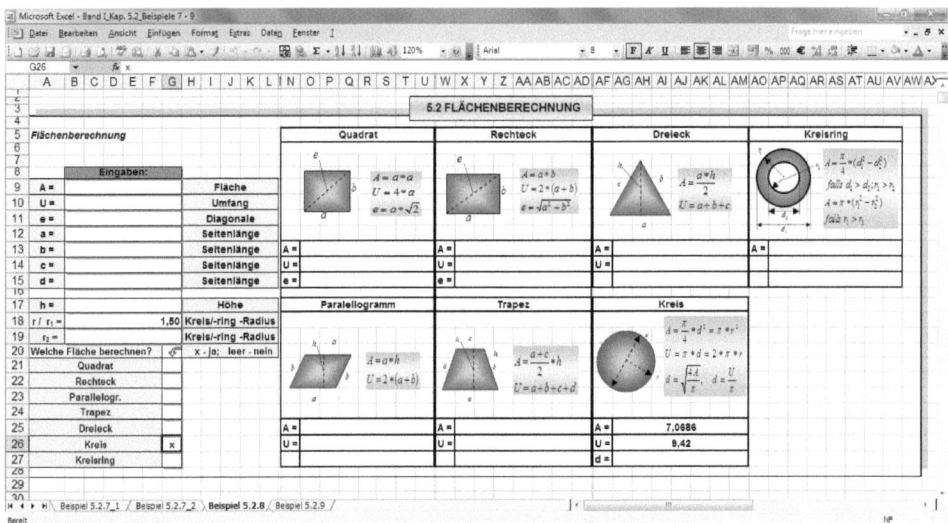

Abbildung I_5.2.13: Berechnung der Fläche eines Starterkabels

Das Kabel hat **nur einen Querschnitt von 7,065 mm²** und ist deshalb als Starterkabel **nicht geeignet**.

5.2.1.9 Kreisring, Fläche einer Lochblende

Welche Fläche hat eine Lochblende, wenn der
Außenradius 3 cm und der Innenradius 2 cm
betragen?

gegeben:
r_1 =   3 cm
r_2 =   2 cm

gesucht:
A (Lochblende)   = ?

Lösung:

$$A = \pi * (r_1^2 - r_2^2)$$
$$falls \ r_1 > r_2$$

$$= 3,14 * (9cm^2 - 4cm^2) \approx 15,71 \ cm^2$$

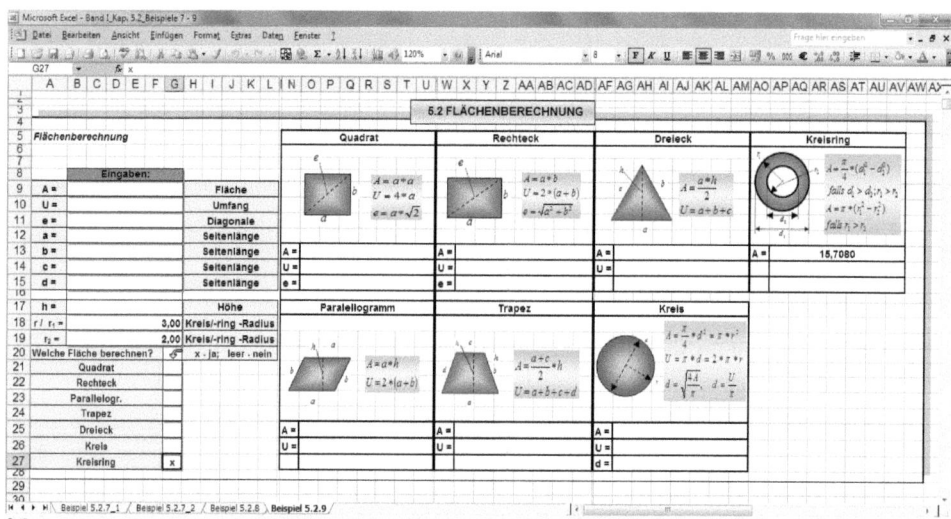

Abbildung I_5.2.14: Berechnung der Fläche einer Lochblende

Die Lochblende hat eine Fläche von **15,71 cm²**.

5.2.2 Übungsaufgaben zur Flächenberechnung

5.2.2.1 In Ivenack bei Stavenhagen in Mecklenburg-Vorpommern stehen sechs Uralt-Eichen. Die gewaltigste Eiche von ihnen ist 35,5 Meter hoch, hat einen Umfang von 10,96 Metern und soll um die tausend Jahre alt sein [5.2.2].
Welchen Durchmesser hat die Eiche?

5.2.2.2 Ein Reifen gehört zu den Hauptkomponenten eines Autos und stellt ein Hightech-Produkt dar. Die Kontaktfläche zwischen Pneu und Straße hat maximal die Größe einer Postkarte (108 x 148 mm).
Berechnen Sie die Kontaktfläche zwischen Reifen und Straße.

5.2.2.3 Zwei Pizzas haben Durchmesser von 26 cm und 38 cm.
a.) Welche Fläche ist größer, von einer großen Pizza oder zwei kleinen Pizzas?
b) Wie oft dreht sich ein Pizzaschneider (Durchmesser: 66 mm = 0,066 m Radius: 0,033 m), wenn die große Pizza halbiert werden soll?
c) Welchen Durchmesser hat eine Pizza, wenn ihre Fläche die Hälfte der großen Pizza betragen soll?

5.2.2.4 Um eine Steinkugel mit einem Durchmesser von 70 cm wird ein Seil gelegt.
a) Welche Länge hat das Seil?
b) Welchen Abstand hat das Seil zur Oberfläche, wenn das Seil um einen Meter verlängert wird?

5.2.3 Lösungen der Übungsaufgaben zur Flächenberechnung (↑ Band II Kap. 5.2.3)

5.3.1 Beispiele zur Körperberechnung

5.3.1.1 Volumen eines Fischbeckens in einen Würfel umrechnen

Am 11.07.2008 öffnete das Ozeaneum in Stralsund. Dieser futuristische Bau ist mit einer Fläche von 8.700 Quadratmetern eines der zehn größten Meeresmusen der Welt [5.3.1]. In 39 Aquarien, Vitrinen und anhand Tausender Exponate wird die faszinierende Unterwasserwelt präsentiert. Ein Highlight ist das Schwarmbecken mit 2,6 Millionen Liter Meerwasser [5.3.1].
Im Beispiel wird die Seitenlänge eines Würfels mit diesem Volumen berechnet.

Lösung:

1. Umrechnung von Liter in Kubikmeter

$1\ l = 1\ \mathrm{dm}^3$

$2{,}6\ \text{Millionen Liter} = 2{,}6\ \text{Millionen dm}^3 = 2.600\ \mathrm{m}^3$

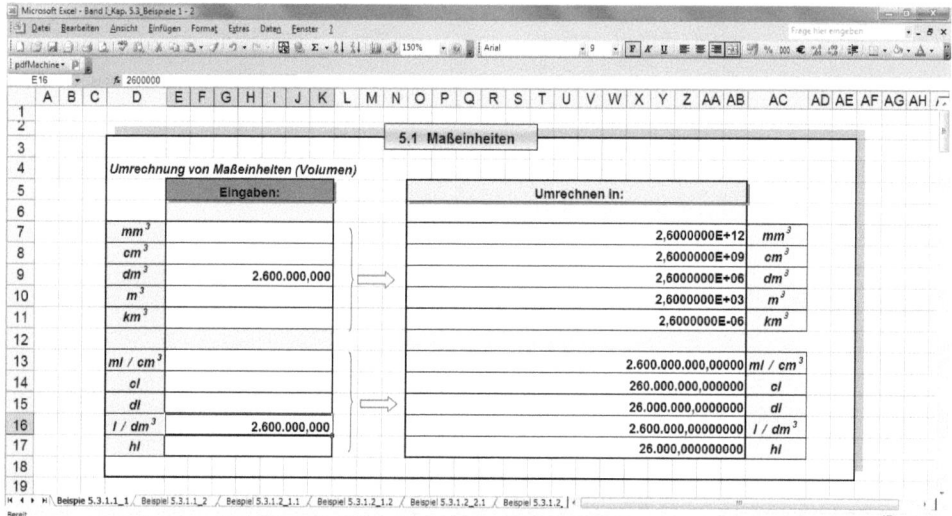

Abbildung I_5.3.1: Umrechnung von Liter in Kubikmeter

2. Seitenlänge des Würfels

$$a = \sqrt[3]{V}$$

$$= \sqrt[3]{2.600\ m^3} \approx 13{,}75\ m$$

gegeben:
$V = 2.600\ \mathrm{m}^3$

gesucht:
$a = \qquad ?$

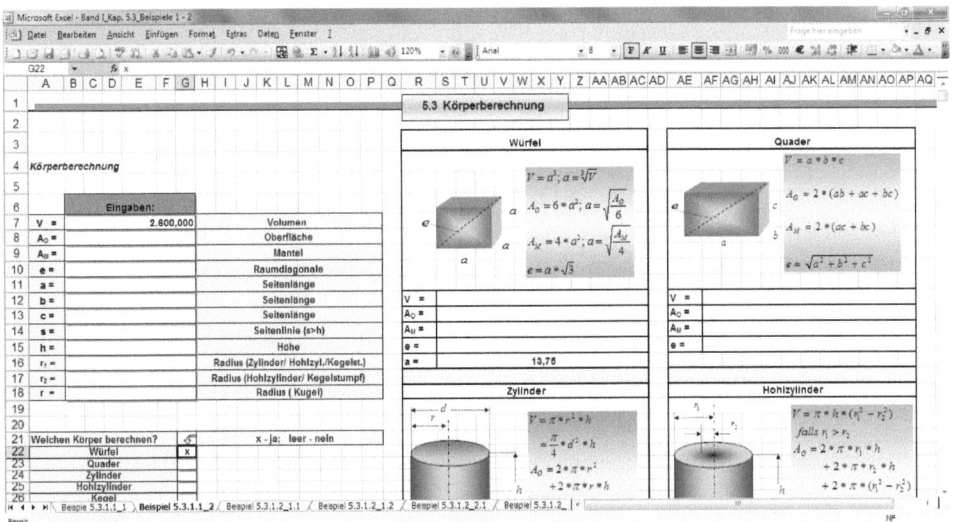

Abbildung I_5.3.2: Berechnung des „Würfelaquariums"

Ein „Würfelaquarium" mit einem Volumen von 2,6 Millionen Litern Wasser hat eine Seitenlänge von **13,75 m**.

5.3.1.2 Gesamtmenge an Gold als Würfel

Die Menschheit hat bis 2008 circa 160.000 Tonnen Gold gefördert. Dieser Wert ergibt sich aus folgender Schätzung: Bis ins 18. Jahrhundert war die geförderte Goldmenge sehr gering. Die Fördermenge des Römischen Reichs wird auf acht Tonnen pro Jahr geschätzt. Im Mittelalter ging die Menge sogar auf drei Tonnen pro Jahr zurück, weil die leicht erreichbaren Vorkommen erschöpft waren. Mit der Kolonialisierung begann die industrielle Goldförderung, so erlebte das 19. Jahrhundert einen Goldrausch. Mehr als 80 Prozent der Goldmenge der Menschheit wurde nach 1900 gefördert. Deshalb ist die oben angegebene Goldmenge eine recht genaue Schätzung. Seit 2008 stagniert die Goldförderung auf einen jährlichen Wert von circa 2.500 Tonnen [5.3.2].

1. Schätzen und berechnen Sie die Abmessungen eines Würfels für die 160.000 Tonnen Gold.

   a) 2 m   b) 20 m   c) 200 m   d) 2 km   e) 20 km

2. Welche Abmessungen hat ein Würfel für die jährliche Fördermenge?

1. Kantenlänge eines Würfels für die gesamte Fördermenge an Gold

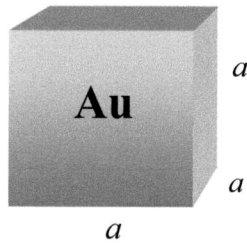

V	=	Volumen
m	=	Masse
ρ_{Au}	=	Dichte von Gold
		19,3 g/cm³ (bei 25 °C)

Abbildung I_5.3.3: Goldwürfel

Lösung:

$$V = \frac{m}{\rho_{Au}}$$

gegeben:
m = 160.000 t =
    16.000.000.000 g
ρ_{Au} = 19,3 g/cm³

gesucht:
a = ?

$$V = \frac{160.000.000.000 \, g}{19,3 \, \dfrac{g}{cm^3}}$$

$$V = 8.290.155.440 \, cm^3$$

$$a = \sqrt[3]{V} \qquad \approx 2.023,89 cm \approx 20,24 \, m$$

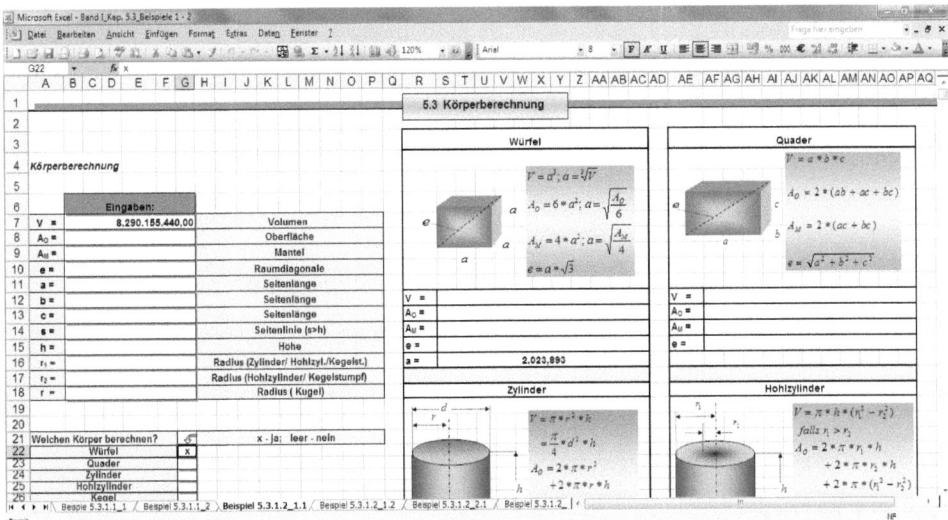

Abbildung I_5.3.4: Berechnung des „Goldwürfels" für die gesamte Goldförderung

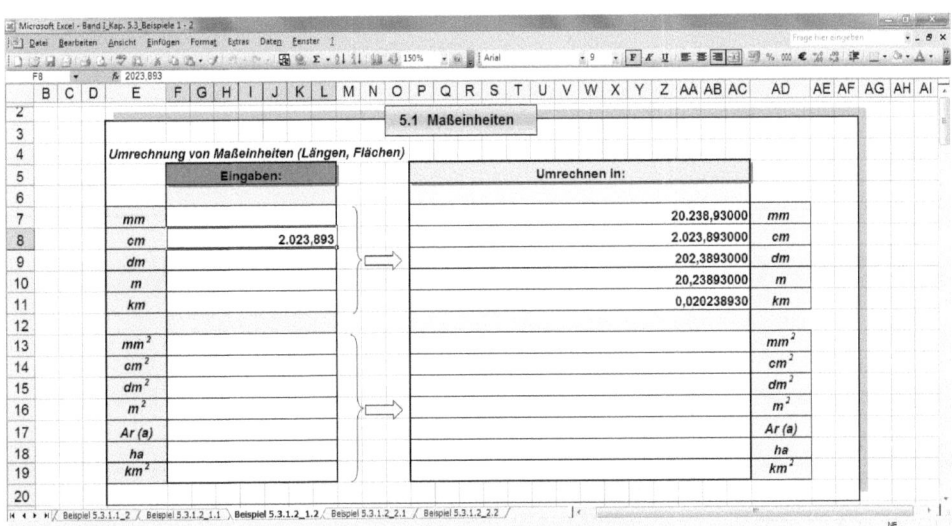

Abbildung I_5.3.5: Umrechnung von Zentimeter in Meter

Die Lösung ist **Antwort b**. Der „Goldwürfel" für die gesamte Fördermenge hat eine Kantenlänge von circa **20 m**. Nicht mehr!

2. Kantenlänge eines Würfels für die jährliche Fördermenge an Gold

$$V = \frac{m}{\rho_{Au}}$$

gegeben:
m = 2.500 t =
      2.500.000.000 g
ρ_{Au} = 19,3 g/cm³

$$V = \frac{2.500.000.000\,g}{19,3\,\dfrac{g}{cm^3}}$$

gesucht:
a = ?

$$V = 129.533.678,8\,cm^3$$

$$a = \sqrt[3]{V} \qquad \approx 505,97\,cm \approx 5,06\,m$$

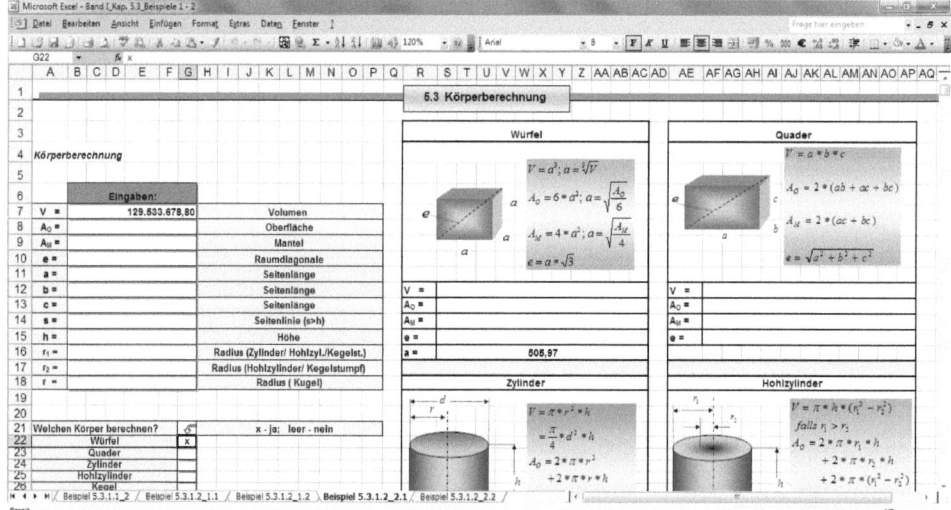

Abbildung I_5.3.6: Berechnung des „Goldwürfels" für die jährliche Goldförderung

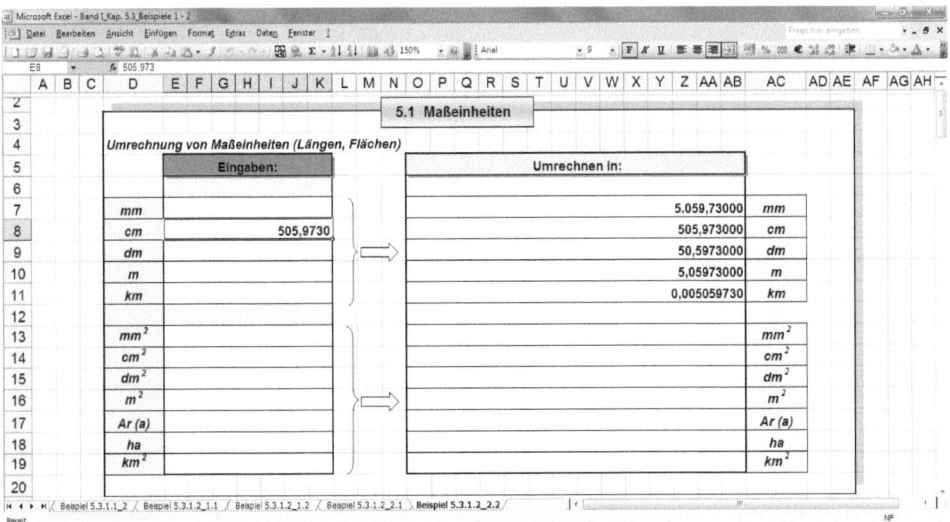

Abbildung I_5.3.7: Umrechnung von Zentimeter in Meter

Der „Goldwürfel" für die jährliche Fördermenge an Gold hat eine Kantenlänge von circa **5 m.**

5.3.1.3 Menschliche Haut im Vergleich zur Kugeloberfläche

Unsere Haut hat eine Größe von circa 2 m^2 [5.3.3]. Wie groß sind der Durchmesser und das Volumen einer Kugel mit gleicher Oberfläche?

1. Durchmesser der Kugel:

> **gegeben:**
> A_O = 2 m^2
>
> **gesucht:**
> **d, r** = ?

$$A_O = 4\pi * r^2 = \pi * d^2$$

$$d = \sqrt{\frac{A_O}{\pi}}$$

$$= \sqrt{\frac{2\ m^2}{\pi}} = 0,7978 \quad m \approx 0,80 \quad m$$

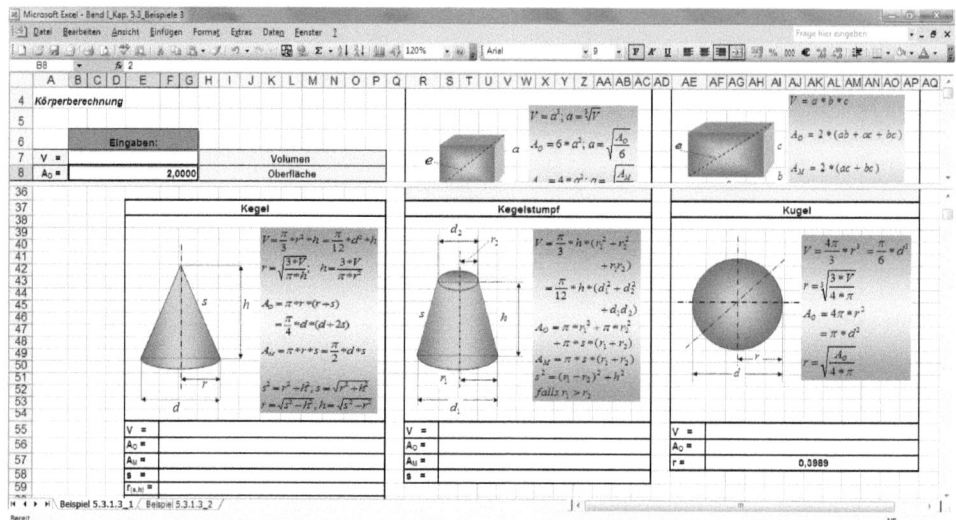

Abbildung I_5.3.8: Berechnung – Kugelradius (Oberfläche 2 m²)

2. Volumen der Kugel:

$$V = \frac{\pi}{6} * d^3 = \frac{\pi}{6} * (0,798m)^3 = 0,2659\,m^3$$

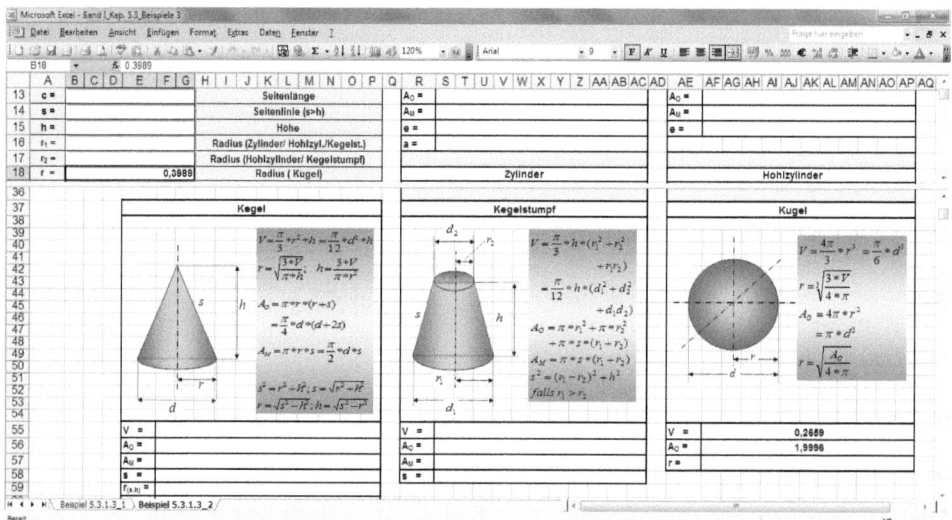

Abbildung I_5.3.9: Berechnung – Kugelvolumen (Oberfläche 2 m²)

Bei einer Oberfläche von 2 m^2 hat die Kugel einen **Durchmesser** von **circa 0,8 m** und ein **Volumen** von circa **0,27 m^3**.

5.3.1.4 Gestaltung von Thermoskannen

Drei Thermoskannen haben die Formen eines Würfels, eines Zylinders und einer Kugel. In welcher Kanne bleibt die Flüssigkeit (Kaffee, Tee, ...) länger warm?
Eine Thermoskanne soll den Temperaturausgleich zwischen der heißen Flüssigkeit und der Umgebung verzögern. In der Kanne befindet sich ein doppelwandiges Glasgefäß. Um die Wärmedämmung zu verbessern, wird dieser Zwischenraum evakuiert. Irgendwann entweicht die Wärme über die Kannenoberfläche, wobei gilt: je größer die Oberfläche ist, desto größer sind die Wärmeverluste. Um die optimale Form zu finden, betrachtet man ein Volumen von 1 Liter (1.000 cm^3 ↑ Band I Kap. 5.1) und sucht die Kanne mit der geringsten Oberfläche.

1. Würfelkanne:

$$V = a^3;\ a = \sqrt[3]{V}$$

$$A_O = 6 * a^2;\ a = \sqrt{\frac{A_O}{6}}$$

$$a = \sqrt[3]{V} = \sqrt[3]{1.000 cm^3} = 10\,cm$$

$$A_O = 6 * a^2 = 6 * (10 cm)^2 = 600\,cm^2$$

gegeben:
$V \qquad = \quad 1\,l = 1\,dm^3$
$= 1.000\ cm^3$

gesucht:
A_O (Würfel, Zylinder
Kugel)
$= \quad ?$

(↑ Excel-Programme Band I_Kap. 5.3_Beispiele 5.3.1.4_1.1 und _1.2)

2. Zylinderkanne (Annahme: r = 5,4 cm):

$$V = \pi * r^2 * h$$

$$= \frac{\pi}{4} * d^2 * h$$

$$A_O = 2 * \pi * r^2$$

$$+ 2 * \pi * r * h$$

$$h = \frac{V}{\pi * r^2} = \frac{1.000\ cm^3}{3,1416 * (5,4 cm)^2} \approx 10,92\,cm$$

$$A_O = 2 * \pi * r^2$$

$$+ 2 * \pi * r * h$$

$$= 2 * 3,1416 * (5,4 cm)^2$$

$$+ 2 * 3,1416 * 5,4 cm * 10,92\,cm$$

$$\approx 554\,cm^2$$

(↑ Excel-Programme Band I_Kap. 5.3_Beispiele 5.3.1.4_2)

3. Kugelkanne:

$$V = \frac{4\pi}{3} * r^3 = \frac{\pi}{6} * d^3$$

$$r = \sqrt[3]{\frac{3*V}{4*\pi}}$$

$$A_O = 4\pi * r^2$$

$$= \pi * d^2$$

$$r = \sqrt[3]{\frac{3*V}{4*\pi}} = \sqrt[3]{\frac{3*1.000\ cm^3}{4*3,1416}} \approx 6,2035 cm$$

$$A_O = 4\pi * r^2 = 4*3,1416*(6,2035 cm)^2$$

$$\approx 483,5968 cm^2$$

(↑ Excel-Programme Band I_Kap. 5.3_Beispiele 5.3.1.4_3)

4. Vergleich:

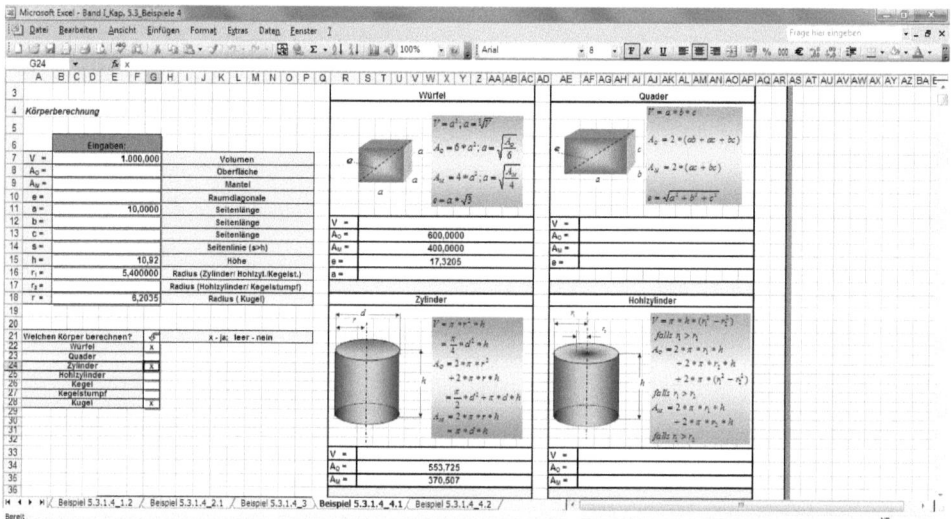

Abbildung I_5.3.10: Oberflächen der verschiedenen Kannenformen (Würfel, Zylinder)

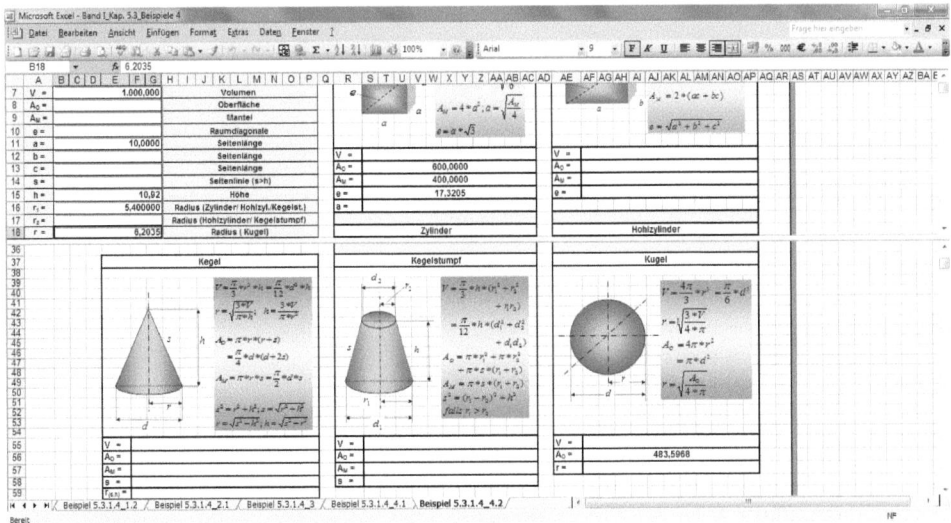

Abbildung I_5.3.10.1: Oberfläche der Kugelkanne

Die **kugelförmige Kanne** hat bei dem vorgegebenen Volumen die kleinste Oberfläche und stellt somit die optimale Form für eine Thermoskanne dar.

5.3.1.5 Kegelstumpf und Hohlzylinder, Herstellung eines Trichters

Wie viel Blech wird für die Herstellung des Trichters benötigt? Der Trichter besteht aus den Teilen A und B.

Abbildung I_5.3.11: Abmessungen des Trichters

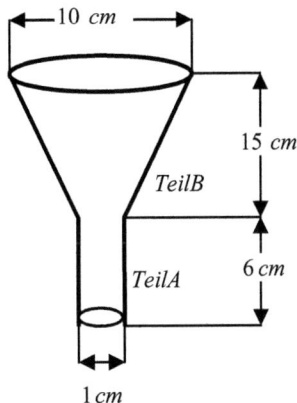

1. Teil A (Manteloberfläche -Zylinder)

gegeben:
d   = 1 cm
h   = 6 cm

gesucht:
A$_M$ (Oberfläche des Mantels) = ?

$$A_M = \pi * d * h$$

$$A_M = 3{,}1416 * 1\,cm * 6\,cm \approx 18{,}85\,cm^2$$

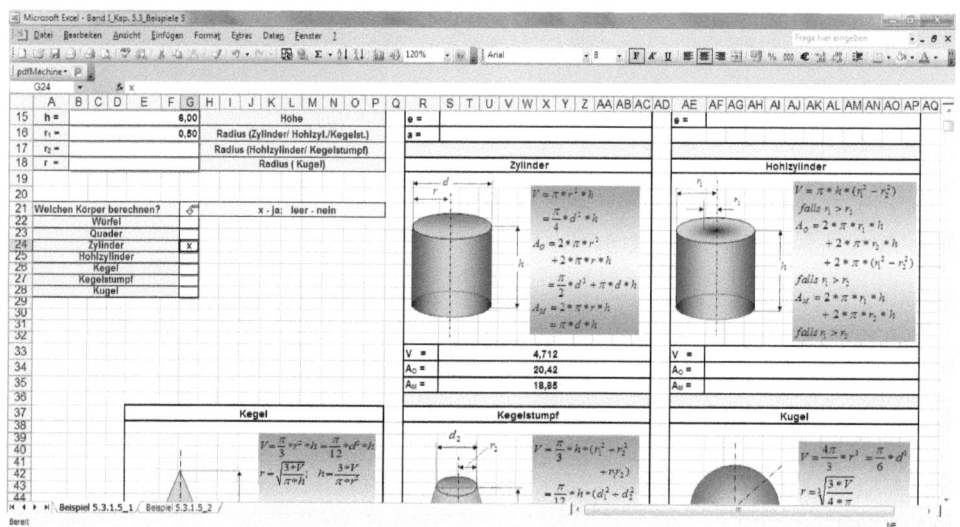

Abbildung I_5.3.12: Mantel von Teil A

2. Teil B (Manteloberfläche - Kegelstumpf)

gegeben:
r$_1$ = 5,0 cm
r$_2$ = 0,5 cm
h   = 15 cm

gesucht:
s (Seitenlinie) und
A$_M$ (Oberfläche des Mantels) = ?

$$A_M = \pi * s * (r_1 + r_2)$$
$$s^2 = (r_1 - r_2)^2 + h^2$$
$$falls\ \ r_1 > r_2$$

$$s^2 = (r_1 - r_2)^2 + h^2 = (5\,cm - 0{,}5\,cm)^2 + 15\,cm^2 = 245{,}25\,cm^2$$
$$s = \sqrt{245{,}25\,cm^2} \approx 15{,}6605\,cm$$

$$A_M = \pi * s * (r_1 + r_2) = 3{,}1416 * 15{,}6605\,cm * 5{,}5\,cm$$
$$\approx 270{,}5946\,cm^2$$

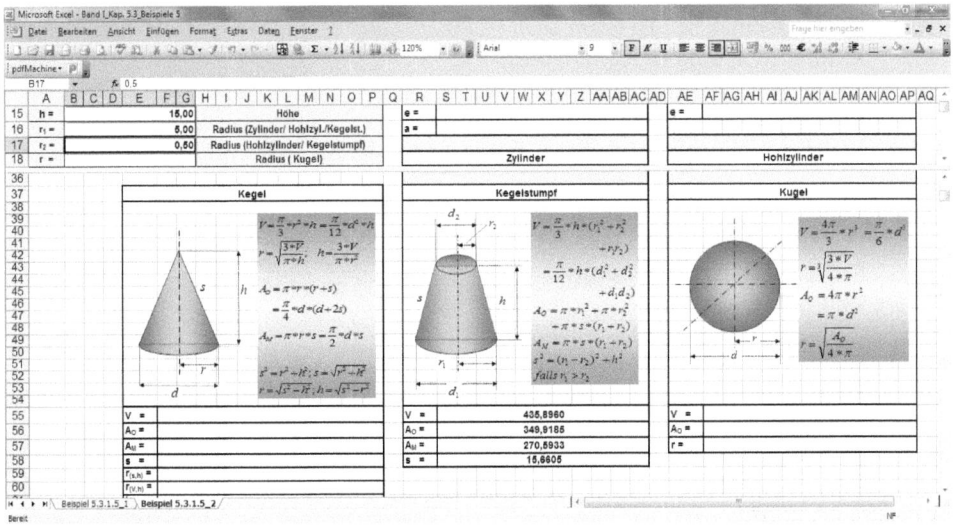

Abbildung I_5.3.13: Mantel von Teil B

3. Gesamte Fläche

$$A_{M\,(gesamt)} = A_{M\,(Teil\,A)} + A_{M\,(Teil\,B)} = 18{,}85 \text{ cm}^2 + 270{,}5946 \text{ cm}^2 = 289{,}4446 \text{ cm}^2$$

Für die Fertigung des Trichters benötigt man circa **290 cm² Blech**.

5.3.2 Übungsaufgaben zur Körperberechnung

5.3.2.1 Wie viele Kubikmeter Erde müssen für eine Baugrube von 5 m x 4 m x 2 m (L x B x T) ausgehoben werden? Die Erde wird zu einem Kegel mit einer Höhe von 2,5 m aufgeschüttet. Berechnen Sie den Radius der Grundfläche des Erdhaufens.

5.3.2.2 Rochen haben bis zu 16 Quadratmeter große Körperoberflächen. Welchen Radius hat eine Kugel bei gleicher Oberfläche?

5.3.2.3 Wie viel Milliliter bzw. Liter Apfelsaft beinhaltet eine Verpackung mit den Abmessungen 72 x 72 x 195 mm?

5.3.2.4 Welches Volumen hat ein Tiegel mit einem Durchmesser von 16,0 cm und einer Höhe von 7,5 cm?

5.3.2.5 Ein Kaffeemaß hat die Form einer Halbkugel und einen Durchmesser von 35 mm. Wie groß ist das Volumen?

5.3.2.6 Ein MP3-Player hat die Form eines Würfels: a = 2,4 cm. Welches Volumen und welche Oberfläche hat der MP3-Player?

5.3.2.7 Ein Turm erhält ein Dach mit der Form eines Kegels. Der Turm hat einen Durchmesser von 6 m und die Höhe des Daches beträgt 4 m. Das Dach soll aus Kupferblech gefertigt werden.
Wie viele Quadratmeter Kupferblech sind notwendig?

5.3.2.8 Die Gaspipeline von Russland nach Deutschland wurde durch die Ostsee verlegt und hat eine Länge von circa 1.200 km. Die Pipeline besteht aus zwei parallelen Stahlröhren mit einem Durchmesser von je 120 cm.
  a) Berechnen Sie das Volumen beider Stahlröhren (1. Strang: seit November 2011, 2. Strang: seit Oktober 2012).
  b) Welche Abmessungen haben eine Kugel und ein Würfel mit gleichem Volumen?

5.3.2.9 Im Jahr 1995 hatten die Verpackungskünstler Christo und Jeanne-Claude den Berliner Reichstag verhüllt. Mit rund 100.000 m^2 eines silbrig glänzenden Polypropylengewebes wurde das Bauwerk umspannt.
Berechnen Sie für diese Oberfläche die Dimensionen eines Würfels und einer Kugel.

5.3.2.10 Aus einem rechteckigen Blech sollen Rohre mit einem Durchmesser von sieben Metern und einer Länge von fünf Metern gewalzt werden.
  a) Berechnen Sie das Volumen des Rohres.
  b) Welche Abmessungen muss die Blechplatte haben?

5.3.3 Lösungen der Übungsaufgaben zur Körperberechnung (↑ Band II Kap. 5.3.3)

5.4 Wichtige Lehrsätze

Der wohl bekannteste Lehrsatz der Mathematik ist der Satz des Pythagoras. Aus Ihrer Schulzeit kennen Sie wahrscheinlich den Trick, wie man sehr leicht einen rechten Winkel konstruieren kann, indem man ein Seil von 12 Längeneinheiten (Umfang: 3 + 4 + 5 = 12) zu einem Dreieck mit den Seitenlängen 3, 4 und 5 Einheiten formt. In Beispiel 5.4.1.1.1 werden mit Hilfe dieses „Seiltricks" Gartenwege, die zueinander rechtwinklig verlaufen sollen, angelegt. Sie vergleichen in Beispiel 5.4.1.1.2 die Längen der Diagonalen einer Baugrube und haben mit Hilfe des Pythagoras eine einfache Möglichkeit festzustellen, ob alle Winkel rechtwinklig sind. Sie möchten Ihr Haus streichen und besitzen eine 6 Meter lange Leiter. Ist die Anlegehöhe der Leiter ausreichend? In Beispiel 5.4.1.1.3 finden Sie die Lösung. Sie stehen beim Händler vor diversen 26 Zoll (″) TFT- Monitoren und können sich nicht die unterschiedlichen Preis der Monitore in den Bildschirmformaten 16:9 und 16:10 erklären. Ein Argument für die Preisunterschiede wird in Beispiel 5.4.1.1.6 aufgezeigt. Was hat die Fotografie mit dem Satz des Pythagoras zu tun? Welche Entfernung hat ein Schiff? In den Beispielen 5.4.1.1.7 und 5.4.1.1.8 gibt es die Lösungen.

Zum Satz des Euklid und Höhensatz finden Sie Berechnungen in den Beispielen 5.4.1.2 und 5.4.1.3.

Die Anwendung des Strahlensatzes erfolgt in den Beispielen 5.4.2.2. Was macht man bei den Redensarten „über den Daumen peilen" und „Pi mal Daumen"?

5.4.1 Beispiele zu den Wichtigen Lehrsätzen

5.4.1.1 Beispiele zum Satz des Pythagoras

5.4.1.1.1 Der „Seiltrick" - Gartenwege rechtwinklig anlegen

In einem Garten soll zu einem Hauptweg rechtwinklig ein Nebenweg angelegt werden.

Lösung:

Zwei Stäbe A und B werden im Abstand von 3m am Hauptweg eingeschlagen. Ein 12m langes Seil wird am Stab A und im Abstand von 3 m und 7 m an den Stäben B und C und das Seilende wird ebenfalls am Stab A befestigt. Die Strecke BC des Nebenweges steht dann senkrecht auf der Strecke AB. Dieser „einfache Seiltrick" ermöglicht es Ihnen, etwas rechtwinklig zu gestalten.

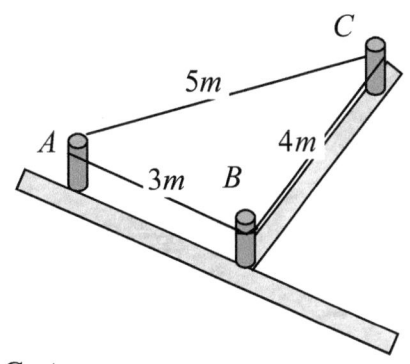

Abbildung I_5.4.1: Skizze – Gartenwege

Seillänge (Strecke BC):

$$c = \sqrt{a^2 + b^2}$$

$$b = \sqrt{c^2 - a^2}$$

$$b = \sqrt{5^2 - 3^2} = \sqrt{16} = 4$$

gegeben:		
AB (a)	=	3 m
AC (c)	=	5 m
gesucht:		
BC (b)	=	?

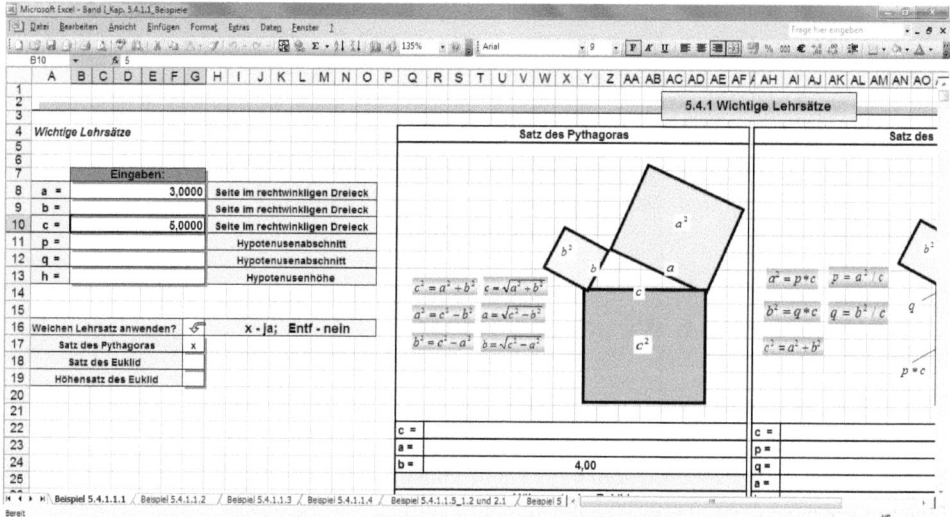

Abbildung I_5.4.2: „Einfache Seiltrick" – Länge der Hypotenuse

Bereits im alten Ägypten wurden solche Seile zur Landvermessung eingesetzt. Deshalb werden rechtwinklige Dreiecke mit einem Seitenverhältnis 3 : 4 : 5 „ägyptische Dreiecke" genannt [5.4.1]. Es gibt weitere Zahlentripel für die der Satz des Pythagoras gilt.

Tabelle I_5.4.1: Zahlentripel für den Pythagorassatz

a (Kathete)	b (Kathete)	c (Hypotenuse)	$a^2 + b^2 = c^2$
3	4	5	$3^2 + 4^2 = 5^2$, $9 + 16 = 25$
5	12	13	$5^2 + 12^2 = 13^2$, $25 + 144 = 169$
15	8	17	$15^2 + 8^2 = 17^2$, $225 + 64 = 289$
7	24	25	$7^2 + 24^2 = 25^2$, $49 + 576 = 625$
.	.	.	....
.	.	.	....

Bestimmen Sie weitere Zahlentripel. Viel Spaß!

5.4.1.1.2 Kontrolle einer Baugrube

Für die Bodenplatte eines Hauses ist eine rechteckige Baugrube ABCD ausgehoben worden. Das folgende Beispiel zeigt eine Möglichkeit mit Hilfe des Pythagoras zu kontrollieren, ob die Baugrube rechtwinklig ist.

Abmessungen:

    AB = 10m
    BC = 8m

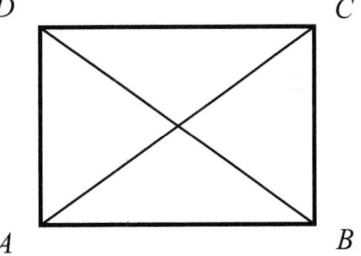

Abbildung I_5.4.3: Skizze – Baugrube

gemessene Werte:

    AC = 12,80m
    BD = 12,81m

Sind bei der Baugrube alle Winkel 90°?

Lösung:

Die Diagonalen AC und BD des Rechtecks sind die Hypotenusen in den Dreiecken ABC und ADC.

$$c = \sqrt{a^2 + b^2} \quad = \sqrt{10^2 + 8^2}$$

$$= \sqrt{100 + 64}$$

$$= \sqrt{164} = 12{,}81$$

> **gegeben:**
> **AB (a)** = 10 m
> **BC (b)** = 8 m
>
> **gesucht:**
> **AC (c)** = ?

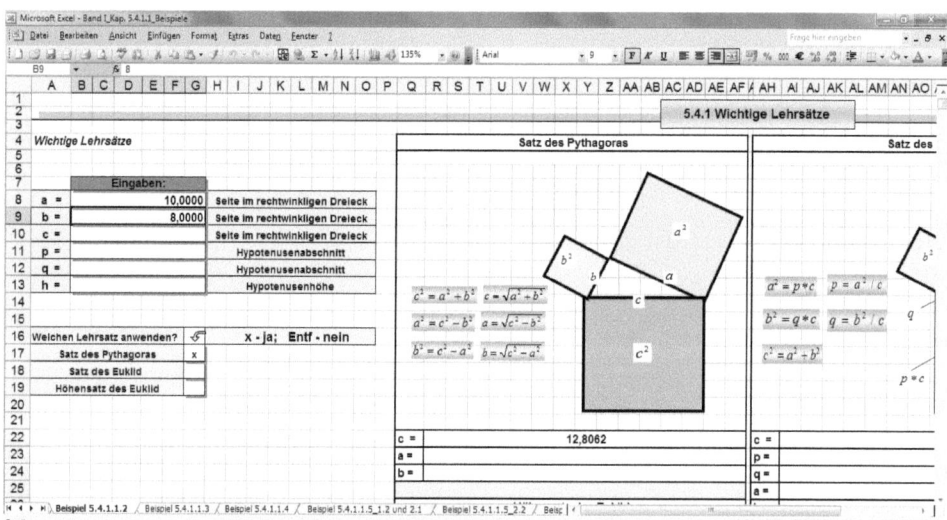

Abbildung I_5.4.4: Diagonalen der Baugrube

Die gemessene Diagonalen sind mit dem errechneten fast identisch, wenn man +/- 1 cm Toleranz zulässt. Die **Baugrube ist somit rechtwinklig**.

5.4.1.1.3 Anlegehöhe einer Leiter

Eine 6 m lange Leiter wird an ein Haus ge-
stellt, wobei am Boden der Abstand zum
Haus 2 m beträgt.
Wie hoch reicht die Leiter maximal?

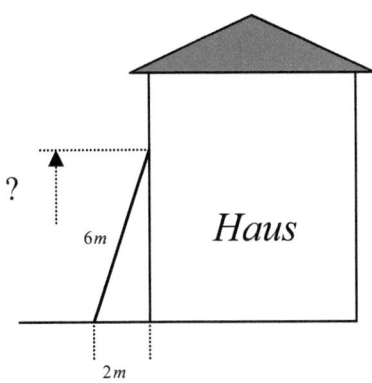

Lösung:

$$b = \sqrt{c^2 - b^2} \quad = \sqrt{6^2 - 2^2}$$

$$= \sqrt{36 - 4} = 5,66m$$

**Abbildung I_5.4.5: Anlegehöhe einer
Leiter**

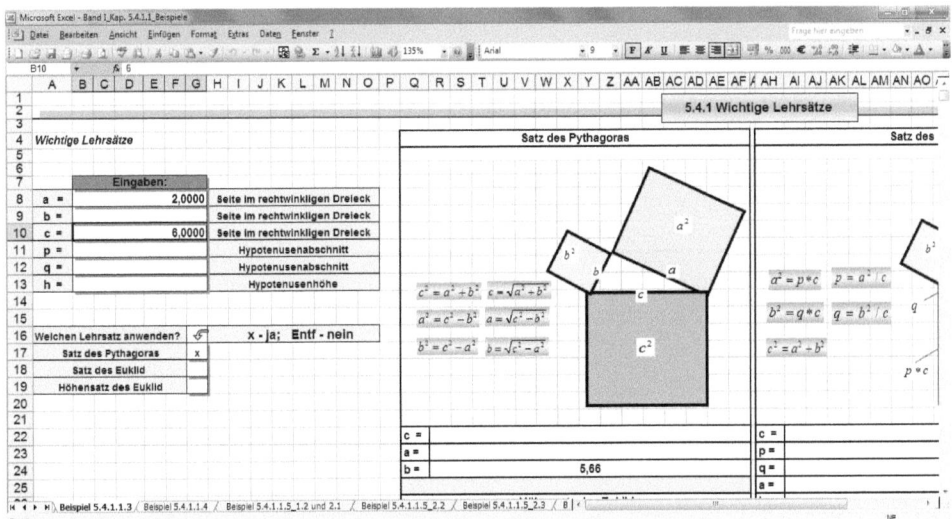

Abbildung I_5.4.6: Anlegehöhe der Leiter

Die Leiter berührt das Haus in einer Höhe von **5,66 m**.

5.4.1.1.4 Abmessungen eines Fernsehgerätes

Von einem 37 Zoll (circa 94 cm Bildschirmdiagonale) LCD-Fernseher mit einem Anzeigeformat von 16 : 9 sind die Abmessungen zu bestimmen.

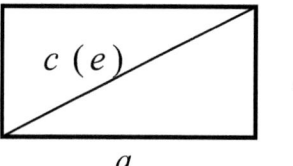

a, b -	Seitenlängen
c (e) -	Diagonale

b

Abbildung I_5.4.7: Bildschirmdiagonale

$$c^2 = a^2 + b^2 \qquad\qquad c(e) = \sqrt{a^2 + b^2}$$

$$\frac{a}{b} = \frac{16}{9}; \quad a = \frac{16 * b}{9}$$

$$c^2 = \left(\frac{16\,b}{9}\right)^2 + b^2 = b^2 * \left(\frac{256}{81} + 1\right) = \frac{337\,b^2}{81}$$

$$b = \sqrt{c^2 * \frac{81}{337}} = \sqrt{(0,94\,m)^2 * \frac{81}{337}} = 0,461\ m$$

$$a = \frac{16 * b}{9} = \frac{16 * b}{9} = \frac{16 * 0,461m}{9} \approx 0,819\,m$$

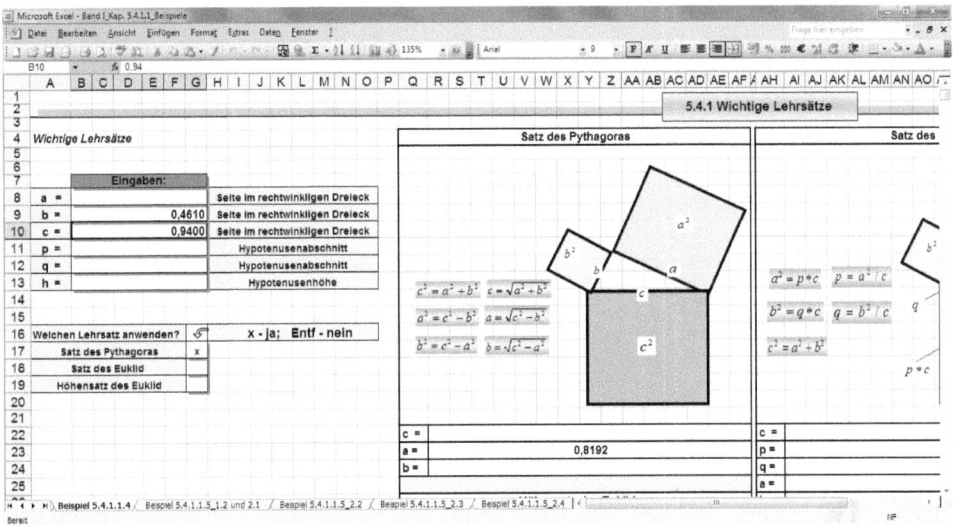

Abbildung I_5.4.8: Seitenlänge des LCD-Fernsehers

Das LCD-Display (Bildschirm) des Fernsehers hat die **Abmessungen 81,9 x 46,1 cm**.

5.4.1.1.5 Der richtige Abstand beim Fernsehen

Beim Kauf eines Fernsehers ist auf die Bildschirmgröße zu achten. Das Bild moderner Flachbildfernseher (Anzeigeformat von 16 : 9) besteht aus einzelnen Bildpunkten. Ist der Abstand von der Couch zum Fernseher zu dicht, so sieht man nur noch Punkte und kein ganzes Bild. Wie groß sollte der Abstand sein? Der Rat von Experten lautet: Der Abstand vom Betrachter zum Fernseher sollte sechsmal der Bildschirmhöhe des Gerätes oder das Dreifache der Bildschirmdiagonalen entsprechen [5.4.2]. Die Bildschirmhöhe stellt in Beispiel 5.4.1.1.4 die Seite b dar.

1.1 Bildschirmhöhe:

$$c^2 = a^2 + b^2 \qquad b = \sqrt{c^2 - a^2} \qquad \frac{a}{b} = \frac{16}{9}; \quad b = \frac{9*a}{16}$$

$$c^2 = a^2 + \left(\frac{9*a}{16}\right)^2 = a^2 * \left(1 + \frac{81}{256}\right) = \frac{337\, a^2}{256}$$

187

$$a^2 = \frac{256\ c^2}{337} \qquad\qquad a = \sqrt{\frac{256\ c^2}{337}}$$

$$b = \sqrt{c^2 - \frac{256\ c^2}{337}} = \sqrt{c^2\left(1 - \frac{256}{337}\right)} = \sqrt{c^2 * \frac{81}{337}}$$

1.2 Bildschirmhöhe für 32" (Zoll) Fernseher:

$$b = \sqrt{c^2 - \frac{256\ c^2}{337}} = \sqrt{c^2\left(1 - \frac{256}{337}\right)}$$

gegeben:		
c (e)	=	32"
1 "	=	2,54 cm
gesucht:		
b	=	?

$$b = \sqrt{c^2 * \frac{81}{337}} = \sqrt{(32\ ")^2 * \frac{81}{337}} \approx 15,69\ "$$

2. Betrachtungsabstand:

Abstand = 6 x 15,69" = 94,14" ≈ 2,39 m

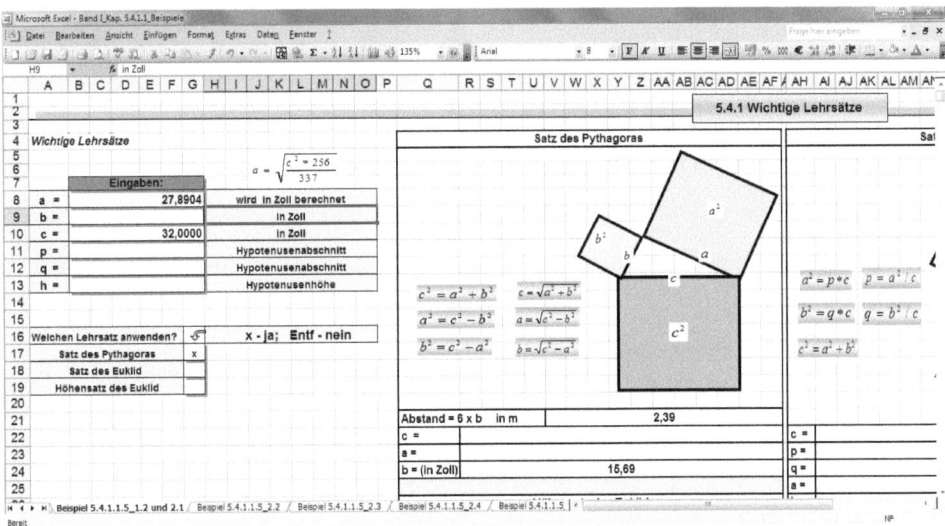

Abbildung I_5.4.9: Betrachtungsabstand für 32 " LCD-Fernseher

Bei einem 32" Fernseher sollte der **Betrachtungsabstand circa 2,40 m** betragen.
In der Tabelle I_5.4.2 finden Sie für weitere Bildschirmgrößen die richtigen Abstände zwischen Sofa und Flachbildfernseher.

Tabelle I_5.4.2: Betrachtungsabstände beim Fernsehen

Bildschirmdiagonale in Zoll / (cm)	Abstände in m
32/ (81)	ca. 2,40
37/ (94)	ca. 2,80
42/ (107)	ca. 3,15
46/ (117)	ca. 3,45
59/ (150)	ca. 4,40

(Abstände ↑ Excel-Programme – Band I_Kap. 5.4.1.1.5_2.1 bis _2.5)

5.4.1.1.6 Vergleich der Formate von TFT - Monitoren

Bei den 26″ TFT - Monitoren gibt es Seitenverhältnisse von 16 : 9 und 16 : 10. Bei gleicher Bildschirmdiagonale hat ein 16 : 9 Monitor eine kleinere Bildschirmfläche als der Monitor im 16 : 10 Format [5.4.3].
Um wie viel Prozent unterscheiden sich die Bildschirmflächen?

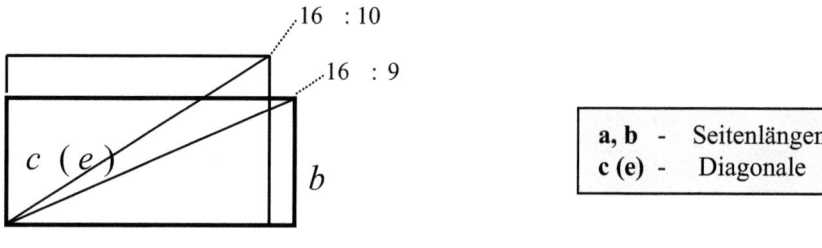

Abbildung I_5.4.10: Bildschirmformate von Monitoren

Formate:

$$\frac{a}{b} = \frac{16}{9}; \quad a = \frac{16 * b}{9}$$

1. Format 16:9

$$b = \sqrt{c^2 * \frac{81}{337}} = \sqrt{(26\,'')^2 * \frac{81}{337}} = 12\,,747\ ''$$

(↑ Band I Kap. 5.4.1.1.4)

$$a = \frac{16 * b}{9} = \frac{16 * b}{9} = \frac{16 * 12,75''}{9} = 22\,,661''$$

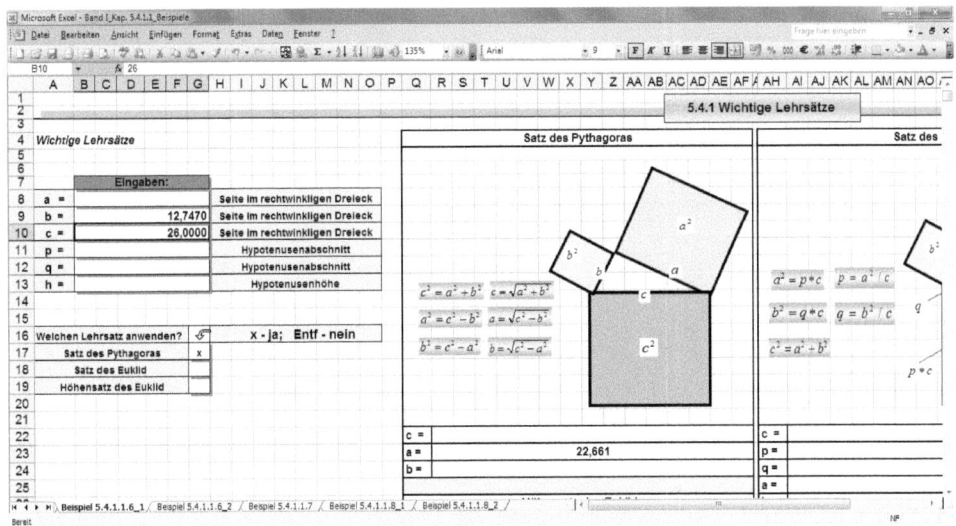

Abbildung I_5.4.11: Eine Seitenlänge - Bildschirmformat 16:9

$$A_{16:9} = a * b = 22{,}66" * 12{,}75" = 288{,}92 * (2{,}54 \text{ cm})^2 \approx 1.863{,}96 \text{ cm}^2$$

2. Format 16:10

$$\frac{a}{b} = \frac{16}{10}; \quad a = \frac{16 * b}{10}$$

$$c^2 = \left(\frac{16\,b}{10}\right)^2 + b^2 = b^2 * \left(\frac{256}{100} + 1\right) = \frac{356\,b^2}{100}$$

$$b = \sqrt{c^2 * \frac{100}{356}} = \sqrt{(26")^2 * \frac{81}{356}} = 13{,}78"$$

$$a = \frac{16 * b}{9} \qquad = \frac{16 * b}{10} = \frac{16 * 13{,}78"}{10} = 22{,}05"$$

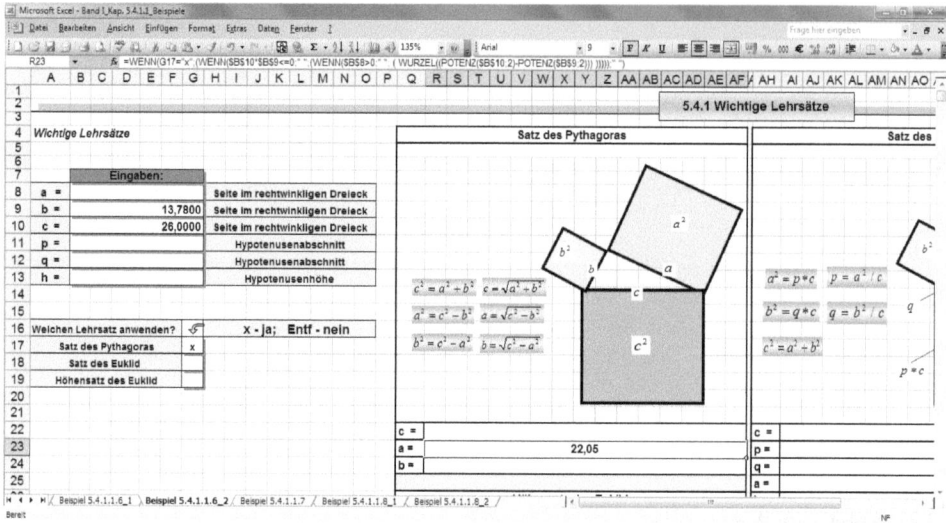

Abbildung I_5.4.12: Eine Seitenlänge - Bildschirmformat 16:10

$$A_{16:10} = a * b = 22,05'' * 13,78'' = 289,04('')^2 * (2,54 \text{ cm})^2 \approx 1.960,31 \text{ cm}^2$$

$$\frac{A_{16:10}}{A_{16:9}} = \frac{1.960,31 cm^2}{1.863,96 cm^2} = 1,0512 = 5,12\%$$

Die Bildschirmfläche des 16 : 10 Monitors ist **circa 5 Prozent** größer und deshalb auch teurer.

5.4.1.1.7 „Goldener Schnitt"

Beim „Goldenen Schnitt" teilt der Punkt P eine Strecke AB so, dass sich die Länge der ganzen Strecke AB zur größeren Teilstrecke BP verhält, wie der größere Teilabschnitt BP zur kleineren Strecke AP (↑ Abbildung I_5.4.13) [5.4.4].

$$\frac{AB}{PB} = \frac{PB}{AP}$$

Folgende Konstruktion ermöglicht die Teilung der Strecke AB durch den Punkt P nach dem Goldenen Schnitt:

Kreisbögen: AD um C
DP um B

$$AB = 1; \quad AC = \frac{AB}{2} = \frac{1}{2}$$

$$CD = AC; \quad BD = BP$$

$$CB^2 = AC^2 + AB^2 = \left(\frac{1}{2}\right)^2 + 1^2 = 1{,}25$$

$$CB = \sqrt{1{,}25} = 1{,}118033989$$

$$BD = CB - CA = 1{,}118033989 - 0{,}5 \approx 0{,}62$$

$$PB = BD \approx 0{,}62 = 62\%$$

$$AP \approx 0{,}38 = 38\%$$

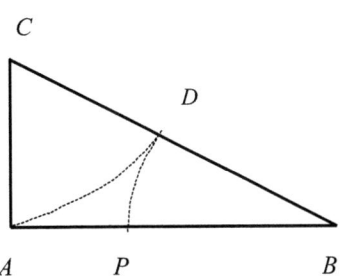

Abbildung I_5.4.13: „Goldene Schnitt"

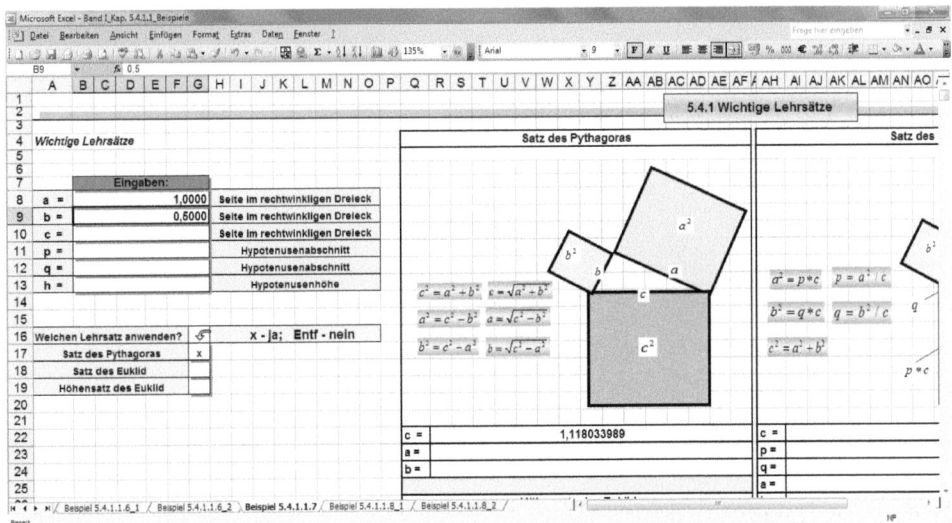

Abbildung I_5.4.14: Konstruktion „Goldener Schnitt" - Hypotenuse

$$\frac{AB}{PB} = \frac{PB}{AP} \quad \frac{1}{0,61803} = \frac{0,61803}{0,38197} \quad\quad 1,6181 \approx 1,618$$

Wird eine Strecke im **Verhältnis von 62 : 38 (vereinfacht: 60 : 40)** geteilt, so spricht man vom Goldenen Schnitt. In der Fotografie entsteht ein Bild mit einem harmonischen Aufbau, wenn das Hauptmotiv dort platziert wird, wo die Bildbreite oder Bildhöhe in diesem Verhältnis geteilt werden [5.4.4].

5.4.1.1.8 Welche Entfernung hat ein Schiff?

Ein Beobachter (Augenhöhe: 1,7 m = 0,0017 km) befindet sich am Strand und möchte die Entfernung von seinem Standort zu einem Segelboot am Horizont ermitteln.

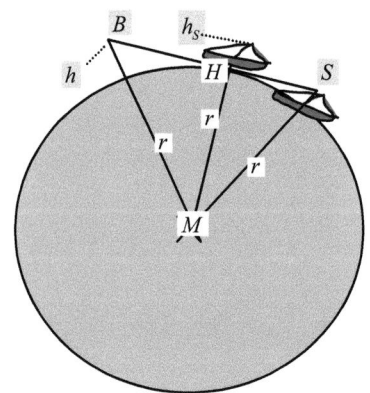

r =	mittlerer Erdradios (6370 km)
h =	Augenhöhe des Betrachters (B: 1,7 m)
h_S =	Höhe des Schiffes (10 m)
x_1 = BH	= Entfernung zwischen Betrachter und Horizont (H)
x_2 = HS	= Entfernung zwischen Horizont und Schiff
M =	Mittelpunkt der Erde
S =	Mastspitze des Bootes (10 m)

Abbildung I_5.4.15: Entfernung eines Schiffes

1. Die Verbindungen zwischen den Punkten BHM bilden beim Punkt H ein rechtwinkliges Dreieck. Wie groß ist die Entfernung (BH = x_1) vom Beobachter zum Schiff (Horizont)?

$$c^2 = a^2 + b^2 \quad\quad c = r + h; \quad a = r; \quad b = BH = x_1$$

$$(r + h)^2 = r^2 + x_1^2$$

$$b = \sqrt{c^2 - a^2} \qquad = x_1 = \sqrt{(r + h)^2 - r^2}$$

$$b = x_1 = \sqrt{r^2 + 2rh + h^2 - r^2} \qquad = \sqrt{2rh + h^2}$$

$$= \sqrt{2 * 6370 \ km * 0,0017 \ km + 0,0017^2} \approx 4,654 \ km$$

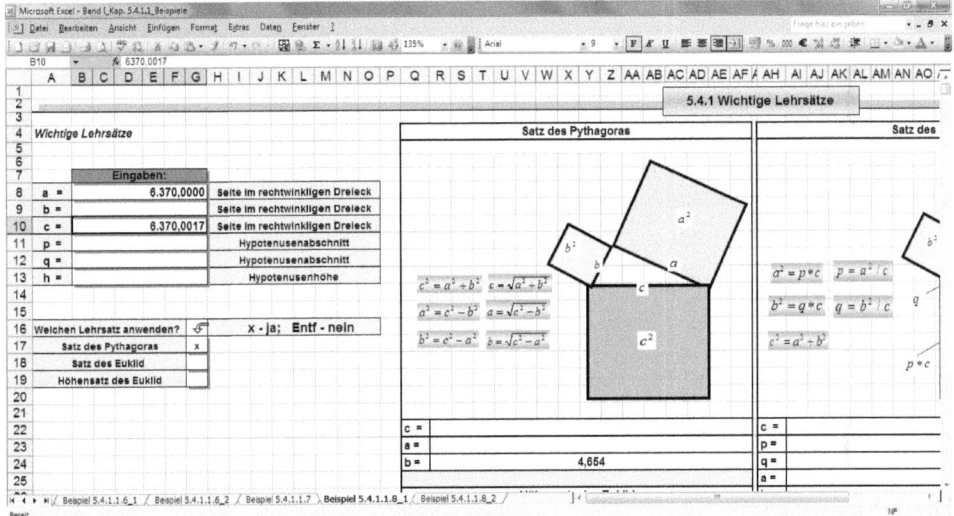

Abbildung I_5.4.16: Entfernung zum Horizont

Bei idealen Bedingungen kann man vom Strand ungefähr **4,7 km** weit sehen.

2. Ein Segelboot entfernt sich vom Betrachter. In welcher Entfernung ist das Boot beziehungsweise die Spitze des Mastes theoretisch noch zu sehen? Die Punkte SHM bilden ebenfalls ein rechtwinkliges Dreieck, so dass der Abstand x_2 analog zur obigen Berechnung erfolgen kann.

$$c^2 = a^2 + b^2 \qquad c = r + h_S; \quad a = r; \quad b = HS = x_2$$

$$(r + h_S)^2 = r^2 + x_2^2$$

$$b = \sqrt{c^2 - a^2} \qquad b = x_2 = \sqrt{(r + h_S)^2 - r^2}$$

$$x_2 = \sqrt{r^2 + 2rh_S + h_S^2 - r^2} \quad = \sqrt{2rh_S + h_S^2}$$

$$= \sqrt{2 * 6370\,km * 0,01km + (0,01\,km)^2} \approx 11,287\,km$$

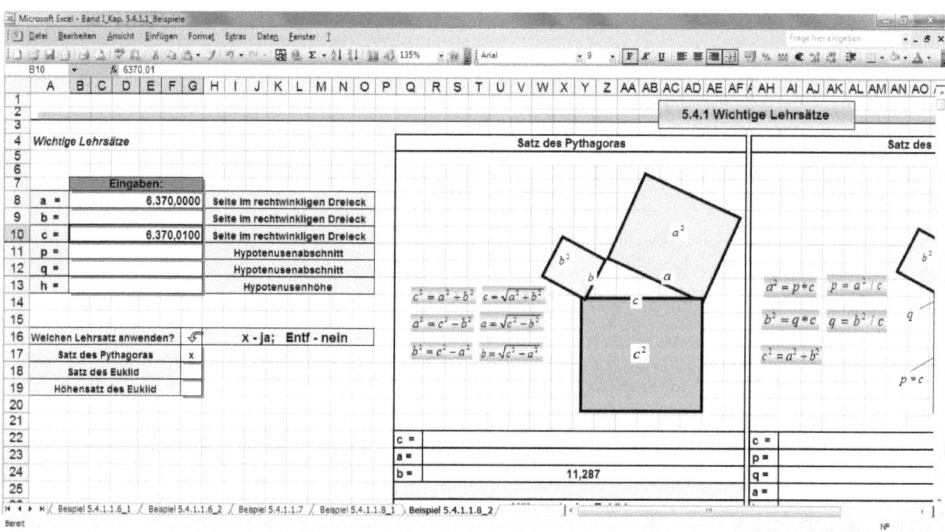

Abbildung I_5.4.17: Entfernung Horizont - Schiff

Entfernung $= x_1 + x_2 = 4,654\,km + 11,287\,km = 15,941\,km$

Der Beobachter kann die Mastspitze des Bootes theoretisch in einer Entfernung von circa **16 km** noch sehen. Aufgrund der Lichtbrechung in der Luft kann man noch etwas weiter sehen.

5.4.1.2 Beispiele zum Kathetensatz des Euklid

5.4.1.2.1 Abspannung einer Holzwand

Eine Holzwand mit der Höhe h soll mit einem
Seil, das in den Punkten A und B verankert ist,
gesichert werden.

Für das Seil ergeben sich folgende Längen:

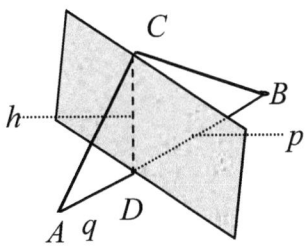

$$AB = c = 13m$$
$$BC = a = 12m$$
$$AC = b = 5m$$

**Abbildung I_5.4.18: Abspannung -
Holzwand**

Diese Längen stellen ein Zahlentripel (↑ Band I Kap. 5.4.1.1.1) dar, so dass ein rechter
Winkel bei ACB entsteht. Berechnen Sie die Entfernungen des Punktes A von der Holzwand sowie die Höhe h der Wand.

1. Entfernung AD

Lösung:

$$q = \frac{b^2}{c} \qquad AD = q = \frac{5^2}{13} = 1,92$$

2. Entfernung BC

Lösung:

$$p = \frac{a^2}{c} \qquad BC = p = \frac{12^2}{13} = 11,08$$

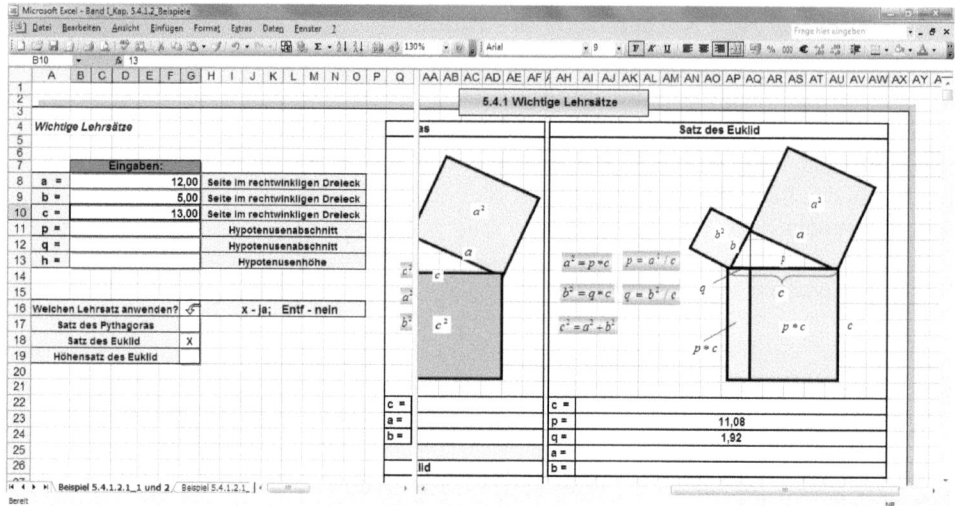

Abbildung I_5.4.19: Entfernungen AD und BC

3. Höhe der Holzwand

$$b = \sqrt{c^2 - a^2} \quad = \sqrt{AC^2 - q^2}$$

$$= \sqrt{(5\,m)^2 - (1{,}92\,m)^2}$$

$$= \sqrt{25 - 3{,}697929} = 4{,}62\,m$$

gegeben:		
c = AC	= 5 m	
a = q = BD	= 1,92 m	
gesucht:		
b = h	=	?

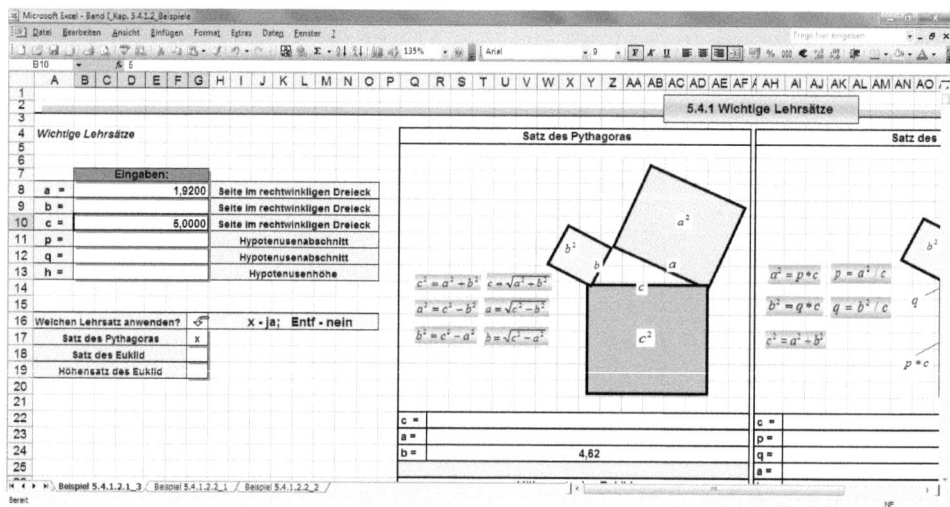

Abbildung I_5.4.20: Höhe der Holzwand

Das Seil wird über eine **4,62 m hohe Holzwand** geführt und **1,92 m vor** sowie **11,08 m hinter** der Wand befestigt.

5.4.1.2.2 Anbringen von Wandhaken

In einem rechtwinkligen Raum EFGH sollen Wandhaken an den Stellen ABC und D gemäß folgender Skizze angeordnet werden.

Längen:
AD = BC = 8 m
CD = AB = 15 m
AC = 17 m

Berechnen Sie die Fläche des Raumes und die Längen HD und EB. Die Zahlen 8, 15 und 17 bilden ein pythagoreisches Tripel (↑ Band I Kap. 5.4.1.1.1) und somit ist die Fläche ABCD ein Rechteck.

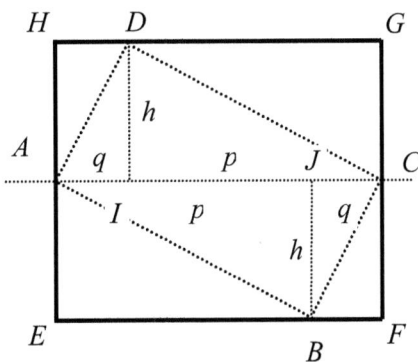

Abbildung I_5.4.21: Anordnung – Wandhaken

1. Längen: AI = CJ = HD = BF = q

$$q = \frac{b^2}{c} = \frac{8^2}{17} = \frac{64}{17} = 3,76 \ m$$

gegeben:
b = 8 m
c = 17 m

gesucht:
q = ?

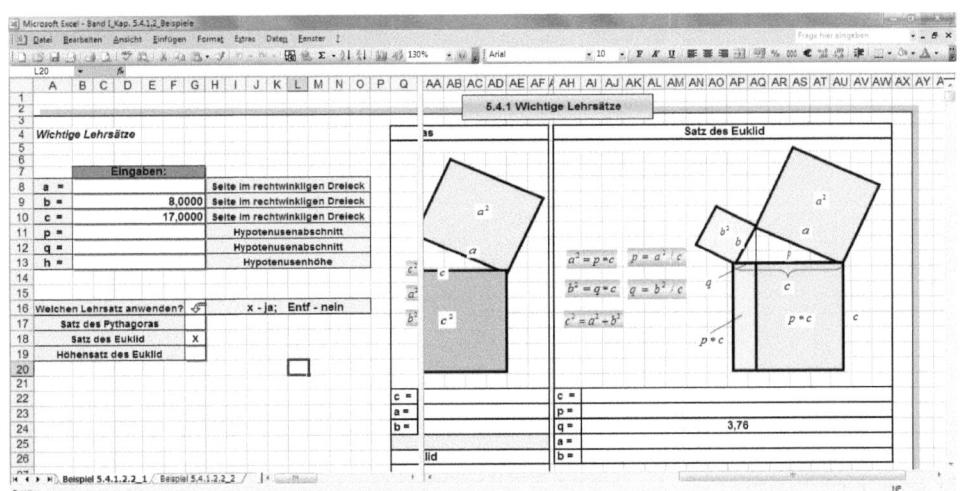

Abbildung I_5.4.22: Strecke AI (q)

$$EB = AC - q = 17\,m - 3,76\,m = 13,24\,m$$

2.

$$a = \sqrt{c^2 - b^2} \qquad h = \sqrt{AC^2 - q^2}$$

$$= \sqrt{8^2 - 3,76^2}$$

$$= \sqrt{64 - 14,14} = 7,06\ m$$

gegeben:
c = AD	=	8,00 m
b = AI = q	=	3,76 m

gesucht:
a = h = DI	=	?

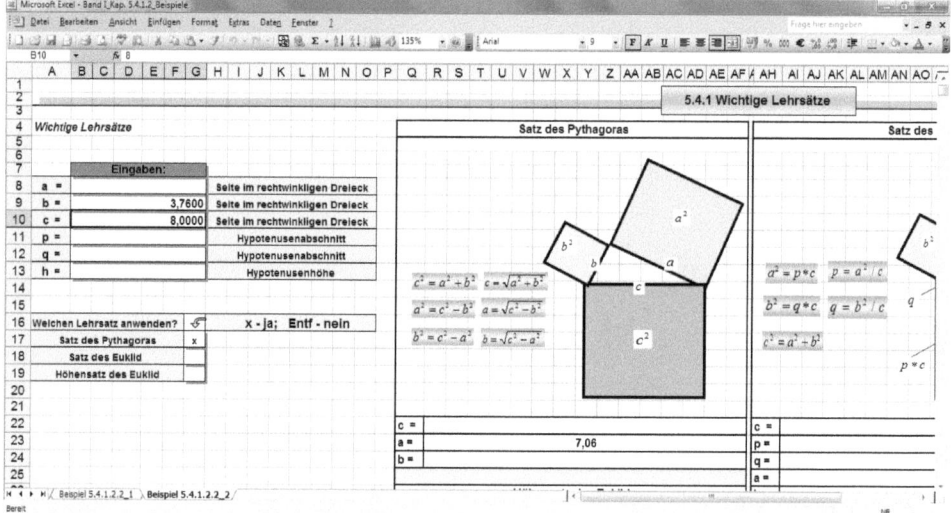

Abbildung I_5.4.23: Strecke DI (h)

3. **HE = 2*h = 2*AH = EH = 2*7,06 = 14,12 m**

4. Fläche des Rechtecks EFGH:

$$A = a * b = 14,12\ m * 17,00\ m$$

$$= 240,04\ m^2$$

gegeben:
a = HE	=	14,12 m
b = EF = AC	=	17,00 m

gesucht:
A	=	?

Der Raum hat eine **Fläche von 240,04 m²** und die **Strecken HD und EB** sind **3,76 m** und **13,24 m** lang.

5.4.1.3 Beispiele zum Höhensatz des Euklid

5.4.1.3.1 Höhe einer Dachkonstruktion

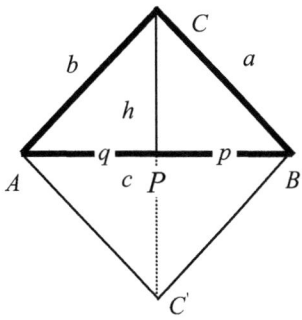

Die Skizze zeigt den Querschnitt einer Dachkonstruktion, die bei ACB einen rechten Winkel bildet mit den Katheten a, b von 10 m. Die Hypotenuse c ist die Diagonale im Quadrat AC'BC und die Höhe h ist somit die halbe Diagonale. Die Längen AP (q) und PB (p) sowie C'P und CP (h) sind identisch.

Abbildung I_5.4.24: Dachkonstruktion

Lösungen:

1 Breite der Dachkonstruktion

$$c = \sqrt{a^2 + b^2}$$

$$= \sqrt{10^2 + 10^2} = 14{,}14 \ m$$

gegeben:
BC = a = 10,00 m
AC = b = 10,00 m

gesucht:
AB = c = ?

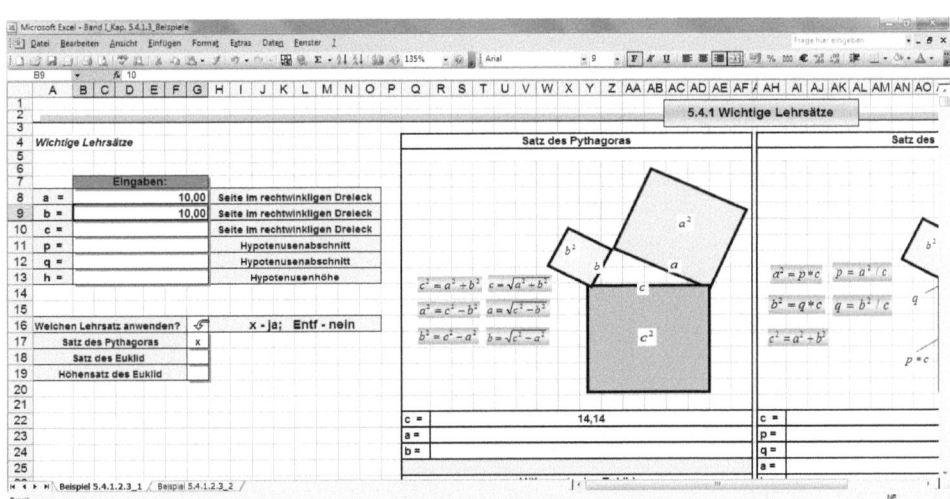

Abbildung I_5.4.25: Breite der Dachkonstruktion

2. Höhe der Dachkonstruktion

$$h = \sqrt{q * p}$$

$$= \sqrt{7,07 * 7,07} = 7,07 \; m$$

gegeben:		
AP = q	=	7,07 m
BP = p	=	7,07 m
gesucht:		
PC = h	=	?

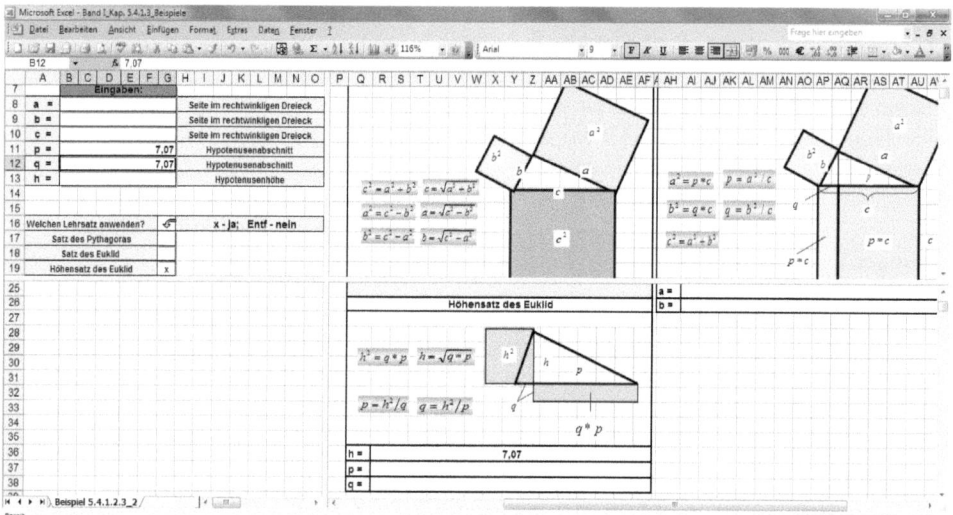

Abbildung I_5.4.26: Höhe der Dachkonstruktion

Die **Höhe der Dachkonstruktion** beträgt **7,07 m** und ist der Beweis für die oben angestellten Überlegungen.

5.4.2 Beispiele zu den Strahlensätzen

5.4.2.1 Berechnung von Straßenlängen (Strahlensatz a, c)

Die Skizze zeigt den Auszug aus einem Stadtplan, wobei vom Platz S drei Straßen ausgehen. Diese Straßen werden von zwei parallel verlaufenden Straßen gekreuzt. Welche Längen haben die Straßenabschnitte CD und D_1F_1?

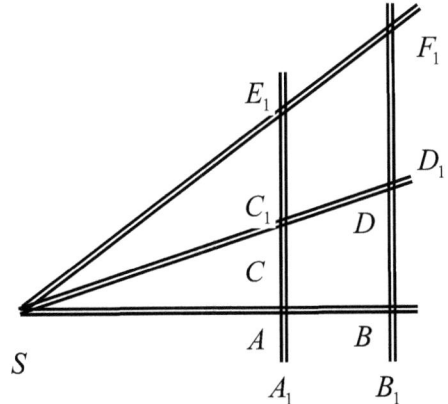

Abbildung I_5.4.27: Skizze -Stadtplan

1. Straßenabschnitt CD

$$\frac{SA}{AB} = \frac{SC}{CD}$$

$$CD = \frac{SC * AB}{SA} = \frac{10 * 3}{6} = 5 \; km$$

gegeben:		
SA	=	6 km
AB	=	3 km
SC	=	10 km
gesucht:		
CD	=	?

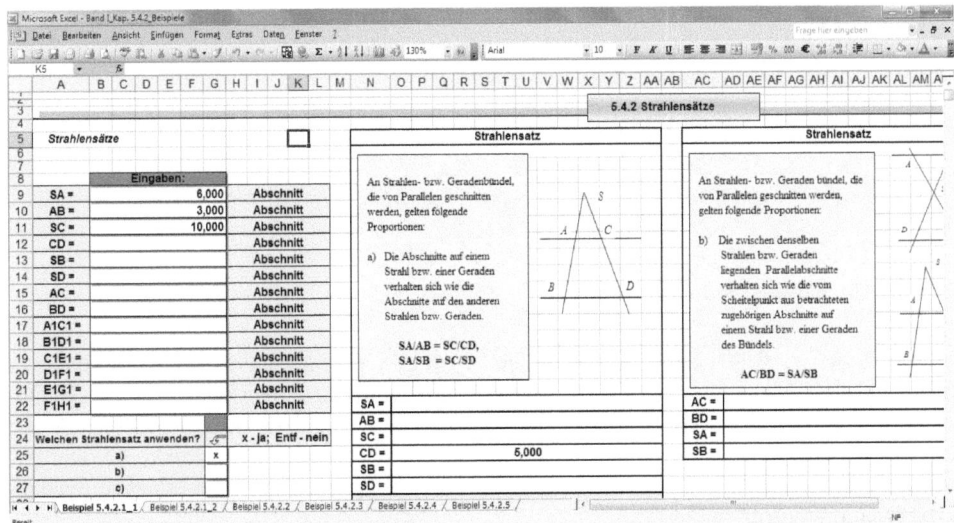

Abbildung I_5.4.28: Straßenlänge CD

2. Straßenabschnitt D_1F_1

$$\frac{A_1C_1}{B_1D_1} = \frac{C_1E_1}{D_1F_1}$$

$$D_1F_1 = \frac{C_1E_1 * B_1D_1}{A_1C_1} = \frac{4*6}{4} = 6\ km$$

gegeben:		
A_1C_1	=	4 km
B_1D_1	=	6 km
C_1E_1	=	4 km
gesucht:		
D_1F_1	=	?

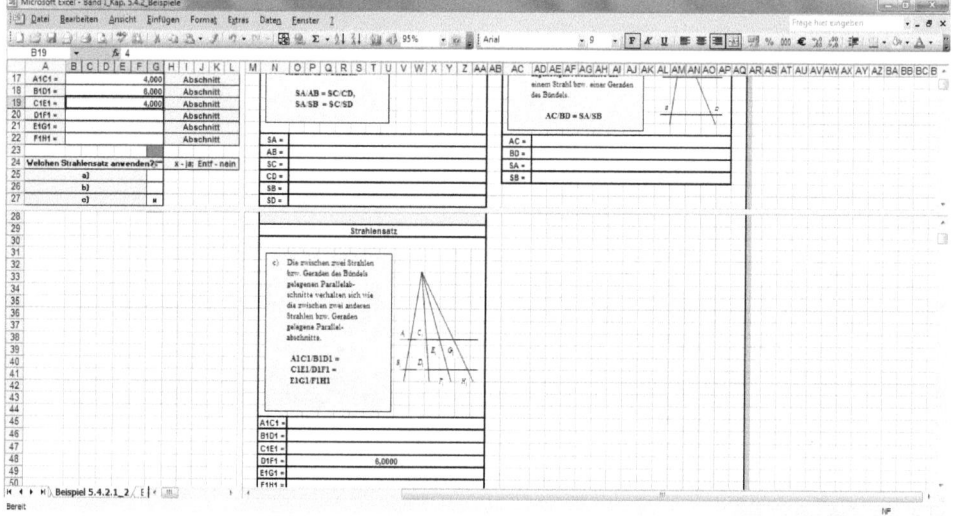

Abbildung I_5.4.29: Straßenlänge D_1F_1

Die **Straßenabschnitte CD und D_1F_1** sind **5 und 6 km lang**.

5.4.2.2 „Über den Daumen peilen"

Bei der Redensart „über den Daumen peilen" wird eine Entfernung ermittelt. Wenn Sie in der Landschaft mit dem rechten Auge bei ausgestrecktem Arm über den Daumen ein Objekt anpeilen, wobei das linke Auge geschlossen ist und dann das linke Auge öffnen und das rechte Auge zu kneifen, so „springt" das Objekt an einen zweiten Punkt A'. Der geschätzte Abstand zwischen A und A' wird mit zehn multipliziert und man erhält so die Entfernung zum anvisierten Objekt.

Lösung:

Die Erklärung erfolgt mit Hilfe des Strahlensatzes (b).
Das durchschnittliche Verhältnis von Augenabstand
und Armlänge liegt bei 1:10.

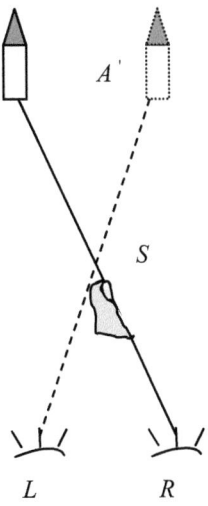

Hieraus ergibt sich folgender Zusammenhang:

L – linke Auge
R – rechte Auge
A – anvisiertes Objekt
A' – scheinbares Objekt
S – Peilpunkt (Daumen)

$$\frac{A'A}{LR} = \frac{SA'}{SL} \quad SL = 10 * LR$$

$$SA = SA' = \frac{A'A}{LR} * SL$$

Abbildung I_5.4.30: „Über den Daumen peilen"

$$SA = SA' = \frac{A'A}{LR} * (10 * LR) = 10 * A'A$$

Beispiel:

Sie peilen im Gelände einen Turm an und schätzen den Abstand zwischen A und A' auf 45 m. Wie groß ist die Entfernung zum Turm?

$$SA = SA' = \frac{A'A}{LR} * (10 * LR)$$

$$SA = SA' = \frac{45m}{1} * (10) = 450m$$

gegeben:		
AA` = AC	=	45 m
LR =DB = BD =		1
SL = SR = SD = SB =		10
gesucht:		
SA	=	?

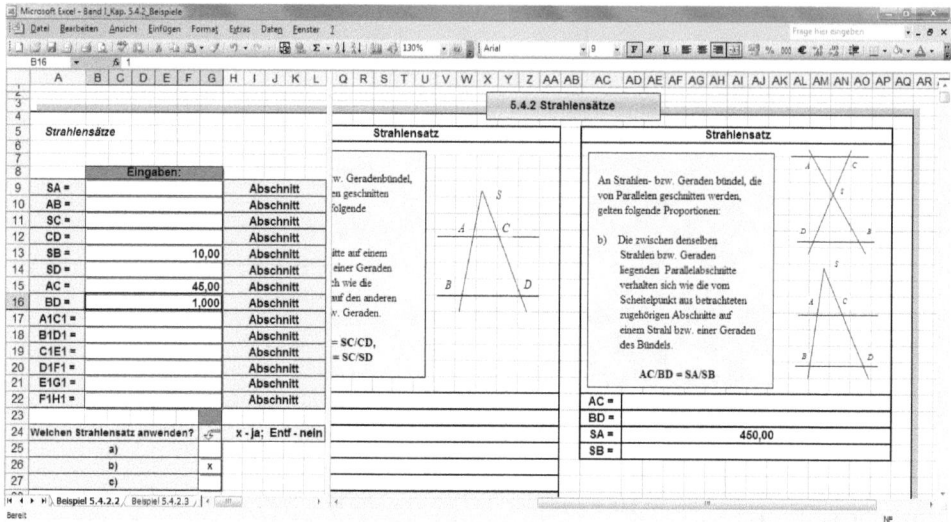

Abbildung I_5.4.31: Berechnung der Entfernung

Die Entfernung von Ihrem Standpunkt zum Turm beträgt somit **450 m (geschätzt)**.

5.4.2.3 Höhe von Bäumen und Objekten bestimmen

Die Höhe von Bäumen kann man mit einem Försterdreieck [5.4.5] bestimmen.

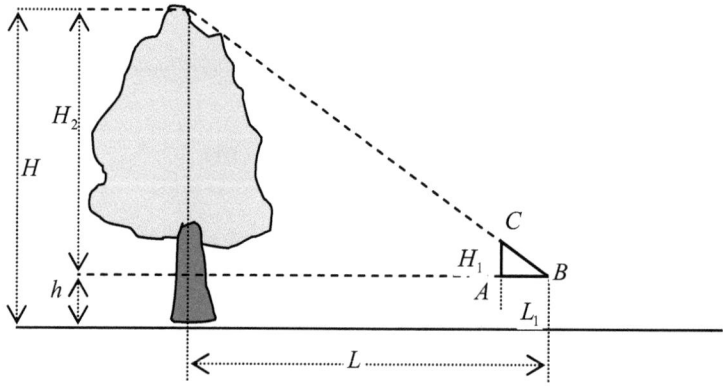

Abbildung I_5.4.32: Höhenbestimmung mit Försterdreieck

h	- Augenhöhe
AB = L$_1$	- Kathete des rechtwinkligen Dreiecks (40 cm)
AC = H$_1$	- Kathete des rechtwinkligen Dreiecks (30 cm)
L	- Entfernung zwischen Baum und Standort
H$_2$	- Baumhöhe minus Augenhöhe
H	- Baumhöhe

Die Baumhöhe bestimmt man mit dem Försterdreieck, indem die Entfernung zwischen Baum und Standort (L) verändert wird bis man über die Hypotenuse BC die Baumspitze anpeilen kann. Die Kathete AB muss hierbei parallel zum Erdboden verlaufen. Anschließend wird die Entfernung L des Standortes zum Baum gemessen. Für L = 8 m und bei einer Augenhöhe von 1,70 m ergibt sich die Baumhöhe nach dem Strahlensatz (b):

Lösung:

$$\frac{L}{L_1} = \frac{H_2}{H_1} \qquad H_2 = \frac{L}{L_1} * H_1$$

$$H_2 = \frac{8m}{0,4m} * 0,3m = 6,00m$$

gegeben:		
L = SB	=	8,0 m
L$_1$ = SA	=	0,4 m
H$_1$ = SA	=	0,3 m
gesucht:		
H$_2$ = BD	=	?

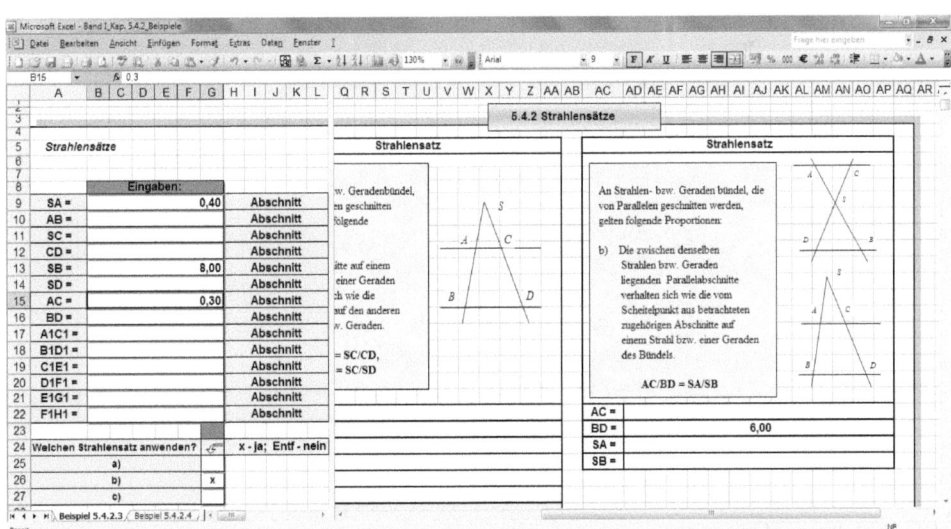

Abbildung I_5.4.33: Berechnung der Baumhöhe mit dem Försterdreieck

$$H = H_2 + h = 6m + 1,7m = 7,70m$$

Der Baum hat **eine Höhe von 7,70 m**.

5.4.2.4 Mit „Pi mal Daumen" die Baumhöhe bestimmen

Nach dem Prinzip des Försterdreiecks ermitteln Sie die Baumhöhe, wenn Sie bei ausgestrecktem Arm die Baumspitze über den Daumen anpeilen. Der ausgestreckte Arm und die Unterseite der Faust sollten parallel zum Erdboden verlaufen.

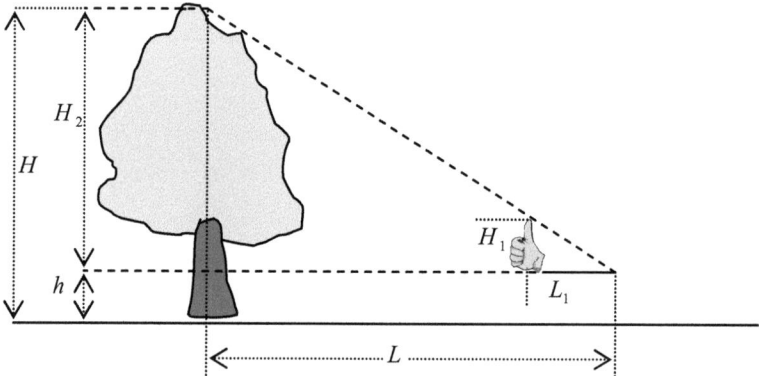

Abbildung I_5.4.34: Höhenbestimmung mit „Pi mal Daumen"

h	- Augenhöhe
L₁	- Armlänge (64 cm)
H₁	- Daumenlänge + Höhe der Faust (gesamt 15cm)
L	- Entfernung zwischen Baum und Standort
H₂	- Baumhöhe minus Augenhöhe
H	- Baumhöhe

Die Entfernung (L) Ihres Standortes zum Baum beträgt 48 m. Berechnen Sie die Baumhöhe.

$$\frac{L}{L_1} = \frac{H_2}{H_1}$$

gegeben:		
$L = SB$	=	48,00 m
$L_1 = SA$	=	0,64 m
$H_1 = AC$	=	0,15 m

$$H_2 = \frac{L}{L_1} * H_1 = \frac{48\,m}{0,64\,m} * 0,15\,m = 11,25\,m$$

gesucht:		
$H_2 = BD$	=	?

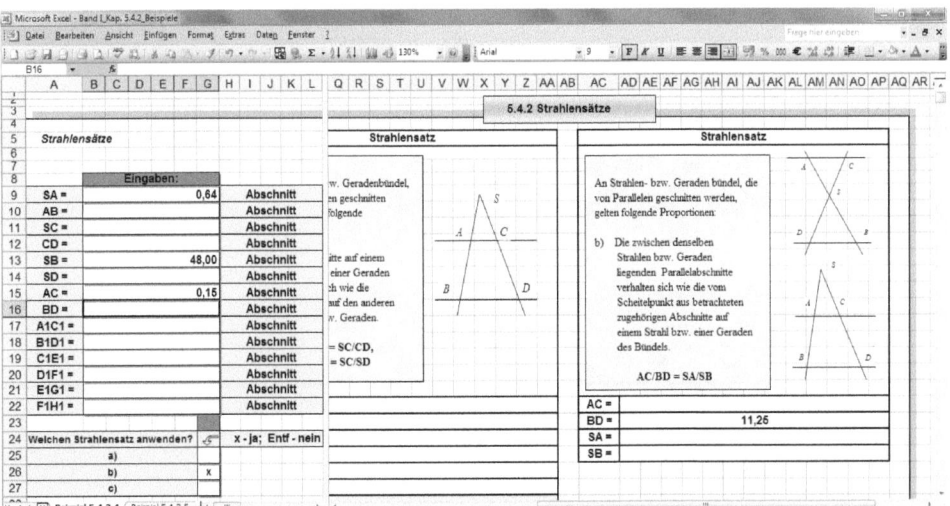

Abbildung I_5.4.35: Berechnung der Baumhöhe mit „Pi mal Daumen"

$$H = H_2 + h = 11,25\,m + 1,7\,m = 12,95\,m$$

Mit der Methode „Pi mal Daumen" ergibt sich eine **Baumhöhe von 12,95 m.**

5.4.2.5 Turmhöhe bestimmen

Bei dieser Methode wird zum Beispiel ein 1 m langer Stock nach folgender Skizze in den Schatten des Turmes gestellt.

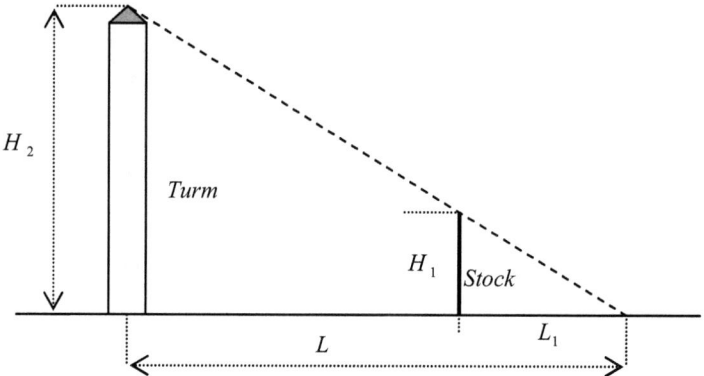

Abbildung I_5.4.36: Höhenbestimmung durch Schattenvergleich

Sie kennen Ihre Körpergröße, so dass auch Sie die Funktion des Stockes übernehmen könnten.

L_1	- Ihr Schatten bzw. vom Stock
H_1	- Ihre Körpergröße oder Stocklänge (1 m)
L	- Schatten des Turms
H_2	- Turmhöhe

Für L_1 werden 1,8 m und für L 18 m gemessen.

Wie hoch ist der Turm?

$$\frac{L}{L_1} = \frac{H_2}{H_1}$$

$$H_2 = \frac{L}{L_1} * H_1 = \frac{18m}{1,8m} * 1m = 10m$$

gegeben:		
L = SB	=	18,00 m
L_1 = SA	=	1,80 m
H_1 = AC	=	1,00 m
gesucht:		
H_2 = BD	=	?

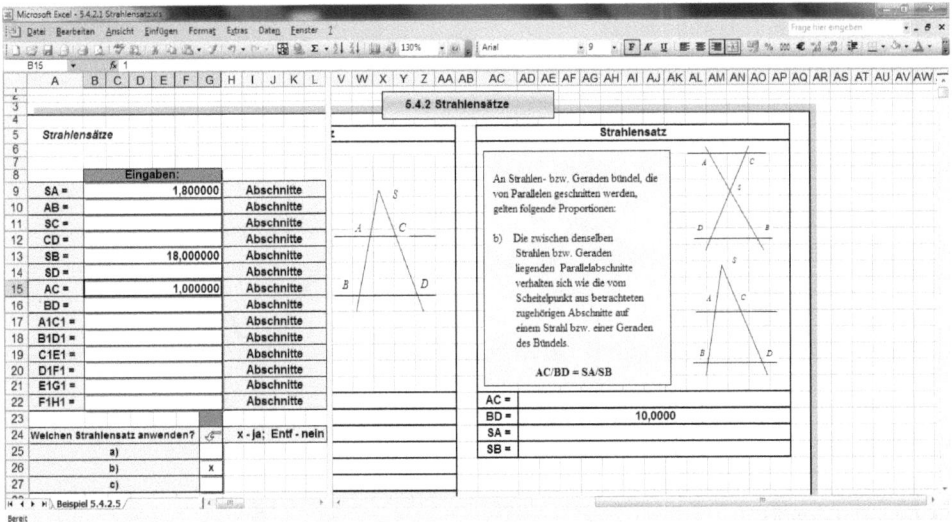

Abbildung I_5.4.37: Berechnung der Turmhöhe

Der Turm hat eine **Höhe von 10 m**.

5.4.2.6 Strahlensatz und Kegel – Sektglas und Füllstand

Schätzen Sie, wie viele halbvoll gefüllte Gläser ergeben ein volles Glas?

a) 2   b) 4   c) 6   d) 8   e) 12

211

1. Bestimmung r_1 (Strahlensatz)

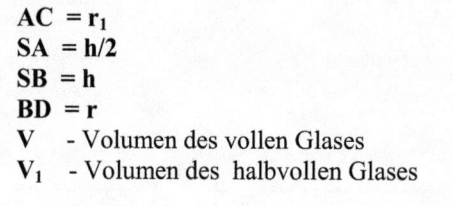

$\overline{AC} = r_1$
$\overline{SA} = h/2$
$\overline{SB} = h$
$\overline{BD} = r$
V — Volumen des vollen Glases
V_1 — Volumen des halbvollen Glases

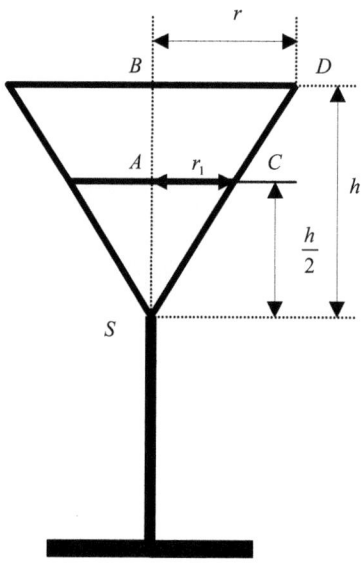

gegeben:

$r = \overline{BD}$	=	1
$h = \overline{SB}$	=	1
$h/2 = \overline{SA}$	=	1/2

gesucht:

$r_1 = \overline{AC}$	=	?

$$\frac{AC}{BD} = \frac{SA}{SB}$$

$$AC = \frac{SA}{SB} * BD = \frac{\frac{h}{2}}{h} * r = \frac{r}{2} = r_1$$

Abbildung I_5.4.38: Sektglas

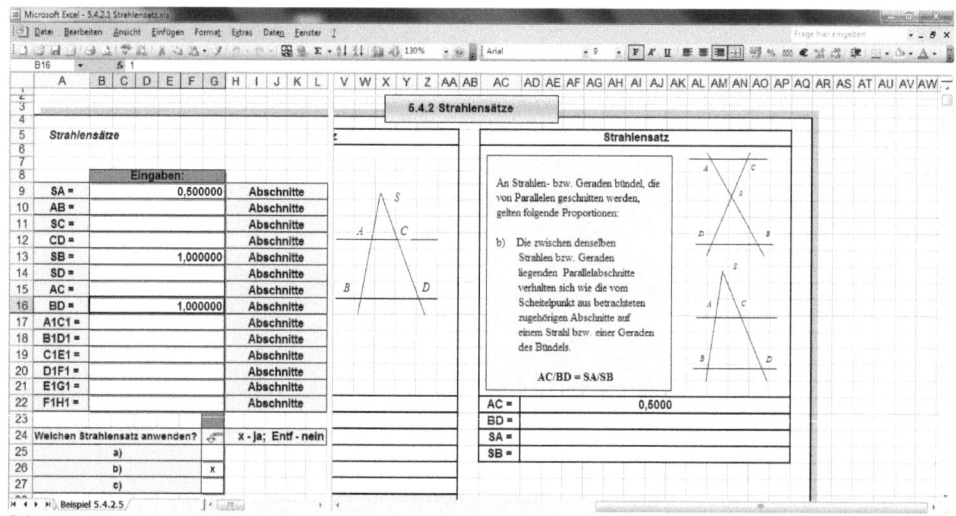

Abbildung I_5.4.39: Radius des halbvoll gefüllten Sektglases

2. Kegelvolumen (↑ Band II Kap. 5.3.1.5 Kegel) – Verhältnis von vollem und halbvollem Sektglas

2.1 Volle Glas:

$$V = \frac{\pi}{3} * r^2 * h = \frac{\pi * r^2 * h}{3} = \frac{\pi * 1 * 1}{3} = \frac{\pi}{3}$$

2.2 Halbvolle Glas:

$$V_1 = \frac{\pi}{3} * r_1^2 * \frac{h}{2} = \frac{\pi}{3} * \left(\frac{r}{2}\right)^2 * \frac{h}{2} = \frac{\pi}{3} * \frac{r^2}{4} * \frac{h}{2} = \frac{\pi * r^2 * h}{24} = \frac{\pi * 1 * 1}{24} = \frac{\pi}{24}$$

2.3 Verhältnis:

$$\frac{V}{V_1} = \frac{\dfrac{\pi}{3}}{\dfrac{\pi}{24}} = 8$$

Die Volumen von **acht halbvollen Gläsern (Vorschlag: d)** ergeben ein volles Glas.

5.4.3 Übungsaufgaben zu den Lehr- und Strahlensätzen

5.4.3.1 Sie wollen von Punkt A nach B
gehen und haben zwei Möglichen:

1. Den direkten Weg durch
   den Park
2. Den Weg auf den Straßen,
   die rechtwinklig zueinander
   verlaufen

Um wie viel Kilometer ist die zweite
Rute länger?

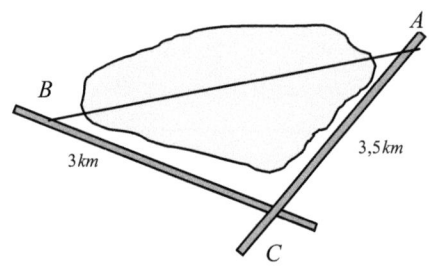

Abbildung I_5.4.40: Wanderruten

5.4.3.2 Berechnen Sie folgende Strecken: (rechter Winkel bei AEB)

a)

AE = ?

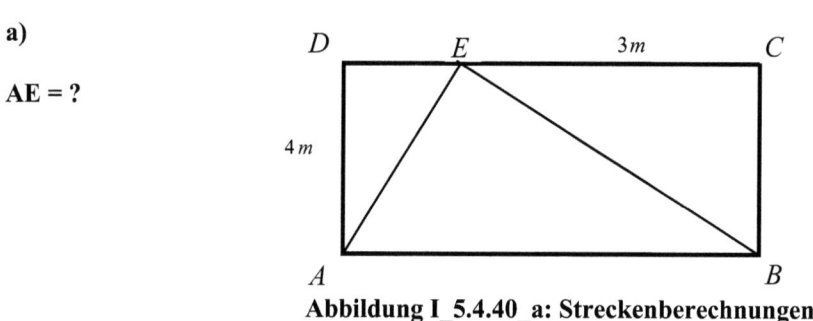

Abbildung I_5.4.40_a: Streckenberechnungen

b) (rechter Winkel bei EDC)   **c)**

CD = ?

DE = ?

CD = ?

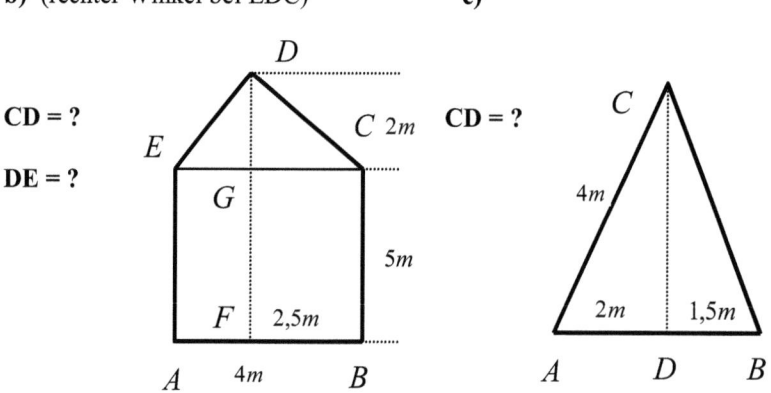

Abbildung I_5.4.3.40_b und_c: Streckenberechnungen

d)

h = ?

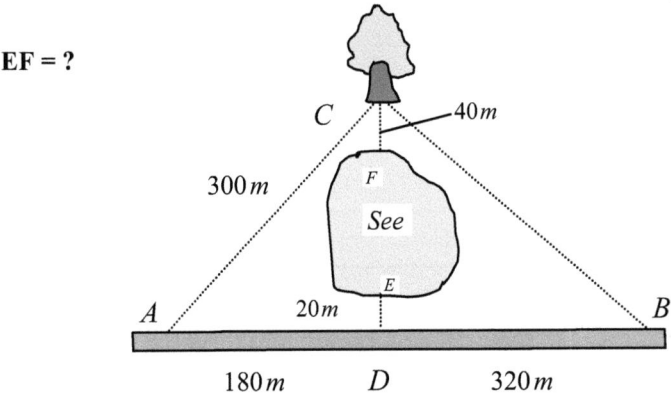

$s = 3m$

h

$r = 1,5m$

Abbildung I_5.4.40_d: Streckenberechnung

5.4.3.3. An einer Straße liegt ein kleiner See, dessen größte Ausdehnung nach folgender Skizze ermittelt werden soll.

EF = ?

C — 40m

300m

F

See

E

A — 20m — B

180m — D — 320m

Abbildung I_5.4.41: Ausdehnung eines Sees

5.4.3.4 Sie haben mit Ihren Kindern einen Drachen gebaut und lassen ihn steigen. Berechnen Sie anhand folgender Skizze die Flughöhe des Drachens.

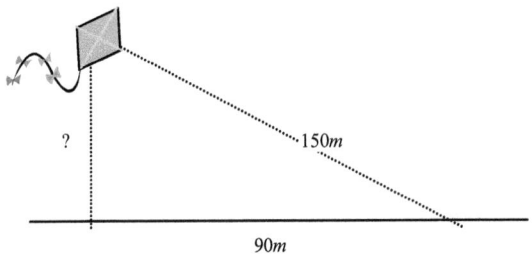

? — 150m

90m

Abbildung I_5.4.42: Flughöhe des Drachens

5.4.3.5 Sie befinden sich im Gelände circa 500 m von einem Fluss entfernt und entdecken einen Vogel direkt über dem Fluss. Bestimmen Sie die Flughöhe des Vogels nach der Methode „Pi mal Daumen"
(↑ Band I Kap. 5.4.2.4).

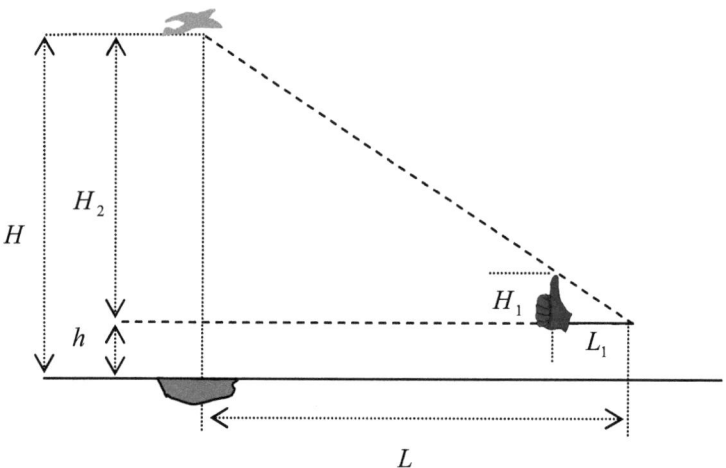

Abbildung I_5.4.43: Flughöhe des Vogels

h	- Augenhöhe (1,7m)
L₁	- Armlänge (0,60m)
H₁	- Daumenlänge (0,15cm)
L	- Entfernung zwischen Fluss und Standort
H₂	- Flughöhe minus Augenhöhe
H	- Flughöhe des Vogels

5.4.3.6 Sie stehen an einem See und entdecken am gegenüberliegenden Ufer einen markanten Baum. Beim „über den Daumen peilen" schätzen Sie den Abstand zwischen Baum A und A' auf 30 m (↑ Band I Kap. 5.4.2.2).
Welche Breite hat der See?

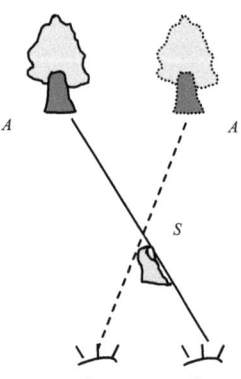

Abbildung I_5.4.44: Breite des Sees

5.4.3.7 Am Flussufer stehen die Bäume S, A und C. Auf der einen Uferseite peilen Sie vom Ort F über den Baum S den Baum C auf der anderen Uferseite an. Die Strecken EF und AC verlaufen parallel.

Streckenlängen:
EF = 20m
SE = 30m
SA = 45m

Wie breit ist der Fluss (AC)?

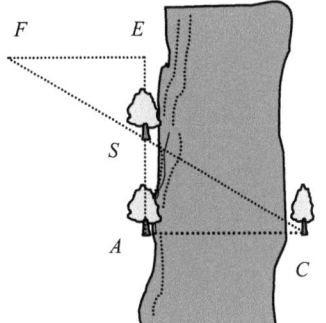

Abbildung I_5.4.45: Breite des Flusses

5.4.3.8 Von LCD- und Plasma- Fernsehern mit 32″ und 46″ Bildschirmdiagonalen (″ = 1 Zoll = 2,54 cm) und einem Anzeigeformat 16 : 9 sind die Abmessungen zu bestimmen.

5.4.4 Lösungen der Übungsaufgaben zu den Lehr- und Strahlungssätzen (↑ Band II Kap. 5.4.4)

6. Durchschnitts- und Mischungsrechnung

6.1 Durchschnitt oder Mittelwert

Im Alltag spricht man von Durchschnittsgrößen, Durchschnittsalter, Durchschnittsgeschwindigkeit, Durchschnittsgehalt, Durchschnittspreisen etc. [6.1].

Unter dem Durchschnitt oder Mittelwert (Mittel) von Zahlen und Größen versteht man meistens den arithmetischen Mittelwert, wobei viele andere Mittelbildungen vorkommen. Die häufig benutzten Mittel sind das arithmetische, geometrische und harmonische Mittel [6.2].

6.1.1 Beispiele zur Durchschnittsrechnung

Zum arithmetischen (einfachen) Mittel [6.3] bestimmen Sie in den Beispielen 6.1.1.1 und 6.1.1.2 den durchschnittlichen Quartalsumsatz einer Firma sowie den durchschnittlichen Pflanzenpreis für eine Gartengestaltung. In Beispiel 6.1.1.3 wird der Kilogrammpreis einer Teemischung berechnet, hierbei müssen die unterschiedlichen Mengen der Teesorten beachtet werden. In so einem Fall muss mit dem gewogenen arithmetischen Mittel gerechnet werden. Hierzu finden Sie weitere Beispiele 6.1.1.4 und 6.1.1.5, wobei die Dichten von Rotgold und 585er Gold bestimmt werden.

Analog dem Beispiel 6.1.1.6 können Sie mithilfe des geometrischen Mittels [6.4] Ihre Gehaltssteigerungen für einen Zeitraum berechnen.

Sollte Ihr Auto mit einem Bordcomputer ausgerüstet sein, so haben Sie die Möglichkeit die Durchschnittsgeschwindigkeit abzurufen. Wie berechnet er sie? Die Lösung heißt harmonisches Mittel im Beispiel 6.1.1.7 [6.5]. Weitere Berechnungen rund ums Autofahren und ein Fahrtenbuch finden Sie im Beispiel 6.1.1.8.

Wo liegt das mittlere Einkommen aller Bundesbürger? Wie berechnet man das mittlere Einkommen? Wann ist man arm oder reich? Antworten zu diesen Fragen erhalten Sie im Beispiel 6.1.1.9.

6.1.1.1 Durchschnittlicher Quartalsumsatz (arithmetische Mittel, einfache)

Eine Firma hatte im Jahr 2007 Quartalsumsätze gemäß Tabelle I_6.1. Wie hoch ist der durchschnittliche Umsatz?

Tabelle I_6.1: Durchschnitt von Quartalsumsätzen

Zeitraum	Umsatz in Euro
1. Quartal	276.400
2. Quartal	285.100
3. Quartal	267.880
4. Quartal	310.020
Gesamt:	**1.139.400**
	: 4 =
durchschnittlicher Quartalsumsatz:	**284.850**

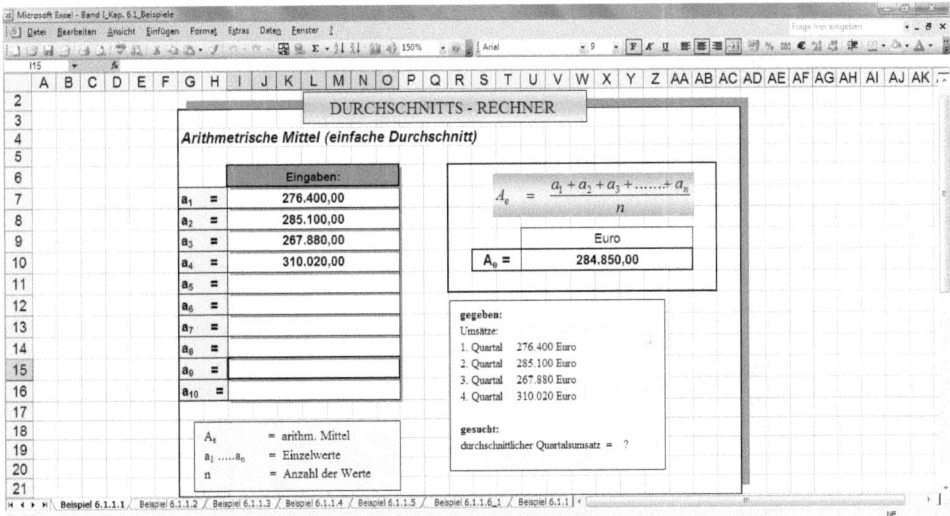

Abbildung I_6.1: Durchschnittlicher Quartalsumsatz

Die Firma hatte im Jahr 2007 einen durchschnittlichen Quartalsumsatz von **284.850 Euro**.

6.1.1.2 Durchschnittliche Pflanzenpreise (arithmetische Mittel, einfache)

Für eine Gartenbepflanzung werden folgende Pflanzen eingekauft. Ermitteln Sie den Durchschnittspreis der Pflanzen.

Tabelle I_6.2: Durchschnitt von Pflanzenpreisen

Pflanzen	*Stück*	*Stückpreis in Euro*
I. Sorte	1	6,30
II. Sorte	1	9,45
III. Sorte	1	5,80
IV. Sorte	1	40,20
V. Sorte	1	8,70
Gesamt:	**5**	**70,45**
		: 5 =
durchschnittlicher Preis:		**14,09**

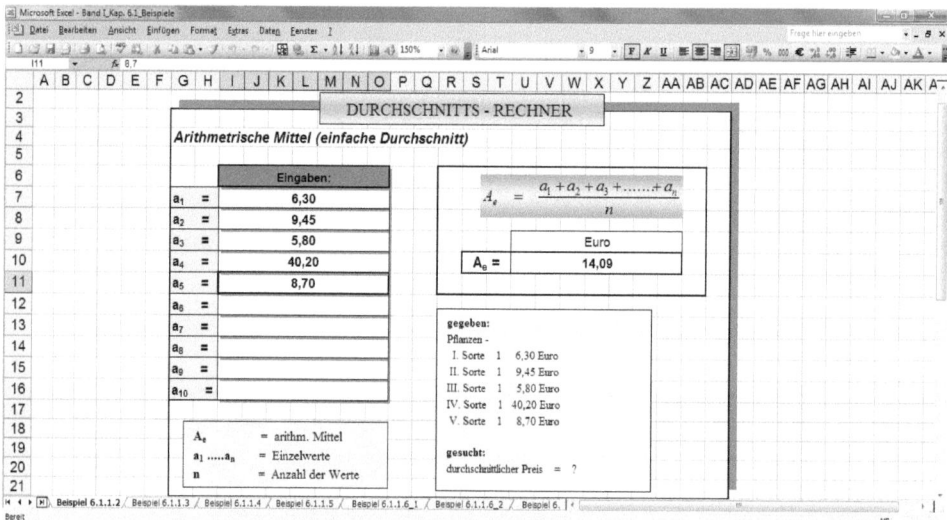

Abbildung I_6.2: Durchschnittlicher Pflanzenpreis

Der Durchschnittspreis der Pflanzen beträgt **14,09 Euro**.

6.1.1.3 Kilogrammpreis einer Teemischung (arithmetische Mittel, gewogene)

Berechnen Sie den Kilogrammpreis einer Teemischung.

Tabelle I_6.3: Kilogrammpreis einer Teemischung

Teesorte	*Menge in kg*	*Preis je kg in Euro*	*Gesamtpreis in Euro*
I. Sorte	2	21,00	2*21 = 42,00
II. Sorte	3	26,00	3*26 = 78,00
Gesamt:	**5**		**120,00**
			: 5 =
Preis pro kg:			**24,00**

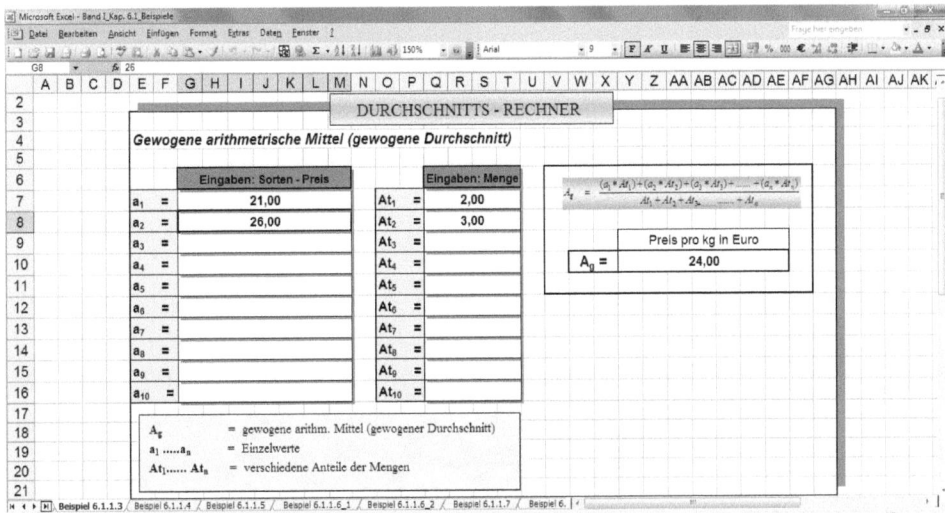

Abbildung I_6.3: Kilogrammpreis einer Teemischung

Ein Kilogramm der Teemischung kostet **24,00 Euro**.

221

6.1.1.4 Dichte von Schmuck aus Rotgold (arithmetische Mittel, gewogene)

In diesem Beispiel wird die Dichte von Schmuck aus Rotgold berechnet. Die Zusammensetzung von Rotgold wird im Kapitel ↑ 3.2 Promillerechnung, Tabelle I_3.7 beschrieben. Rotgold besteht aus 750 Teilen Feingold und 250 Teilen Kupfer.

gegeben:

ρ_{Au} = Dichte von Feingold 19,3 g/cm^3 (bei 25 °C)

ρ_{Cu} = Dichte von Kupfer 8,96 g/cm^3 (bei 25 °C)

gesucht:

$\rho_{Rotgold}$ = Dichte von Rotgold

Dichte des Schmucks aus Rotgold:

$$\rho_{Rotgold} = \frac{750 * \rho_{Au} + 250 * \rho_{Cu}}{1000}$$

$$\rho_{Rotgold} = \frac{750 * 19,3\,gcm^{-3} + 250 * 8,96\,gcm^{-3}}{1000} = 16,715\ g/cm^3$$

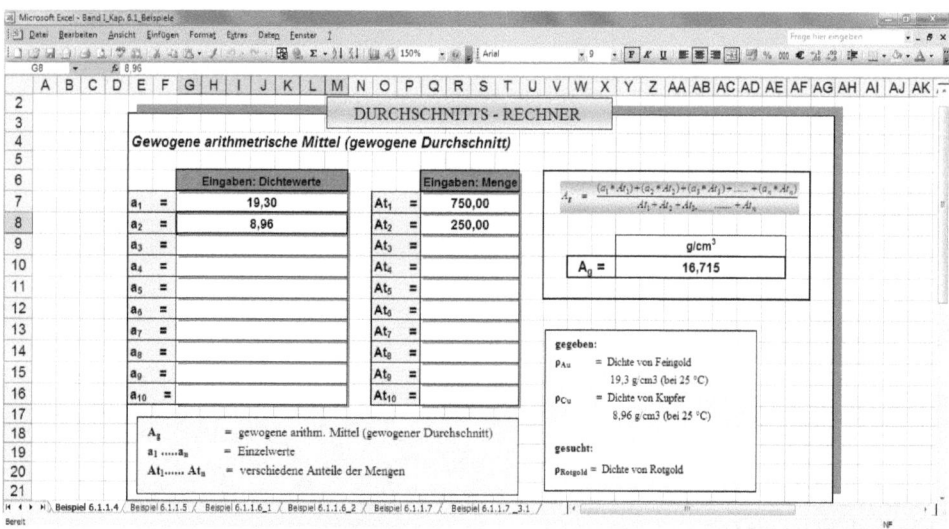

Abbildung I_6.4: Dichte von Rotgold

Rotgold hat eine **Dichte** von **16,715 g/cm^3**.

6.1.1.5 Dichte von 585er Gold (arithmetische Mittel, gewogene)

585er Gold besteht aus 585 Teilen Feingold und 415 Teilen Kupfer. (↑ 3.2 Promillerechnung, Tabelle I_3.8)

gegeben:

ρ_{Au} = Dichte von Feingold
  19,3 g/cm³ (bei 25 °C)

ρ_{Cu} = Dichte von Kupfer
  8,96 g/cm³ (bei 25 °C)

gesucht:

$\rho_{585er\ Gold}$ = Dichte von 585er Gold

Dichte des Schmuckes aus 585er Gold:

$$\rho_{585\ erGold} = \frac{585 * \rho_{Au} + 415 * \rho_{Cu}}{1000}$$

$$\rho_{585\ erGold} = \frac{585 * 19,3\,gcm^{-3} + 415 * 8,96\,gcm^{-3}}{1000} = 15,0089\ g/cm^3$$

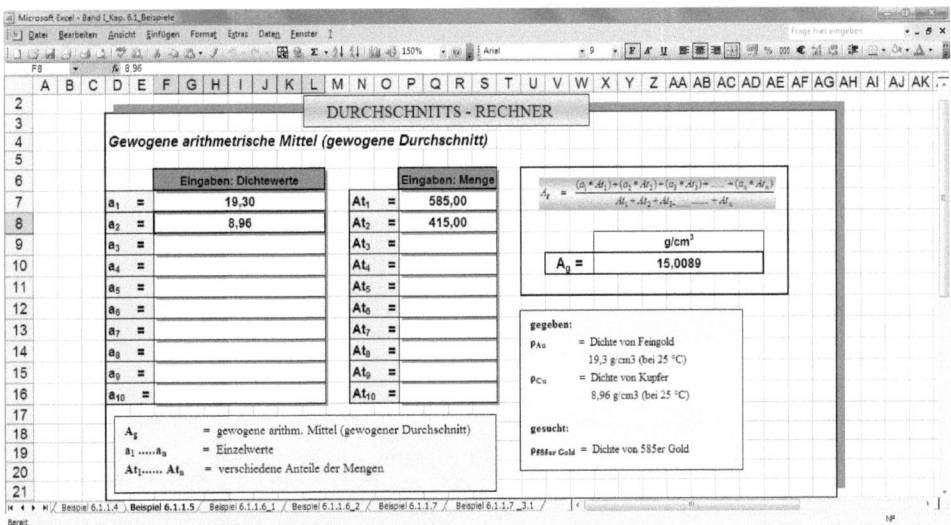

Abbildung I_6.5: Dichte von 585er Gold

585er Gold hat eine **Dichte** von **15,0089 g/cm³**.

6.1.1.6 Durchschnittliche Gehaltssteigerung (geometrische Mittel)

Die Mittelwerte, die in den vorherigen Beispielen gebildet wurden, liefern für folgendes Beispiel unsinnige Werte. Nehmen wir an, ein Ingenieur hatte im Jahr 2008 ein Bruttogehalt von 50.000 Euro. Im Folgejahr erhöht sich sein Einkommen auf 60.000 Euro, weil er am guten Ergebnis seiner Firma beteiligt wurde. Dies entspricht einer Steigerung von 20 Prozent. Im Jahr 2009 wurde sein Gehalt um 5 Prozent auf 63.000 Euro gesteigert. Der Ingenieur hatte dann die Firma gewechselt und verdiente im Jahr 2010 nur noch 50.000 Euro (Gehaltssenkung von 20,63 Prozent).

1. Berechnet man die Gehaltssteigerung nach dem arithmetischen Mittel, so ergibt sich:

Lösung:

$$A_e = \frac{a_1 + a_2 + a_3 + \ldots\ldots + a_n}{n}$$

gegeben:		
a_1	=	20 %
a_2	=	5 %
a_3	=	-20,63 %
gesucht:		
A_e	=	?

$$= \frac{20\% + 5\% - 20,63\%}{3} = 1,46\%$$

Das ist erstaunlich, denn wir berechnen eine Gehaltssteigerung von 1,46 Prozent für den Zeitraum von 2008 bis 2010, obwohl das ursprüngliche Gehalt wieder erreicht wurde.

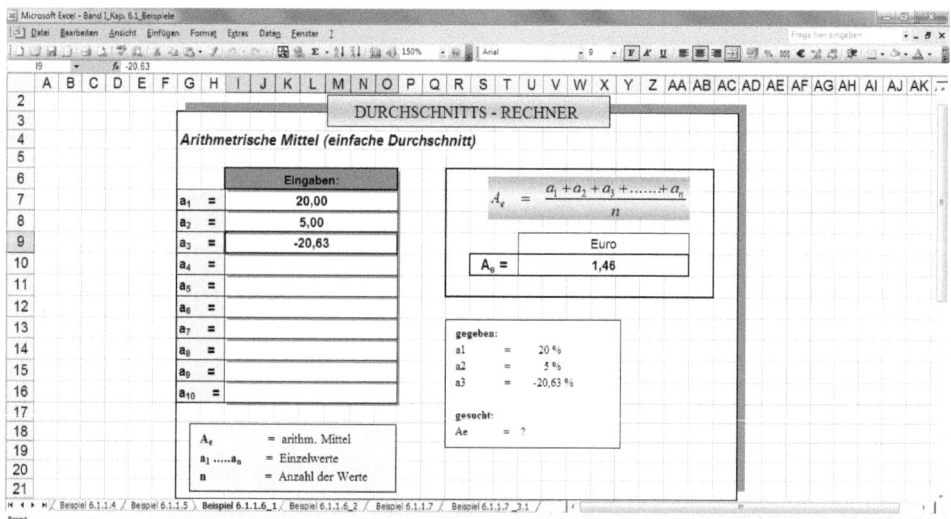

Abbildung I_6.6: Durchschnittliche Gehaltssteigerung (unsinniger Wert)

2. Bei dieser Aufgabe handelt es sich um ein Wachstumsprozess, die man mit dem geometrischen Mittel lösen kann (↑ Band II Kap. 6).

$$G = \sqrt[n]{a_1 * a_2 * a_3 * .... * a_n}$$

$$G = \sqrt[3]{q_1 * q_2 * q_3}$$

Lösung:

Das Einkommen (G) wächst in den drei Jahren, wenn q der mittlere Zinsfaktor ist, wie folgt:

Das Einkommen hat sich um 20 % und 5,0 % erhöht und wurde um 20,63 % gesenkt. Die Zinsfaktoren (q_n) sind 1,20; 1,05 und 0,7937 (↑ Band II Kap. 4.1 - Zinsrechnung).

Die durchschnittliche Gehaltssteigerung ergibt sich, wie folgt:

gegeben:		
q_1	=	1,20
q_2	=	1,05
q_3	=	0,7937

gesucht:
q (durchschnittliche Gehaltssteigerung)

$$G * q^3 = G * 1,2 * 1,05 * 0,7937$$

$$q = \sqrt[3]{1,2 * 1,05 * 0,7937} = 1,000020666 \approx 1$$

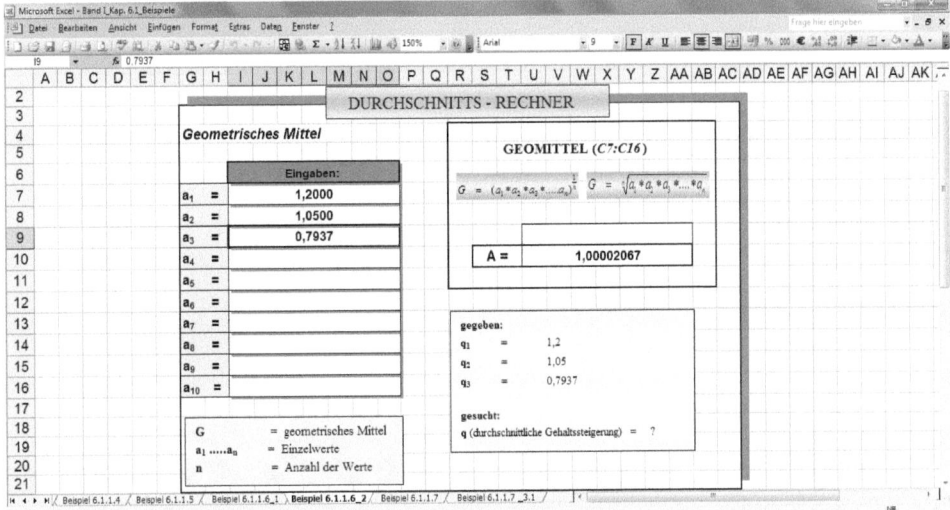

Abbildung I_6.7: Durchschnittliche Gehaltssteigerung

Dieses Ergebnis stimmt, da das Gehalt nach drei Jahren wieder den Ausgangswert erreicht hat.

6.1.1.7 Durchschnittsgeschwindigkeit (harmonische Mittel)

Die Strecke von 200 km zwischen den Hanse-
städten Hamburg und Rostock fährt ein Auto
mit einer Geschwindigkeit von 125 km/h. Auf
dem Rückweg beträgt die Geschwindigkeit 80
km/h.
Mit welcher Durchschnittsgeschwindigkeit
fährt das Auto über die Gesamtstrecke?

gegeben:
v_1 = 125 km/h
v_2 = 80 km/h
$2s$ = 400 km

gesucht:
v (Durchschnittsge-
schwindigkeit) = ?

Lösung:

1. zurückgelegte Strecke (2s):

$$2s = s_1 + s_2 = 2 * 200 \text{ km} = 400 \text{ km}$$

2. Durchschnittsgeschwindigkeit (v):

Die Durchschnittgeschwindigkeit berechnet man aus dem Verhältnis der gesamten Fahr-
strecke und der dafür benötigten Fahrzeit.

$$v = \frac{s}{t} = \frac{s_1 + s_2}{t_1 + t_2} = \frac{2s}{t_1 + t_2}$$

$$= \frac{2s}{\dfrac{s}{v_1} + \dfrac{s}{v_2}} = \frac{2s}{s\left(\dfrac{1}{v_1} + \dfrac{1}{v_2}\right)} = \frac{2}{\dfrac{1}{v_1} + \dfrac{1}{v_2}}$$

$$v = \frac{s}{t} \qquad t = \frac{s}{v}$$

v = Geschwindigkeit
s = Weg
t = Zeit
n = Anzahl Fahrstrecken

$$H = \frac{n}{\dfrac{1}{a_1} + \dfrac{1}{a_2} + \dots\dots + \dfrac{1}{a_n}}$$

$$v = \frac{n}{\dfrac{1}{v_1} + \dfrac{1}{v_2}} = \frac{2}{\dfrac{1}{125km/h} + \dfrac{1}{80km/h}}$$

$$v = \frac{2}{0,008 + 0,0125} = 97,56 km/h$$

oder

$$t_1 = \frac{200km}{125km/h} = 1{,}6h \qquad t_2 = \frac{200km}{80km/h} = 2{,}5h$$

$$v = \frac{2s}{t_1 + t_2} = \frac{400km/h}{1{,}6h + 2{,}5h} = \frac{400km/h}{4{,}1h} = 97{,}56hm/h$$

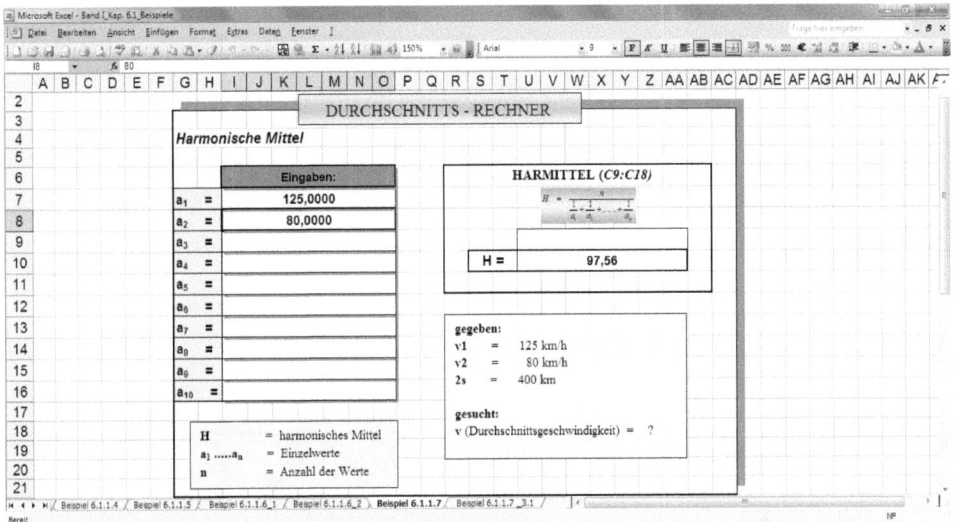

Abbildung I_6.8: Durchschnittsgeschwindigkeit

Die **Durchschnittsgeschwindigkeit** beträgt **97,56 km/h**.

2.1 Probe: (Formel: ↑ 3. Geschwindigkeit v_2)

$$v_2 = \frac{s}{\dfrac{2s}{v} - \dfrac{s}{v_1}} = \frac{v * v_1}{(2v_1 - v)} = \frac{97{,}56km/h * 125km/h}{(2*125km/h - 97{,}56km/h)} = 79{,}99\frac{km}{h} \approx 80\frac{km}{h}$$

Die Proberechnung für die Geschwindigkeit v_2 stimmt mit der Vorgabe überein.

3. Geschwindigkeit (v_2):

Mit welcher Geschwindigkeit muss das Auto auf der Strecke von Rostock nach Hamburg fahren, wenn die Durchschnittsgeschwindigkeit 120 km/h betragen soll?

$$\frac{2s}{v} = \frac{s}{v_1} + \frac{s}{v_2} \qquad \frac{s}{v_2} = \frac{2s}{v} - \frac{s}{v_1}$$

$$v_2 = \frac{s}{\dfrac{2s}{v} - \dfrac{s}{v_1}}$$

gegeben:		
v_1	=	125 km/h
v	=	120 km/h
s	=	200 km

gesucht:

v_2 = ?

$$\frac{v_2}{s} = \frac{1}{\dfrac{2s}{v} - \dfrac{s}{v_1}} = \frac{s}{\dfrac{2sv_1 - s}{v * v_1}} = \frac{s}{\dfrac{s(2v_1 - v)}{v * v_1}}$$

$$= \frac{v * v_1}{(2v_1 - v)} = \frac{120km/h * 125km/h}{(2 * 125km/h - 120km/h)} = 115,4\,km/h$$

Bei einer **Geschwindigkeit (v_2)** von **115,4 km/h** ist die Durchschnittsgeschwindigkeit 120 km/h.

3.1 Probe:

$$v = \frac{2}{\dfrac{1}{v_1} + \dfrac{1}{v_2}} = \frac{2}{\dfrac{1}{125km/h} + \dfrac{1}{115,4km/h}} \approx 120,00\,km/h$$

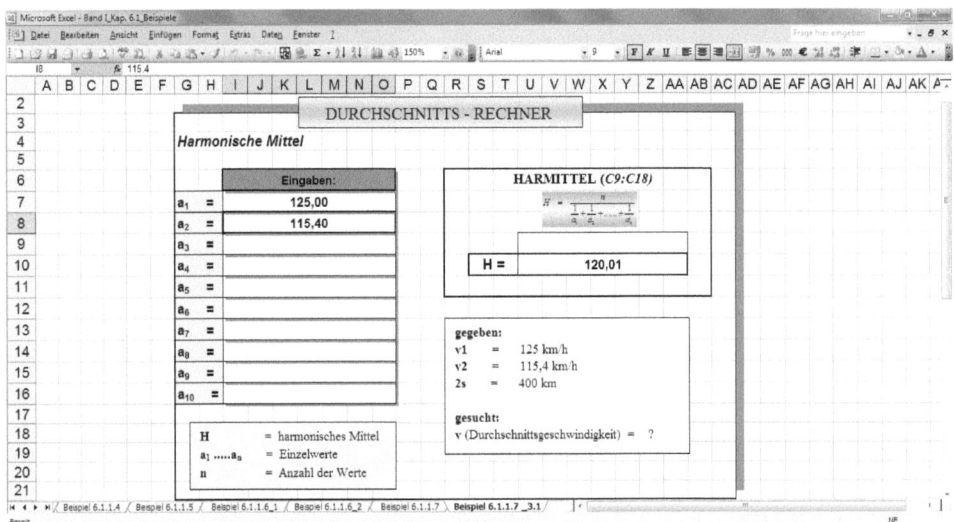

Abbildung I_6.9: Probe für die Geschwindigkeit v_2

Die Probe für die Durchschnittsgeschwindigkeit bestätig das Ergebnis für die Geschwindigkeit v_2.

6.1.1.8 Berechnungen zum Autofahren, Fahrtenbuch

Bei der Planung einer längeren Autofahrt, wie die Anreise mit dem Auto zum Urlaubsort oder bei der täglichen Fahrt zum Arbeitsort ergeben sich einige Fragen.
Wie groß ist die Durchschnittsgeschwindigkeit, der durchschnittliche Kraftstoffverbrauch, die Kraftstoffkosten, die gefahrene Strecke oder die gesamte Fahrzeit?
Sie werden wahrscheinlich entgegenhalten, dass diese Fragen vom Bordcomputer Ihres Autos gelöst werden. Für den Fall, dass diese Technik nicht zur Verfügung steht und ein Fahrtenbuch geführt werden soll, finden Sie unter Abbildung I_6.10 eine Möglichkeit.

1. Durchschnittsgeschwindigkeit (v) : (↑ Beispiel 6.1.1.7)

2. Kraftstoffverbrauch (KV) auf 100 km:

An der Tankstelle tanken Sie immer voll, so dass sich aus dem Verhältnis der gefahrenen Kilometer nach Kilometerzähler und den getankten Litern Kraftstoff der durchschnittliche Kraftstoffverbrauch ergibt. Für die 400 Kilometer gefahrene Gesamtstrecke aus Beispiel 6.1.1.7 verbraucht Ihr Auto 31,5 l (Liter) Superbenzin.

Lösung:

$$KV\,(l/100km) = \frac{Kraftstoffmenge\,(KM\,in\,l)*100}{zurückgelegte\,Strecke\,(s)}$$

gegeben:		
KM	=	31,5 *l*
S	=	400 km
gesucht:		
KV	=	?

$$KV = \frac{31,5\,l*100}{400km} = 7,875\,l/100\,km$$

3. Kraftstoffkosten (KK):

3.1 Kraftstoffkosten einer Tankung:
(entspricht der Tankrechnung - TR)

$$TR = Kraftstoffmenge\,(l)\;*\;Kraftstoffpreis\,pro\,Liter\;(Euro\,/l)$$

$$TR = 31,5\,l*1,50\,Euro\,/\,l = 47,25\,Euro$$

3.2 Kraftstoffkosten für einen Zeitraum:

Die Kraftstoffkosten für eine Woche, einen Monat oder ein Jahr ergibt sich aus der Summe der einzelnen Tankrechnungen (TR$_1$ bis TR$_n$) in den entsprechenden Zeiträumen.

$$KK = TR_1 + TR_2 + \ldots\ldots TR_n = \ldots\ldots EUR$$

4. Gefahrene Strecke (s):

Die gefahrene Strecke zwischen zwei Tankungen oder in einem Zeitabschnitt ergibt sich aus der Differenz der Kilometerstände.

5. Fahrtenbuch

In der folgenden Abbildung I_6.10 finden Sie ein Fahrtenbuch in dem die Durchschnittgeschwindigkeit, die Kraftstoffkosten auf 100 km und die Kraftstoffkosten für einen Zeitraum berechnet werden.

Abbildung I_6.10: Fahrtenbuch (oben), Fahrtenbuch mit Fehleranzeigen (unten)

6.1.1.9 Arm oder reich (Median – mittlere Einkommen)

Nach EU-Definition gilt jemand als arm, wenn er weniger als 60 Prozent des jeweiligen mittleren Einkommens verdient. Reich sind diejenigen, die mindestens das Doppelte des mittleren Einkommens zur Verfügung haben. Armut und Reichtum definieren sich in der Europäischen Union in Abhängigkeit von den Lebensverhältnissen, konkret am mittleren Einkommen [6.6]. Wo liegt das mittlere Einkommen in Deutschland? Um das sagen zu können, ermittelt man die Nettoeinkünfte (im weiteren Text – Einkünfte) vom Kind bis zum Greis. Alle Einkünfte werden auf einer Linie der Größe nach sortiert, wobei links das kleine und rechts das höhere Einkommen stehen. Dann bestimmt man die Person, die mit ihrem Einkommen genau in der Mitte der Menschenreihe steht. Links und rechts von dieser Person stehen gleich viele Menschen. Das Einkommen in der Mitte ist das so genannte mittlere Einkommen (↑ Band II, Kap. 6.1.5 – Median).

An einem konkreten Beispiel vergleichen wir das mittlere mit dem durchschnittlichen Einkommen. Acht Personen verdienen 30.000 Euro und eine Person 1 Million Euro im Jahr.

1. Durchschnittliche Einkommen (↑ Band II, Kapitel 6.1.1)

$$A = \frac{a_1 + a_2 + a_3 + \ldots\ldots + a_n}{n}$$

$$A = \frac{a_1 + a_2 + a_3 + \ldots\ldots + a_9}{9}$$

gegeben:		
a_1 bis a_8	=	je 30.000 Euro
a_9	=	1 Million Euro
n	=	9 (Anzahl Einkommen)
gesucht:		
A	=	?

$$A = \frac{8 * 30.000\,Euro + 1.000.000\,Euro}{9} \approx 137.778\;Euro$$

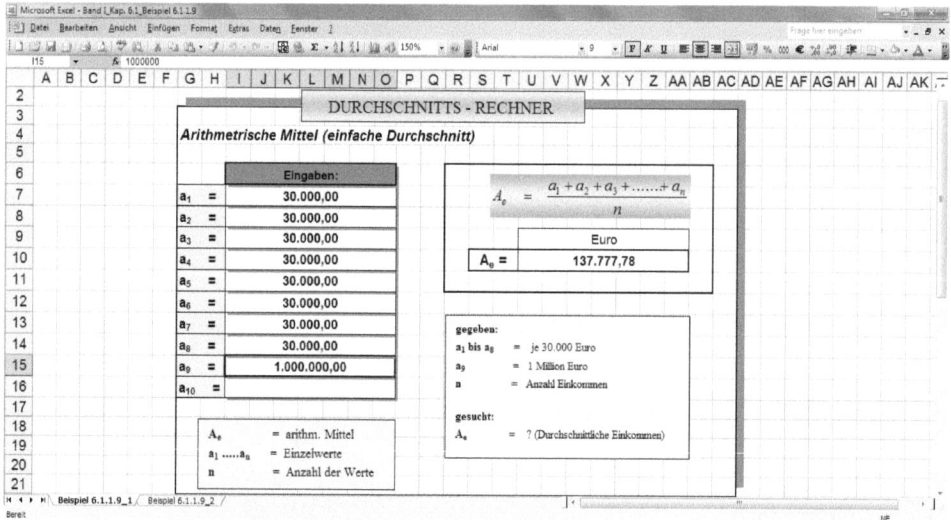

Abbildung I_6.11: Durchschnittliche Einkommen

2. Mittlere Einkommen (↑ Band II, Kap. 6.1.4)

Einkommen, sortiert:

30.000 30.000 30.000 30.000 **30.000** 30.000 30.000 30.000 1.000.000

↑

Median (mittlere Einkommen)

$$M_e = X_{\frac{n+1}{2}} \quad \textit{für ungerade } X$$

$$M_e = X_{\frac{9+1}{2}} = X_{\frac{10}{2}} = X_5$$

gegeben:		
X_1 bis X_9	=	1. bis 9. Einkommen
n	=	Anzahl Einkommen
gesucht:		
$\mathbf{M_e}$	=	?

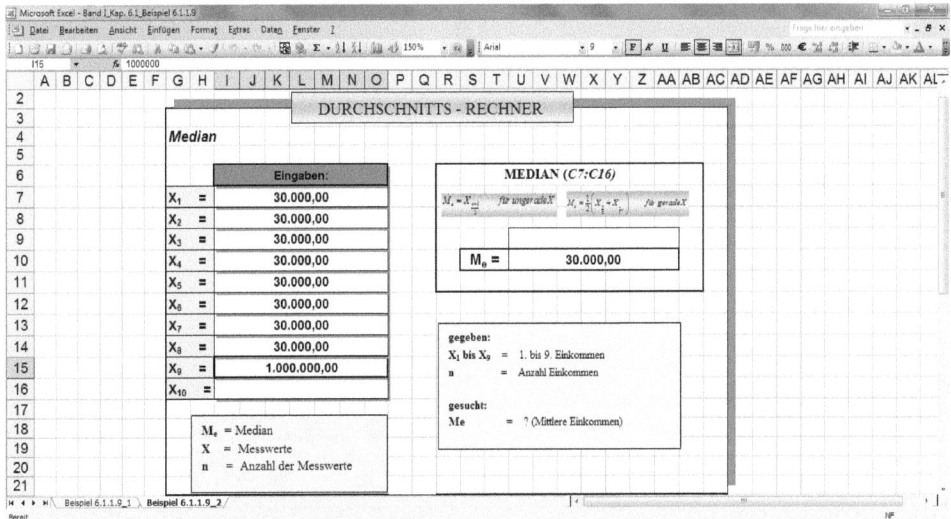

Abbildung I_6.12: Mittlere Einkommen

Das durchschnittliche Einkommen (137.778 Euro) wird durch die 1 Million einer Person erheblich erhöht und man bekommt den Eindruck, die Einkommenssituation aller neun Personen ist sehr gut. Das mittlere Einkommen (Median) stellt der 5. Wert (30.000 Euro) dar, denn links und rechts dieses Wertes liegen jeweils vier Einkommen.

Das mittlere hat gegenüber dem durchschnittlichen Einkommen den Vorteil, dass es die Einkunftssituation der Gesellschaft zuverlässiger wieder gibt.

Laut Statistik liegt das mittlere Einkommen für Deutschland bei 18.600 Euro [6.6]. Als arm gilt, wer weniger als 11.200 Euro im Jahr verdient (60 % von 18.600 Euro). Demgegenüber ist man reich, wenn der Verdienst bei mehr als 37.200 Euro (doppelte vom mittleren Einkommen) liegt. Natürlich gibt es viele, die das Gleiche bekommen. 64,3 Millionen Menschen sind hinsichtlich ihres Einkommens die Mitte der Gesellschaft, sie verdienen mehr als 11.200 Euro und weniger als 37.200 Euro. Nach EU-Definition gelten 5 Millionen Bundesbürger als reich und 12,7 Millionen als arm.

6.2 Mischungsrechnung

6.2.1 Grundlagen

Die Mischungsrechnung stellt eine Erweiterung der Durchschnittsrechnung dar und wird benutzt, wenn neben den Mengen der zu mischenden Sorten die Konzentrationen zu beachten sind.

Bei der Mischungsrechnung von zwei Sorten ergeben sich folgende Berechnungsmöglichkeiten: (↑ Band II Kap. 6.2)

Varianten:

1. Die Konzentrationswerte p_{S1}, p_{S2} der zumischenden Sorten und p_M der Mischung sowie die Gesamtmenge der Mischung M_{S1+2} sind gegeben. Gesucht werden die Mengenanteile M_1 und M_2 der Sorten.
2. Wie bei der ersten Variante sind die Konzentrationen p_{S1}, p_{S2}, p_M und eine Menge M_1 oder M_2 gegeben. Hierbei werden die Gesamtmenge der Mischung M_{S1+2} bzw. M_1 oder M_2 gesucht.
3. Bei der dritten Variante wird die Konzentration der Mischung p_M gesucht. Die vorgegebenen Mengen M_1 und M_2 mit bekannten Konzentrationen werden gemischt.
4. Die letzte Variante berechnet die Konzentration einer Sorte, wobei die Konzentrationen und Mengen der anderen Sorte und der Mischung gegeben sind.

6.2.2 Beispiele zur Mischungsrechnung

Im Alltag werden immer wieder Flüssigkeiten mit bestimmten Konzentrationen gemischt, um neue Flüssigkeiten mit einer gewünschten Konzentration zu erhalten. Als Autofahrer mischen Sie Frostschutzmittel mit Wasser damit die Scheibenwaschanlage Ihres Autos bei Frost nicht einfriert (6.2.2.1). In Beispiel 6.2.2.2 mischen Sie Rot- und Weißwein und berechnen den Anteil einer Weinsorte in der anderen. Welchen Feingehalt an Gold oder Silber haben Legierungen (6.2.2.4.1, 6.2.2.4.2)?

Ob Küche oder Chemieunterricht, an beiden Orten und im Alltag gibt es unzählige Beispiele zur Mischungsrechnung. So berechnen Sie in den Übungsaufgaben, wie man aus Essigessenz eine 5%ige Essigsäure (6.3.5) mischt oder wie Salzsäure zu verdünnen ist, damit eine 0,02%-Lösung dieser Säure (6.3.6) entsteht. Diese oder andere Mischungsaufgaben lösen Sie anhand des unten aufgeführten Schemas oder mit dem Mischungsrechner.

6.2.2.1 Mischen von Frostschutzmittel für die Autoscheibenwaschanlage

Auf dem Behälter mit Frostschutzmittel für die Autoscheibenwaschanlage sind folgende Angaben zum Frostschutz und Mischungsverhältnis (Frostschutzmittel/ Wasser) zu finden:

Tabelle I_6.4: Konzentration von Frostschutzmittel

Frostschutz	Anteile: Frostschutz/ Wasser	Konzentration des Frostschutzmittels in %
-30 °C	2 / 1	66,6
-20 °C	1 / 1	50,0
-10 °C	1 / 2	33,3

In einem 5 Liter-Behälter der Scheibenwaschanlage sind noch 2 Liter Wischwasser mit einem Frostschutz bis -30 °C enthalten. Welche Mengen an Wasser und Frostschutzmittel müssen in die Waschanlage geben werden, damit die Mischung (5 l) einen Frostschutz bis -20°C gewährleistet?

Tabelle I_6.5: Wischwasser für Autowachanlage

Sorten (S)	Bezeichnung	Konzentration/ Anteile (Prozentsatz p in %)	Menge (M in l)		
S_1	Frostschutz - Waschanlage -30°C	$p_{S1} = 66,6$	M_1	=	$2\,l$
S_2	Wasser	$p_{S2} = 0$	M_2	=	$(5l\text{-}2l\text{-}X)$
S_3	Frostschutz-konzentrat	$p_{S3} = 100$	M_3	=	X
Mischung - S $_{1+2+3}$	Frostschutz - Waschanlage -20°C	$p_M = 50$	$M_{S1+2+3} =$		$5l$

Aus der Mischungsrechnung mit zwei Sorten (↑ Band II Kap. 6.2) wurden die folgenden Formeln zur Mischung von drei Flüssigkeiten hergeleitet.

Lösung:

$$\frac{p_{S1}}{100\,\%} * M_1 + \frac{p_{S2}}{100\,\%} * M_2 + \frac{p_{S3}}{100\,\%} * M_3 = \frac{p_M}{100\,\%} * M_{S1+2+3}$$

$$\Downarrow$$

$$M_3 = M_{S1+2+3} * \frac{(p_M - p_{S2})}{(p_{S3} - p_{S2})} + M_1 * \frac{(p_{S2} - p_{S1})}{(p_{S3} - p_{S2})}$$

$$M_3 = 5\,l * \frac{(50-0)}{(100-0)} + 2\,l\,\frac{(0-66,6)}{(100-0)} = 2,5l - 1,33l = 1,17l$$

Probe:

$$\frac{p_{S1}}{100\,\%} * M_1 + \frac{p_{S2}}{100\,\%} * M_2 + \frac{p_{S3}}{100\,\%} * M_3 = \frac{p_M}{100\,\%} * M_{S1+2+3}$$

$$\frac{66,6\,\%}{100\,\%} * 2\,l + \frac{0\,\%}{100\,\%} * 1,83\,l + \frac{100\,\%}{100\,\%} * 1,17\,l = \frac{50\,\%}{100\,\%} * 5\,l$$

$$1,33\,l + 0\,l + 1,17\,l = 2,5\,l \qquad 2,5\,l = 2,5\,l$$

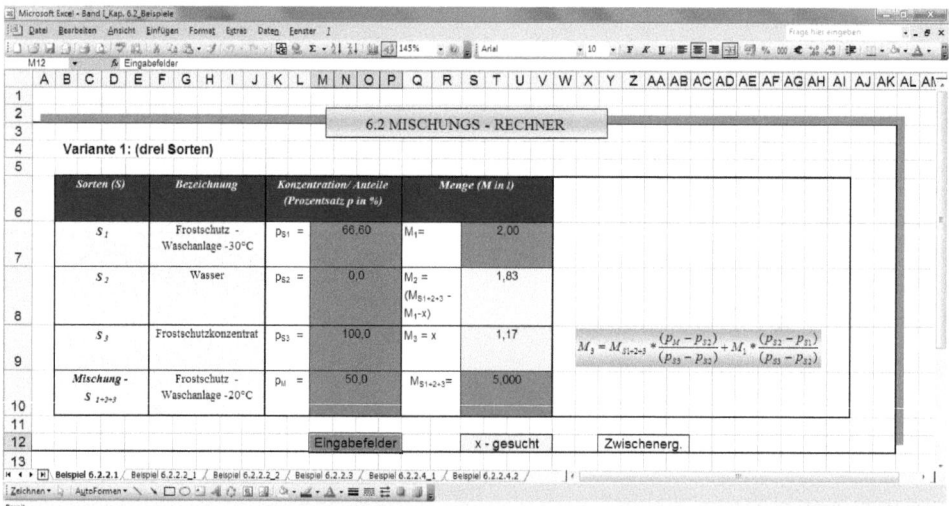

Abbildung I_6.13: Frostschutzmittel

Der Behälter wird mit **1,18 Liter Frostschutzmittel** und **1,82 Liter Wasser** aufgefüllt.

6.2.2.2 Mischen von Rot- und Weißwein

Ein Glas mit Rotwein und ein Glas mit Weißwein sind mit je 100 ml Wein gefüllt. Aus dem Rotweinglas wird ein Teelöffel (1TL = 5 ml) Wein in das Weißweinglas geschüttet und darin gut verrührt. Anschließend wird ein Teelöffel aus dem Glas mit dem Weiß-/Rotweingemisch in das Rotweinglas gegeben und gut verrührt.
In welchem Weinglas ist nun mehr Wein der anderen Sorte oder sind die Anteile gleich?

Achtung - Alkohol!

Bei allen folgenden Beispielen und Aufgaben in denen Alkohol eine Rolle spielt, beachten Sie folgende Hinweise. Alkohol ist ein hervorragendes Lösungsmittel. Er löst: Familien, Ehen, Freundschaften, Arbeitsverhältnisse, Bankkonten, Leber- und Gehirnzellen auf. Er löst nur keine Probleme.

(Verfasser unbekannt)

---

1. Schritt:

Aus dem Rotweinglas wird ein Teelöffel Wein in das Weißweinglas gegossen.
Wie groß ist der Anteil des Rotweins im Weißweinglas?

Tabelle I_6.6: Anteil von Rotwein im Weißweinglas (↑ Abbildung I_6.14)

Sorten (S)	Bezeichnung	Rotwein-Konzentration (Prozentsatz p in %)	Menge (M in ml)
S_1	Löffel mit Rotwein	$p_{S1} = 100$	$M_1 = 5$
S_2	Weißwein	$p_{S2} = 0$	$M_2 = 100$
Mischung - S $_{1+2}$	Weiß-/ Rotwein	$p_M = X$	$M_{S1+2} = 105$

Lösung:

$$\frac{p_{S1}}{100\,\%} * M_1 + \frac{p_{S2}}{100\,\%} * M_2 = \frac{p_M}{100\,\%} * M_{S1+2}$$

$$p_M = (p_{S1} * M_1 + p_{S2} * M_2) * \frac{1}{M_{S1+2}}$$

$$p_M = (100\% * 5ml + 0\% * 100\ ml) * \frac{1}{105\ m\ l}$$

$$p_M = \frac{500\%}{105} = 4{,}7619\% \ (Anteile\ Rotwein\ )$$

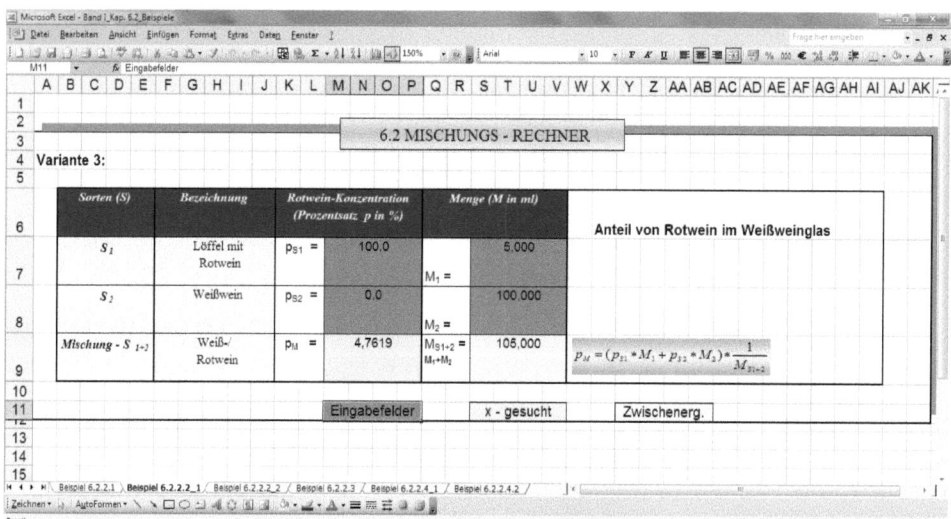

Abbildung I_6.14: Anteil von Rotwein im Weißweinglas

Im Weißweinglas beträgt der Anteil von **Rotwein 4,7619%**.

2. Schritt:

Aus dem Weiß-/Rotweinglas wird ein Teelöffel des Weingemisches in das Rotweinglas gegeben. Wie groß ist der Anteil des Weißweins im Rotweinglas?

Tabelle I_6.7: Anteil von Weißwein im Rotweinglas (↑ Abbildung I_6.15)

Sorten (S)	*Bezeichnung*	*Rotwein-Konzentration (Prozentsatz p in %)*		*Menge (M in ml)*	
S_1	Löffel mit Weiß-/Rotwein	$p_{S1} =$	4,7619	$M_1 =$	5
S_2	Rotwein	$p_{S2} =$	100	$M_2 =$	95
Mischung - S $_{1+2}$	Rot-/Weißwein	$p_M =$	X	$M_{S1+2} =$	100

Lösung:

$$\frac{p_{S1}}{100\,\%} * M_1 + \frac{p_{S2}}{100\,\%} * M_2 = \frac{p_M}{100\,\%} * M_{S1+2}$$

$$p_M = (p_{S1} * M_1 + p_{S2} * M_2) * \frac{1}{M_{S1+2}}$$

$$p_M = (4,7619\,\% * 5\,ml + 100\,\% * 95\,ml) * \frac{1}{100\,m\,l}$$

$$p_M = \frac{0,238095\,\% + 95\%}{100} = 95,238095\,\%\ (Anteile\ Rotwein)$$

$$p_M = 100\% - 95,238095\,\% = 4,761905\,\%\ (Anteile\ Weißwein)$$

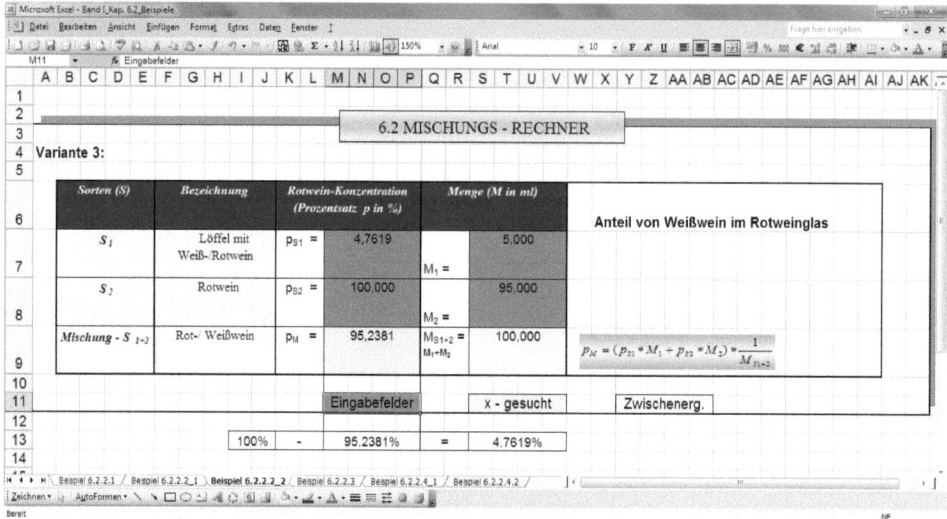

Abbildung I_6.15: Anteil von Weißwein im Rotweinglas

Im Rotweinglas beträgt der Anteil von **Weißwein 4,7619%**.
In den Weingläsern ist der **Anteil der anderen Weinsorte gleich**.

6.2.2.3 Alsterwasser, Alkoholgehalt des Bieres

Alsterwasser- das „süße Bier" - ist eine Mischung aus Limonade und Bier und wird immer beliebter bei Frau und Mann. Sie mischen Alsterwasser, indem Sie zu 115 ml Limonade 130 ml Bier geben. Das Alsterwasser hat einen Alkoholgehalt von 2,71 %.
Berechnen Sie den Alkoholgehalt des Bieres.

Tabelle I_6.8: Alkoholgehalt von Bier in Alsterwasser

Sorten (S)	Bezeichnung	Konzentration/ Anteile (Prozentsatz p in %)		Menge (M in l)	
S_1	Limonade	$p_{S1} =$	0 %	$M_1 =$	0,115
S_2	Bier	$p_{S2} =$	X %	$M_2 =$	0,130
Mischung - S_{1+2}	Alsterwasser	$p_M =$ 2,71 %		$M_{S1+2} =$	0,245

Lösung:

$$\frac{p_{S1}}{100\,\%} * M_1 + \frac{p_{S2}}{100\,\%} * M_2 = \frac{p_M}{100\,\%} * M_{S1+2}$$

$$p_{S2} = (p_M * M_{S1+2} - p_{S1} * M_1) * \frac{1}{M_2}$$

$$p_{S2} = (2{,}71\,\% * 0{,}245 - 0 * 0{,}115) * \frac{1}{0{,}130} \approx 5{,}1\,\%$$

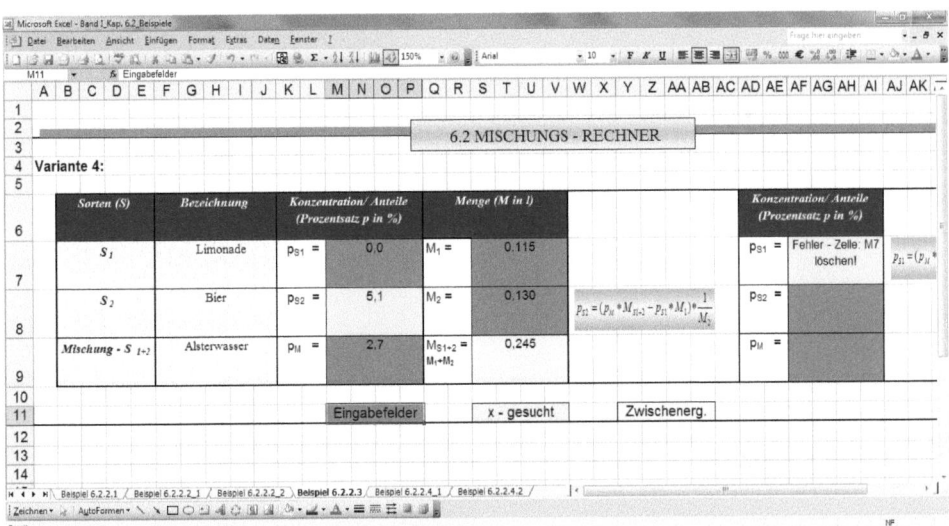

Abbildung I_6.16: Alkoholgehalt von Bier

Das Bier hatte einen **Alkoholgehalt von 5,1 %**.

6.2.2.4 Gold- und Silberlegierungen

Im Band I Kap. 3.2.1.2 wird Grundsätzliches zu Gold- und Silberlegierungen ausgeführt. Hier finden Sie einige Begriffserklärungen, wie Feingehalt, Feingold, Feinsilber, Maßeinheiten Karat und Lot sowie die Bestandteile von Gold- und Silberlegierungen.

6.2.2.4.1 Feingehalt einer Silberlegierung

450 g Silber mit einem Feingehalt von 700 wird mit 75g Kupfer legiert.
Welchen Silbergehalt hat die Legierung?

Tabelle I_6.9: Silbergehalt einer Legierung

Sorten (S)	Bezeichnung	Anteile des Edelmetalls (p in $^0\!/_{00}$)	Menge (M in g)
S_1	Silber	$p_{S1} = 700\ ^0\!/_{00}$	$M_1 = 450$
S_2	Kupfer	$p_{S2} = 0\ ^0\!/_{00}$	$M_2 = 75$
Mischung - S $_{1+2}$	Silberlegierung	$p_M = X\ ^0\!/_{00}$	$M_{S1+2} = 525$

Lösung:

$$\frac{p_{S1}}{1000\ ^0\!/_{00}} * M_1 + \frac{p_{S2}}{1000\ ^0\!/_{00}} * M_2 = \frac{p_M}{1000\ ^0\!/_{00}} * M_{S1+2}$$

$$p_M = (p_{S1} * M_1 + p_{S2} * M_2) * \frac{1}{M_{S1+2}}$$

$$p_M = (700 * 450 + 0 * 75) * \frac{1}{525}$$

$$= \frac{700\ ^0\!/_{00} * 450\,g}{525\,g} = 600\ ^0\!/_{00}$$

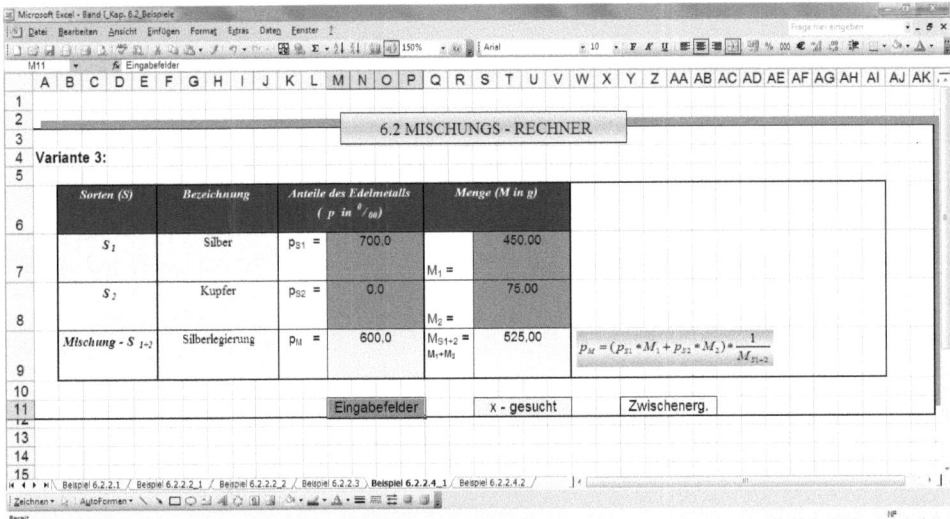

Abbildung I_6.17: Silbergehalt einer Legierung

Die Legierung enthält **600 Teile Silber (600er Silber)**.

6.2.2.4.2 Herstellen von Goldschmuck

Für ein Schmuckstück aus Rotgold (750 Teile Feingold) sind 50 g Gold mit 8 Karat (333er Gold) und Feingold zu legieren. (Angaben zu Rotgold und Karat ↑ Band I Kapitel 3.2.1.2) Berechnen Sie die Feingoldmenge.

Tabelle I_6.10: Berechnung der Feingoldmenge

Sorten (S)	Bezeichnung	Anteile des Edelmetalls (p in $^0/_{00}$)		Menge (M in g)	
S_1	8 Karat Gold	$p_{S1} =$	333	$M_1 =$	50
S_2	Feingold	$p_{S2} =$	1000	$M_2 =$	X
Mischung- S $_{1+2}$	Rotgold	$p_M =$	750	$M_{S1+2} =$	(50+X)

Lösung:

$$\frac{p_{S1}}{1000\ ^0/_{00}} * M_1 + \frac{p_{S2}}{1000\ ^0/_{00}} * M_2 = \frac{p_M}{1000\ ^0/_{00}} * M_{S1+2}$$

$$M_2 = \{M_1 * [\frac{(p_M - p_{S1})}{(p_{S2} - p_{S1})}]\} * \frac{1}{1 - [.....]}$$

$$M_2 = \{50g * [\frac{(750 - 333)}{(1000 - 333)}]\} * \frac{1}{1 - [.....]}$$

$$= \{50g * [\frac{(417)}{(667)}]\} * \frac{1}{1 - [.....]} = 83,33g$$

Probe:

$$\frac{333}{1000} * 50 + \frac{1000}{1000} * 83,33 = \frac{750}{1000} * 133,33$$

$$16,650 + 83,330 = 99,9975$$

$$99,980 \approx 99,9975$$

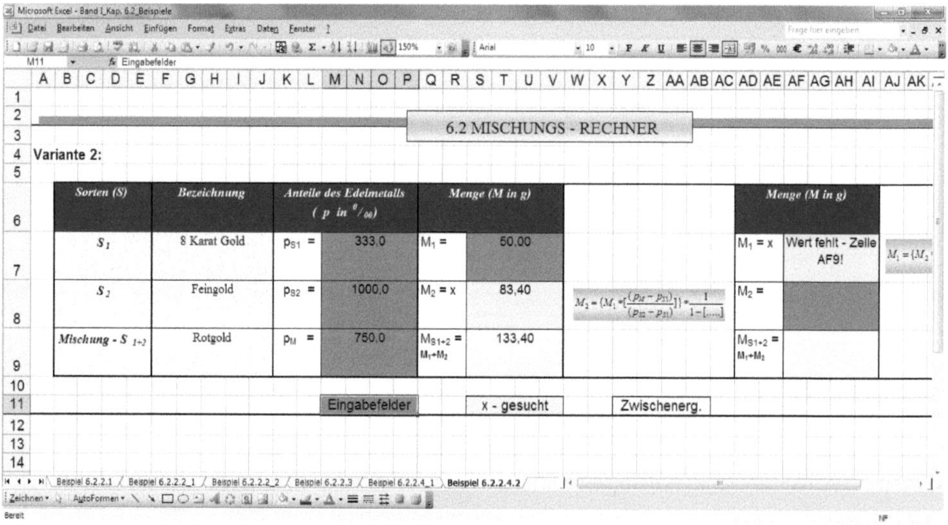

Abbildung I_6.18: Feingoldmenge für Schmuck

Für das Schmuckstück ist eine **Feingoldmenge von 83,33 g** erforderlich.

6.3 Übungsaufgaben zur Durchschnitts- und Mischungsrechnung

Für eine Teemischung, die folgende Sorten enthält, ist der Preis pro Kilogramm zu berechnen:

Tabelle I_6.11: Teesorten zum Mischen

Teesorte	Menge in kg	Preis je kg in Euro
I. Sorte	3	25,00
II. Sorte	1	22,00
III. Sorte	2	21,00
IV. Sorte	1,5	30,00
V. Sorte	2,5	40,00
VI. Sorte	0,5	41,00

6.3.2 Der Preis eines Artikels ist in den Jahren von 2005 bis 2007 um 1,8 %, 2,1 % und 3,4 % gestiegen.
Berechnen Sie für diesen Zeitraum die durchschnittliche Preissteigerung.

6.3.3 Ein LKW fährt von Hamburg nach Berlin und zurück mit den Geschwindigkeiten von 80 km/h und 92 km/h.
Mit welcher Durchschnittsgeschwindigkeit fährt der LKW die gesamte Strecke?

6.3.4 Sie beginnen Ihre Reise mit voll getanktem Auto um 8.00 Uhr und kommen um 13.40 Uhr nach 540 km am Urlaubsort an. Hierbei haben Sie jeweils nach zwei Stunden eine Pause von 20 Minuten eingelegt.
a) Berechnen Sie die Durchschnittsgeschwindigkeit.
b) Am Urlaubsort haben Sie 43,2 Liter Kraftstoff getankt.
   Wie groß ist der Kraftstoffverbrauch auf 100 km?

6.3.5 Mit wie viel Wasser müssen 0,5 *l* Essigessenz (15,5 %) verdünnt werden, damit eine 5%-ige Essigsäure entsteht.

6.3.6 Im Chemieunterricht werden 4,5 *ml* einer 0,02 %-Lösung einer Säure benötigt.
Es steht aber nur eine 0,25 %-Lösung dieser Säure zur Verfügung.

6.3.7   a) Es ist der Prozentgehalt einer Alkoholmischung, die aus 0,5*l* prima Sprit (69,5 %) und 2,5 *l* eines 40%-igen Alkohols hergestellt wird, zu bestimmen.

b) 2 *l* prima Sprit werden mit 4,5 *l* einer anderen Sorte gemischt.
Der Alkoholgehalt der Mischung ist 60 %. Wie groß ist der Alkoholgehalt der zweiten Sorte?

6.3.8   Zwei gleiche Mengen Gold mit 24 und 8 Karat (↑ Beispiel 3.2.1.2, Tabelle I_3.8) werden verschmolzen.
Welchen Feingehalt hat die Legierung?

6.4 Lösungen der Übungsaufgaben zur Durchschnitts- und Mischungsrechnung (↑ Band II Kap. 6.4)

7. Dreisatz

7.1 Beispiele zu Dreisatzberechnungen

Dreisätze sind ein zentrales Werkzeug in der „Alltagsmathematik" [7.1]. Sie werden sehen, dass man mit einem überschaubaren Lösungsansatz und einfachen Überlegungen einige Alltagsaufgaben lösen kann. Die folgenden Beispiele: die Berechnung der jährlichen Kraftstoffkosten für ein Auto (7.1.1), die Berechnung wie lange der Heizölvorrat reicht (7.1.2) und wie viel Wolle man für einen selbst gestrickten Schal (7.1.3) braucht , zeigen die einfache Handhabung des Schemas zur Lösung von Dreisatzaufgaben. Ich bin mir sicher, Ihnen fallen spontan weitere Beispiele ein. Die detaillierte Beschreibung zum Lösungsschema, weitere Beispiele und Informationen zum Dreisatz entnehmen Sie Band II Kap. 7.

7.1.1 Kraftstoffkosten eines Autos pro Jahr

Ein Auto hat einen Kraftstoffverbrauch von 6,5 *l* auf 100 km. Der durchschnittliche Kraftstoffpreis (Diesel) liegt bei 1,48 Euro. Wie hoch sind die Kraftstoffkosten in einem Jahr für 30.000 Kilometer?

Zuordnungen: (einfacher direkter Dreisatz)
a: **100 km**   kosten   **b:**   **9,62 Euro** (6,5 *l*/100 km * 1,48 Euro/*l*)
c: **30.000 km**   kosten   x

Tabelle I_7.1: Lösungsansatz: Kraftstoffkosten (↑ Abbildung I_7.1)

	bekannte Zuordnung		*gesuchte Zuordnung*	
Kilometer	a	= 100	c	= 30.000
Kosten in Euro	b	= 9,62	x	

Lösung:

$$x = \frac{b*c}{a} = \frac{9,62\,Euro * 30.000\,km}{100\,km} = 2.886,00\,Euro$$

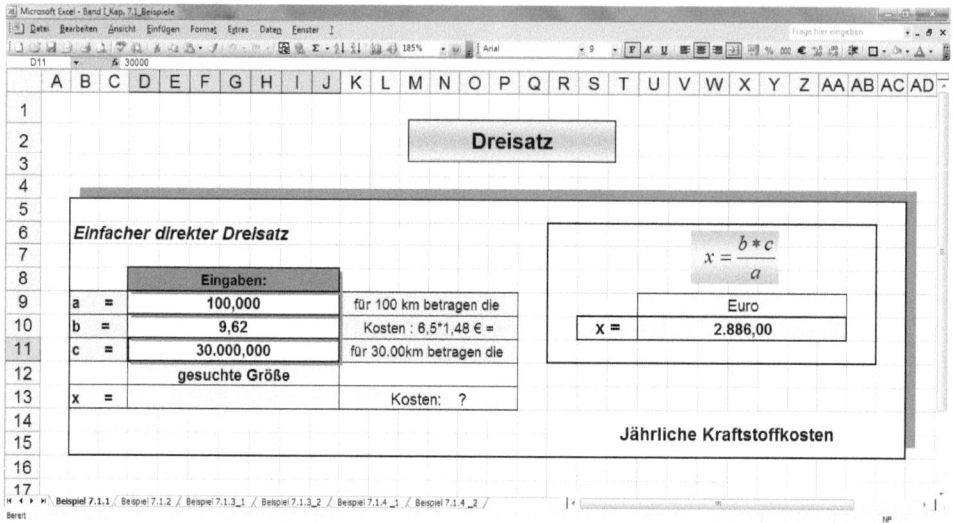

Abbildung I_7.1: Kraftstoffkosten

Die jährlichen Kraftstoffkosten für das Auto betragen **2.886,00 Euro**.

7.1.2 Wie lange reicht der Heizölvorrat

4.000 *l* Heizöl reichen für 180 Tage. Die Heizungsanlage wird modernisiert, so dass pro Tag 2 *l* Heizöl weniger verbraucht werden. Wie lange reicht der Heizölvorrat?

Zuordnungen: (einfacher umgekehrter Dreisatz)
a: 22,22 *l*/Tag (4.000 *l* /180 Tage) **reichen für**   **b: 180 Tage**
c: 20,22 *l*/Tag (22,22 *l* – 2 *l*))   **reichen für**   **x Tage**

Tabelle I_7.2: Lösungsansatz: Nutzungsdauer Heizöl (↑ Abbildung I_7.1)

	bekannte Zuordnung		*gesuchte Zuordnung*	
l Heizöl/ Tag	a	= 22,22	c	= 20,22
Tage:	b	= 180	x	

Lösung:

$$x = \frac{a*b}{c} = \frac{22,22l/Tag * 180Tage}{20,22l/Tag} = 197,80Tage \approx 197Tage + 19Stunden$$

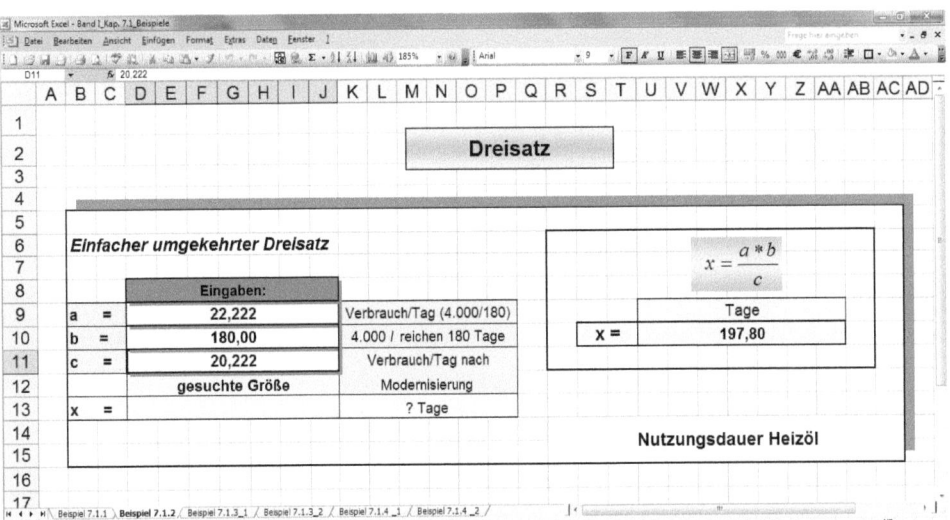

Abbildung I_7.2: Nutzungsdauer Heizöl

Die Modernisierung der Heizungsanlage hat bewirkt, dass das Heizöl fast **18 Tage länger reicht**.

7.1.3 Montage eines Fertigteilehauses

Ein Haus wird von 8 Monteuren in 11 Tagen errichtet. Jeder Monteur arbeitet täglich 8 Stunden. Wie viele Tage benötigt man für die Montage, wenn zusätzlich drei Monteure eingesetzt werden und die tägliche Arbeitszeit für alle Monteure um eine Stunde verlängert wird?

1. Montagezeit bei mehr Arbeitskräften und einer täglichen Arbeitszeit von 8 Stunden

Zuordnungen: (einfacher umgekehrte Dreisatz)

a:	8 Monteure	benötigen	b:	11 Tage
c:	11 Monteure	benötigen		x Tage

249

Tabelle I_7.3.1: Lösungsansatz: Montagezeit bei mehr Arbeitskräften (↑ Abbildung I_7.2)

	bekannte Zuordnung		gesuchte Zuordnung	
Monteure	a =	8	c =	11
Tage	b =	11	x	

Lösung:

$$x = \frac{a * b}{c} = \frac{8 * 11}{11} = 8$$

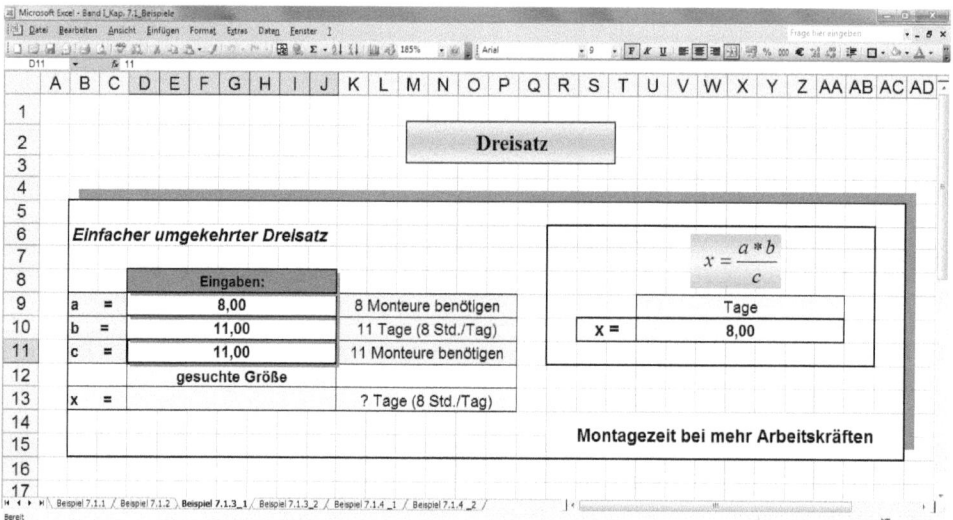

Abbildung I_7.3: Montagezeit für ein Haus – Punkt 1

11 Monteure sind bei einer täglichen Arbeitszeit von 8 Stunden **8 Tage** im Einsatz.

2. Montagezeit bei längerer Arbeitszeit für 11 Monteure

Zuordnungen: (einfacher umgekehrte Dreisatz)
a:	8 Stunden/Tag (Arbeitszeit)	Montagezeit	b:	8 Tage
c:	9 Stunden/Tag (Arbeitszeit)	Montagezeit		x Tage

Tabelle I_7.3.2: Lösungsansatz: Montagezeit bei längerer Arbeitszeit

	bekannte Zuordnung		gesuchte Zuordnung	
Stunden/Tag	a	= 8	c	= 9
Tage	b	= 8	x	

Lösung:

$$x = \frac{a * b}{c} \quad = \frac{8 * 8}{9} = 7,11$$

$$0,11(Arbeits -)Tage = 9\, Stunden * 0,11 = 0,99\, Stunden \approx 1\, Stunde$$

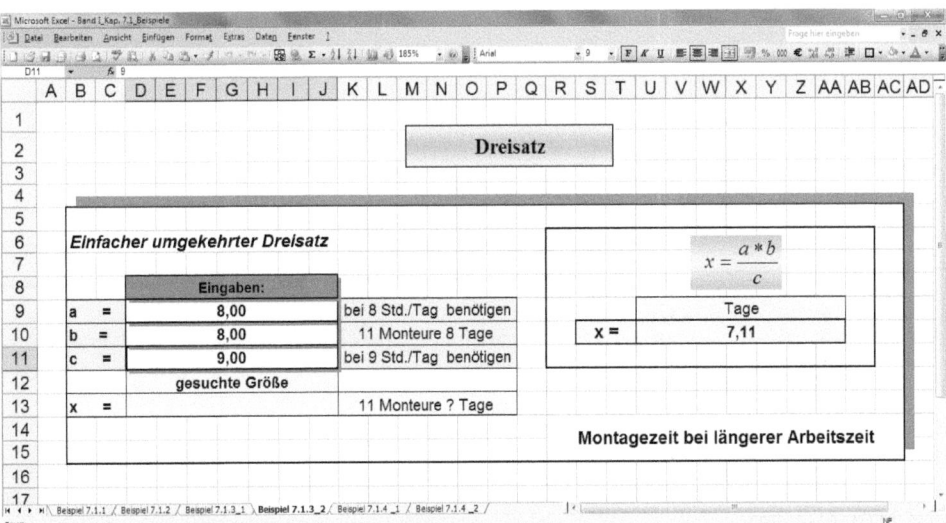

Abbildung I_7.4: Montagezeit für ein Haus – Punkt 2

Die Montage des Fertigteilhauses ist nach **sieben Tagen und einer Stunde** erledigt.

7.1.4 Wolle für einen gestrickten Schal

Sie wollen einen Wollschal im Patentmuster selber stricken. Dieses Muster verbraucht zwar mehr Wolle, dafür ist der Schal dicker und kuscheliger. Laut Strickanleitung benötigen Sie für eine Schalgröße: Breite 20 cm und Länge 2 m 500 g Wolle. Bei dieser Länge

kann der Schal auch doppelt getragen oder zweimal um den Hals geschlungen werden [7.2].
Wie viel Wolle benötigen Sie für einen 24 cm breiten und 1,9 m langen Schal?

1. Wolle für einen breiteren Schal bei 2 m Länge

Zuordnungen: (einfacher direkter Dreisatz)

a: 0,20 m Breite	**werden benötigt**	**b:**	**500 g Wolle**
c: 0,24 m Breite	**werden benötigt**		**x g Wolle**

Tabelle I_7.4.1: Lösungsansatz: Wolle für einen breiteren Schal (↑ Abbildung I_7.5)

	bekannte Zuordnung		gesuchte Zuordnung	
Breite in m	a	= 0,20	c	= 0,24
g Wolle	b	= 500	x	

Lösung:

$$x = \frac{b*c}{a} \quad = \frac{500\,g * 0,24\,m}{0,20\,m} = 600\,g$$

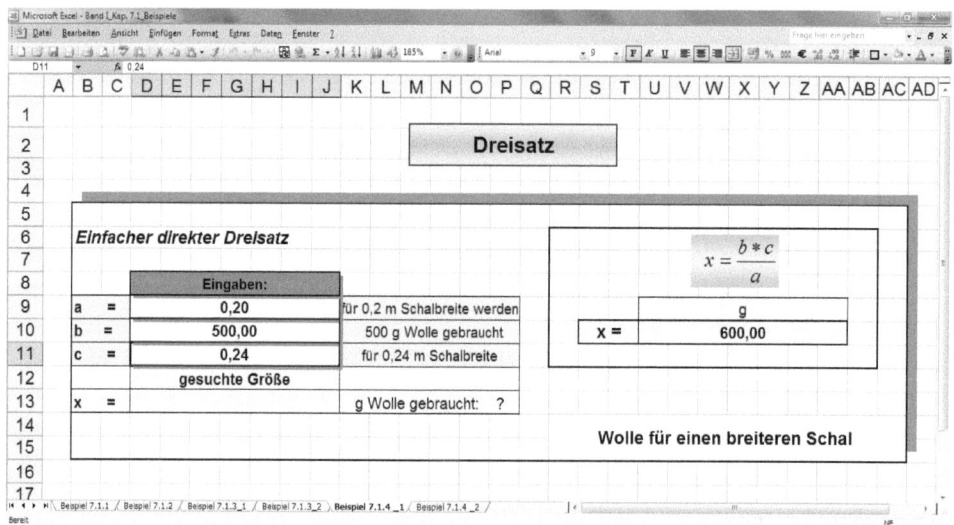

Abbildung I_7.5: Wolle für einen selbst gestrickten Schal – Punkt 1

2. Wolle für einen kürzeren Schal bei 0,24 m Breite

Zuordnungen: (einfacher umgekehrter Dreisatz)

a: **2,0 m Länge**	werden benötigt	b: **600 g Wolle**
c: **1,9 m Länge**	werden benötigt	**x g Wolle**

Tabelle I_7.4.2: Lösungsansatz: Wolle für einen kürzeren Schal (↑ Abbildung I_7.6)

	bekannte Zuordnung		*gesuchte Zuordnung*	
Länge in m	a	= 2,0	c	= 1,9
g Wolle	b	= 600	x	

Lösung:

$$x = \frac{b * c}{a} = \frac{600\,g * 1,9\,m}{2,0\,m} = 570\,g$$

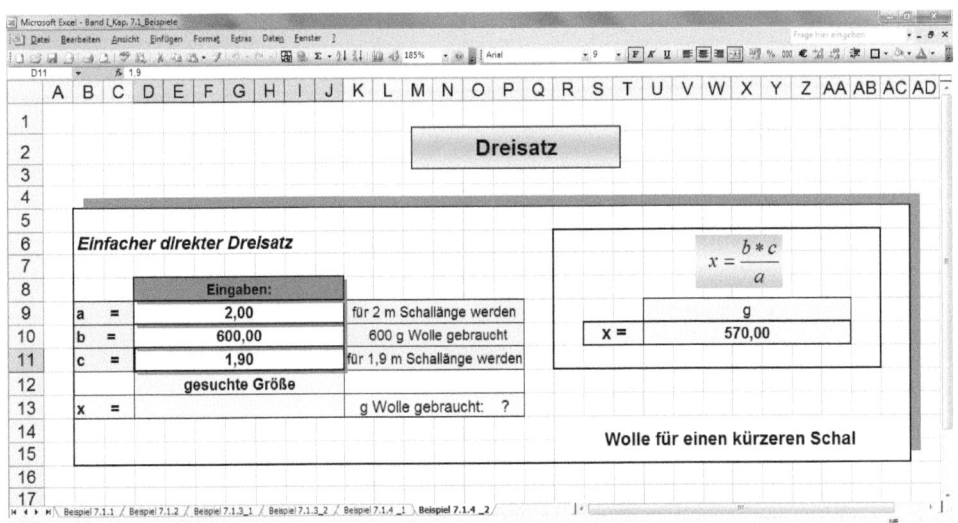

Abbildung I_7.6: Wolle für einen selbst gestrickten Schal – Punkt 2

Sie benötigen für einen 24 cm breiten und 1,9 m langen Schal **570 g Wolle**.

7.2 Übungsaufgaben zum Dreisatz

7.2.1   Beim Tanken an der Zapfsäule fließen in 2 Minuten 40 *l* Diesel.
In welcher Zeit ist der Tank mit 50 *l* Inhalt gefüllt?

7.2.2   Für ein Haus werden 33 laufende Meter Fußbodenbelag mit einer Breite von 3 m benötigt. Wie viele laufende Meter Fußbodenbelag benötigt man, wenn der Belag mit einer Breite von 2,5 m zur Verfügung steht?

7.2.3   Bei der Umgestaltung eines Gartens kalkuliert eine Gartenbaufirma 4 Arbeitskräfte 5 Tage mit einer täglichen Arbeitszeit von 8 Stunden einzusetzen.
Wie lange dauert die Umgestaltung, wenn 10 Arbeitskräfte nur 7 Stunden täglich arbeiten?

7.3 Lösungen der Übungsaufgaben zum Dreisatz (↑ Band II Kap. 7.3)

8. Kombinatorik und Wahrscheinlichkeitsrechnung

Haben Sie sich nicht auch schon die Frage gestellt, wie viele Tipps Sie spielen müssen, wenn beim Lotto 6 aus 49 garantiert sechs Richtige herauskommen sollen. Sie haben nur einen Tipp abgegeben und möchten die Wahrscheinlichkeit für den Lotto-Jackpot, sechs Richtige oder für den niedrigsten Gewinn (zwei Richtige mit Superzahl) berechnen.

Sie sehen, wie Ihre Fußballmannschaft ins Stadion einläuft und fragen sich, in wie vielen verschiedenen Reihenfolgen können die elf Spieler sich auf dem Spielfeld aufstellen. Der Code zum Öffnen des Fahrradzahlenschlosses hat sich verstellt und man möchte die maximale Anzahl der Einstellungen wissen, um das Schloss zu öffnen. Zu diesen oder ähnlichen Problemen finden Sie Lösungen in diesem Kapitel und in Band II Kap. 8.

8.1 Beispiele zur Kombinatorik und Wahrscheinlichkeitsrechnung

8.1.1 Würfeln

1. Für zwei Würfeln ist die Wahrscheinlichkeit zu berechnen, um mindestens eine 5 oder 6 zu würfeln. Die Wahrscheinlichkeit ist das Verhältnis aus der Anzahl der Würfe für dieses Ereignis zur Gesamtzahl der Würfe mit zwei Würfeln.

1.1 Wie viele Varianten gibt es beim Würfeln mit zwei Würfeln [8.1]?

Lösung:

n = 1, 2, 3, 4, 5 und 6   - Augenzahl
k = 2   - Anzahl der Würfel

1 1	2 1	3 1	4 1	**5 1**	**6 1**
1 2	2 2	3 2	4 2	**5 2**	**6 2**
1 3	2 3	3 3	4 3	**5 3**	**6 3**
1 4	2 4	3 4	4 4	**5 4**	**6 4**
1 5	**2 5**	**3 5**	**4 5**	**5 5**	**6 5**
1 6	**2 6**	**3 6**	**4 6**	**5 6**	**6 6**

= 36 Würfe

$$n^k = 6^2 = 36$$

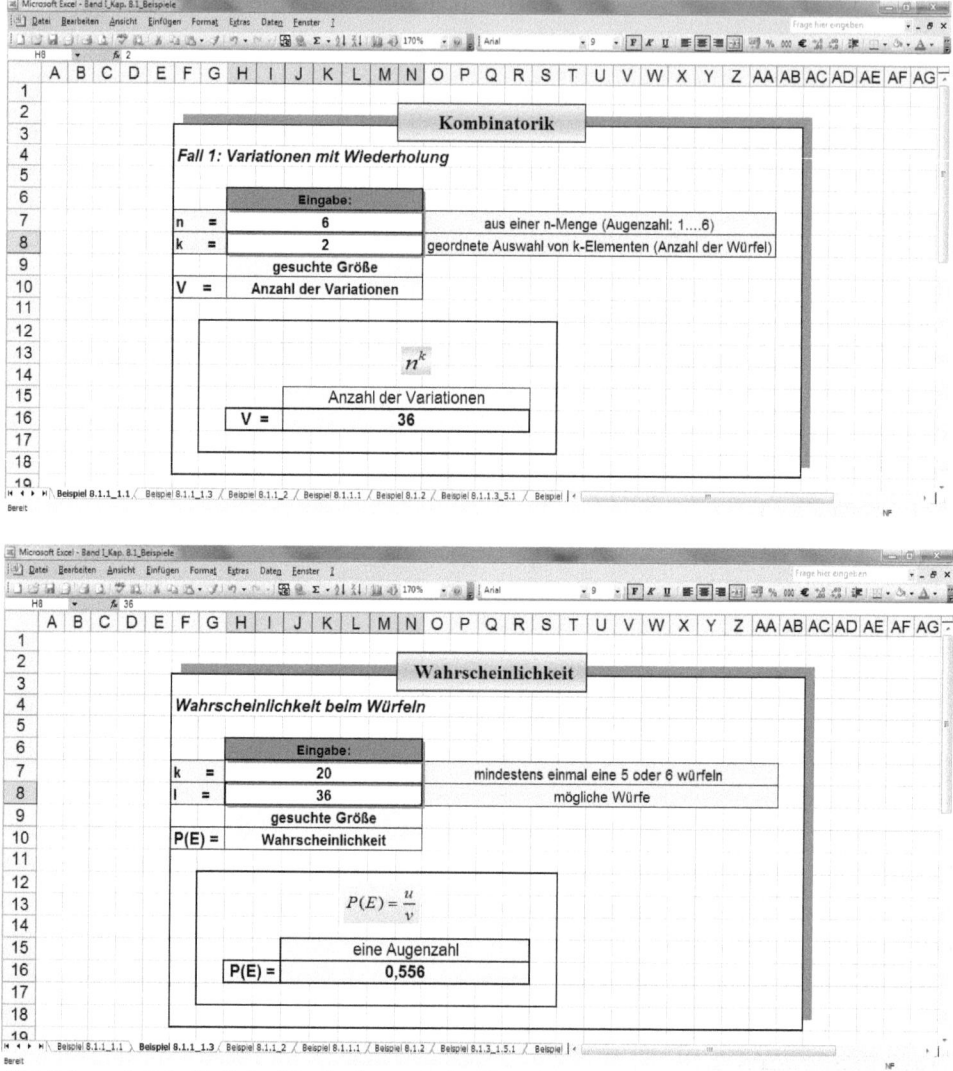

Abbildung I_8.1: Fall 1 – Variationen beim Würfeln (oben) und die Wahrscheinlichkeit für Punkt 1.3

Es gibt **36 mögliche Würfe**, denn jeder der beiden Würfel kann die Augenzahl 1 bis 6 annehmen.

1.2 In **20 Fällen** wird mindestens einmal eine 5 oder 6 gewürfelt (☐ - siehe oben).

1.3 Wahrscheinlichkeit (↑ Band II Kap. 8.1.2), mindestens einmal eine 5 oder 6 zu würfeln, beträgt:

$$P(E) = \frac{u}{v} = \frac{20}{36} = 0,556 = 55,6\%$$

Mit einer **Wahrscheinlichkeit von 0,556** werden mindestens **eine 5 oder 6 gewürfelt** (↑ Abbildung I_8.1).

2. In diesem Beispiel werden die Anzahl der Kombinationen beim Würfeln mit zwei Würfeln ermittelt, wobei die Reihenfolge der gewürfelten Augenzahlen keine Rolle spielt.

Es ist egal ob:

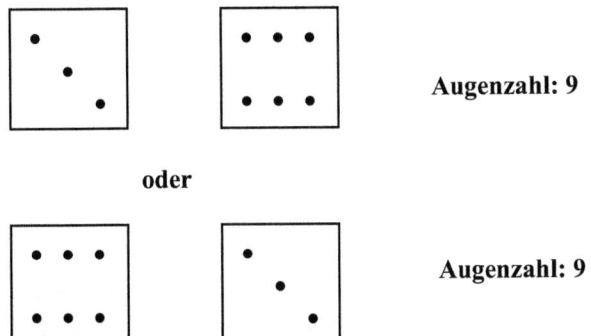

Augenzahl: 9

oder

Augenzahl: 9

Abbildung I_8.2: Augenzahl 9 mit zwei Würfeln

Anzahl der Würfe:

11	22	33	44	55	66
12	23	34	45	56	
13	24	35	46		
14	25	36			
15	26				
16					= 21 Würfe

Lösung:

n-Menge:	1....6	= 6 (Augenzahl)
k-Menge:	1, 2	= 2 (Anzahl Würfel)

$$\frac{(n+k-1)!}{(n-1)!\,k!} \qquad \frac{(6+2-1)!}{(6-1)!\,2!} = \frac{7!}{5!\,2!} = \frac{7*6}{2} = 21$$

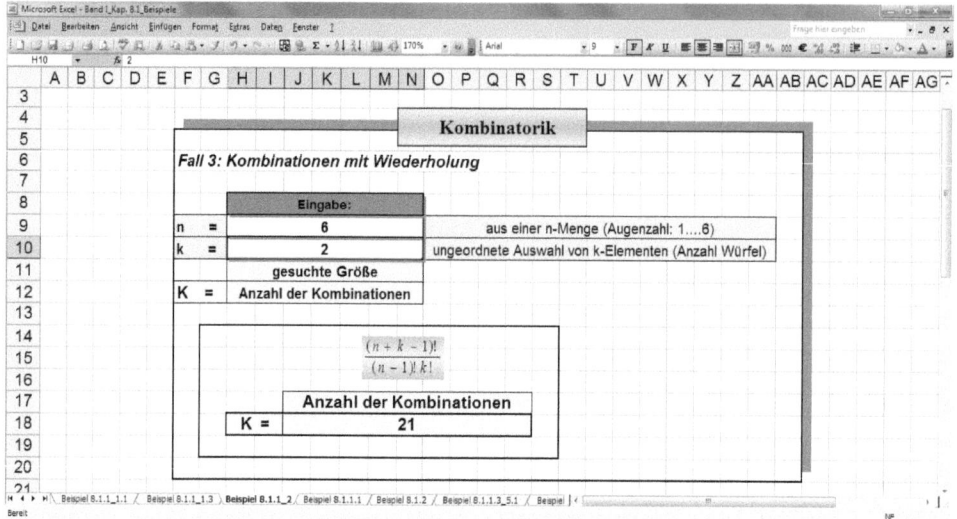

Abbildung I_8.2.: Fall 3 – Anzahl der Würfe mit zwei Würfeln

Mit zwei Würfeln können **21 Kombinationen** mit **15 Paaren** verschiedener Augenzahlen und **6 „Pasch"** (gleiche Augenzahlen) gewürfelt werden (siehe oben).

8.1.1.1 „Würfelbecher"

Die Abbildung I_8.3 zeigt einen Würfelsimulator für 1 bis 6 Würfeln und die Visualisierung der Augenzahlen. Dieses Programm können Sie als „Würfelbecher" nutzen.

Bedienung des Programms:

Bedienung des Programms „Würfelbecher"

1. Zelle M7 mit der linken Maustaste anklicken und die Anzahl der Würfel, die pro Wurf angezeigt werden sollen, eintragen sowie mit „ENTER" abschließen.

2. Zum Würfeln die Taste F9 drücken.

3. Möchten Sie die Würfelzahl ändern, dann mit Punkt 1 fortfahren?

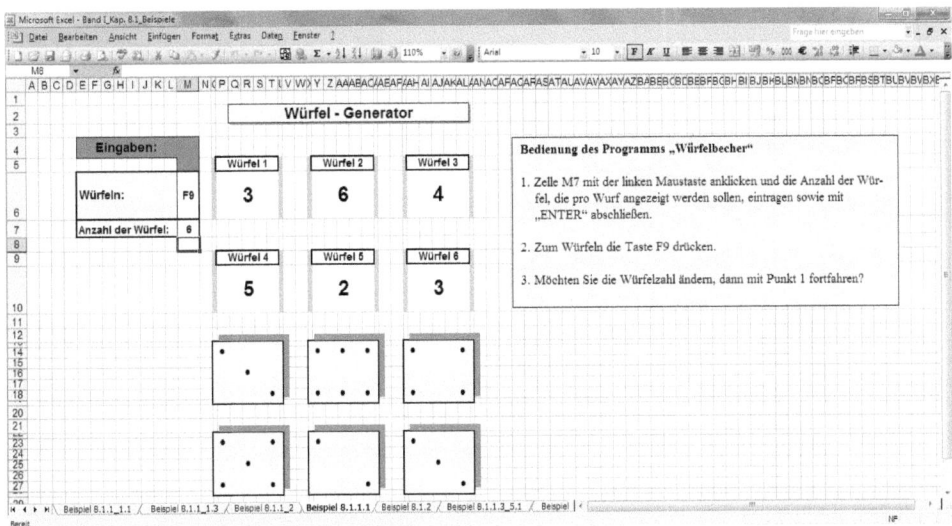

Abbildung I_8.3: Würfel – Generator

8.1.2 Anzahl der möglichen Kartenverteilungen beim Skat

Wie viele mögliche Kartenverteilungen gibt es beim Skat [8.2]?
Die Spieler A, B und C erhalten je 10 Karten, wobei die Reihenfolge der Karten uninteressant ist. Dies gilt auch für die beiden Karten im Skat (S).

Lösung:

$\quad$ **n $\;= 32$** $\quad$ - Anzahl der Spielkarten
$\quad$ **A = 10**
$\quad$ **B = 10**
$\quad$ **C = 10**
$\quad$ **S = 2**

mögliche Kartenverteilungen:

$$\frac{n!}{A!\,B!\,C!\,S!} = 2.753.294.408.504.640$$

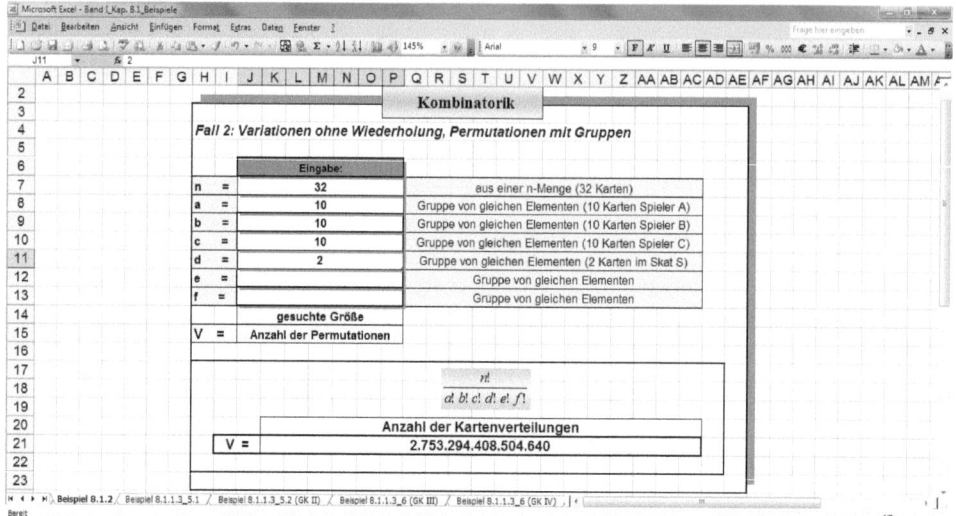

Abbildung I_8.4: Fall 2 – Permutationen, Kartenverteilungen beim Skat

Beim Skat **sind 2.753.294.408.504.640 Kartenverteilungen** möglich.
Liebe Skatfreunde, die Zahl der Spiele ist bedeutend größer, denn zu jeder Kartenverteilung gibt es verschiedene Möglichkeiten des Reizens, Drückens und beim Spielablauf.

8.1.3 Lotto 6 aus 49 – Anzahl der Tipps und Wahrscheinlichkeiten, Zahlengenerator

1. 6 aus 49 in Deutschland bis 1. Mai 2013

1.1 Spielregeln [8.6]
Beim LOTTO 6 aus 49 werden aus 49 Zahlen sechs Gewinnzahlen, aus den verbleibenden 43 Zahlen wird die Zusatzzahl und separat eine Superzahl gezogen. Die Superzahl wird aus den Zahlen 0 bis 9 ermittelt und ist die Endziffer der Losnummer auf dem Spielschein (Spiel-77 bzw. Super-6). Sechs richtig ausgewählte Zahlen auf einem Tippfeld und die richtige Superzahl bilden die Gewinnklasse I (↑ Tabelle I_8.1). Die Superzahl hat somit nur in Verbindung mit einem „Sechser" eine Bedeutung. Die Zusatzzahl spielt bei den Gewinnklassen III, V und VII eine Rolle.

1.2 Jackpot [8.7]
Gibt es bei einer Ziehung in einer Gewinnklasse keine Gewinne, so wird die Gewinnsumme der gleichen Gewinnklasse in der folgenden Ziehung zugeschlagen. Sollte der Einzelgewinn einer Gewinnklasse den Einzelgewinn einer höheren übersteigen, so werden die Gewinnsummen beider Gewinnklassen zusammengelegt und gleichmäßig auf die Gewinner beider Gewinnklassen verteilt. Gibt es nach 12 aufeinander folgenden Ziehungen in einer

Gewinnklasse keine Gewinner, so wird in der 13. Ziehung die Gewinnsumme der nächst niedrigeren Gewinnklasse zugeschlagen. Gibt es in der Gewinnklasse II keine und in der I mindestens einen Gewinner, so wird in derselben Ziehung die Gewinnsumme der Gewinnklasse II der I zugeschlagen.

1.3 Gewinnausschüttung

Beim Lotto werden 50 % der Spieleinsätze als Gewinn ausgeschüttet. Aus Tabelle I_8.1 können Sie die Verteilung der Gewinnsumme auf die einzelnen Gewinnklassen entnehmen. Die nachfolgende Tabelle zeigt die Gewinnklassen, die Anzahl der Richtigen und die Wahrscheinlichkeiten in den Gewinnklassen für einen Tipp sowie den Anteil der Gewinnklassen an der Gewinnsumme und die durchschnittliche Gewinnquote.

Tabelle I_8.1: Gewinnklassen, Wahrscheinlichkeiten, Anteile an der Gewinnsumme und durchschnittliche Gewinnquoten beim Lotto 6 aus 49 [8.4] – [8.7]

Gewinn-klassen	Anzahl Richtige	Wahrscheinlich-keit bei einem Tipp	Anteil an der Gewinnsumme	Durchschnittliche Gewinnquote in €
I	6 Richtige + Superzahl richtig	0,00000000715	10 %	5.243.931,00
II	6 Richtige Superzahl falsch	0,0000000644	8 %	466.127,20
III	5 Richtige + Zusatzzahl	0,000000429	5 %	43.699,40
IV	5 Richtige	0,0000180	13 %	2.705,20
V	4 Richtige + Zusatzzahl	0,0000451	2 %	166,40
VI	4 Richtige	0,000924	10 %	40,60
VII	3 Richtige + Zusatzzahl	0,00123	8 %	24,30
VIII	3 Richtige	0,0164	44 %	10,00

1.4 Spielstrategien

Lotto ist ein Glücksspiel, bei dem Sie durch Tippen der richtigen Zahlen reich werden können. Haben Sie sich auch schon mal gefragt, ob man beim Lotto-Glück etwas nachhelfen kann, indem man betrachtet welche Zahlen wie oft gezogen wurden und hieraus bestimmte Zahlen favorisiert. Die Antwort lautet nein, denn die Gewinnchance lässt sich durch Auswahl bestimmter Zahlen nicht beeinflussen. Der Zufall hat kein Gedächtnis [8.3], denn die Zahlen werden zufällig gezogen. Sie können aber auf die Höhe des Gewinns Einfluss nehmen, indem Sie nach Strategien die Zahlen ankreuzen. Setzen Sie niemals auf grafische

Zahlenmuster oder auf Zahlenkombinationen, die direkt nebeneinander liegen. Meiden Sie Glückszahlen 7 und 3, die Zahl 19 (Teil des Geburtsdatums), weil diese Zahlen viele ankreuzen. Bedenken Sie, die Gewinnsumme wird unter den richtigen Tipps geteilt, so kann sie bei vielen Gewinnern niedrig ausfallen. In der Ziehung am 10. April 1999 gab es für die fünf richtigen Zahlen 2, 3, 4, 5, 6 rund 38.000 Tipper einem umgerechneten Gewinn von weniger als 200 Euro (war kein Aprilscherz).

In [8.5] finden Sie weitere Angaben zu Rekordgewinnen:

- Am 23. Januar 1988 hatten 222 Gewinner 6 Richtige getippt und erhielten umgerechnet nur 43.359,55 Euro. Es wurden die Zahlenkombinationen 24, 25, 26 und 30, 31, 32 angekreuzt.
- Die 6 Zahlen 9, 13, 23, 27 38 und 40 ergaben auf dem Tippschein ein „U". Diese Kombination wurde am 4. Oktober 1997 von 124 Lottospielern getippt und ergab einen Gewinn von umgerechnet 27.600,56 Euro.
- Die Gewinnreihe 4, 6, 12, 18, 24, 30 und die Zusatzzahl 36 ergaben eine durchgehende Linie. Diese Kombination in der Gewinnklasse III (↑ Tabelle I_8.1 – 5 Richtige mit Zusatzzahl) wurde am 15. Februar 2003 von 25.141 Tippern gespielt. Die Quote lag bei 201,30 Euro.
- Den höchsten Jackpotgewinn (↑ Tabelle I_8.1 – 6 Richtige mit Superzahl) von 45.382.458 Euro gab es am 5. Dezember 2007 für drei Spieler, die mit den Zahlen 9, 10, 24, 28, 39, 42 und der Superzahl 3 jeweils rund 15 Millionen Euro erhielten.
- Den höchsten Einzelgewinn von 37.688.291,80 Euro erhielt am 7. Oktober 2006 ein Spieler aus Nordrhein-Westfalen.

1.5 Kombinationen und Wahrscheinlichkeiten in den Gewinnklassen I und II

Nach der klassischen Definition ist die Wahrscheinlichkeit P (↑ Band II Kap. 8.1.2) eines Ereignisses E das Verhältnis aus der Anzahl der für E günstigen Ereignisse (u) zur Gesamtzahl der möglichen Ereignisse (v).

$$P(E) = \frac{u}{v}$$

1.5.1 Anzahl aller Möglichkeiten [8.3]:

Lösung:

n-Menge:	1....49	**= 49**
k-Menge:	1....6	**= 6**

$$\frac{n!}{(n-k)!\,k!} = \frac{49!}{(49-6)!\;6!} = \frac{49*48*47*46*45*44}{6*5*4*3*2*1} = 13.983.816$$

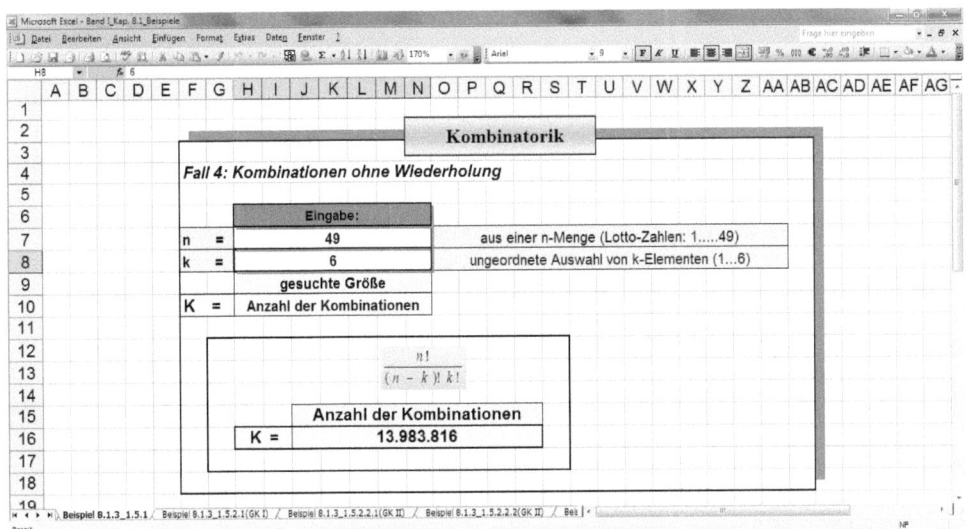

Abbildung I_8.5: Fall 4 – Kombinationen, Anzahl der Tipps für einen „Sechser"

Für einen **hundertprozentigen „Sechser"** müssen **13.983.816 unterschiedliche Tipps** gespielt werden.

1.5.2.1 Anzahl der Kombinationen und die Wahrscheinlichkeit für einen „Sechser" mit Superzahl (Gewinnklasse I)

Kombinationen:
Unter Punkt 1.5.1 wurde die Anzahl der Kombinationen beim Lotto 6 aus 49 berechnet. Für die Superzahl kommen zehn Zahlen (0 bis 9) infrage, so dass sich für die Anzahl der Kombinationen in der Gewinnklasse I ergibt:

$$\frac{n!}{(n-k)!\,k!} * 10$$

$$= \frac{49!}{(49-6)!\;6!} * 10 = \frac{49*48*47*46*45*44}{6*5*4*3*2*1} * 10 = 139.838.160$$

Die Wahrscheinlichkeit für dieses Ereignis (Gewinnklasse I) ergibt sich aus:

$$P(E) = \frac{u}{v} = \frac{1}{139838160} = 0,00000000715$$

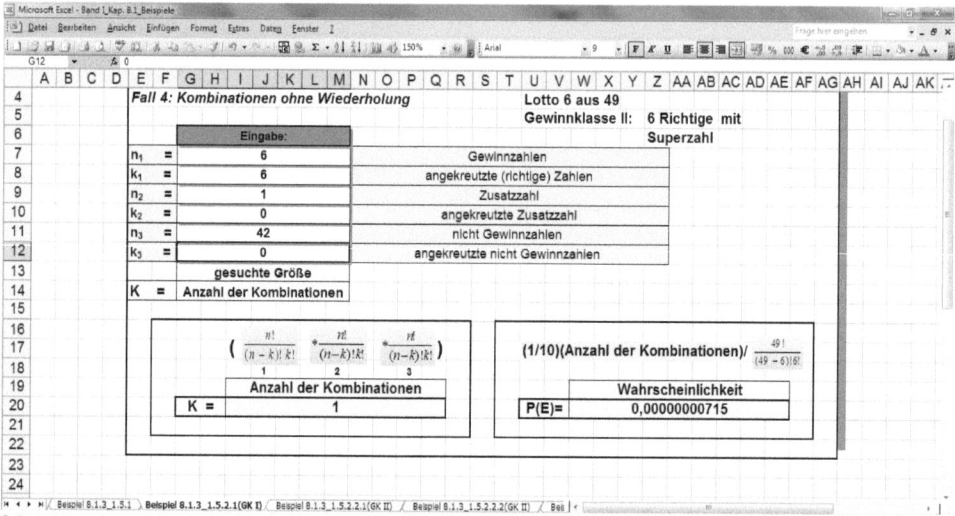

Abbildung I_8.6: Wahrscheinlichkeit für die Gewinnklasse I

1.5.2.2 Anzahl der Kombinationen und die Wahrscheinlichkeit für einen „Sechser" beziehungsweise „Sechser" ohne Superzahl (Gewinnklasse II)

In [8.10] werden die unterschiedlichen Angaben bei der Chance (Gewinnklasse II) für einen „Sechser" **1:13.983.816** und für einen „Sechser" ohne Superzahl **1: 15.537.573** erklärt.
In Punkt 1.5.1 wurden bereits die Kombinationen (13.983.816) berechnet, um in der Gewinnklasse II einen Treffer zu erzielen. Die Chance auf 6 Richtige ohne Superzahl ermittelt man, wenn zusätzlich die Wahrscheinlichkeit berücksichtigt wird, die Superzahl nicht zu treffen (9/10). Die **Wahrscheinlichkeit** für den **„Sechser" ohne Superzahl** (Gewinnklasse II) berechnet sich dann wie folgt:

$$P(E) = \frac{u}{v} = \frac{1}{13983816} * \frac{9}{10} = \frac{1}{15537573} = 0,0000000644$$

Wahrscheinlichkeit für einen „Sechser" (Gewinnklasse II):

$$P(E) = \frac{k}{l} \quad = \frac{1}{13983816} * \frac{1}{10} = 0,00000000715$$

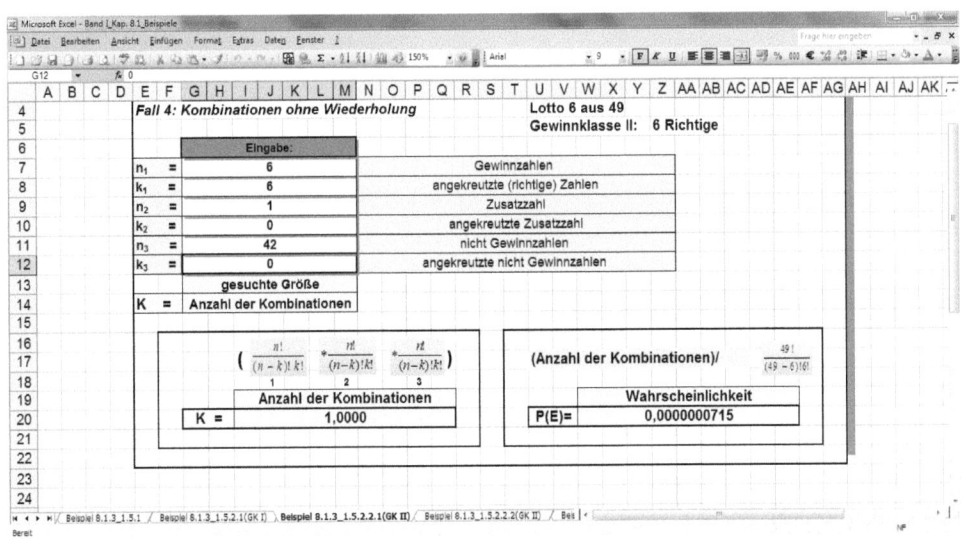

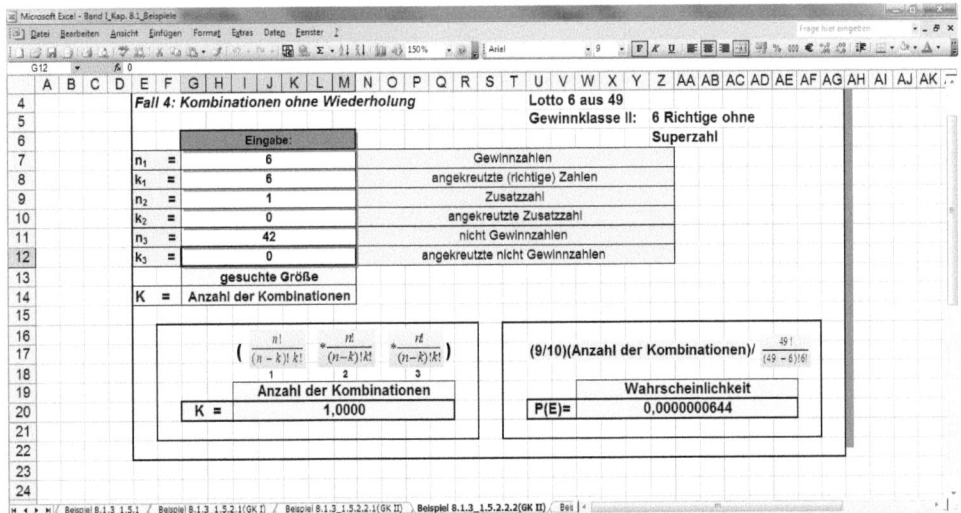

Abbildung I_8.7: Wahrscheinlichkeit für die Gewinnklasse II - 6 Richtige (oben) und 6 Richtige ohne Superzahl (unten)

265

1.6 Kombinationen und Wahrscheinlichkeiten in den verbleibenden Gewinnklassen

Gewinnklasse III:

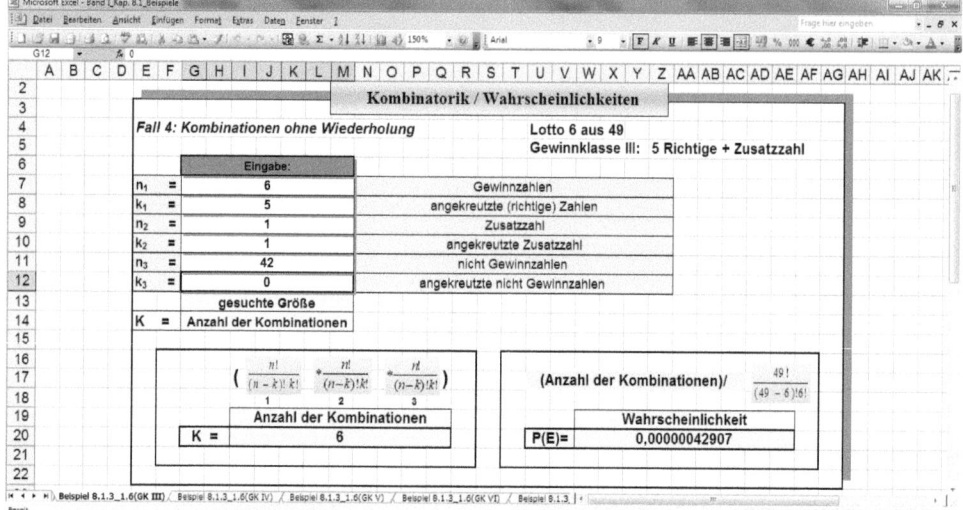

Abbildung I_8.8: Kombinationen und Wahrscheinlichkeit in der Gewinnklasse III

Gewinnklasse VIII:

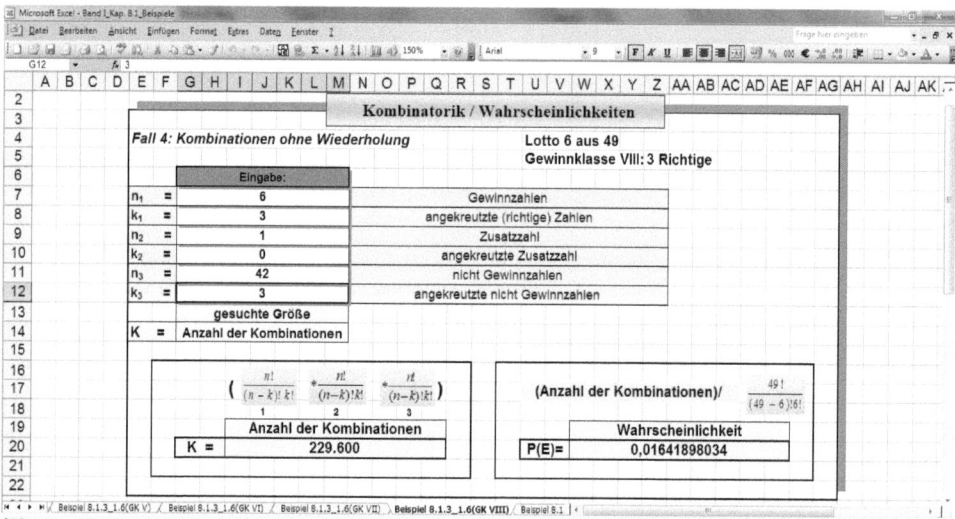

Abbildung I_8.9: Kombinationen und Wahrscheinlichkeit in der Gewinnklasse VIII

Die Anzahl der Kombinationen und die Wahrscheinlichkeiten für die noch verbleibenden Gewinnklassen IV bis VII entnehmen den Excel - Programmen – Band I_Kap. 8.1.3_1.6 (GK IV) bis ..._1.6 (GK VII).

2. 6 aus 49 in Deutschland ab 4. Mai 2013

2.1 Spielregeln [8.5], [8.8]

Ab 4. Mai 2013 haben sich die Lotto-Regeln grundlegend geändert. Die Superzahl ersetzt die Zusatzzahl und es gibt eine neue Gewinnklasse, 2 Richtige plus Superzahl. Dadurch erhöhen sich die Gewinnchancen, weil die Superzahl nur aus den Ziffern 0 bis 9 gezogen wird. Die Zusatzzahl wurde nach der alten Regel aus 43 Zahlen (49 minus 6) ermittelt. Zwei Richtige mit Superzahl werden als 9. Gewinnklasse eingeführt. In dieser Gewinnklasse gibt es einen festen Betrag von 5 Euro. In [8.5] werden die theoretischen Quoten (↑ Tabelle I_8.2) in den Gewinnklassen aufgeführt. Die Jackpotsummen (1. Gewinnklasse) haben sich merklich erhöht. Weiterhin wurde in der 1. Gewinnklasse der Ausschüttungsanteil von 10 auf 12,8 Prozent angehoben.

Tabelle I_8.2: Gewinnklassen, Wahrscheinlichkeiten, Anteile an der Gewinnsumme und theoretische Gewinnquoten beim „neuen" Lotto 6 aus 49 [8.5], [8.8]

Gewinn- klassen	Anzahl Richtige	Wahrscheinlich- keit bei einem Tipp	Anteil an der Gewinnsumme	Durchschnittliche Gewinnquote in €
I	6 Richtige mit Superzahl	0,00000000715	12,8 % [1]	8.949.642,20
II	6 Richtige ohne Superzahl	0,0000000644	10 % [2]	574.596,50
III	5 Richtige mit Superzahl	0,00000184	5 % [2]	10.022,00
IV	5 Richtige ohne Superzahl	0,000017	15 % [2]	3.340,60
V	4 Richtige mit Superzahl	0,000097	5 % [2]	190,88
VI	4 Richtige ohne Superzahl	0,00087	10 % [2]	42,40
VII	3 Richtige mit Superzahl	0,0018	10 % [2]	20,90
VIII	3 Richtige ohne Superzahl	0,0159	45 % [2]	10,40
IX	2 Richtige mit Superzahl	0,0132	5,00 € [1]	5,00 (fester Betrag) [1]

[1] Folgende Ausschüttungsanteile liegen fest: Gewinnklasse I - 12,8 % und Gewinnklasse IX - feste Quote von 5,00 Euro

[2] Nach Abzug der unter [1] genannten festen Anteile wird die restliche Summe als 100 % angesetzt und wie folgt verteilt.

2.2 Kombinationen und Wahrscheinlichkeiten in den Gewinnklassen

Die Kombinationen und die Wahrscheinlichkeiten in Tabelle I_8.2 wurden nach dem Rechenprinzip in Punkt 1.5.2.2 ermittelt. Hier wurden bereits die Wahrscheinlichkeiten für die Gewinnklassen I und II bestimmt. Für die restlichen Gewinnklassen berechnet man die Wahrscheinlichkeiten für einen Tipp wie folgt:

x Richtige mit Superzahl
(Wahrscheinlichkeit für x Richtige) $* \frac{1}{10}$

x Richtige ohne Superzahl
(Wahrscheinlichkeit für x Richtige) $* \frac{9}{10}$

Gewinnklasse IX:

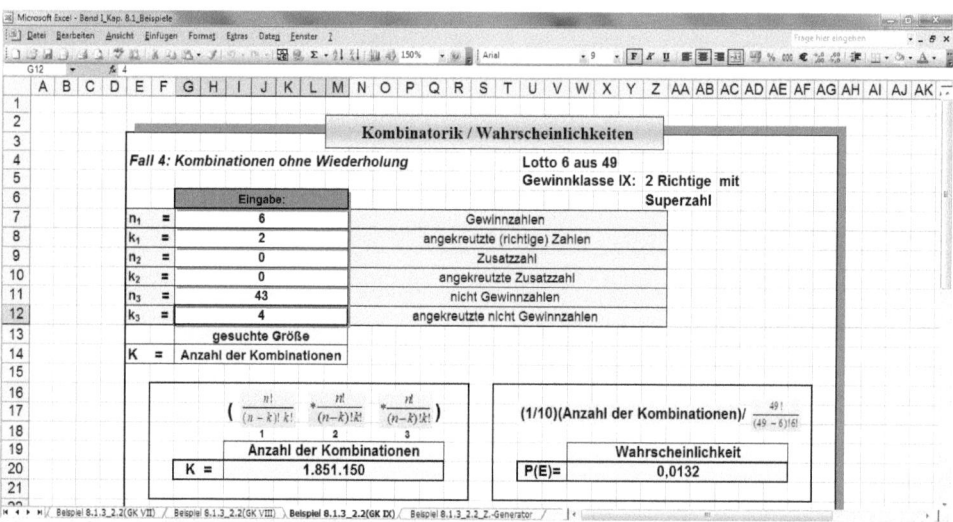

Abbildung I_8.10: Kombinationen und Wahrscheinlichkeit in der Gewinnklasse IX

Die Anzahl der Kombinationen und die Wahrscheinlichkeiten für die Gewinnklassen I bis IV entnehmen den Excel - Programmen – Band I_Kap. 8.1.3_2.2(GK I) bis ..._2.2(GK IX) oder der Tabelle I_8.2. Hier finden Sie auch die Anteile der Gewinnklassen an der Gewinnsumme und die theoretischen Gewinnquoten.

2.3 LOTTO 6 aus 49 - Zahlengenerator

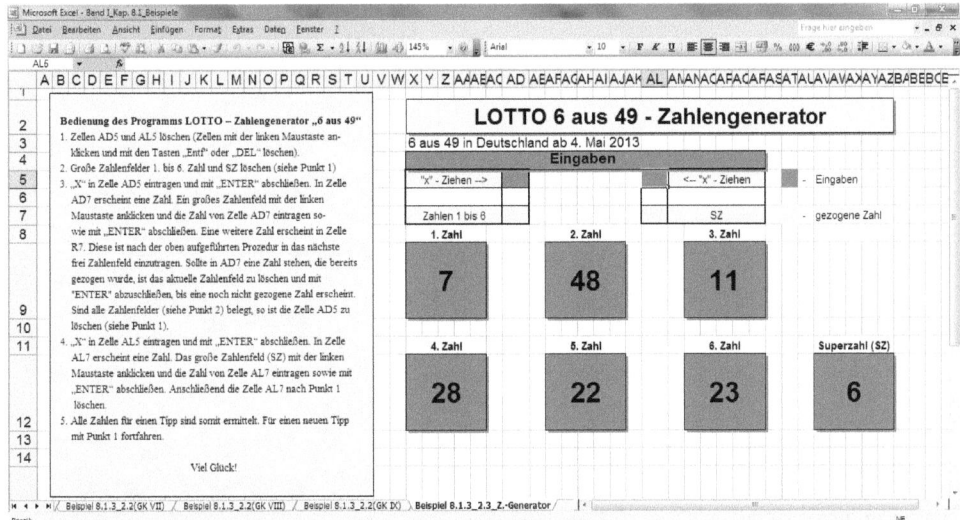

Abbildung I_8.11: LOTTO 6 aus 49 – Zahlengenerator

Mit dem Zahlengenerator können Sie Ihr Glück beim Lotto 6 aus 49 etwas auf „die Sprünge" helfen. Vielleicht klappt es mit dem Supergewinn. Toi, Toi, Toi!

8.2 Übungsaufgaben zur Kombinatorik und Wahrscheinlichkeit

8.2.1 Aus den Ziffern 1, 2, 3, 4 und 5 sollen alle zweistelligen Zahlen gebildet werden.

8.2.2 An einem dreistelligen Zahlenschloss wurde aus Versehen der Code zum Öffnen verstellt. Wie viele Einstellungen müssen maximal vorgenommen werden, um das Schloss zu öffnen?

8.2.3 Wie viele Varianten gibt es beim Würfeln mit 3 Würfeln?

8.2.4 Wie viele zweistellige Zahlen lassen sich aus den Ziffern 0 bis 9 bilden, wenn die Reihenfolge der Ziffern eine Rolle spielt und keine Wiederholung der Ziffern auftreten soll?

8.2.5 Wie viele verschiedene Sitzanordnungen gibt es für 4 Personen an einem Tisch mit vier Stühlen?

Stühle

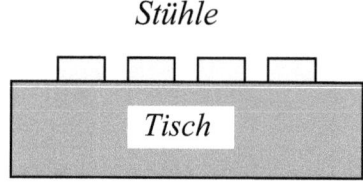

Abbildung I_8.12: Sitzordnung

8.2.6 Bestimmen Sie die verschiedenen Reihenfolgen, nach denen sich 11 Spieler einer Fußballmannschaft auf dem Rasen aufstellen können? Berechnen Sie die erforderliche Zeit für alle Reihenfolgen, wenn pro Aufstellung 30 Sekunden benötigt werden.

8.2.7 Wie viele verschiedene Wörter kann man aus H-a-m-b-u-r-g bilden, wenn alle Varianten, auch die ohne Sinn berücksichtigt werden?

8.2.8 In einem Raum mit 5 Tischen und 4 Stühlen pro Tisch sitzen insgesamt 20 Leute. Berechnen Sie die verschiedenen Sitzanordnungen, wenn nur die Sitzanordnungen an den einzelnen Tischen variieren. Geben Sie vorm Rechnen eine Schätzung ab.

8.2.9 Bilden Sie aus den Ziffern 0 bis 9 vierstellige Zahlen, bei denen die Reihenfolge der Ziffern keine Rolle spielt und Wiederholungen der Ziffern zugelassen sind.

8.2.10 Für drei Würfel ist die Anzahl der Würfe mit verschiedenen Augenzahlen zu bestimmen.

8.3 Lösungen der Übungsaufgaben zur Kombinatorik und Wahrscheinlichkeit (↑ Band II Kap. 8.3)

9. Mathematische Funktionen

9.1 Funktionsbegriff

Der Funktionsbegriff, die Sprech- und Schreibweisen von Funktionsgleichungen und einen Überblick über die wichtigsten Funktionen erhalten Sie in Band II Kap. 9.1.

9.2 Lineare Funktionen

In Band 2 im Kapitel 9.2.1 finden Sie Erklärungen zur allgemeinen Form linearer Funktionen, die Berechnung des Anstieges und wie man die Schnittpunkte der Funktionsgraphen mit der x- und y-Achse berechnet. Im Programm – Beispiele 9.2.1 können bis zu sechs lineare Funktionen berechnet und visualisiert werden. Diese Beispiele können Ihnen eine große Hilfe sein, wenn Sie schulische Aufgaben - Anstieg einer Geraden, Nullstellen oder Schnittpunkte mit den Koordinatenachsen - lösen müssen.

Im Alltag werden Sie mit vielen Abhängigkeiten konfrontiert, bei denen lineare Zusammenhänge eine Rolle spielen. So berechnen Sie im nächsten Kapitel mit dem Ohmschen Gesetz die Abhängigkeit der elektrischen Spannung vom Widerstand und vom Strom (9.2.1.2), den Body-Maß-Index (BMI) von Frauen und Männern (9.2.1.3) oder den BMI vom Topagenten 007 James Bond, die Mindestabstände im Straßenverkehr und Bußgelder für Drängler (9.2.1.4) sowie mit dem Amortisationsrechner für Glüh-, Energiespar- und LED-Lampen die kostengünstigste Variante. In den Beispielen finden Sie nicht nur die mathematischen Berechnungen, sondern auch weiterführende Informationen zu den Themen.

9.2.1 Beispiele zu linearen Funktionen

Für die Darstellung der linearen Funktionen [9.1] im Koordinatensystem sind folgende Eingaben vorzunehmen (↑ Abbildung I_9.2.1):

1. Der Anfangs- und Endwert (x_A, x_B) des Definitionsbereiches sind in den Eingabefeldern einzugeben. Hierbei ist zu beachten, dass der Anfangswert kleiner als der Endwert ist. Es werden keine Funktionswerte berechnet, wenn diese Bedingung nicht zutrifft. Für 25 Werte aus dem Definitionsbereich werden entsprechend der Funktionen $f_1(x)$ bis $f_6(x)$ y-Werte berechnet.

2. Für die Berechnung der Funktionen $f_1(x)$, $f_3(x)$ bis $f_6(x)$ sind die Werte m und n einzugeben. Eine Funktion wird nicht berechnet und dargestellt, wenn die Eingabefelder für m und n gelöscht sind. Für die Funktionen werden die Nullstellen x_0 (Schnittpunkt mit der x-Achse) und der Schnittpunkt S des Graphen mit der y-Achse ausgegeben.

3. Die Darstellung der Funktion $f_2(x)$ erfolgt, wenn zwei Wertepaare (x1; y1) und (x2; y2) eingeben werden. Anhand der Wertepaare wird der Anstieg m und aus dem Wertepaar (x1; y1) n berechnet. Fehlt einer dieser Werte, so wird die Funktion $f_2(x)$ nicht berechnet und auch nicht dargestellt.

9.2.1.1 Funktionsgraphen und Schnittpunkte mit den Koordinatenachsen

1. Welche Punkte liegen auf dem Funktionsgraphen?

Untersuchen Sie, welche Punkte auf dem Graphen der Funktion y = 2x + 2 liegen.

Tabelle I_9.2.1: Welche Punkte liegen auf dem Graphen?

Funktion (↑ Abbildungen I_9.2.1 und 9.2.2 – f_1)	Punkte (x;y)	Liegt auf dem Graphen?
y= 2x + 2	P_1 (0;2)	ja
y= 2x + 2	P_2 (-1;-3)	nein
y= 2x + 2	P_3 (1;4)	ja

Lösungen:

   y = 2x + 2

Punkt 1: P_1 (0;2)   **Punkt 2:** P_2 (-1;-3)
   x = 0   x = -1
   y = 2*0 + 2 = 2   y = 2*(-1) + 2 = 0

Punkt 3: P_3 (1;4)
   x = 1
   y = 2*1 + 2 = 4

2. Schnittpunkte des Graphen mit den Koordinatenachsen

In welchen Punkten schneiden die Graphen folgender Funktionen die Koordinatenachsen?

Lösungen:

1. $f_4(x) = 2x + 1$

Nullstelle (x_0;0):   **S(0; y_0):**

$$x_0 = -\frac{n}{m} \qquad x_0 = -\frac{1}{2} = -0,5 \qquad\qquad y_0 = n \qquad y_0 = 1$$

2. $f_5(x) = -x - 2$

Nullstelle (x_0;0):   **S(0; y_0):**

$$x_0 = -\frac{n}{m} \qquad x_0 = -\frac{-2}{-1} = -2 \qquad\qquad y_0 = n \qquad y_0 = -2$$

Tabelle I_9.2.2: Schnittpunkte mit x- und y-Achse

Funktion	Nullstellen $x_0 = -n/m$ (Schnittpunkt mit x-Achse)	S(0;n) (Schnittpunkt mit y-Achse)
$f_4(x) = 2x + 1$	$x_0 = -0,5$	S(0;1)
$f_5(x) = -x - 2$	$x_0 = -2$	S(0;-2)

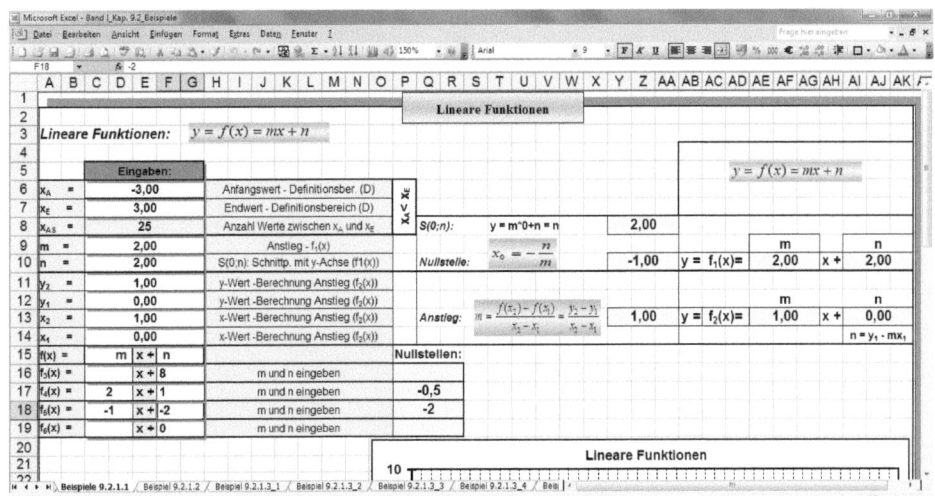

Abbildung I_9.2.1: Eingaben für die lineare Funktionen

273

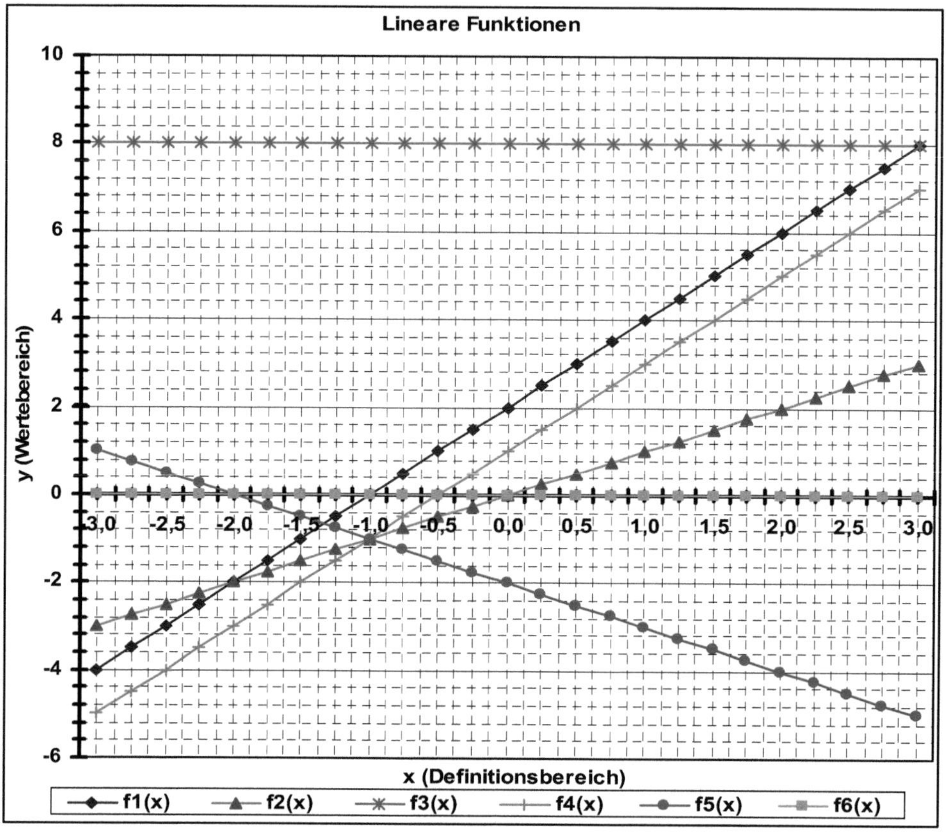

Lineare Funktionen

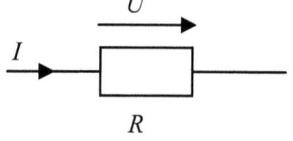

y (Wertebereich)

x (Definitionsbereich)

— f1(x)   — f2(x)   — f3(x)   — f4(x)   — f5(x)   — f6(x)

Abbildung I_9.2.2: Graphen der linearen Funktionen

9.2.1.2 Ohmsche Gesetz

Das wohl bekannteste elektrotechnische Gesetz $U = R * I$ beschreibt, dass der elektrische Spannungsabfall U über einen Widerstand R proportional vom elektrischen Strom durch diesen abhängig ist. Dies formulierte Georg Simon Ohm im Frühjahr 1826, dass jedoch später ihm zu Ehren als ohmsches Gesetz benannt wurde. Im Jahre 1881 - 27 Jahre nach seinem Tod - wurde das Ohm als internationale Einheit für den elektrischen Widerstand eingeführt [9.2], [9.3].

Ohmsche Gesetz: $U = R * I$

U

I

R

U - elektrische Spannung
R - Widerstand
I - Strom

Aus dem Ohmschen Gesetz ergeben sich nach dem Umstellen folgende Formeln:

I = U/R   R = U/I

Diese proportionalen Zusammenhänge und die grafische Darstellung werden in den folgenden Punkten verdeutlicht.

1. U ist eine Funktion von I (R konstant)

Bei einem konstanten Widerstand R ist der Spannungsabfall U über dem Widerstand linear von der Stromstärke I abhängig.

Lösung:

$$y = f(x) = m*x$$

$$U = f(I) = R*I$$

U	entspricht **y**
I	entspricht **x**
R	entspricht **m**

Werte zur Darstellung:
$R = 4$ Ohm $[\Omega] - f_1$
$R = 2$ Ohm $[\Omega] - f_3$
$R = 1$ Ohm $[\Omega] - f_4$

Die Parametereingaben und die graphische Darstellung der Funktionen **U = f(I)** entnehmen Sie den Abbildungen I_9.2.3 und _9.2.4.

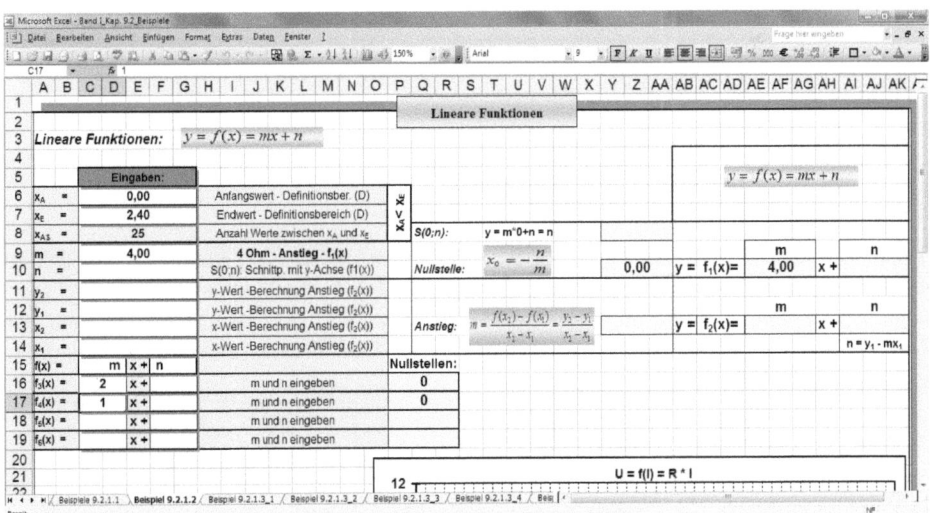

Abbildung I_9.2.3: Parametereingabe - Ohmschen Gesetzes

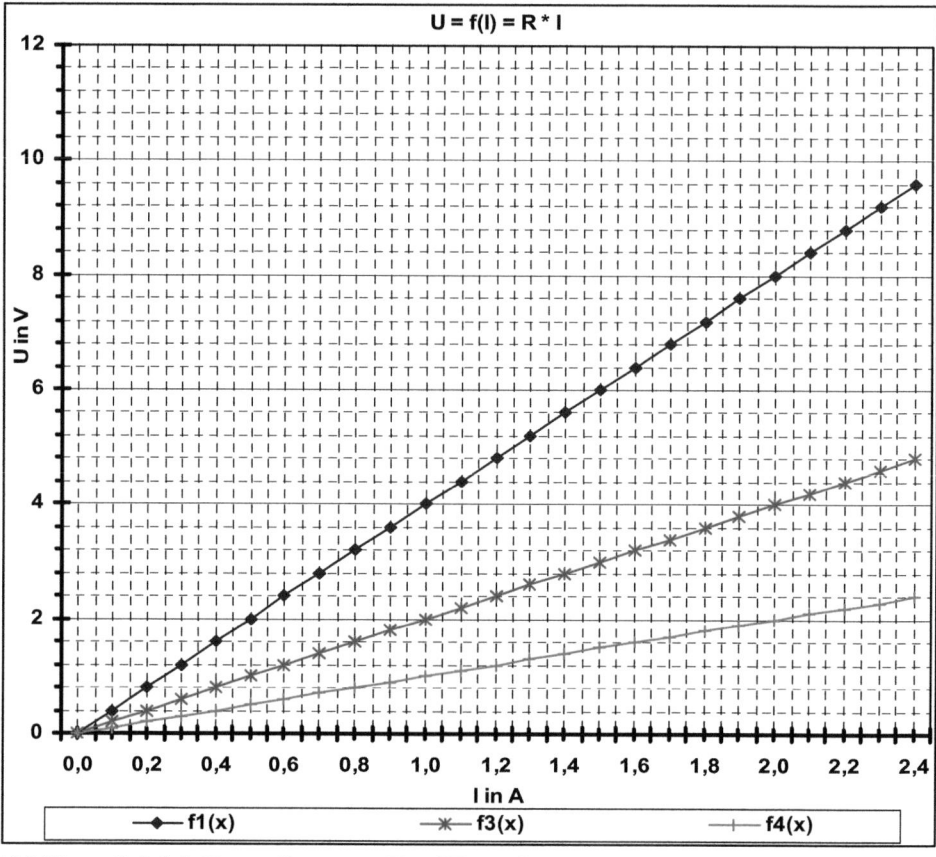

Abbildung I_9.2.4: Darstellung von U = f(I) = R*I

9.2.1.3 Body-Mass-Index

Mit dem Körper-Masse-Index (engl.: Body-Mass-Index, BMI) [9.4] kann man gut das eigene Gewicht bewerten, ob Übergewicht vorliegt. Der BMI errechnet sich aus dem Körpergewicht (in kg) geteilt durch die Körpergröße (in m) zum Quadrat und gibt somit an, wie schwer ein Mensch bezogen auf seine Körpergröße ist. Der BMI lässt Rückschlüsse auf den Fettgehalt des Körpers zu.

$$BMI = \frac{Körpergewicht(G, in\,kg)}{[Größe(L, in\,m)]^2} = \frac{G}{L^2}$$

$$G = BMI * L^2$$

$y = f(x) = m*x$

BMI	entspricht y
G	entspricht x
$1/L^2$	entspricht **m**

Tabelle I_9.2.3: Body-Mass-Index für Erwachsene

	Unterge-wicht	Normal	Überge-wicht	Fettsucht	Schwere Fettsucht
Frauen	unter 19	19 - 24	24 - 30	30 - 40	über 40
Männer	unter 20	20 – 25	25 - 30	30 - 40	über 40

Der BMI steigt mit dem Alter, wobei sich die Normalwerte wie folgt ergeben:

Tabelle I_9.2.4: Altersgruppen und Normalwerte für den BMI

Altersgruppe	BMI
19 - 24 Jahre	19 - 24
25 - 34 Jahre	20 - 25
35 - 44 Jahre	21 - 26
45 - 54 Jahre	22 - 27
55 - 64 Jahre	23 - 28
älter als 65 Jahre	24 - 29

In Deutschland haben 37 Millionen Erwachsene, rund 53 Prozent der Frauen und 67 Prozent der Männer nach Erhebungen des Bundesgesundheitsministeriums von 2007 zu viel Speck auf den Rippen. Bei rund neun Millionen Deutschen liegt der BMI sogar über 30 und sie gehören somit zu den Fettsüchtigen. Für sie besteht ein erhöhtes Risiko eine Folgeerkrankung, wie erhöhten Cholesterinspiegel, Störungen des Fettstoffwechsels, Bluthochdruck, Zuckerkrankheit im Alter (Diabetes mellitus Typ II) oder Herz-Kreislauf-Erkrankungen zu bekommen. Menschen mit einem BMI über 30 sollten sich vom Arzt gründlich untersuchen lassen. Im Kapitel 3 (Prozent- und Promillerechnung) finden Sie im Beispiel 3.1.1.3 Ernährung, schlank mit der 30%-Formel - einen Weg zum Wunschgewicht.

1. BMI für eine Frau

Im Beispiel wird der BMI einer jungen Frau mit einem Gewicht von 70 kg und einer Körpergröße von 1,7 m berechnet.

gegeben:
G = 70,0 kg
L = 1,7 m

gesucht:
BMI = ? kg/m^2

Lösung:

$$BMI = \frac{G}{L^2} = \frac{70,0}{1,7^2} = 24,22$$

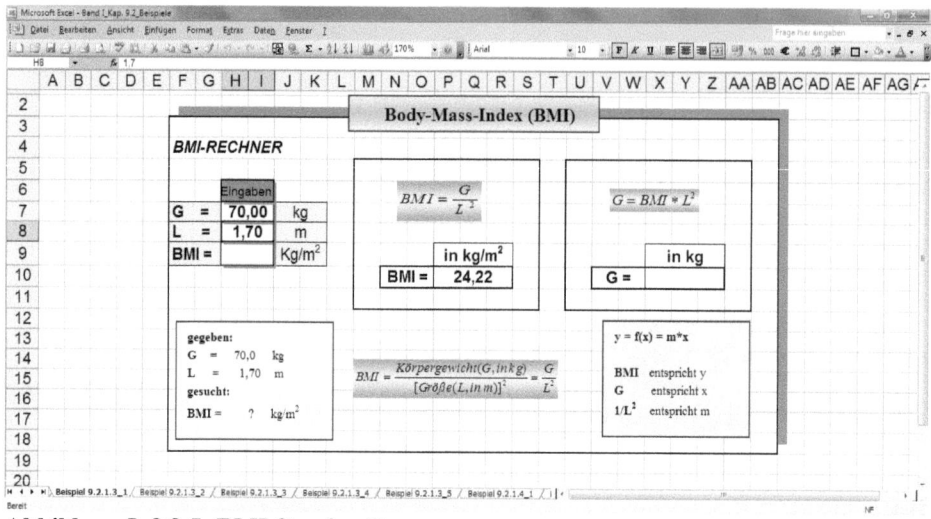

Abbildung I_9.2.5: BMI für eine Frau

Der **BMI** der jungen Frau beträgt **24,22** und liegt somit im normalen Bereich.

2. BMI von James Bond

Bei einer Körpergröße von 1,83 Metern und einem Gewicht von 76 Kilogramm ergibt sich ein
BMI von 22,7 (kg/m²), so stellt sich Ian Fleming
seinen Topagenten 007 James Bond vor. Auch
die James Bond Darsteller entsprachen diesem
Ideal - BMI. Daniel Craig hatte bei den Dreharbeiten zum Film „Casino Royal" mit 78 Kilogramm und einer Körpergröße von 1,82 Metern
fast den Idealwert.
Berechnen Sie seinen BMI [9.5].

gegeben:
G = 78,0 kg
L = 1,82 m

gesucht:
BMI = ? kg/m²

Lösung:

$$BMI = \frac{G}{L^2} = \frac{78\ kg}{(1,82\ m)^2} = \frac{78\ kg}{3,3124} \approx 23,55\ kg/m^2$$

Daniel Craig als Topagenten 007 hatte bei den Dreharbeiten zum Film „Casino Royal"
einen **BMI** von **23,55** (↑ Excel-Programm 9.2.1.3_2).

3. Gewichtsermittlung über den BMI

Wie viel darf ein 1,80 m großer Mann wiegen, wenn sein BMI 23,00 beträgt?

gegeben:
BMI = 23,00 kg/m²
L = 1,8 m

gesucht:
G = ? kg

Lösung:

$$G = BMI * L^2$$

$$= 23,00 * 1,8^2 = 74,52 \ kg$$

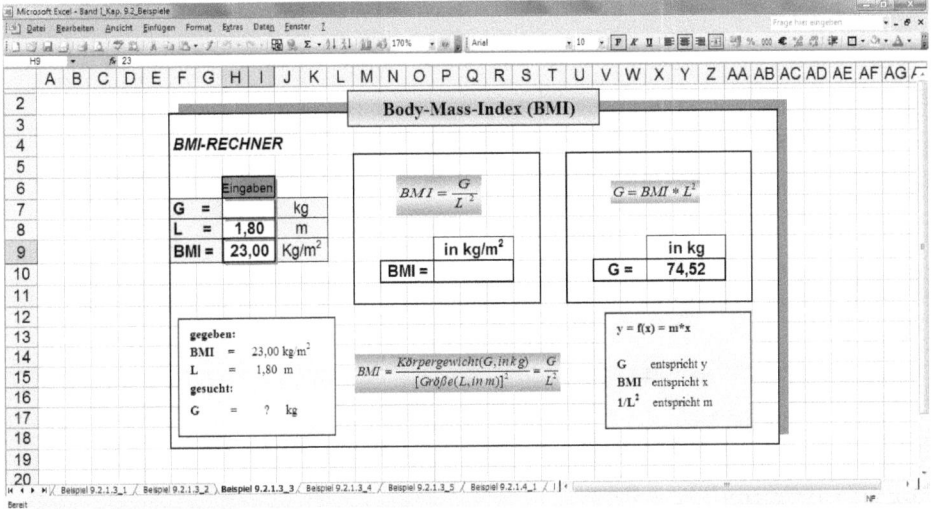

Abbildung I_9.2.6: Gewicht eines Mannes

Für einen Mann mit der Größe von 1,80 m ergibt sich ein BMI von 23,00 (kg/m²), wenn er **74,52 kg** wiegt.

4. BMI-Werte für Gewichtsbereiche

In diesem Beispiel werden BMI-Werte für einen Mann mit einer Körpergröße von 1,89 m im Gewichtsbereich von 82 bis 87 kg bestimmt. Für die Gewichtsbereiche sind 0,25 kg als Gewichtsschritt zu wählen. Der BMI wird grafisch dargestellt.

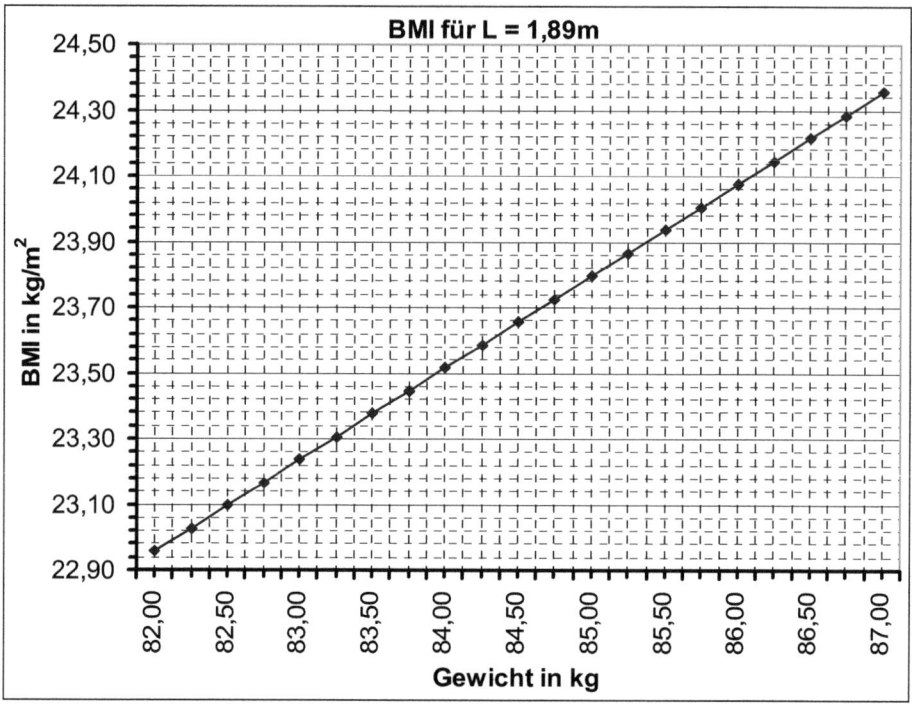

Abbildung I_9.2.7: BMI-Werte für eine Körpergröße im Gewichtsbereich von 82 bis 87 kg

5. BMI-Werte für Körpergrößen- und Gewichtsbereiche

In Abbildung I_9.2.8 werden die BMI-Werte für Erwachsene mit Körpergrößen von 1,5 bis 2,0 m im Gewichtsbereich von 30 bis 85 kg dargestellt. Sollte aus dieser Abbildung Ihr BMI nicht hervorgehen, so finden Sie im Beispiel 9.2.1.3_5 weitere Grafiken.

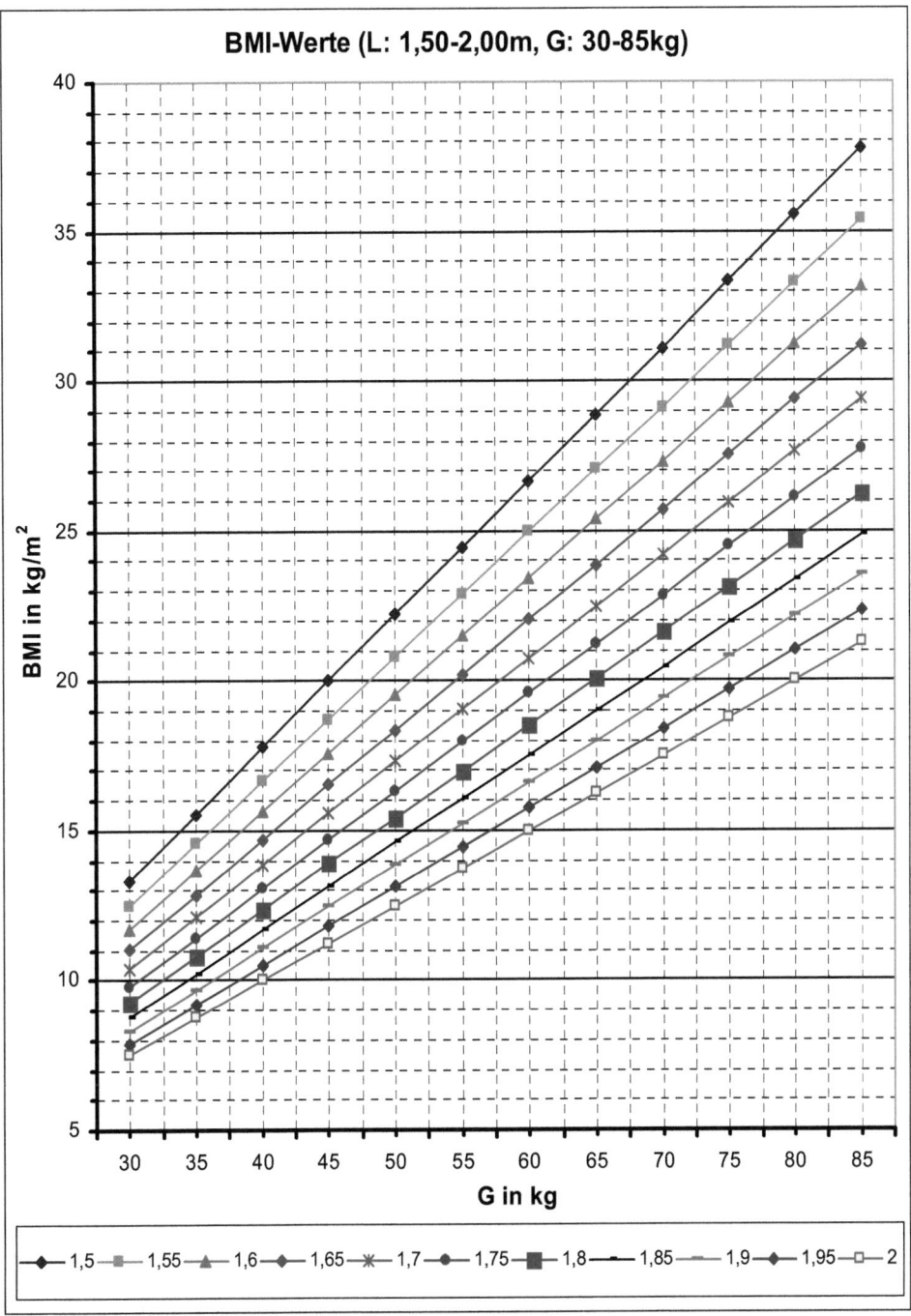

Abbildung I_9.2.8: BMI-Werte für Körpergrößen- und Gewichtsbereiche

9.2.1.4 Mindestabstände im Straßenverkehr und Bußgelder für Drängler

Seit 2009 gilt ein neuer Bußgeldkatalog für Drängler [9.6]. Die Tabellen I_9.2.5 und 9.2.6 zeigen die alten (vor 2009) und die aktuellen Strafen für Drängler.

1. Mindestabstand - Bußgeld

$$A = \frac{v}{2} * Q$$

$$v = \frac{2 * A}{Q}$$

A -	Mindestabstand zum vorausfahrenden Fahrzeug in Meter (m)
v -	Geschwindigkeit des Fahrzeuges in km/h
Q -	Quotient - 5/10=0,5; 4/10=0,4; 3/10=0,3; 2/10=0,2 und 1/10=0,1

Welcher Mindestabstand zum vorausfahrenden Fahrzeug darf bei einer Geschwindigkeit von 100 km/h nicht unterschritten werden?

$$A = \frac{v}{2} * Q \qquad = \frac{100}{2} * \frac{5}{10} = 25\,m$$

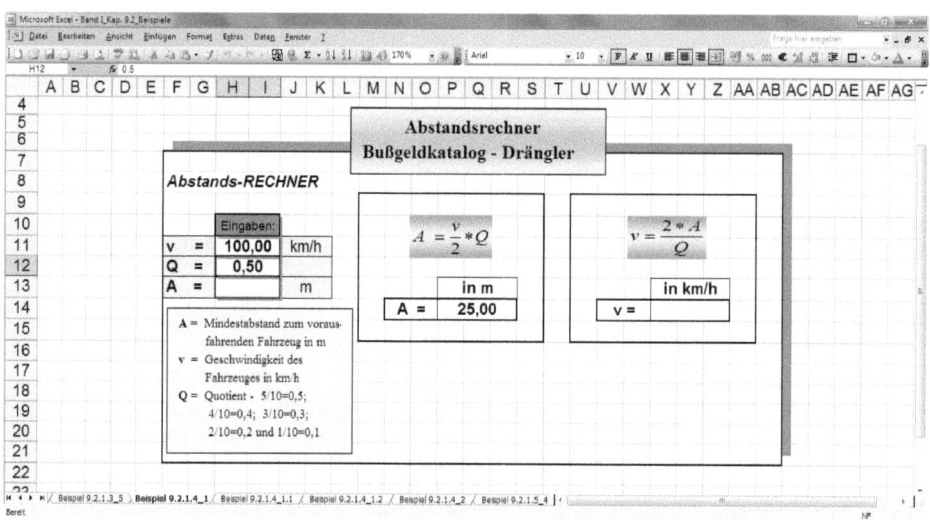

Abbildung I_9.2.9: Mindestabstand bei 100 km/h (ohne Bußgeld)

Ist der Abstand zum vorausfahrenden Fahrzeug **kleiner als 25 Meter** (fünf Zehntel der halben Geschwindigkeit) kostete es vor dem Jahr 2009 40 Euro und aktuell 75 Euro.

1.1 Mindestabstände – Bußgelder (80-130 km/h)

Tabelle I_9.2.5: Bußgeldkatalog für Drängler

Abstand in Metern bei mehr als 80 km/h	alt	ab 2009
< 5/10 v. halben Tacho	40 Euro	75 Euro
< 4/10 v. halben Tacho	60 Euro	100 Euro
< 3/10 v. halben Tacho	100 Euro	160 Euro
< 2/10 v. halben Tacho	150 Euro	240 Euro
< 1/10 v. halben Tacho	200 Euro	320 Euro

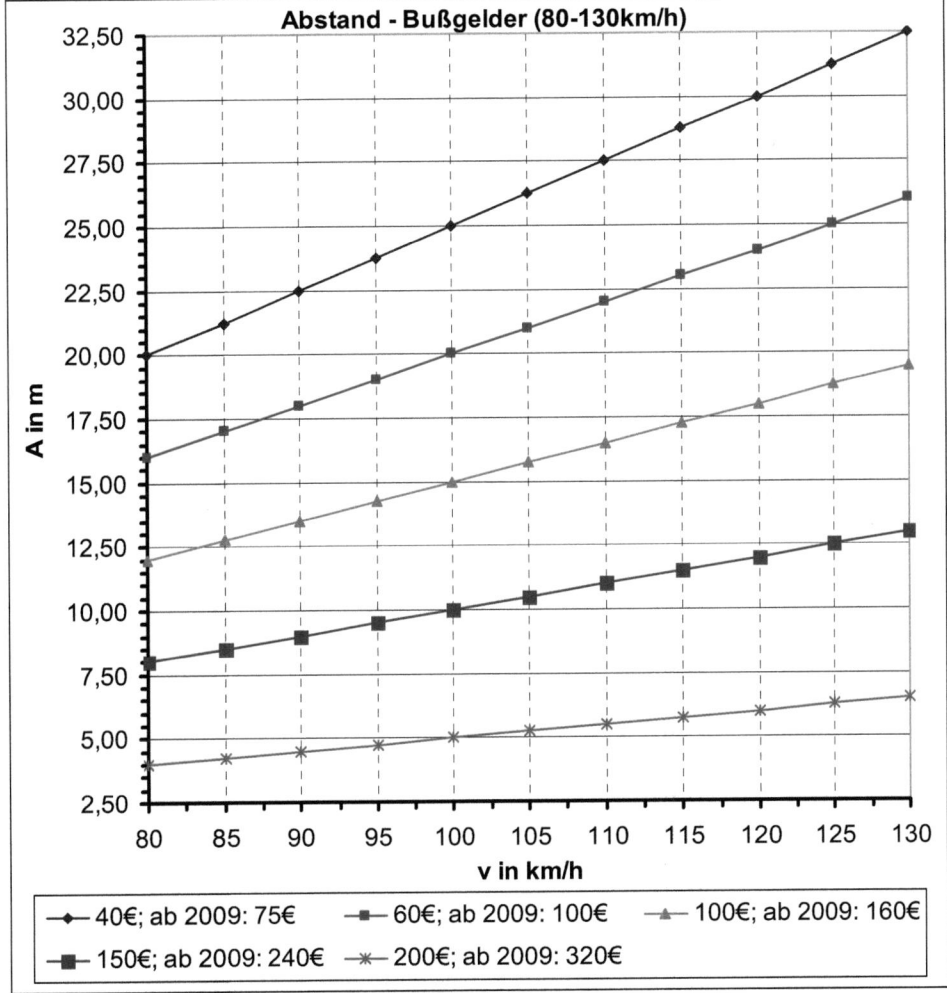

Abbildung I_9.2.10: Bußgelder für Drängler (80-130 km/h)

1.2 Mindestabstände – Bußgelder (ab 130 km/h)

Tabelle I_9.2.6: Bußgeldkatalog für Drängler

Abstand in Metern bei mehr als 130 km/h	alt	ab 2009
< 5/10 v. halben Tacho	60 Euro	100 Euro
< 4/10 v. halben Tacho	100 Euro	180 Euro
< 3/10 v. halben Tacho	150 Euro	240 Euro
< 2/10 v. halben Tacho	200 Euro	320 Euro
< 1/10 v. halben Tacho	250 Euro	400 Euro

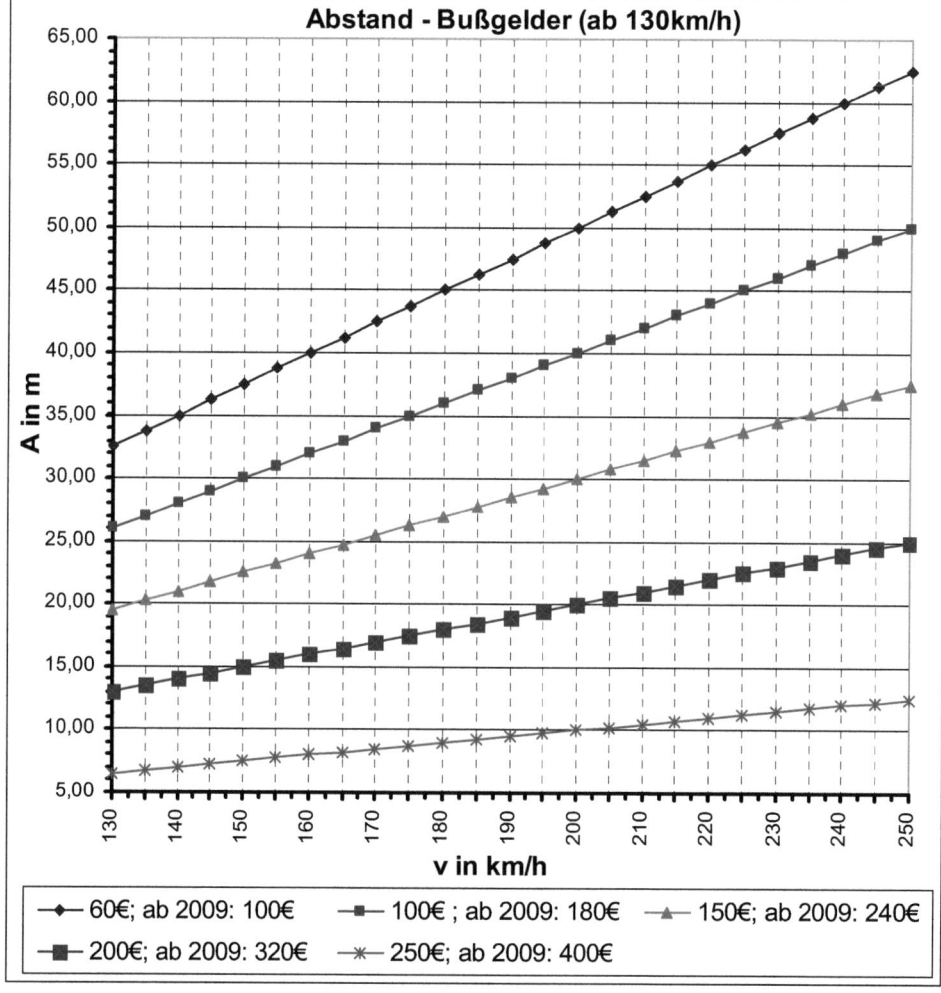

Abbildung I_9.2.11: Bußgelder für Drängler (ab 130 km/h)

2. Geschwindigkeit

Anhand der Begrenzungspfähle (Abstand: 50 m) an der Fahrbahn ergibt sich für ein Fahrzeug ein Abstand zum vorausfahrenden Fahrzeug von circa 30 m. Mit welcher Geschwindigkeit darf das Fahrzeug fahren, damit bei einer Abstandskontrolle kein Verstoß vorliegt?

$$v = \frac{2 * A}{Q} = \frac{2 * 30}{5/10} = \frac{600}{5} = 120 \ km/h$$

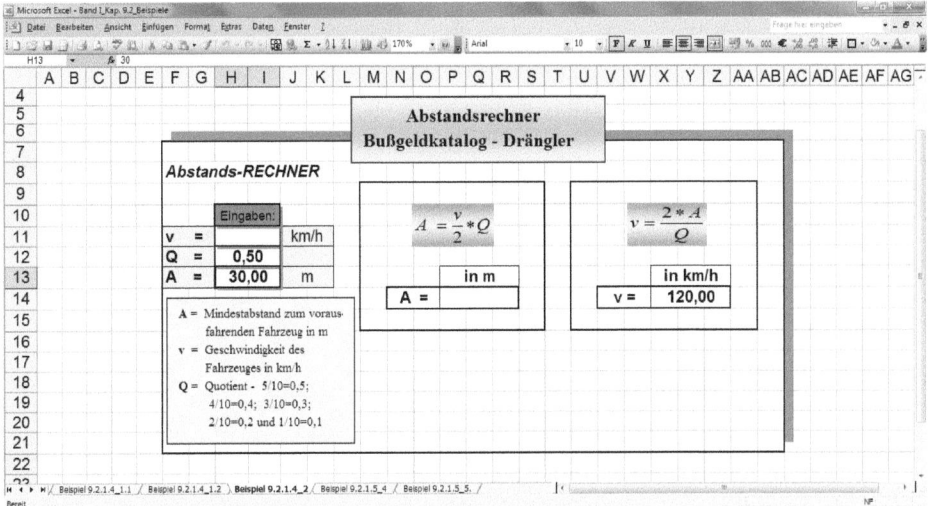

Abbildung I_9.2.12: Berechnung der Geschwindigkeit

Das Fahrzeug darf nicht schneller als **120 km/h** fahren.

9.2.1.5 Amortisations- und Kostenrechner für Glüh-, Energiespar- und LED-Lampen

Spricht man heute über moderne Leuchtmittel, so spielen die Energieeffizienz die Lichtausbeute und die Lebensdauer eine große Rolle. Weiterhin sind die verwendeten Materialen und für eine ökologische Betrachtung ist das Recycling von Bedeutung. In den letzten Jahren stand der Energieverbrauch für die Beleuchtung in der öffentlichen Diskussion. Ein Ergebnis dieser Diskussion ist das Verbot von Glühlampen aus dem Jahr 2009. Laut [9.7] wurde in einer Studie aus dem Jahr 2007 festgestellt, dass die Beleuchtung nur einen Anteil von 2 % am Gesamtenergieverbrauch privater Haushalte in Deutschland ausmacht. Für Gewerbebetriebe liegt der Anteil der Beleuchtung zwischen 5 % und 10 %

des Gesamtenergieverbrauchs. Der Anteil wird sich in den nächsten Jahren durch den Einsatz energieeffizienterer Beleuchtung nach unten verschieben. Wir müssen uns gezwungenermaßen bei Leuchtmitteln nach Alternativen umsehen.

Die folgenden Ausführungen betrachten die Vor- und Nachteile von Glüh- und Energiesparlampen sowie Leuchtdioden (LED).

1. Glühlampen („Glühbirne")

Ein Grund für das Verbot der Glühlampen ist ihr schlechter Wirkungsgrad. Bei einer 100 W Glühlampe werden 95 W in Wärme und nur fünf Watt in Licht umgewandelt. In der Glühlampe wird ein Glühfaden oder -wendel durch elektrischen Strom so stark erhitzt, bis er glüht. Hierbei entsteht ein elektromagnetisches Spektrum, das aus Wärmestrahlung und sichtbarem Licht besteht. Das sichtbare Licht erreicht maximal einen Anteil von 5 %. Die Lebensdauer liegt im Bereich von 1.000 bis 6.000 Stunden. Das einfache Funktionsprinzip macht die Glühlampe zur „saubersten" Lichtquelle [9.7], denn ihre Bestandteile Glas, Blech und Wolfram (Wendel) sind weitgehend unbedenklich. Die Wolframgewinnung ist zwar kompliziert, aber die Belastungen im bergmännischen Abbau sind vergleichbar mit anderen Erzen.

Die EU hat das schrittweise Verkaufsverbot für Glühlampen beschlossen. Die Tabelle 9.2.7 zeigt das Aus der Glühbirne. Von diesem Verkaufsverbot sind Speziallampen (Kühlschränke, Aquarien,....) ausgenommen. Die Glühlampen sollen durch Energiesparlampen und Leuchtdioden ersetzt werden.

Tabelle I_9.2.7: Verkaufsverbot für Glühlampen

Glühlampen	Verkaufverbot ab
Glühlampen ab 80 W (959 lm) und alle mattierten Glühlampen (100 W Lampe)	1. September 2009
Glühlampen ab 65 W (725 lm) (65 W Lampe)	1. September 2010
Glühlampen ab 45 W (450 lm)	1. September 2011
Glühlampen ab 7 W (60 lm)	1. September 2012

2. Energiesparlampe (ESL) [9.8]

Bei den Energiesparlampen handelt es sich um kleine Leuchtstofflampen und somit um Quecksilberdampf-Niederdruck Lampen. Aufgrund der geringen Abmessungen sind sie ein- oder mehrfach U-förmig oder als Wendel gestaltet. Gegenüber der „normalen" Leuchtstofflampe ist der Innendruck meist höher. Damit man ESL als direkten Ersatz für Glühlampen einsetzen kann, ist im Sockel ein Vorschaltgerät integriert. Betreibt man die ESL direkt am Stromnetz, so würde der Lampenstrom aufgrund der Stoßionisation bis zur Zerstörung der Lampe ansteigen. Um den Lampenstrom zu begrenzen, werden heute meist elektronische Vorschaltgeräte eingesetzt. Diese Geräte bewirken eine Aufwärmphase, die der Grund dafür ist, dass die Lampe nicht sofort nach dem Einschalten ihre volle Leuchtkraft erreicht. ESL verbrauchen 70 % bis 80 % weniger Strom bei vergleichbarer Helligkeit von Glühlampen. Die Lichtausbeute nimmt im Lauf der Lebensdauer ab. Die Lebensdauer liegt mit 3.000 bis 15.000 Stunden deutlich über der einer normalen Glühlampe. Untersuchungen haben ergeben, dass die Lebensdauer durch häufiges Schalten negativ beeinflusst wird. Ein weiterer Nachteil besteht darin, dass Energiesparlampen giftiges Quecksilber enthalten und als Sondermüll behandelt und entsorgt werden müssen. Weiterhin dünsten ESLs flüchtige organische Verbindungen aus, die durchaus giftig sein können.

Weitere Untersuchungen zur Lebensdauer von ESLs im Haushalt haben ergeben, dass man mit einer Haltbarkeit von fünf bis 15 Jahre rechnen kann. Tabelle I_9.2.8 zeigt den Vergleich von Glüh- und Energiesparlampen hinsichtlich der elektrischen Leistungsaufnahme und der Lebensdauer bei vergleichbarer Helligkeit.

Tabelle I_9.2.8: Vergleich von Glüh- und Energiesparlampen

Energiesparlampen		Glühlampen	
elektr. Leistungsaufnahme / Lebensdauer		elektr. Leistungsaufnahme / Lebensdauer	
7 W	10.000 h	35 W	1.000 h
9 W	10.000 h	45 W	1.000 h
11 W	10.000 h	60 W	1.000 h
15 W	10.000 h	75 W	1.000 h

3. Leuchtdioden (LED) [9.7]

Bei LED-Systemen kommt kein hochgiftiges Quecksilber zum Einsatz, dafür sind eine Stromversorgungselektronik, seltene Erden und andere schwierig zu gewinnende Materialien (Yttrium, Cer, Indium, Gallium) notwendig. Unter ökologischen und wirtschaftlichen Gesichtspunkten ist Wertstoffrecycling umso wichtiger.

Was die Lebensdauer betrifft, sind LEDs unschlagbar. Als Lebensdauer betrachtet man die Zeit, nachdem die Lichtausbeute auf die Hälfte des Anfangswertes abgesunken ist. LEDs fallen nicht plötzlich aus, sondern werden nach und nach schwächer. Die Lebensdauer hängt vom verwendeten Halbleitermaterial und den Betriebsbedingungen ab. Bei hohen Temperaturen verkürzt sich die Lebensdauer drastisch. Die Lebensdauer reicht von einigen tausend Stunden bei älteren 5-W-LEDs bis zu über 100.000 Stunden bei Typen, die mit niedrigem Strömen betrieben werden. Moderne Hochleistungsleuchtdioden werden so angesteuert, dass man eine maximale Lichtausbeute erreicht. Unter diesen Bedingungen liegt die Lebensdauer zwischen 15.000 bis 30.000 Stunden.

Ultrahelle weiße LEDs erreichen inklusive Ansteuerelektronik einen Wirkungsgrad weit über 20 Prozent. Im Vergleich mit der Energiesparlampe hat man bei hochwertigen LED-Leuchtmitteln eine hohe Anfangsinvestition (↑ Punkt 4.4 Kostenvergleich). LED-Lampen benötigen mit 3 bis 15W Energieaufnahme bei gleicher Leuchtstärke bis zu 90 Prozent weniger als konventionelle Glühlampen.

Betrachtet man das Farbspektrum, so ist das Licht einer LED-Lampe ähnlich dem einer klassischen Glühlampe und bedeutend angenehmer als das Licht einer herkömmlich

Energiesparlampe. LED-Lampen brauchen keine Aufwärmphase und leuchten nach dem Einschalten mit voller Helligkeit.

Tabelle I_9.2.9: Vergleich von Glüh- und LED-Lampen

LED-Lampen elektrische Leistungsaufnahme	Lebensdauer	Preis in €	Glühlampen elektrische Leistungsaufnahme	Lebensdauer
3,0 W	15.000 h	15,00	15 - 25 W	1.000 h
4,1 W	15.000 h	23,00	35 - 40 W	1.000 h
10,4 W	15.000 h	50,00	60 W	1.000 h
15,6 W	15.000 h	70,00	80 W	1.000 h

Beim folgenden Amortisationsrechner werden für die Lebensdauer von Glüh- und Energiesparlampen theoretische Werte angenommen.

Tabelle I_9.2.10.1: Abkürzungen: Kostenrechner für Glüh-, Energiespar- und LED-Lampen

Allgemeine Angaben:
PKWh - Preis pro Kilowattstunde in Euro
ND - Nutzungsdauer in Monate (m)
BD - Brenndauer (h/T) der Lampe pro Tag (T) in Stunden (h)
m - Monate

Berechnung - Kosten:
KGL - Kosten der Glühlampe in Euro
KESL - Kosten der Energiesparlampe in Euro
KLED - Kosten der LED in Euro

Glühlampe (GL):
PGL - Preis in Euro
VGL - Verbrauch in Watt (W)
LDGL - Lebensdauer in Stunden (h)

Tabelle I_9.2.10.2: Abkürzungen: Kostenrechner für Energiespar- und LED-Lampen

> **Energiesparlampe (ESL):**
> **PESL** - Preis in Euro
> **VESL** - Verbrauch in Watt (W)
> **LDESL** - Lebensdauer in Stunden (h)
>
> **LED-Lampe (LED)**
> **PLED** - Preis in Euro
> **VLED** - Verbrauch in Watt (W)
> **LDLED** - Lebensdauer in Stunden (h)

4. Kostenrechner

4.1 Kosten für eine Glühlampe

$$KGL = \left[\frac{VGL}{1.000}(kW) * BD * 30(h/m) * PKWh(\text{€}/kWh) \right] * ND(m) + PGL(\text{€}) * \left[AUFRUNDEN \left(\frac{ND(m)}{\frac{LDGL}{BD*30}(m)} \right) \right]$$

4.2 Kosten für eine Energiesparlampe

$$KESL = \left[\frac{VESL}{1.000}(kW) * BD * 30(h/m) * PKWh(\text{€}/kWh) \right] * ND(m) + PESL(\text{€}) * \left[AUFRUNDEN \left(\frac{ND(m)}{\frac{LDESL}{BD*30}(m)} \right) \right]$$

4.3 Kosten für eine LED-Lampe

$$KLED = \left[\frac{VLED}{1.000}(kW) * BD * 30(h/m) * PKWh(\text{€}/kWh) \right] * ND(m) + PLED(\text{€}) * \left[AUFRUNDEN \left(\frac{ND(m)}{\frac{LDLED}{BD*30}(m)} \right) \right]$$

Mit der Funktion „Aufrunden" wird erreicht, dass ganze Vielfache des Preises der Glüh-, Energiespar- und LED-Lampen berücksichtigt werden.

zum Beispiel:

AUFRUNDEN *(12,3)= 13*

4.4. Kostenvergleich

Im Beispiel werden die Kosten für eine 15 Watt Energiesparlampe und einer entsprechenden Glühlampe (75 W) sowie einer LED-Lampe mit 15,6 W nach einer Nutzungsdauer von 60 Monate (5 Jahre), einer täglichen Brenndauer von 4 Stunden (h) und einem Kilowattstundenpreis von 0,21 Euro berechnet. Eine Energiesparlampe kostet 4,00 Euro, eine LED-Lampe 70,00 Euro und ein Glühlampe 0,50 Euro. Weiterhin wird mit diesen Angaben die Zeit berechnet, nachdem sich der Einsatz der Energiespar- oder LED-Lampe im Vergleich zur Glühlampe amortisiert hat.

4.4.1. Kosten für Glühlampe(n) (↑ Abbildung I_9.2.14)

$$KGL = \left[\frac{75}{1.000}(kW) * 4 * 30\,(h/m) * 0,21\,(\text{€}/kWh)\right] * m + 0,50\,(\text{€}) * \left[AUFRUNDEN\left(\frac{60\,(m)}{\frac{1.000}{4*30}(m)}\right)\right]$$

$$= 113,40\,\text{€} + 0,50\,\text{€} * [8] = 117,40\,\text{€}$$

4.4.2. Kosten für Energiesparlampe(n) (↑ Abbildung I_9.2.14)

$$KESL = \left[\frac{15}{1.000}(kW) * 4 * 30\,(h/m) * 0,21\,(\text{€}/kWh)\right] * m + 0,50\,(\text{€}) * \left[AUFRUNDEN\left(\frac{60\,(m)}{\frac{10.000}{4*30}(m)}\right)\right]$$

$$= 22,68\,\text{€} + 4,00\,\text{€} * [1] = 26,68\,\text{€}$$

4.4.3. Kosten für LED-Lampe(n) (↑ Abbildung I_9.2.14)

$$KLED = \left[\frac{15,6}{1.000}(kW) * 4 * 30\,(h/m) * 0,21\,(\text{€}/kWh)\right] * m + 70,00\,(\text{€}) * \left[AUFRUNDEN\left(\frac{60\,(m)}{\frac{15.000}{4*30}(m)}\right)\right]$$

$$= 23,59\,\text{€} + 70,00\,\text{€} * [1] = 93,59\,\text{€}$$

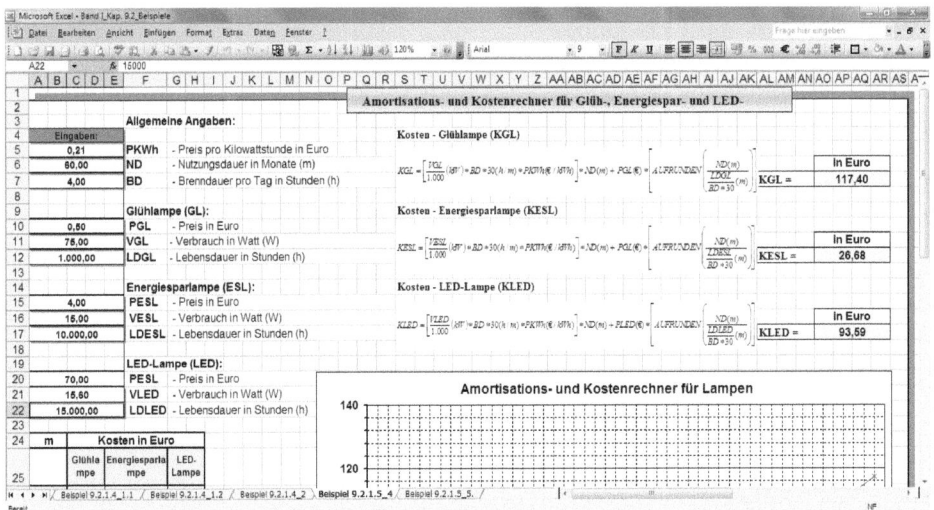

Abbildung I_9.2.13: Kostenrechner für Glüh-, Energiespar- und LED-Lampen

5. Amortisationsrechner (↑ Abbildung I_9.2.14)

5.1 Vergleich Glüh- mit Energiesparlampe

Der Zeitpunkt, nach dem sich der Einsatz der Energiesparlampe amortisiert hat, ergibt sich aus dem Schnittpunkt der beiden Graden für die Kosten (KGL, KESL) der Lampen.

$$
\begin{aligned}
\text{KGL} &= \text{KESL} \\
1{,}89\ m + 0{,}50 &= 0{,}378\ m + 4{,}00 \\
1{,}89\ m - 0{,}378\ m &= 4{,}00 - 0{,}50 \\
1{,}512\ m &= 3{,}5 \\
m &= 2{,}315 \approx 69{,}5\ \textbf{Tage} \ (\uparrow \text{Abbildung I\_9.2.14})
\end{aligned}
$$

Nach 2,315 Monate hat die Glühlampe 278 Stunden (4 h * 69,5 Tage) geleuchtet. Wäre diese Zeit größer als die Lebensdauer (1.000 h) der Glühlampe, so ist der Kaufpreis einer weiteren Glühlampe zu berücksichtigen. Die Lebensdauer der Glühlampen erhöht sich auf 2.000 Stunden. Dies gilt natürlich auch für die ESL, wenn deren Lebensdauer überschritten wird.

Lösungsansatz für zwei Glühlampen:

$$1{,}89m + 2*0{,}50 \quad = \quad 0{,}378m + 4{,}00$$

usw.

5.2 Vergleich Glüh- mit LED-Lampe

Für die Berechnung des Zeitpunktes, nach dem sich die LED- gegenüber der Glühlampe amortisiert hat, gilt analog dem aufgeführten Rechenweg unter Punkt 5.1. Hierbei müssen die Kosten KGL und KLED gleichgesetzt werden. Sie können die Lösung (45 Monate) aus der Abbildung I_9.2.14 entnehmen. Der Amortisationszeitpunkt wird sich in der nächsten Zeit nach unten verschieben, wenn LED-Lampen preiswerter werden.

Berechnet man die Kosten der Lampen für einen längeren Nutzungszeitraum, wie zum Beispiel für 144 Monate (↑ Beispiel 9.2.1.5_5), so erkennt man, dass die grafischen Darstellungen der Kosten für die Energie- und LED-Lampen Knicke aufweisen. Die Knicke entstehen immer dann, wenn die Lebensdauer der Lampen erreicht und somit der Kaufpreis einer neuen Lampe berücksichtigt wird. Dies gilt natürlich auch für die Glühlampe(n), wobei der geringe Preis von 0,50 Euro und die zu „grobe" Darstellung es nicht erkennen lassen.

Mit den Kosten- und Amortisationsrechnern in den Beispielen 9.2.1.5_4 und _5 können Sie natürlich Ihre eigenen Lampenvariationen durchrechnen. Hiezu müssen Sie in den Eingabefeldern die Daten aktualisieren.

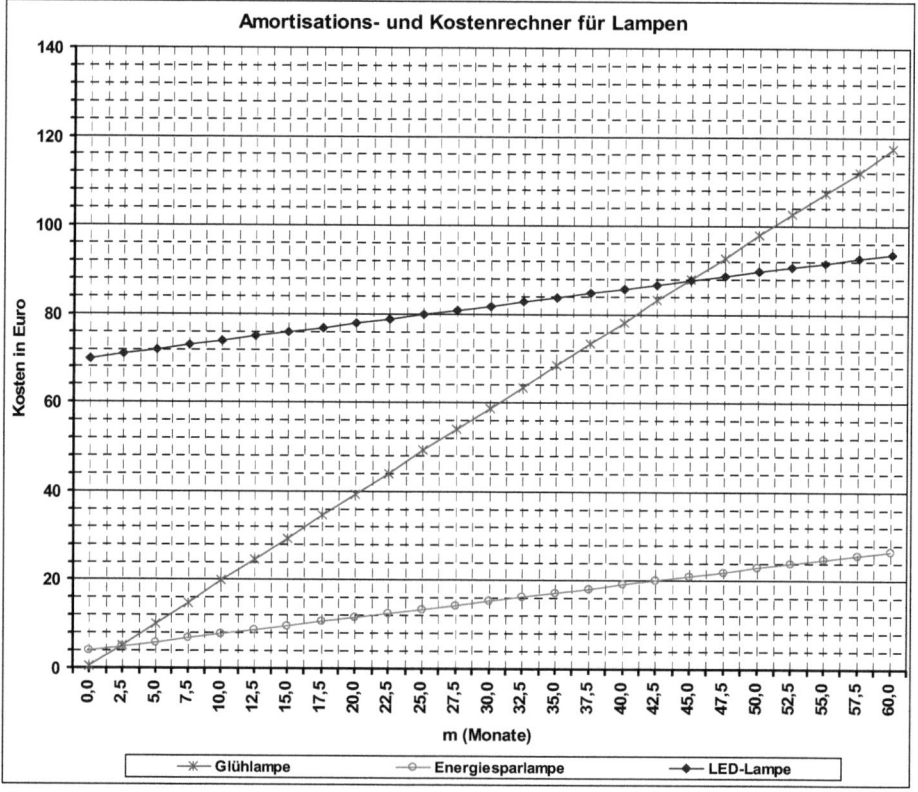

Abbildung I_9.2.14: Grafische Darstellung der Kosten für Glüh-, Energiespar- und LED-Lampe

9.3 Quadratische Funktionen

Betrachtet man quadratische Funktionen, so muss man - insbesondere für die Lösung von schulischen Aufgaben – sich mit der allgemeinen Form, der Normalform, den Nullstellen und der Diskriminante auseinandersetzen [9.9]. Im ersten Beispiel 9.3.1.1 werden die Spezialfälle von quadratischen Funktionen betrachtet. Sie werden im zweiten Beispiel (9.3.1.2) sehen, dass die Kreisfläche in Abhängigkeit vom Radius eine Normalparabel darstellt. Weiter geht es mit einem Beispiel aus der Physik, so wird mit der Formel für die gleichmäßig beschleunigte Bewegung der Anhalteweg eines Fahrzeuges (9.2.1.3) berechnet. Aus einer grafischen Darstellung können Sie für verschiedene Fahrzeuggeschwindigkeiten die Anhaltewege ermitteln. Bei einer Geschwindigkeit von 100 km/h ergibt sich ein Wert von circa 90 m. Welche Anhaltewege entstehen, wenn man sportlicher mit 200 oder gar 250 km/h unterwegs ist?

9.3.1 Beispiele zu quadratischen Funktionen

9.3.1.1 Scheitel- und Schnittpunkte von Parabeln mit x- und y-Achse

1. $y = f_1(x) = 2x^2 + 2$
2. $y = f_2(x) = x^2 - x - 5$
3. $y = f_3(x) = (x-2)^2 - 2$
4. $y = f_4(x) = -x^2 + 14$
5. $y = f_5(x) = x^2 - 2x + 11$
6. $y = f_6(x) = (x+1)^2 + 4$

Die Lösungen dieser Aufgaben können Sie aus den Abbildungen I_9.3.1 und 9.2.2 entnehmen.

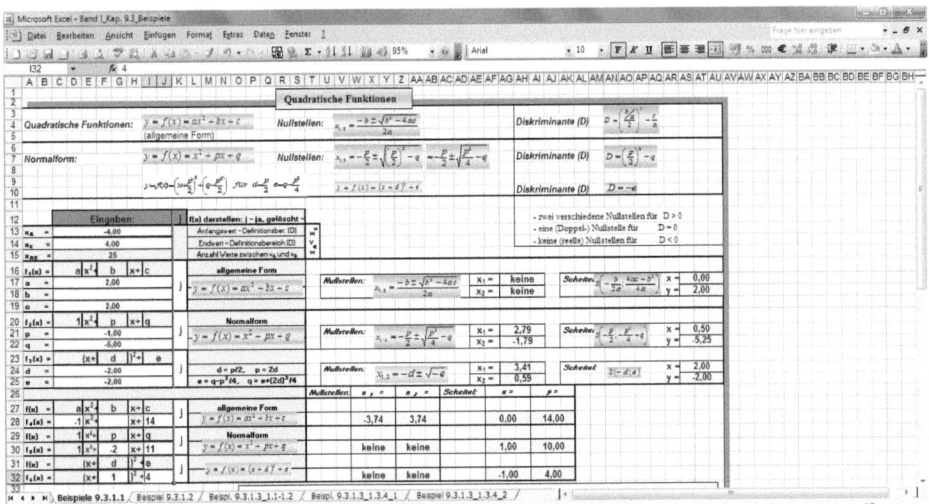

Abbildung I_9.3.1: Eingaben für quadratische Funktionen

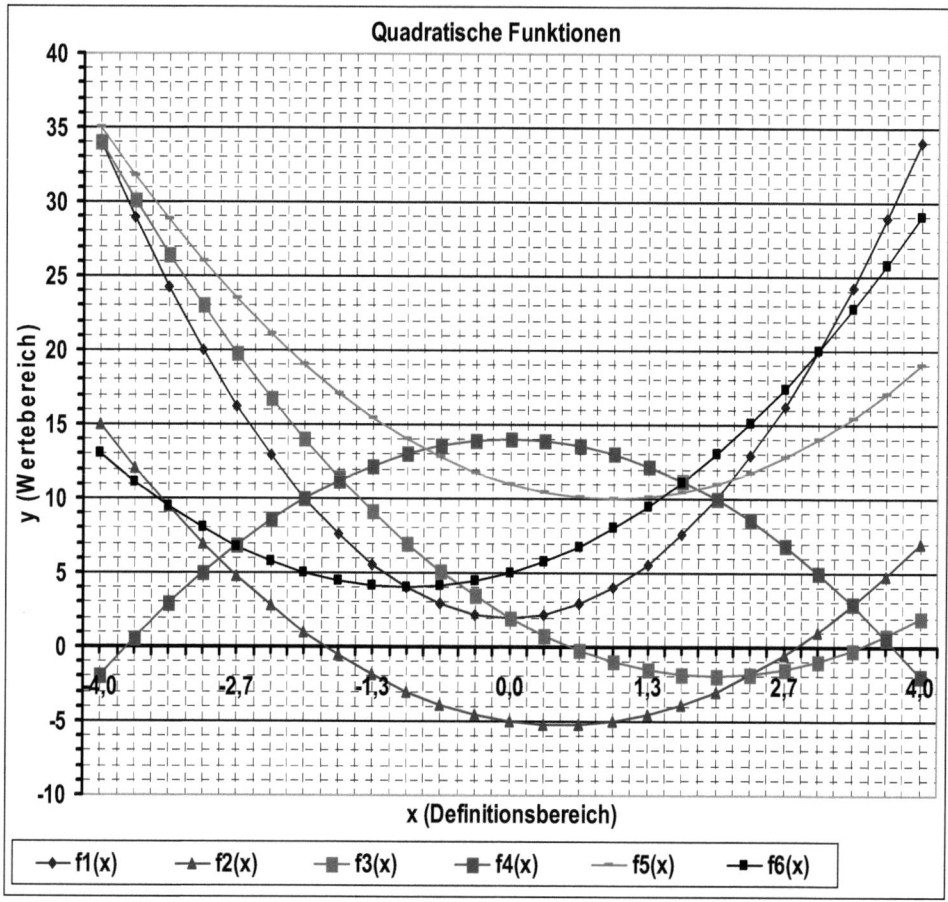

Abbildung I_9.3.2: Grafische Darstellungen von quadratischen Funktionen

9.3.1.2 Kreisfläche als Funktion vom Radius

In diesem Beispiel wird die Kreisfläche A (↑ Band II Kap. 5.2.1) als Funktion vom Radius betrachtet.

Lösung:

$$y = f(x) = a*x^2+b*x+c$$

$$A = f(r) = \pi*r^2$$

A	entspricht **y**
r	entspricht **x**
π	entspricht **a**
b; c = 0	

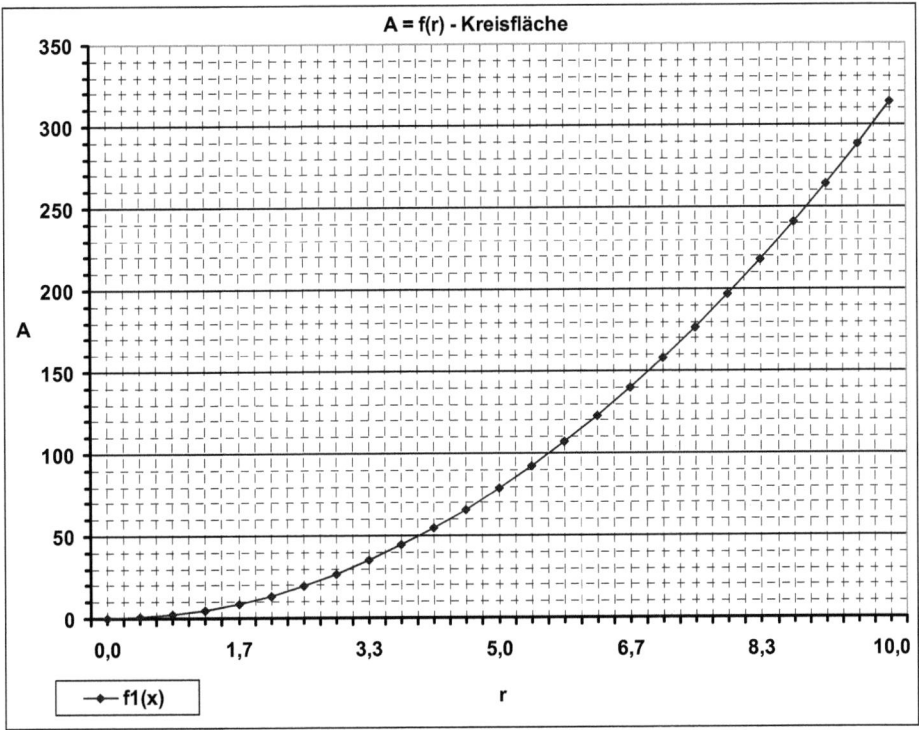

Abbildung I_9.3.3: Grafische Darstellung der Formel zur Kreisflächenberechnung

Die grafische Darstellung der Formel zur Kreisflächenberechnung ergibt eine Parabel.

9.3.1.3 Gleichmäßige beschleunigte Bewegung – Anhalteweg eines Fahrzeuges

Bestimmen Sie den Kurvenverlauf für den zurückgelegten Weg s bei einer gleichmäßig beschleunigten Bewegung.

s	entspricht y
t	entspricht x
$^a/_2$	entspricht a
v_0	entspricht b
s_0	entspricht c
s	– Weg
t	– Zeit
a	– Beschleunigung
v	– Geschwindigkeit
v_0	– Anfangsgeschwindigkeit
s_0	– Anfangsweg

$$y = f(x) = ax^2 + bx + c$$

$$s = f(t) = \frac{a}{2}t^2 + v_0 t + s_0$$

1. Ein Fahrzeug wird mit a = 2,5 ms^{-2} beschleunigt und hat eine Anfangsgeschwindigkeit v_0 = 18 km/h sowie einen Anfangsweg s_0 = 10 m bereits zurückgelegt, wenn die Beschleunigung für 10 Sekunden wirkt. Während der Beschleunigung wird der Kurvenverlauf des Weges dargestellt. Welchen Gesamtweg hat das Fahrzeug nach 10 Sekunden zurückgelegt?

1.1 Gesamtweg mit Anfangsgeschwindigkeit und Anfangsweg

Lösung:

$$v_0 = \frac{18\,km}{h} = \frac{18.000\,m}{3.600\,s} = 5\,\frac{m}{s}$$

Umrechnung:
km/h ← → m/s
km/h → m/s Wert durch **3,6**
                    teilen
m/s → km/h Wert mit **3,6**
                    multiplizieren

$$s = f(t) = \frac{a}{2} * t^2 + v_0 * t + s_0$$

$$s = f(t) = \frac{2,5\,(m)}{2\,(s^2)}\,t^2\,(s^2) + \frac{5m}{s}\,t(s) + 10\,m$$

gegeben:
v_0 = 18km/h = 5m/s
a = 2,5ms^{-2}
s_0 = 10m

gesucht:
s = f(t)

$$s = f(t) = 1,25\,t^2\,(m) + 5t\,(m) + 10\,(m)$$

$$s = f(t) = 1,25 * (10)^2\,(m) + 5 * (10)\,(m) + 10\,(m)$$

$$s = f(t) = 125\,(m) + 50\,(m) + 10\,(m) = 185\,(m)$$

Das Fahrzeug hat nach 10 Sekunden einen **Gesamtweg** von **185 m** zurückgelegt.

1.2. Wie ändert sich der Kurvenverlauf, wenn das Fahrzeug aus dem Stand beschleunigt wird und welche Geschwindigkeit hat das Fahrzeug nach dem Beschleunigungsvorgang?

1.2.1 Gesamtweg des Fahrzeuges nach Beschleunigung aus dem Stand

Lösung:

Für v_0 = 0 und s_0 = 0 gilt:

$$s = f(t) = \frac{a}{2}\,t^2$$

$$s = f(t) = 1,25\, t^2\, (m) \qquad s = f(t) = 1,25 * (10)^2\, (m) = 125\, (m)$$

Das Fahrzeug hat aus dem Stand nach 10 Sekunden einen **Weg** von **125 m** zurückgelegt.

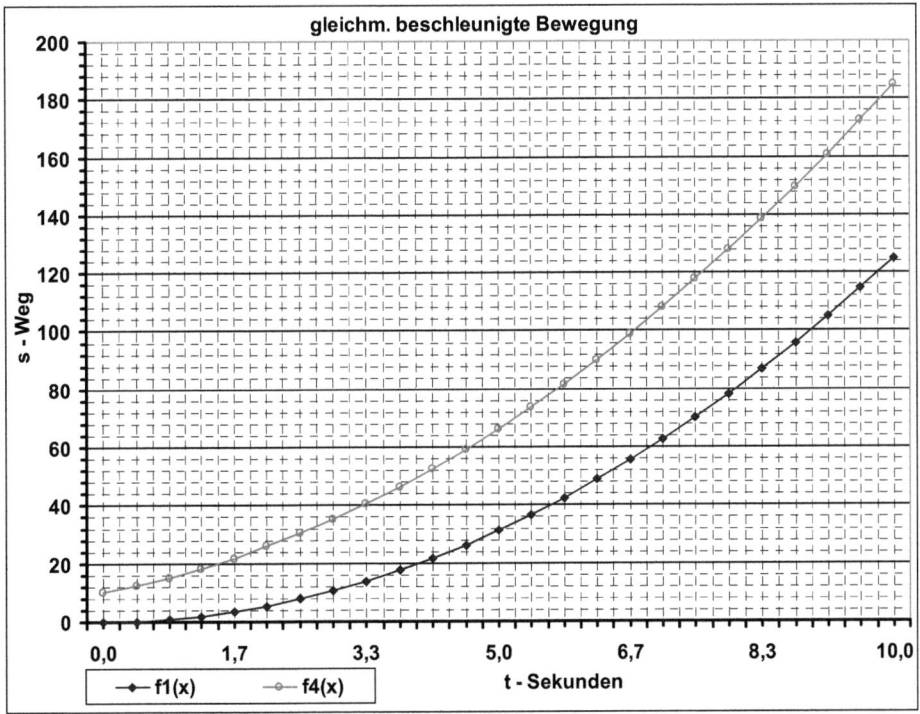

Abbildung I_9.3.4: Zurückgelegte Wege eines Fahrzeuges

1.2.2 Endgeschwindigkeit des Fahrzeuges nach dem Beschleunigungsvorgang

Lösung:

$$s = \frac{a}{2} t^2 \qquad v = at \qquad t = \frac{v}{a} \qquad s = \frac{a}{2} * \left(\frac{v}{a}\right)^2 = \frac{v^2}{2a}$$

$$v = \sqrt{2sa} = \sqrt{2 * 125\,(m) * 2,5(ms^{-2})} = 25\, ms^{-1}$$

$$v = \frac{25\ m}{s} = \frac{0,025\ km}{\dfrac{1}{3.600}\ h} = 0,025 * 3.600\ \frac{km}{h} = 90\ kmh^{-1}$$

Das Fahrzeug erreicht eine **Geschwindigkeit von 90 km/h.**

1.3 Reaktions-, Brems- und Anhalteweg [9.10]

Ein Fahrzeug fährt mit einer bestimmten Geschwindigkeit v und wird aus dieser Geschwindigkeit abgebremst. Das Fahrzeug legt bis zum Stillstand den Anhalteweg zurück. Der Anhalteweg ist die Summe aus Reaktions- und Bremsweg. Der Bremsweg ergibt sich aus der Bremsverzögerung (negative Beschleunigung) und der Zeit, in der das Fahrzeug abgebremst wird. Die Bremsverzögerung ist von der Bremsanlage des Fahrzeuges und vom Straßenzustand abhängig. Der Durchschnittswert liegt bei 6,5 m/s². Bei der Reaktionszeit eines durchschnittlichen Fahrers geht man von 0,8 Sekunden aus. Zu dieser Zeit rechnet man noch die Bremsansprechzeit (Zeit vom Betätigen des Gaspedals bis zur vollen Bremsleistung) dazu. Für die Bremsansprechzeit werden 0,2 Sekunden angenommen. Für den Gesamtwert ergibt sich somit 1,0 Sekunde. Der Reaktionsweg ist der Weg, den das Fahrzeug innerhalb dieser Sekunde zurücklegt. In diesem Beispiel wird für eine Fahrzeuggeschwindigkeit von 250 km/h der Anhalteweg bestimmt. Des Weiteren wird der Anhalteweg in Anhängigkeit von der Geschwindigkeit grafisch dargestellt.

1.3.1 Reaktionsweg

$$v = \frac{250\ km}{h} = \frac{250.000\ m}{3.600\ s} = 69,44\ \frac{m}{s}$$

$$v = \frac{s}{t}; \qquad s = v * t$$

s_R	– Reaktionsweg
s_B	– Bremsweg
s_A	– Anhalteweg

$$s_R = v * t = 69,44\ \frac{m}{s} * 1s = 69,44\ m$$

Der **Reaktionsweg** hat eine Länge von **69,44 m.**

1.3.2 Bremsweg

Für die Berechnung des Bremsweges wird angenommen:
Das Fahrzeug wird aus dem Stand auf eine Geschwindigkeit von 250 km/h mit dem Betrag der Bremsverzögerung beschleunigt. Ausgehend von dieser Geschwindigkeit erreicht das Fahrzeug den Stillstand, wenn es mit dieser Verzögerung abgebremst wird.

Die beim Beschleunigungsvorgang zurückgelegte Strecke entspricht somit dem Bremsweg.

$$s = f(t) = \frac{a}{2} * t^2 + v_0 * t + s_0 \qquad v_0, s_0 = 0; t = \frac{v}{a}$$

$$s_B = \frac{a}{2} * \left(\frac{v}{a}\right)^2 = \frac{v^2}{2a}$$

$$= \frac{\left(69,44 \frac{m}{s}\right)^2}{2 * 6,5 \frac{m}{s^2}} = 370,92\, m$$

Für den **Bremsweg** ergeben sich circa **371 m.**

1.3.3 Anhalteweg

$$s_A = s_R + s_B = 69,44\, m + 370,92\, m = 440,36\, m$$

Bei einer Geschwindigkeit von 250 km/h legt das Fahrzeug beim Bremsvorgang eine Strecke von circa **440 m** (↑ Abbildung I_9.3.5) zurück.
Beachten Sie den langen Anhalteweg, wenn Sie das nächste Mal auf der Autobahn schneller fahren sollten. Besser ist es, die Richtgeschwindigkeit einzuhalten!

1.3.4 Grafische Darstellung des Anhaltewegs

1. Geschwindigkeit in ms^{-1} (↑ Beispiel 9.3.1.3_1.3.3_1)

$$s_A = f(v) = s_R + s_B \qquad s_A = \frac{v^2}{2a} + v * t$$

$$s_A = f(v) = v * t + \frac{v^2}{2a} = 1(s) * v(ms^{-1}) + \frac{1}{2 * 6,5(ms^{-2})} * v^2(ms^{-1})^2$$

$$s_A = f(v) = 0,077\, v^2 + v; \qquad v\ in\ ms^{-1}$$

2. Geschwindigkeit in km/h (↑ Abbildung I_9.3.5)

$$s_A = f(v) = \frac{v^2}{2a} + v * t = \frac{1}{2 * 6,5(ms^{-2})} * v^2(kmh^{-1})^2 + 1(s) * v(kmh^{-1})$$

$$s_A = \frac{1}{2 * 6,5(ms^{-2}) * 3,6^2} * v^2(ms^{-1})^2 + 1(s) * \frac{1}{3,6} v(ms^{-1})$$

$$s_A = f(v) = 0,0059 \ v^2 + 0,278 \ v; \qquad v \ in \ kmh^{-1}$$

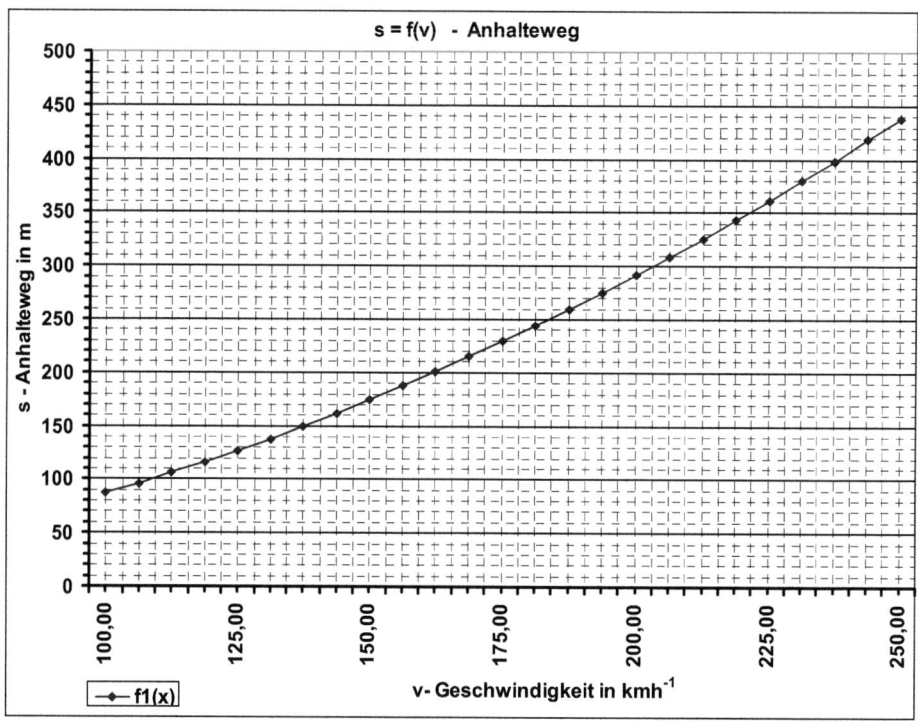

Abbildung I_9.3.5: Anhaltewege eines Fahrzeuges

9.4 Potenzfunktionen

Im ersten Beispiel zu den Potenzfunktionen wird die Kapitalentwicklung beim Ratensparen betrachtet und grafisch dargestellt. Für eine monatliche Rate, verschiedene Zinssätze und unterschiedliche Laufzeiten werden die Kapitalerträge berechnet. Sie können im Programm die Vorgaben variieren und so die Bedingungen für Ihre Sparziele - eine Million Euro beim Renteneintritt oder doch etwas bescheidener - ermitteln.

9.4.1 Beispiele zu Potenzfunktionen

9.4.1.1 Darstellung des Zinseszinseffektes - Mit Zinseszins zum Millionär

Um beim Renteneintritt mit 67 Jahren 100.000, 500.000 oder sogar eine Million Euro auf der „hohen Kante" [9.11] zu haben, reicht sogar eine kleine monatliche Sparrate. Die Million werden Sie nicht mit einem gewöhnlichen Sparbuch erreichen, aber schon ein Konto mit fünf Prozent Verzinsung und einer monatlicher Einzahlung von 170 Euro könnte reichen. Je früher der Einstieg erfolgt desto besser, wenn schon die Eltern oder Großeltern ab der Geburt des Kindes bzw. Enkelkindes mit dem monatlichen Sparen beginnen und das Kind als Erwachsener dies bis zum Renteneintritt weiter führt.

Folgende Betrachtungen werden in diesem Beispiel angestellt:

1. Bei einer monatlichen Rate von 50 Euro und Verzinsungen von zwei, drei, fünf und acht Prozent werden bis zum Eintritt in den Ruhestand (67 Jahre) die Kapitalerträge berechnet.
2. Bei gleichen Bedingungen wie unter Punkt 1 werden die Kapitalerträge eines 30- und 50-jährigen Sparers berechnet.

Kapital (↑ Band II Kap. 4.2.1.2):

$$K_m = q_M R_m \frac{(q_M^m - 1)}{(q_M - 1)}$$

$K_m = Kapital\ nach\ m\ Monate$

$p\ \ = Zinssatz\ in\ \%$

$q_M = 1 + (p/12 * 100) - Zinsfaktor$
$\qquad (Aufzinsfaktor)\ pro\ Monat$

$R_M = Rate(Festbetrag)\ pro\ Monat$

$m\ \ = Laufzeit\ in\ Monate$

zu Punkt 1.:

1.1 p = 2 %; $q_M = 1,001666667$ (↑ Abbildung I_9.4.1 – f_1)

$$K_m = 1,001666667 * 50 Euro * \frac{(1,001666667^{804} - 1)}{(1,001666667 - 1)}$$

$$= 84.584,32 Euro$$

gegeben:
p = 2 %, 3 %, 5 % und 8 %
R_M = 50 Euro
m = 804 (67 Jahre)
gesucht:
K_m für p = 2 %, 3 %, 5 % und 8 %

1.2 p = 3 %; $q_m = 1,0025$ (↑ Abbildung I_9.4.1 – f_2)

$$K_m = 1,0025 * 50 Euro * \frac{(1,0025^{804} - 1)}{(1,0025 - 1)} = 129.214,64 Euro$$

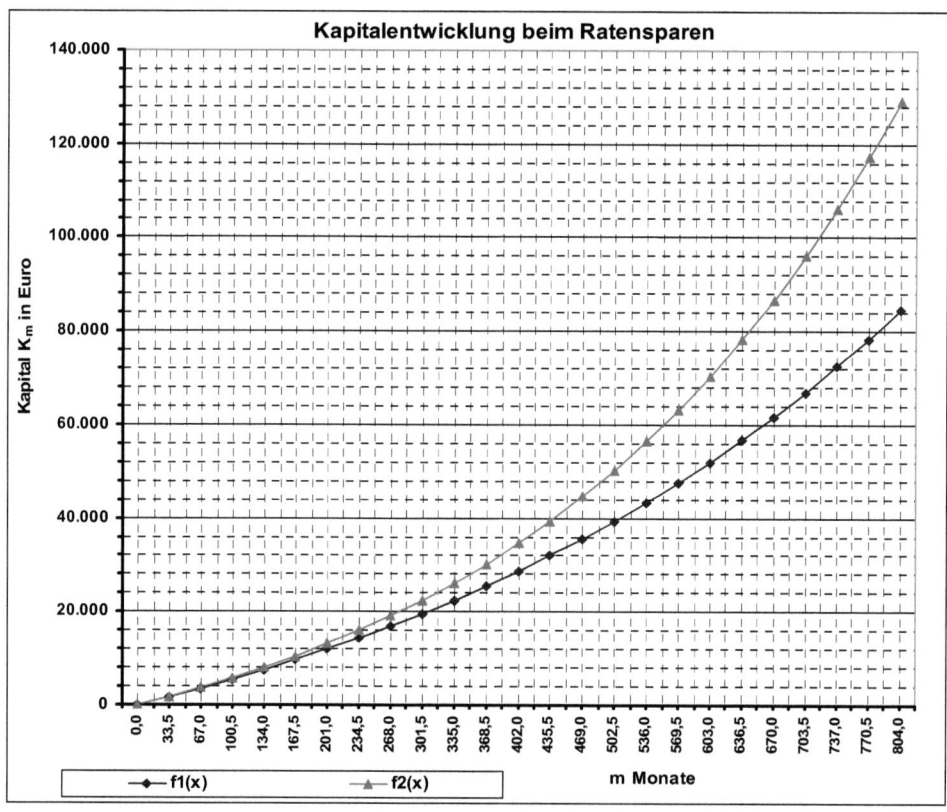

Abbildung I_9.4.1: Kapitalentwicklung beim Ratensparen mit Zinsätzen von 2 % und 3 % (804 Monate)

1.3 p = 5 %; q_m = 1,00 4166667 (↑ Abbildung I_9.4.2 – f₃)

$$K_m = 1,004166667 * 50\,Euro * \frac{(1,004166667^{804} - 1)}{(1,004166667 - 1)} = 329.025,89\,Euro$$

1.4 p = 8 %; q_M = 1,00 6666667 (↑ Abbildung I_9.4.2 – f₄)

$$K_m = 1,006666667 * 50\,Euro * \frac{(1,006666667^{804} - 1)}{(1,006666667 - 1)} = 1.570.207,99\,Euro$$

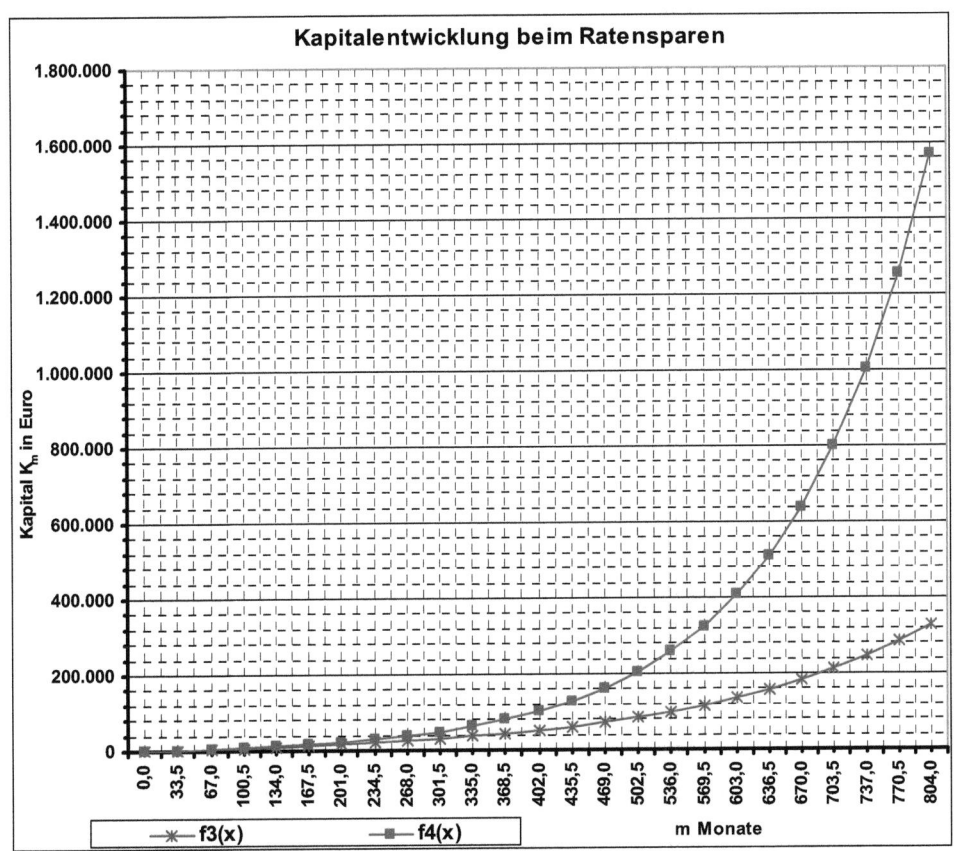

Abbildung I_9.4.2: Kapitalentwicklung beim Ratensparen mit Zinsätzen von 5 % und 8 %

zu Punkt 2.:

2.1 Laufzeit beim Ratensparen (für 30-jährigen Sparer)

804 Monate (67 Jahre) - 360 Monate (30 Jahre)
= **444 Monate**

Kapitalentwicklung K_m für:

$p = 2\ \%$ - ($\uparrow$ Abb. I_9.4.3 – f_1)
$p = 3\ \%$ - ($\uparrow$ Abb. I_9.4.3 – f_2)
$p = 5\ \%$ - ($\uparrow$ Abb. I_9.4.3 – f_3)
$p = 8\ \%$ - ($\uparrow$ Abb. I_9.4.3 – f_4)

gegeben:
p = 2%, 3%, 5% und 8%
R_M = 50 Euro
m = 444 (37 Jahre)
gesucht:
K_m für p = 2%, 3%, 5% und 8%

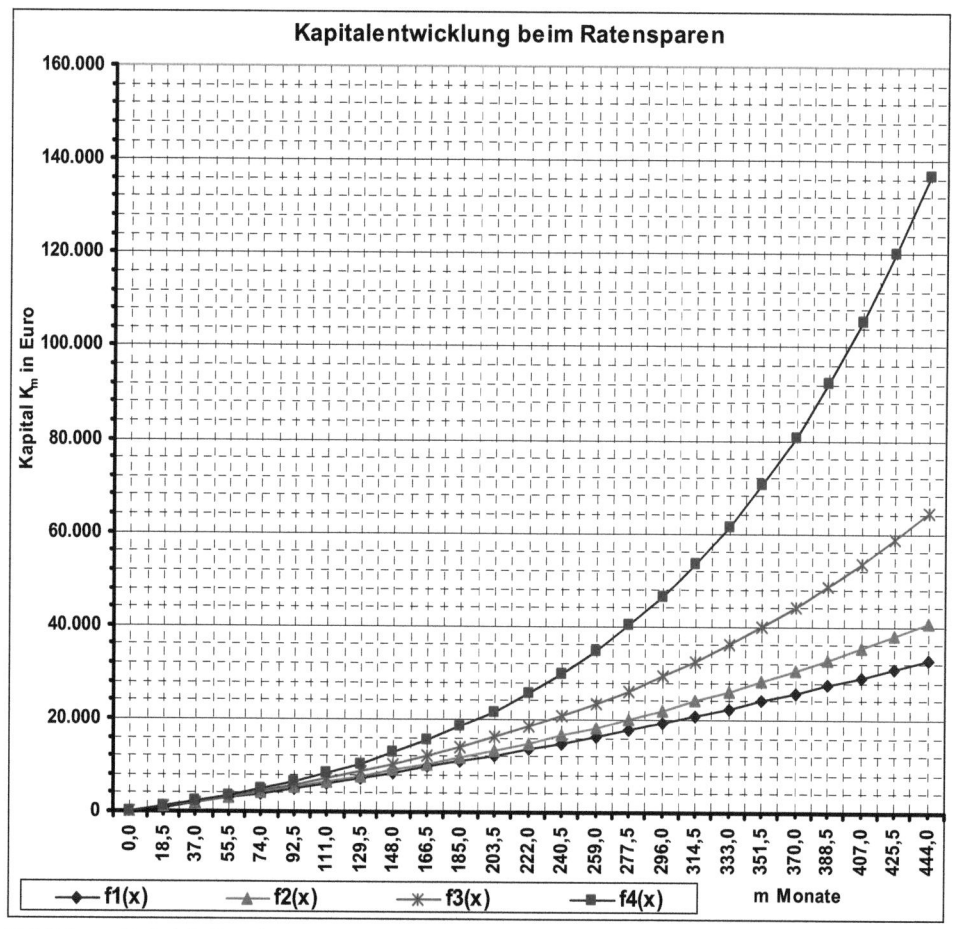

Abbildung I_9.4.3: Kapitalentwicklung beim Ratensparen bis 444 Monate

2.2 Laufzeit beim Ratensparen (für 50-jährigen Sparer)

804 Monate (67 Jahre) - 600 Monate (50 Jahre)
= **204 Monate**

Kapitalentwicklung K_m für:

$p = 2\%$ - ($\uparrow$ Abb. I_9.4.4 – f_1)
$p = 3\%$ - ($\uparrow$ Abb. I_9.4.4 – f_2)
$p = 5\%$ - ($\uparrow$ Abb. I_9.4.4 – f_3)
$p = 8\%$ - ($\uparrow$ Abb. I_9.4.4 – f_4)

gegeben:
p = 2%, 3%, 5% und 8%
R_M = 50 Euro
m = 204 (17 Jahre)
gesucht:
K_m für p = 2%, 3%, 5% und 8%

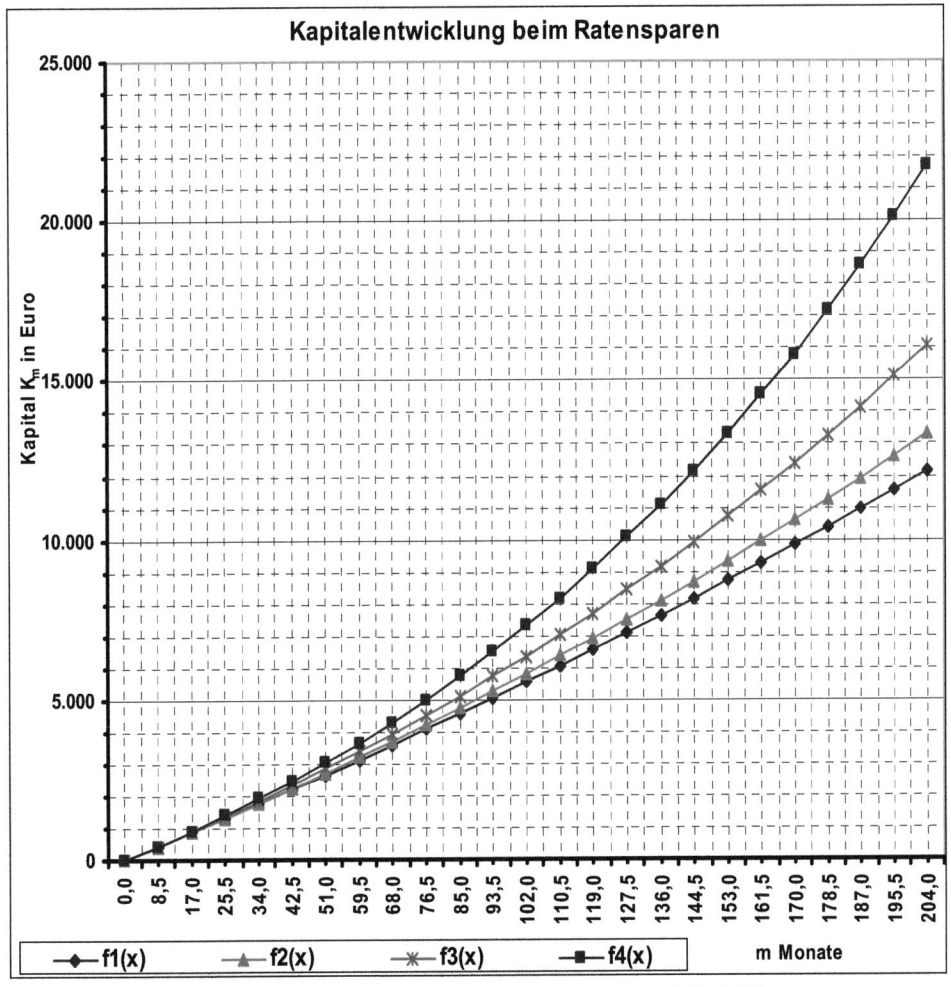

Abbildung I_9.4.4: Kapitalentwicklung beim Ratensparen bis 204 Monate

305

9.5 Exponential- und Logarithmusfunktionen

9.5.1 Beispiele zu Exponential- und Logarithmusfunktionen

Sie genießen gerade einen frisch gebackenen Hefekuchen und fragen sich, warum ist der so luftig und locker? Im Beispiel 9.5.1.1 gibt es die Lösung und ein Rezept zum Hefekuchen. Im zweiten Beispiel (9.5.1.2) bestimmen Sie anhand der barometrischen Höhenformel den Luftdruck auf dem höchsten Punkt der Erde und berechnen die Höhe eines Berges, wenn der Luftdruck bekannt ist. Wann spricht man von Geräuschen oder Lärm? Was ist ein Dezibel in der Akustik und Technik? Die Lösungen gibt es im Beispiel 9.5.1.3. Im Beispiel 9.5.1.4 werden mit dem Benfordschen Gesetz Steuersünder entlarvt.

9.5.1.1 Kuchenbacken – Wachstum von Hefezellen

Aus Bäckerhefe, Mehl, Milch und Zucker wird ein Hefeteig gerührt und anschließend warm gehalten. In diesem Beispiel wird das Wachstum der Hefezellen berechnet. Jede Hefezelle teilt sich in nur elf Minuten in zwei [9.12]. Nach 22 Minuten sind es schon vier Zellen usw. Die Anzahl der Hefezellen wächst, solange der Vorrat an Mehl und Zucker reicht. Die Hefezellen geben hierbei Kohlensäuregas in den Teig und blasen ihn so auf.

1. Wie oft teilt sich eine Hefezelle innerhalb von 90 Minuten?

$$y = f(x) = a^x$$

> **x** - Anzahl der Teilungen einer Zelle innerhalb von 90 Minuten - **8,0**
> („Ruhezeit" des Teigs - 90 min) / (Zeit für Teilung einer Hefezelle - 11 min)
>
> **a** - **2**

$$y = 2^{\frac{90}{11}} \approx 2^8 = 256$$

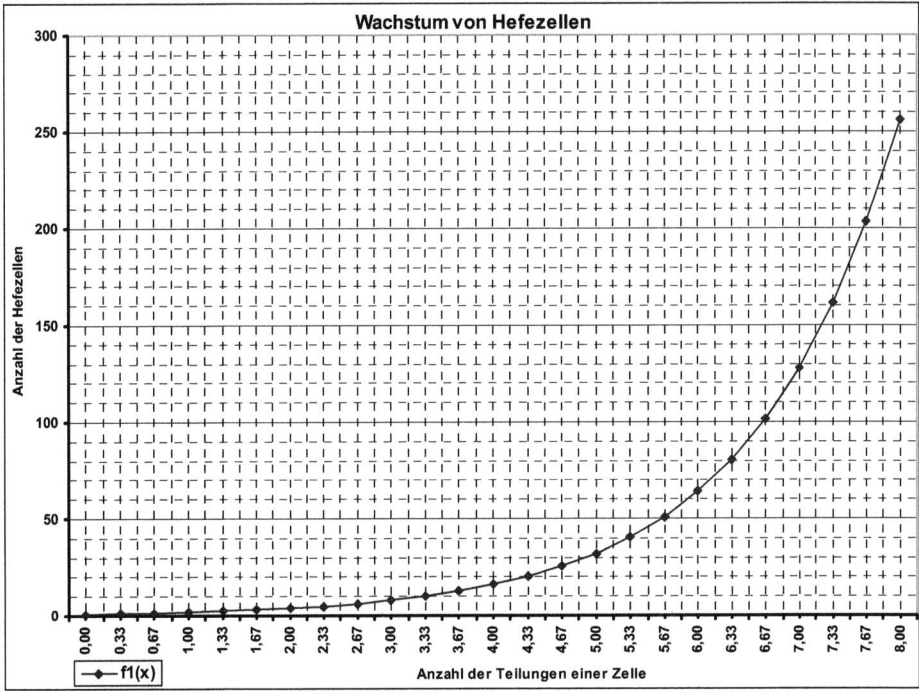

Abbildung I_9.5.1: Wachstum einer Hefezelle in Abhängigkeit von der Anzahl der Teilungen

Aus einer **Hefezelle** entstehen nach 90 Minuten **256 Zellen**.

2. Wie viele Hefezellen entstehen bei einer „Ruhezeit" des Hefeteiges von 3 Stunden?

Tabelle I_9.5.1: „Ruhezeit" und Anzahl der Hefezellen

Zeit in min	Anzahl Hefezellen (Werte aus Grafik)
120	2.000
150	12.500
160	24.000
170	45.000
180	84.300

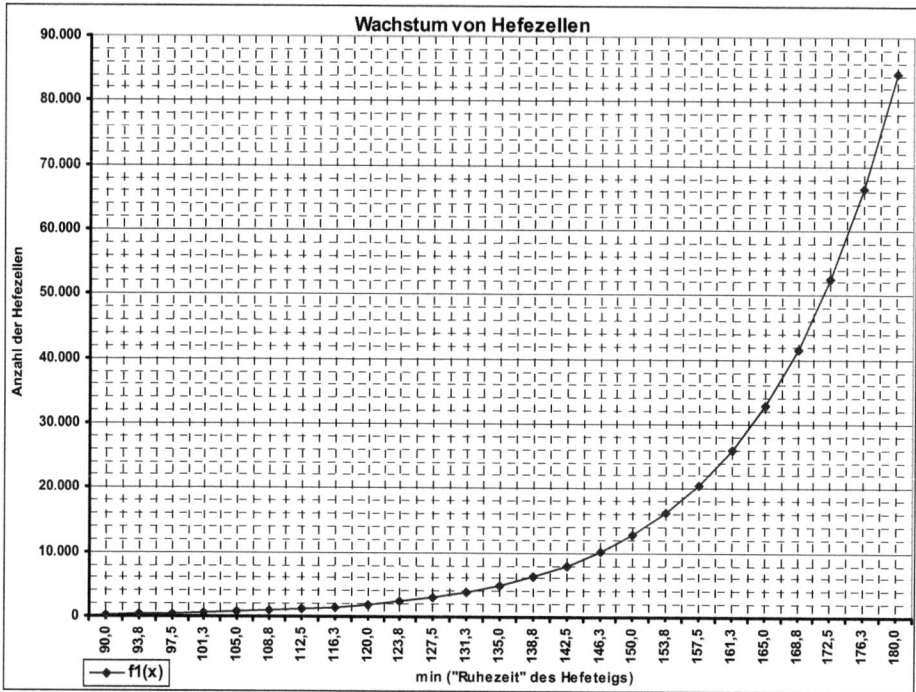

Abbildung I_9.5.2: Wachstum einer Hefezelle in Abhängigkeit von der „Ruhezeit"

Diese beiden Beispiele zeigen sehr schön die Auswirkungen einer Exponentialfunktion. Aus einer Hefezelle werden nach einer **„Ruhezeit" von 90 Minuten 256** und nach **180 Minuten** sind es schon **84.300**, dass sind fast 330 mal so viele Zellen.

Omas Hefeteig

Rezept:

- 500 g Mehl	- 100 g Zucker
- 80 g Butter	- Salz
- 1 Päckchen Vanillinzucker	- 30 g Hefe
- ¼ l Milch	

Zubereitung:

Zunächst wird die zerbröckelte Hefe in handwarmer Milch verrührt. Danach Mehl mit den übrigen zimmerwarmen Zutaten dazutun und zu einem glatten Teig durchkneten. Den Teig an einem warmen jedoch nicht heißen Platz circa 90 Minuten gehen lassen. Anschließend den Teig zusammenstoßen, nochmals kurz kneten und nach Geschmack mit Früchten und Streuseln weiterverarbeiten.

Guten Appetit!

9.5.1.2 Barometrische Höhenformel

Bei der barometrischen Höhenformel [9.13] bis [9.17] handelt es sich um eine e-Funktion, die den Zusammenhang zwischen Luftdruck und Höhe in der Erdatmosphäre beschreibt. Wird bei dieser Betrachtung die Temperatur als konstant von 0 °C angenommen, so gilt:

$$p_h = p_0 * e^{-\frac{\rho_0 * g * h}{p_0}}$$

Auf die Luft (Erdatmosphäre) wirkt die Gravitationskraft der Erde, wodurch der Luftdruck vom jeweiligen Standpunkt abhängig ist. Nähert man sich dem Erdmittelpunkt, umso dichter wird die Luft und dementsprechend steigt auch der Luftdruck. Bei Meereshöhe (0 m ü NN) liegt dieser bei 1.013,25 mbar und fällt mit steigender Höhe. Auf dem höchsten Punkt der Erde, der Mount Everest (8.848 m üNN), hat der Luftdruck nur noch einen Wert von 335 mbar (↑ Punkt 1. - Berechnung des Luftdrucks).

p_h	Luftdruck in der Höhe h
p_0	Luftdruck in der Höhe h = 0
e	EULERsche Zahl **2,71828.........**
ρ_0	Luftdichte in der Höhe h = 0 **1,29kgm^{-3}**
g	Fallbeschleunigung **9,81ms^{-2}**
h	Höhe in der Erdatmosphäre auf Meereshöhe (0m üNN) bezogen

Mit Hilfe der barometrischen Höhenformel kann durch Messen des Luftdrucks die Höhe bestimmt werden. Die Höhe ergibt sich, wenn nach h aufgelöst wird:

$$p_h = p_0 * e^{-\frac{\rho_0 * g * h}{p_0}} \qquad \frac{p_h}{p_0} = e^{-\frac{\rho_0 * g * h}{p_0}}$$

$$a^c = b$$
$$c = \log_a b$$

$$-\frac{\rho_0 * g * h}{p_0} = \log_e \frac{p_h}{p_0} = \log_e p_h - \log_e p_o$$

$$\log_a (b_1/b_2) = \log_a b_1 - \log_a b_2$$

$$\log_e b = \ln b$$

$$h = -\frac{p_0}{\rho_0 * g} * \left(\log_e p_h - \log_e p_0\right)$$

$$\frac{p_0}{\rho_0 * g} = \frac{1.013,25 mbar}{1,29 \frac{kg}{m^3} * 9,81 \frac{m}{s^2}}$$

$$\frac{p_0}{\rho_0 * g} = \frac{1.013,25 * 10^2 \frac{kg}{m * s^2}}{1,29 \frac{kg}{m^3} * 9,81 \frac{m}{s^2}}$$

$$\frac{p_0}{\rho_0 * g} = 8.006,78 m \approx 8.000 m$$

SI-Einheit des Luftdrucks ist **Pascal (Pa)** oder die SI-konforme Einheit **Bar (bar)**.

1 hPa (Hektopascal) =
1 mbar (Millibar)

auf Meereshöhe (0m ü NN):
1.013,25 hPa = 1.013,25 mbar

1bar	$= 10^5 \, \text{Nm}^{-2}$
1N	$= 1 \, \text{kgms}^{-2}$
1bar	$= 10^5 \, \text{kgm}^{-1}\text{s}^{-2}$
1mbar	$= 10^2 \, \text{kgm}^{-1}\text{s}^{-2}$

Wird dieser Term in die folgenden Formeln eingesetzt, so erhält man:

$$h = \frac{p_0}{\rho_0 * g} * (\ln p_0 - \ln p_h)$$

$$h = 8.000 m * (\ln p_0 - \ln p_h)$$

$$p_h = p_0 * e^{-\frac{h}{8.000m}}$$

1. Berechnung des Luftdrucks auf dem Mount Everest

$$p_h = p_0 * e^{-\frac{h}{8.000m}}$$

gegeben:
h $\quad = \quad$ 8.848m

gesucht:
$p_h \quad = \quad$?

$$p_h = p_0 * e^{-\frac{8.848m}{8.000m}} = 1.013,25 mbar * e^{-1,106} = 335,26 mbar$$

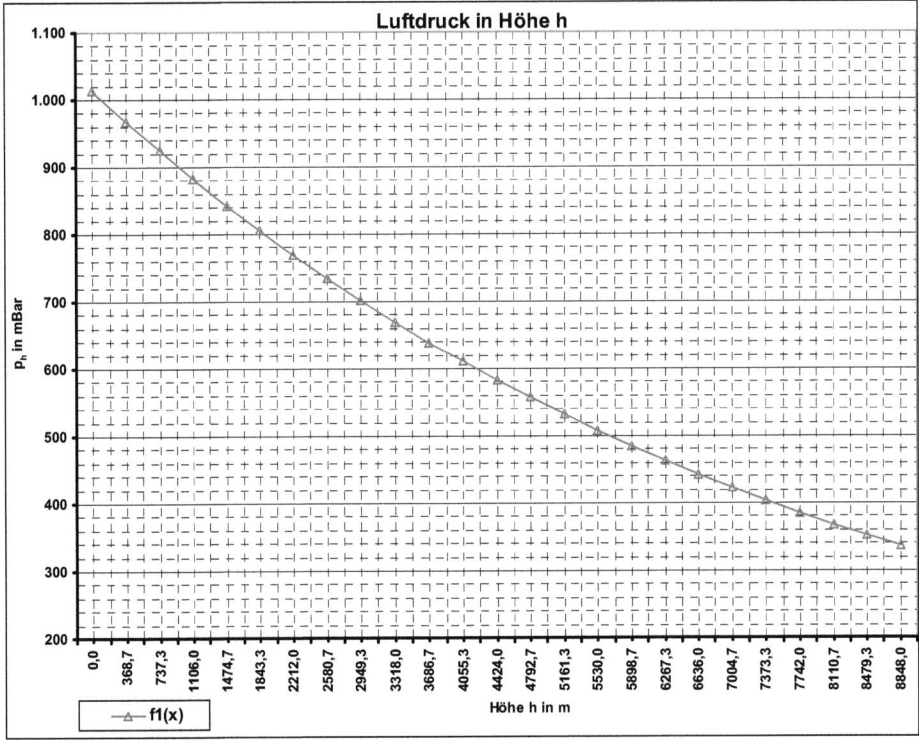

Abbildung I_9.5.3: Luftdruck in der Erdatmosphäre

Auf dem Mount Everest beträgt der Luftdruck nur noch **335,26 mbar.**

2. Berechnung der Höhe

Auf Meereshöhe kann man von einem linearen Verhältnis zwischen Luftruck und Höhe ausgehen. Ein Druckabfall von etwa 10 mbar entsteht auf 80 Höhenmetern. Ein Barometer, mit dem der Luftdruck gemessen wird, zeigt 1.008 mbar an. Auf welcher Höhe befindet sich das Messgerät?

2.1 Berechnung der Höhe anhand des linearen Verhältnisses zwischen Luftruck und Höhe

0m ü NN	=	**1.013,25 mbar**
80 Höhenmeter	=	10 mbar
1m	=	0,125 mbar

$$h = \frac{(1.013,25 - 1.008)mbar}{0,125\dfrac{mbar}{m}} = 42,0m$$

311

2.2 Berechnung der Höhe mit der Barometrischen Höhenformel

$$h = 8.000m * \left(\ln p_0 - \ln p_h\right)$$

$$h = 8.000m * \left(\ln 1.013,25 - \ln 1.008\right) = 41,56m$$

Das Messgerät befindet sich auf einer **Höhe** von **circa 42 m ü NN**.

3. Berechnung der Höhe bei halbem Luftdruck 0 m ü NN

0 m ü NN (p_0)　　　　=　　　　1.013,25 mbar
halber Luftdruck ($p_0/_2$)　=　　　　circa 500 mbar

$$h = 8.000m * \left(\ln p_0 - \ln p_h\right)$$

$$h = 8.000\,m * \left(\ln 1.013,25 - \ln 500\right) = 5.650,48m$$

Auf einem **Berg** (≈ **5.650 m**) beträgt der Luftdruck nur noch 500 mbar (↑ Abbildung I_9.5.3).

9.5.1.3 Geräusche und Lärm, Dezibel in der Akustik und Technik

1. Dezibel in der Akustik [9.18]

Lärm gehört neben Luftverschmutzung zu den bedeutenden Umweltgefahren. Die Lärment-
stehung ist vielfältig, denn Lärm ist nicht gleich Lärm. Die Musik in der Disco kann gar
nicht laut genug sein, ein tropfender Wasserhahn oder das Brummen eines Kühlschrankes
in der Nacht kann schon nerven. Lärm und Geräusche werden subjektiv wahrgenommen, so
ist es schwer Lärm richtig einzuschätzen. Lärm ist unerwünschter oder
gesundheitsschädlicher Schall. Der Schall ist physikalisch der Schalldruckpegel (Energie
pro Fläche), die auf unser Trommelfell trifft. Der Schalldruckpegel wird in Dezibel (dB – ↑
Punkt 2.) angegeben. Das menschliche Hörempfinden wird durch unterschiedliche Fre-
quenzen beeinflusst. Deshalb wird zur Bestimmung des Schalldruckpegels ein Filter (A)
vorgeschaltet, der die anatomischen Eigenschaften des menschlichen Ohres berücksichtigt.
Der Schalldruck wird in dB(A) gemessen. Das menschliche Ohr kann Pegelunterschiede
von 3 dB deutlich wahrgenommen. In der Physik wäre eine Erhöhung des Schallpegels um
6 dB eine Verdopplung. Der Mensch empfindet Schallpegelerhöhungen um 10 dB als Laut-
stärkeverdopplung. Tabelle I_9.5.2 enthält die Lärmskala mit Geräuschquellen und mögliche gesundheitliche Auswirkungen.

Tabelle I_9.5.2: Lärmskala [9.19]

dB	Geräusch-/ Lärmquelle
0	Hörschwelle
10	Blätterrauschen, ruhiges Atmen
20	Leises Flüstern, ruhiges Zimmer, Rundfunkstudio, ruhiger Garten
25	Grenzwert – gewerblicher Lärm in der Nacht
35	Obergrenze – Nachtgeräusche in Wohngebieten Schlaf-, Lern- und Konzentrationsstörungen sind möglich
40	Leise Unterhaltung
45	Obergrenze – Taggeräusche in Wohngebieten
50	Normale Unterhaltung, Zimmerlautstärke, Geschirrspüler
60	Stressgrenze, laute Unterhaltung
65	Erhöhtes Risiko für Herz-Kreislauf-Erkrankungen
70	Haushalts- und Bürolärm
80	Starker Straßenlärm, Staubsauger, Schreien, Kinderlärm
85	Gehörschutz im gewerblichen Arbeitsbereich vorgeschrieben (jahrelang ausgesetzt treten Hörschäden auf)
90	Autohupen, LKW- Fahrgeräusche, Schnarchen
100	Motorrad, Kreissäge, Presslufthammer, Diskomusik
110	Schnellzug in geringer Entfernung, Walkmann, Rockkonzert
120	Flugzeug in geringer Entfernung, Techno-Musik,
130	Schmerzschwelle – Hörschädigungen möglich, Düsenflugzeug in geringer Entfernung
140	Gewehrschuss, Raketenstart, EU-Grenzwert zum Schutz vor Hörschäden
170	Gewehr G3 auf kurzer Entfernung, Ohrfeige direkt aufs Ohr
180	Knall einer Kinderspielzeugpistole in Ohrnähe
190	Innere Verletzungen, Hautverbrennungen, tödlich

1.1 Schallreduzierung beim Laminatboden

Laminatboden wird auf einer Unterlage mit Dämmung und Feuchteschutz verlegt. Ein Hersteller garantiert für diesen Dämmstoff 20 dB Trittschalldämmung und 6 dB Gehschallreduzierung. Die Trittschalldämmung reduziert den Trittschall zum darunter liegenden Raum und die Gehschallreduzierung verringert den Gehschall im Raum und verbessert das Klangempfinden. Wie empfindet das menschliche Ohr die Lautstärke, wenn kein Dämmstoff eingesetzt wird? Eine Erhöhung des Trittschallpegels um 20 dB empfindet der Mensch als eine Vervierfachung der Lautstärke und 6 dB Änderung beim Gehschall wird merklich wahrgenommen. Der Einsatz von entsprechenden Dämmstoffen beim Verlegen von Laminat reduziert den Lärm in Ihrer Wohnung und garantiert weiterhin ein gutes Verhältnis zum Nachbarn.

1.2 Lärmreduzierung beim Schalldämpfer und „Antischall" - Kopfhörern

Von der Autoindustrie wird Gegenlärm zur Lärmreduzierung in Schalldämpfern eingesetzt. Dies funktioniert nach folgendem physikalischen Prinzip: Trifft ein Wellenberg einer Schallwelle auf das Wellental einer anderen Schallwelle, so löschen sich beide Wellen aus. Diesen Effekt haben Sie vielleicht schon einmal im Flugzeug entdeckt, wenn Sie einen „Antischall" - Kopfhörer benutzen. So wird aus dem Dröhnen der Triebwerke ein kaum wahrnehmbares Rauschen. Beim Schalldämpfer dämpft der Gegenlärm den Lärm des Autos um bis zu 20 Dezibel.

2. Dezibel in der Technik

Das Dezibel (deziBel –Abkürzung: dB) ist der zehnte Teil eines Bel (B). Mit der Bezeichnung Bel wurde der Physiker Alexander Graham Bell geehrt.

$$1 \text{ B} = 10 \text{ dB}$$

In der Praxis hat sich das Dezibel durchgesetzt, wobei das dB ursächlich ein Verhältnis zweier Leistungen ist. Das Dezibel wird als dekadischer Logarithmus des Verhältnisses der Ausgangsleistung Pa zur Eingangsleistung Pe berechnet.
Ist das Verhältnis von Ausgangs- zu Eingangsgröße einer elektronischen Schaltung größer eins, so liegt eine Verstärkung vor. Bei einem Wert kleiner eins, so spricht man von Dämpfung.

Abbildung I_9.5.4: Blockschaltbild einer elektronischen Schaltung

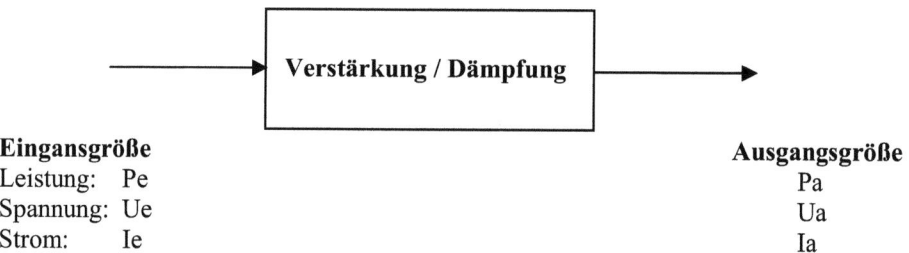

Eingangsgröße
Leistung: Pe
Spannung: Ue
Strom: Ie

Ausgangsgröße
Pa
Ua
Ia

2.1 Leistungsverstärkung/ -dämpfung:

$$v_P = 10 * \lg \frac{P_a}{P_e} \; in \; dB$$

Die grafische Darstellung zur Leistungsverstärkung/ -dämpfung entnehmen Sie den Beispielen 9.5.1.3_2.1_1 und _2.

2.2 Spannungsverstärkung/ -dämpfung und Stromverstärkung/ -dämpfung:

$$P = U * I = \frac{U^2}{R} = I^2 * R$$

Bei gleichem Bezugswiderstand R ergeben sich für Spannungs- und Stromverhältnisse folgende Berechnungen:

$$v_U = 10 * \lg \frac{U^2_a}{U^2_e} \ in \ dB$$

$$\log_a u^r = r * \log_a u$$
$$r = 2$$

$$v_U = 2 * 10 * \lg \frac{U_a}{U_e} \ in \ dB$$

$$v_U = 20 * \lg \frac{U_a}{U_e} \ in \ dB \qquad v_I = 20 * \lg \frac{I_a}{I_e} \ in \ dB$$

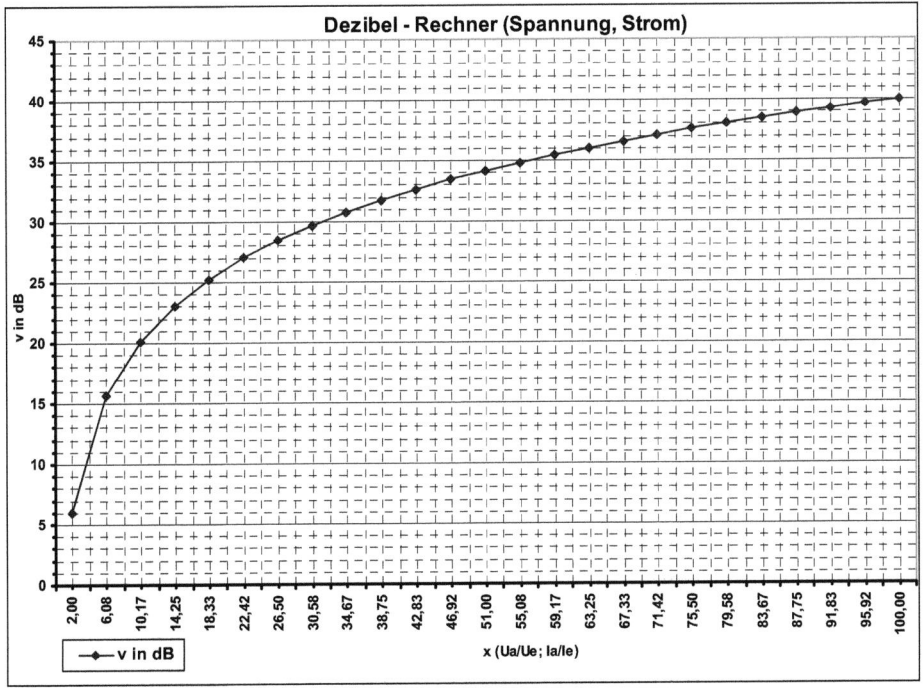

Abbildung I_9.5.5: Strom- / Spannungsverstärkung

315

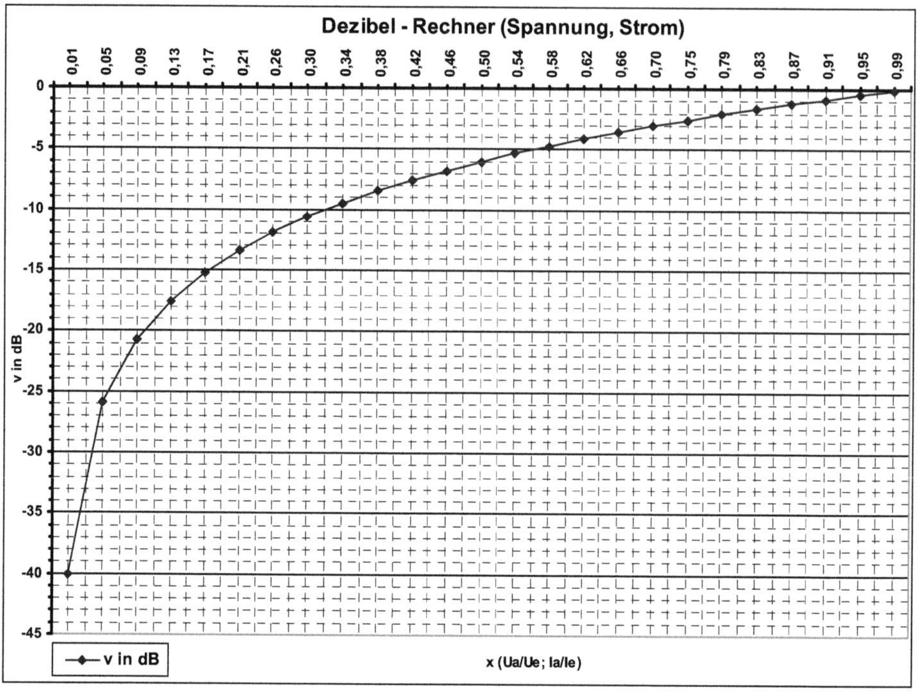

Dezibel - Rechner (Spannung, Strom)

[Diagramm: v in dB über x (Ua/Ue; Ia/Ie), mit x-Werten von 0,01 bis 0,99]

Abbildung I_9.5.5.1: Strom-/ Spannungsdämpfung

2.2.1 Dreistufiger Spannungsverstärker

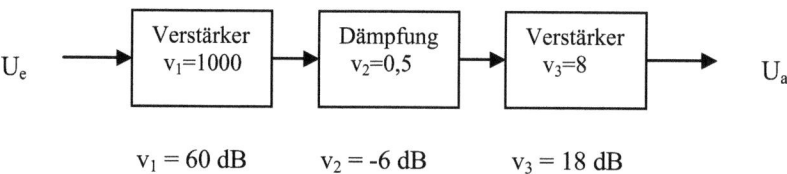

$$U_e \longrightarrow \boxed{\begin{array}{c}\text{Verstärker}\\ v_1=1000\end{array}} \longrightarrow \boxed{\begin{array}{c}\text{Dämpfung}\\ v_2=0,5\end{array}} \longrightarrow \boxed{\begin{array}{c}\text{Verstärker}\\ v_3=8\end{array}} \longrightarrow U_a$$

$$v_1 = 60 \text{ dB} \qquad v_2 = -6 \text{ dB} \qquad v_3 = 18 \text{ dB}$$

Abbildung I_9.5.6: Dreistufiger Spannungsverstärker

Umrechnung von Verstärkungen/ Dämpfungen in dB:

$$v_1 = 20 * \lg 1.000 = 60 \text{ dB}$$
$$v_2 = 20 * \lg 0,5 \quad = -6 \text{ dB}$$
$$v_3 = 20 * \lg 8 \quad = 18 \text{ dB}$$

In der Abbildung I_9.5.6 sind drei Verstärkerstufen hintereinander angeordnet. Die Gesamtverstärkung v_G ist das Produkt aus den Verstärkungen V_1, V_2 und V_3.

$$v_G = v_1 * v_2 * v_3$$

$$v_G = 1.000 * 0{,}5 * 8 = 4.000$$

Man erkennt, dass sich für die Gesamtverstärkung unhandliche Werte ergeben können. Beim Rechnen mit Dezibel werden die Einzelverstärkungen addiert. Ein weiterer Vorteil ist, dass hierbei nur kleine Zahlen auftreten.

$$v_G = 60 \text{ dB} + (-6 \text{ dB}) + 18 \text{ dB} = 72 \text{ dB}$$

Probe:

$$v_U = 20 * \lg \frac{U_a}{U_e} \ \ in \ dB$$

$$v_U = 20 * \lg 4000 = 72{,}04119983 \, dB \approx 72 \, dB$$

Mit dem oben erworbenen Wissen outen Sie sich als Technikfreak, wenn es sich um Verstärkungen und Dezibel in der Technik dreht.

9.5.1.4 Eine Formel gegen Steuersünder

Der Mathematiker Simon Newcomb entdeckte 1881, dass gebrauchte Logarithmentafeln auf den vorderen Seiten wesentlich schmutziger als auf den hinteren waren. Zahlen am Anfang wurden häufiger nachgeschlagen als Zahlen am Ende. Er schlussfolgerte, dass Zahlen mit der Anfangsziffer „1" häufiger vorkommen als Zahlen mit einer „2", diese wieder häufiger als mit einer „3" usw. bis zur „9". Seine Entdeckung blieb lange Zeit unbeachtet. In den 1920er Jahren entdeckte der Physiker Frank Benford wiederum an Logarithmentafeln die Häufigkeitsverteilung der Anfangsziffern von Zahlen und stellte folgende Formel auf:

Benfordsche Gesetz:

$$p(d) = \log_{10}\left(1 + \frac{1}{d}\right)$$

$p(d)$ -	Wahrscheinlichkeit für das Auftreten der ersten Ziffer
d -	Ziffern von 1 bis 9

Das Benfordsche Gesetz besagt, dass die Anfangsziffern d mit folgenden Wahrscheinlichkeiten p(d) erscheinen:

Tabelle I_9.5.2: Wahrscheinlichkeiten für das Auftreten der ersten Ziffer

Anfangsziffer	Wahrscheinlichkeit p(d) in %
1	30,1
2	17,6
3	12,5
4	9,7
5	7,9
6	6,7
7	5,8
8	5,1
9	4,6

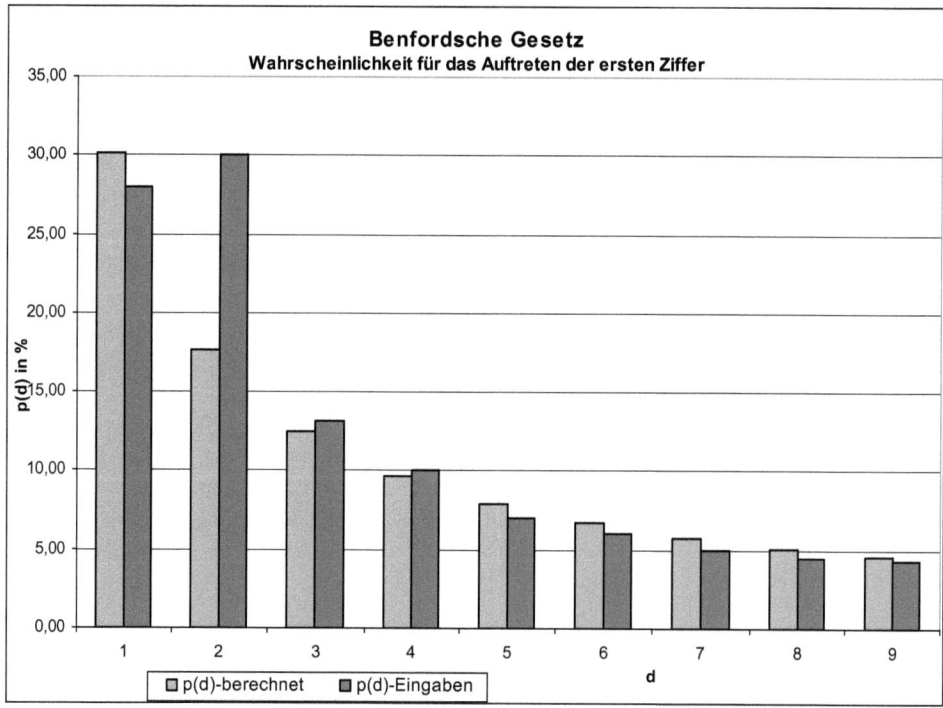

Abbildung I_9.5.7: Darstellung zum Benfordschen Gesetz

In [9.21] wird das Rätsel der sonderbaren Ziffernverteilung gelüftet. Hier werden einige Zahlenbereiche betrachtet. Bei Zahlen von 1 bis 9 kommt jede Ziffer gleich häufig vor zu einem Neuntel (11,1 %). Betrachtet man die Zahlen von 1 bis 19 kommt die „1" elf Mal vor, dass ergibt eine prozentuale Verteilung von 57,9 %. Betrachtet man Zahlen von 1 bis 99 sind es ebenfalls elf Zahlen, die mit der Anfangsziffer „1" beginnen. Dies entspricht wiederum einer prozentualen Verteilung von 11,1 %. Die Zahlenbereiche von 1 bis 1999 und von 1 bis 9999 ergeben ähnliche Wahrscheinlichkeitsverteilungen von 55,6 % und 11,1 %. Werden diese beiden Werte gemittelt, so erhält man für die Anfangsziffer „1" eine Wahrscheinlichkeit von etwa 33 %.

Anwendung des Benfordschen Gesetzes:

Das Benfordsche Gesetz wendet man an, wenn es um die Erkennung von Problemen bei Arbeitsabläufen in Firmen, Betrugsfällen bei der Steuererklärung oder Unterschlagungen sowie bei Analysen von Buchungsdaten auf Girokonten geht [9.22]. Wenn eine Steuererklärung korrekt ist, dann gehorchen die Verteilungen der Anfangsziffern der Zahlen dem Benfordschen Gesetz. Macht man falsche Angaben, indem man viele Zahlen erfindet, so stimmt die Statistik der Zahlen nicht mehr mit dem Benfordschen Gesetz überein. So wird in [9.20] berichtet, dass das Finanzgericht Münster seit 2005 das Benfordsche Gesetz nutzt, um Steuersünder zu entlarven. Professor Mark Nigrini von der Universität Kansas hat Software entwickelt, die Bilanzen auf die Einhaltung des Benfordschen Gesetzes kontrolliert. Bilanzen werden häufig so manipuliert, dass nicht auf die Verteilung der Anfangsziffer der Zahlen geachtet wird. Die Software erkennt die Abweichungen und signalisiert die Manipulation. Weitere einfache Beispiele für das Benfordsche Gesetz finden Sie in [9.20], so gehorchen Hausnummern, die Länge von Flüssen und Dateigrößen eines Computers diesem Gesetz.

9.6 Trigonometrische Funktionen (Winkelfunktionen)

9.6.1 Beispiele zu Winkelfunktionen

Mit den Winkelfunktionen lassen sich viele Alltagsprobleme lösen. So wird im ersten Beispiel die Kräfteverteilung eines Gewichtes auf der geneigten Ebene berechnet. Bereits in den Beispielen 5.4.2.3 bis 5.4.2.5 wurden einige Möglichkeiten aufgezeigt, um die Höhe von Objekten zu bestimmen, so lernen Sie im Beispiel 9.6.1.2 eine weitere mithilfe der Winkelfunktionen kennen. Im letzten Beispiel wird die Tonfrequenz eines Freigabesignals für Sehbehinderte und Blinde an Ampeln hergeleitet und visualisiert.

9.6.1.1 Kräfte an der geneigten Ebene

Das folgende Beispiel ist ein „Klassiker" aus dem Physikunterricht. Ein Gegenstand mit einer Masse von 80 Kilogramm liegt auf einer geneigten Ebene [9.23], die mit der Horizontalen einen Winkel $\alpha = 6°$ bildet. Wie groß sind die Normal- und Hangabtriebskräfte?

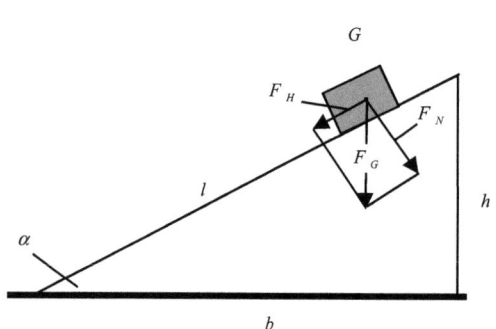

F_G	- Gewichtskraft
F_H	- Hangabtriebskraft
F_N	- Normalkraft
G	- Gegenstand
m	- Masse des Gegenstandes (in kg)
g	- Fallbeschleunigung
h	- Höhe der Ebene
l	- Länge der Ebene
b	- Basis der Ebene
α	- Winkel (Steigung)

Abbildung I_9.6.1: Kräfteverteilung auf der geneigten Ebene

$1N = 1 kgms^{-2}$
$1kp = 9,80665N \approx 10N$

Lösung:

gegeben:
m   =   80 kg
g $\approx$ $9,81 ms^{-2}$
α =   6°

gesucht:
F_G =   ?
F_H =   ?
F_N =   ?

$$\frac{F_H}{F_G} = \frac{h}{l} \qquad \frac{F_N}{F_G} = \frac{b}{l} \qquad \frac{F_H}{F_N} = \frac{h}{b}$$

Gewichtskraft:

$$F_G = m * g = 80kg * 9,81ms^{-2} \approx 800kgms^{-2} = 800N \approx 80kp$$

Hangabtriebskraft:

$$F_H = F_G * \sin \alpha = 80kp * \sin 6° = 80kp * 0,105 = 8,4kp$$

Normalkraft:

$$F_N = F_G * \cos \alpha = 80kp * \cos 6° = 80kp * 0,995 = 79,6kp$$

Probe:

$$\sin \alpha = \frac{F_H}{F_G} \qquad F_G = \frac{F_H}{\sin \alpha} = \frac{8,4kp}{0,105} = 80kp$$

$$\cos \alpha = \frac{F_N}{F_G} \qquad F_G = \frac{F_N}{\cos \alpha} = \frac{79,6kp}{0,995} = 80kp$$

Für einen Gegenstand mit einer Gewichtskraft von 80 kp kommt es auf der geneigten Ebene zu folgender Kräfteaufteilung:

Hangabtriebskraft - 8,4 kp
Normalkraft: - 79,6 kp
(↑ Abbildung I_9.6.3)

9.6.1.2 Masthöhe bestimmen

Ein Laternenmast wirft bei einem Sonnenstand von $\alpha = 50°$ einen Schatten (l) von 5 Metern. Welche Höhe hat der Laternenmast [9.24]?

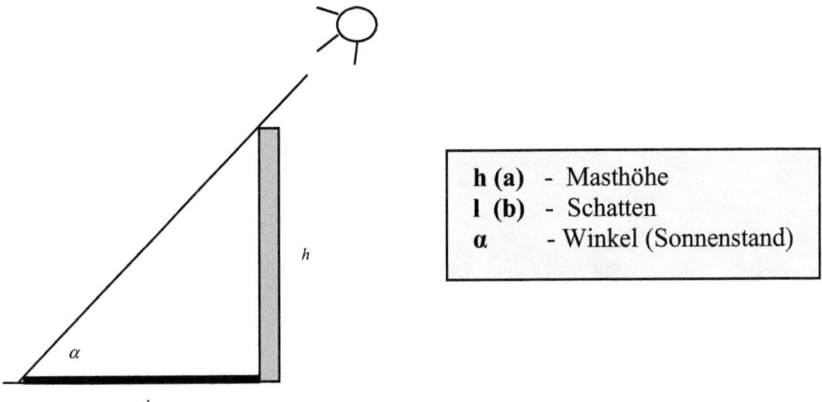

h (a)	- Masthöhe
l (b)	- Schatten
α	- Winkel (Sonnenstand)

Abbildung I_9.6.2: Angaben zur Bestimmung der Masthöhe

Lösung:

$$\tan \alpha = \frac{a}{b} = \frac{h}{l}$$

$$h = \tan \alpha * l = 1,192 * 5m = 5,96\,m$$

gegeben:

l	=	5 m
α	=	50°

gesucht:

h	=	?

Der Laternenmast hat eine Höhe von **5,96 m** (↑ Abbildung I_9.6.3).

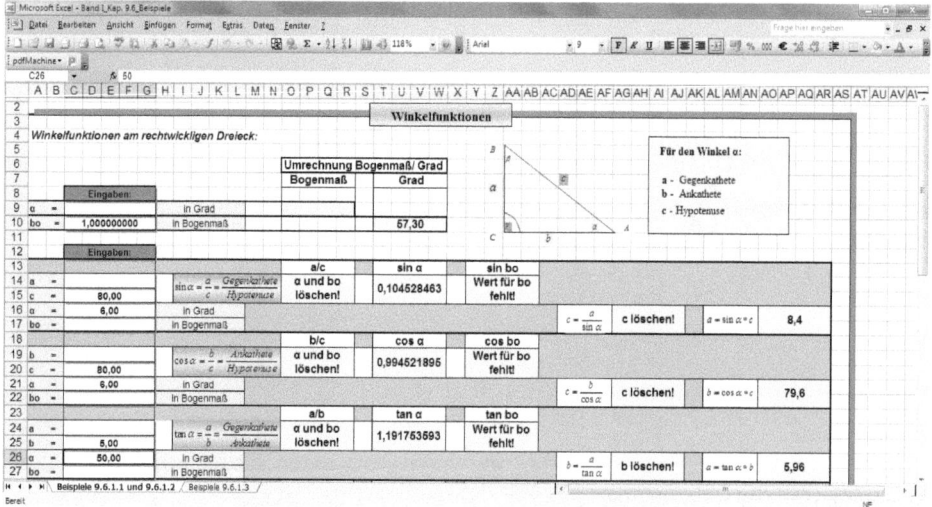

Abbildung I_9.6.3: Lösungen für die Beispiele 9.6.1.1 und 9.6.1.2

9.6.1.3 Blindentechnik an Ampeln

Zur Anzeige der Fußgänger-Grünzeit an Lichtsignalanlagen (kurz: LSA, Ampeln) werden für Sehbehinderte und Blinde Zusatzeinrichtungen eingesetzt. Dieser so genannte akustische Freigabesignalgeber (Piepton) ist ein Sinussignal mit einer Tonfrequenz von 880 ± 50 Hz, einer Taktfrequenz von 2 ± 0,2 Hz und einem Tastverhältnis von Einschalt- zu Pausendauer von 1:1. Um die Orientierung für Sehbehinderte und Blinde zu erhöhen, kann die Tonfrequenz durch ein Signalgemisch aus Grundfrequenz (880 Hz) und Oberwellen dieser Frequenz ersetzt werden.

Zur Minderung der Geräuschbelastung, insbesondere für Anrainer, sind die akustischen Signalgeber mit einer automatischen Anpassung der Lautstärke an die Umweltgeräusche ausgerüstet. Die Lautstärke des Pieptones darf max. 5 dB (A) über dem Umweltgeräuschpegel liegen. Wie das menschliche Ohr diesen Pegelunterschied wahrnimmt, haben Sie bereits im Beispiel 9.5.1.3 erfahren. Für die Grundlautstärke ist ein Regelbereich von 30 bis 90 dB (A) festgelegt. Mit der automatischen Lautstärkeregelung wird das Freigabesignal weitgehend dem Empfinden des menschlichen Gehörs angepasst. Oft hört man an Ampeln neben dem Piepton ein Knackgeräusch. Dies entsteht in den so genannten Orientierungssignalgebern und zeigt dem Sehbehinderten und Blinden an, wo sich die Ampelmaste der Fußgängerfurt befinden. Hier sind weite Zusatzeinrichtungen vorhanden, wie Blindenanforderungstaster mit dem der Piepton nur im Bedarfsfall zugeschaltet wird, tastbare Pfeile mit Symbolen (Verkehrsinsel, Schienen, etc.) für die Gehrichtung und weitere Informationen zur Fußgängerfurt [9.25].

1. Allgemeine Sinusfunktion

Bei der oben genannten Tonfrequenz des Pieptones handelt es sich um eine Sinuskurve. Betrachtet man die Zeit als Veränderliche, so ergibt sich folgende Funktion:

$$y(t) = A \sin(\omega t + \varphi)$$

A - Amplitude
ω - Kreisfrequenz
t - Zeit
T - Periodendauer
f - Frequenz
φ - Phasenwinkel
$\pi \approx 3{,}142$

1.1 Periodendauer (Schwingungsdauer):

$$T = {}^1/_f = {}^1/_{880 \; 1/s(Hz)} \approx 0{,}00114 \; s = 1{,}14 \; ms$$
- wird in Sekunden [s] gemessen

1.2 Frequenz:

$$f = {}^1/_T \quad [{}^1/_s = s^{-1} = 1 \; Hz]$$
- Hertz (Hz) gibt die Anzahl der Schwingungen pro Sekunde an.

1.3 Kreisfrequenz:

$$\omega = {}^{2\pi}/_T = 2\pi f \approx 2*3{,}142*880 \; s^{-1} = 5529{,}92 \; s^{-1}$$

gegeben:
A = 1
f = 880 Hz
φ = 0
gesucht:
y(t) = ?

1.4 Phasenwinkel:

φ bei $\varphi = 0$ gilt:

$$y(t) = A \sin(\omega t) = A \sin(2\pi f t)$$

2. Freigabesignalgeber mit einer Tonfrequenz (880 Hz)

$$y(t) = A \sin(\omega\, t) = A \sin(2\pi f\, t) = \sin(2\pi*880*\, t) \quad (\uparrow \text{Abbildung I\_9.6.4} - f_1)$$

3. Freigabesignalgeber mit Mischfrequenz

Das Freigabesignal aus [9.25] ergibt sich aus der Überlagerung (Addition) dreier Sinuskurven:

3.1 Grundfrequenz: 880 Hz; Amplitude −3 dB ≈ 0,71

Wert der Amplitude: (↑ Band II Kapitel 9.5)

$$n = \log_a b \qquad a^n = b \qquad v_U = 20 * \lg \frac{U_a}{U_e} \ \ in\ dB$$

$$-3dB = 20 * \lg \frac{U_a}{U_e} \qquad \frac{U_a}{U_e} = 10^{\frac{-3}{20}} \approx 0,71$$

$$y(t) = 0,71 * \sin(2\pi*880*\, t)$$

3.2 2. Oberwelle (OW): 3 * 880 Hz = 2640 Hz; Amplitude 0 dB = 1

$$y(t) = 1 * \sin(2\pi*2640*t)$$

3.3 3. OW: 4 * 880 Hz = 3520 Hz; Amplitude 0 dB = 1

$$y(t) = 1 * \sin(2\pi*3520*t)$$

4. Mischfrequenz : Grundfrequenz + 2. OW + 3. OW

$$y_M(t) = 0,71 * \sin(2\pi*880*\, t) + 1 * \sin(2\pi*2640*t) + 1 * \sin(2\pi*3520*t)$$
(↑ Abbildung I_9.6.4 – f_2)

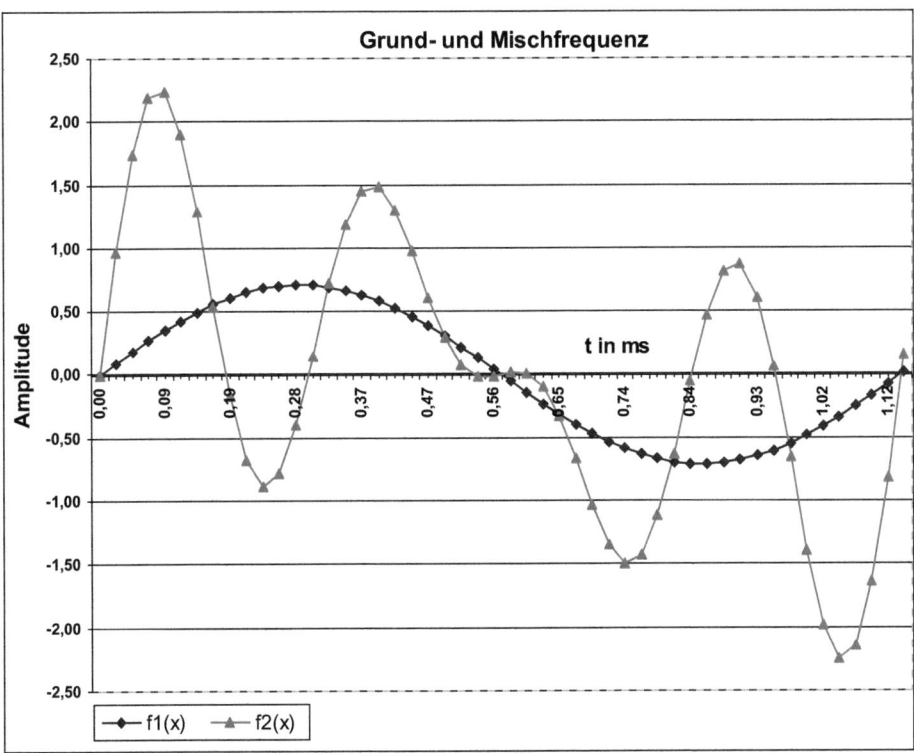

Abbildung I_9.6.4: Tonfrequenzen von Freigabesignalgebern

9.7 Übungsaufgaben zu den mathematischen Funktionen

Lineare Funktionen:

9.7.1 Bestimmen Sie BMI-Werte für einen 1,77 m großen Mann im Gewichtsbereich von 77,5 bis 79,5 kg. Die BMI-Werte sind grafisch darzustellen.

9.7.2 Ein Fahrzeug hat zum vorausfahrenden Fahrzeug einen Abstand von 40 m. Mit welcher Geschwindigkeit darf das Fahrzeug fahren, damit bei einer Abstandskontrolle kein Verstoß vorliegt.

9.7.3 Eine 40 W Glühlampe soll durch eine 9 W Energiesparlampe ersetzt werden. Die Energiesparlampe leuchtet fünf Stunden am Tag und soll 2 Jahre genutzt werden. Die Glühlampe (Lebensdauer: 1.000 h) kostet 0,50 Euro, die Energiesparlampe (Lebensdauer: 8.000 h) 8,70 Euro und die Kilowattstunde 0,25 Euro. Welche Kosten entstehen für beide Lampen während der Nutzung und nach welcher Zeit hat sich die Energiesparlampe amortisiert?

Quadratische Funktionen

9.7.4 Ein Fahrzeug fährt mit einer Geschwindigkeit von 100 km/h und wird bis zum Stillstand abgebremst. Die Bremsverzögerung liegt bei 6,5 m/s^2. Bestimmen Sie den Anhalteweg des Fahrzeuges.

Potenzfunktionen:

9.7.5 Bei einer monatlichen Rate von 100 Euro und Verzinsungen von zwei, drei, fünf und acht Prozent sind die Kapitalerträge von 40- und 55-jährigen Sparern bis zum Renteneintritt (67 Jahre) zu berechnen.
(↑ Band I Beispiel 9.4.1.1 Darstellung des Zinseszinseffektes - Mit Zinseszins zum Millionär)

Exponentialfunktion (e – Funktion):

9.7.6 Für einen 825 Meter hohen Berg ist nach der Höhenformel der Luftdruck zu berechnen (↑ Band I Beispiel 9.5.1.2 Barometrische Höhenformel).

Logarithmusfunktionen:

9.7.7 Der Schalldämpfer eines Autos reduziert den Lärm um 20 dB. Wie empfindet das menschliche Ohr die Lautstärke ohne Schalldämpfer.

9.8 Lösungen zu den Übungsaufgaben mathematische Funktionen (↑ Band II Kap. 9.8)

10. Verschiedenes

Wissen Sie, wie man das perfekte Frühstücksei kocht? Und was muss man tun, wenn man Eier im Gebirge kochen möchte? Die Antworten auf diese Fragen finden Sie im Beispiel 10.1. Mit dem Geschenke-Beliebtheits-Index (↑ Beispiel 10.2) lernen Sie eine Formel kennen, die Sie bei der Suche nach dem perfekten Geschenk unterstützt.

An welchem Wochentag bin ich geboren oder an welchen Wochentagen wurden die „großen" Entdeckungen gemacht? Antworten auf diese Fragen erhalten Sie im Beispiel 10.3.2. Mit dem ewigen Kalender und der Osterformel berechnen Sie die unregelmäßigen Feiertage eines Jahres und einen Wandkalender (↑ Beispiele 10.3.4 bis 10.3.6). Was berechnet man mit der „Toastbrotformel" (↑ Beispiele 10.4)? Jetzt sind Sie aber neugierig geworden, oder?

10.1 Formel zum Eierkochen

Wie lange muss ein Ei kochen, damit es perfekt ist? Nach welcher Methode kochen Sie Ihr Frühstücksei? Nehmen Sie das Ei aus dem Kühlschrank, legen es in kaltes Wasser und lassen das Wasser einige Minuten kochen oder legen das Ei in bereits kochendes Wasser? Bei der ersten Variante ist die Zeit, die das Wasser kocht, von der Wassermenge, von der Anfangstemperatur des Wassers und der Anzahl der Eier abhängig. Deshalb ist es sinnvoll, Wasser zum Kochen zu bringen und dann erst die Eier hineinzulegen. Bei vielen Eiern muss beachtet werden, dass die Temperatur des kochenden Wassers durch die kalten Eier stark verringert wird und somit die Kochdauer verlängert.

Für den Physiker Werner Gruber ist das Eierkochen ein komplexes naturwissenschaftliches Problem. Herr Gruber von der Uni Wien forscht auf dem Gebiet der „kulinarischen Physik" und untersucht die Zusammenhänge zwischen Kochen und Naturwissenschaft. Nach Gruber wird das Kochen des perfekten Frühstückseis zur Kochkunst.

Die Faustregel weiche Eier in 3,5 bis 4 Minuten und harte Eier in fünf Minuten zu kochen, ist überholt. Heutige Eier sind wesentlich größer als Eier aus früheren Zeiten und brauchen somit viel mehr Kochzeit. Um harte Eier zu erhalten, könnte man diese solange kochen wie man will. Achtung, nach zehn Minuten entsteht im Ei Schwefelwasserstoff. Diesen erkennt man an der grünlichen Schicht um den Dotter, am Geruch und solche Eier schmecken nicht. Nur, wer die physikalischen Vorgänge im Inneren des Eis versteht, beherrscht die Kunst des Eierkochens. Das Ei besteht aus der Kalkschale, einer äußeren und inneren Haut, dem Eiweiß (Eiklar) und dem Eigelb (Dotter). Die zwei Lagen der Haut trennen sich an der Luftblase und das Eigelb wird durch spiralig gedrehte Stränge in der Mitte gehalten. Das Eiklar besteht aus dem dünnflüssigen und zähflüssigen Eiweiß (Conalbumin, Ovalbumin) und beginnt deshalb bei 61,5°C zu gerinnen und bei 84,5°C wird es richtig hart. Erst wenn das Eiweiß vollständig fest ist, kann die Wärme des Wassers das Eigelb erwärmen. Das Eigelb beginnt bei 65°C zu stocken. Ist das Eiklar erstarrt und das Eigelb beginnt fest zu werden, dann ist der richtige Zeitpunkt für ein weiches Ei erreicht.

Damit Sie den Zeitpunkt für das perfekte Frühstücksei nicht verpassen, können Sie folgende Formel verwenden [10.1], [10.2].

Grubers Formel zum Eierkochen:

$$t = 0,0016 * d^2 * \ln\left[\frac{2 * (T_{Wasser} - T_{Start})}{T_{Wasser} - T_{innen}}\right]$$

t	- Kochzeit in Minuten (min)
0,0016	- Materialkonstante des Eis
d	- mittlere Ei – Durchmesser in mm (schmale Stelle)
T_{Wasser}	- Temperatur des kochenden Wassers (100°C)
T_{Start}	- Temperatur des Eies vor dem Kochen (4°C – Kühlschrank bis 20°C - Raumtemperatur)
T_{innen}	- gewünschte Innentemperatur des Eies (64°C – weich; 84,5°C - hart)

1. Drei-Minuten-Frühstücksei

Für ein Drei-Minuten-Ei (weich - frühere Theorie) ergibt sich folgende Kochzeit:

$$t = 0,0016 * d^2 * \ln\left[\frac{2 * (T_{Wasser} - T_{Start})}{T_{Wasser} - T_{innen}}\right]$$

d	=	44 mm
T_{Wasser}	=	100 °C
T_{Start}	=	4 °C
T_{innen}	=	64 °C
t	=	?

$$t = 0,0016 * 44^2 * \ln\left[\frac{2 * (100 - 4)}{100 - 64}\right] = 5,19 \text{ min} = 5' \, 11''$$

Die verblüffende Antwort lautet rund **fünf Minuten** (↑ Excel-Programm Band I_Kap. 10.1_Beispiel 10.1_1).

2. Eierkochen im Gebirge

Im vorherigen Beispiel wurde für T_{Wasser} die Siedetemperatur 100°C bei normalem Luftdruck von 1013,25 Hektopascal eingesetzt. Die Siedetemperatur (Siedepunkt) hängt in starkem Maße vom Druck an der Flüssigkeitsoberfläche ab. Die Barometrische Höhenformel (↑ Beispiel 9.5.1.2) beschreibt den Zusammenhang zwischen Luftdruck und Höhe in der Erdatmosphäre. Die Siedetemperatur des Wassers erhöht sich mit steigendem Druck und mit abnehmendem Druck wird sie niedriger. In [10.3] und [10.4] finden Sie eine grobe

Regel, nach der pro 300 m Höhenzuwachs der Siedepunkt von Wasser um etwa ein Grad Celsius abnimmt und eine Skala mit dieser Abhängigkeit.

Tabelle I_10.1.1: Abhängigkeit der Wassersiedepunkte von den Höhenmetern

Höhenmeter	Wassersiedepunkt	Höhenmeter	Wassersiedepunkt
0 m	**100°C**	1500 m	**95,0°C**
285 m	**99,1°C**	2250 m	**92,5°C**
750 m	**97,5°C**	3000 m	**90,0°C**

Wie ändert sich die Kochzeit, wenn Sie das perfekte Frühstücksei auf einem 1.500 m hohen Berg kochen möchten?

$$t = 0,0016 * 44^2 * \ln\left[\frac{2*(95°C - 4°C)}{95°C - 64°C}\right] = 5,48 \text{ min} = 5' \ 29''$$

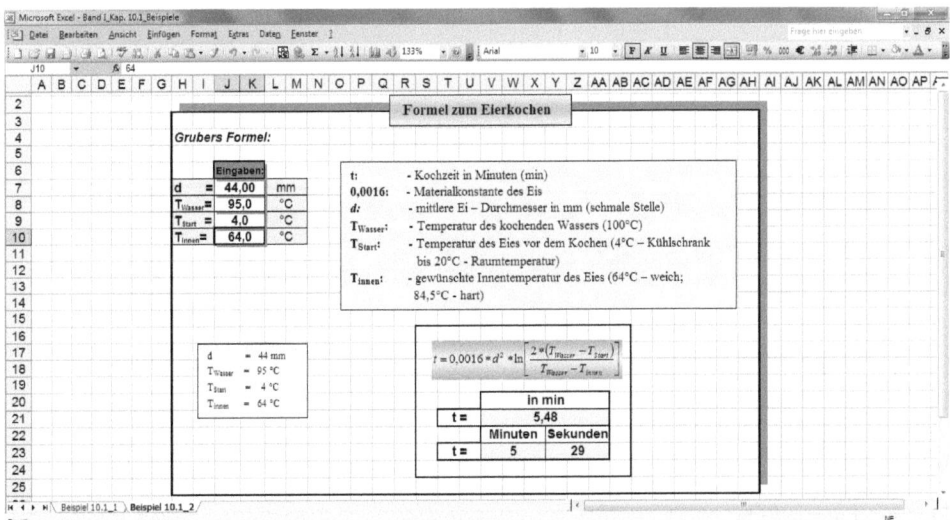

Abbildung I_10.1.1: Eierkochen im Gebirge

Das Frühstücksei muss **18 Sekunden länger** im sieden Wasser bleiben.

10.2 Formel für das perfekte Weihnachtsgeschenk

Gibt es das perfekte Geschenk? Ja, britische Wissenschaftler haben eine Formel für den Geschenke-Beliebtheits-Index (GBI) aufgestellt, sodass SOS-Geschenke (Socken, Oberhemd, Schlips) bald der Vergangenheit angehören könnten.

Kennen Sie nicht auch folgenden Dialog? „Was willst Du zu Weihnachten, Schatz?" „Gar nichts, Hauptsache wir sind gesund." Dies ist sicherlich nicht sehr hilfreich. Geschenke sind ja toll, wenn die Suche nach Ideen nicht so frustrierend wäre. Sie sollten deshalb das ganze Jahr über die Wünsche anderer registrieren. Gut geplant und Sie sind dem perfekten Geschenk ein ganzes Stück näher [10.5], [10.6].

Der GBI ergibt sich nach folgender Gleichung:

$$GBI = Z + I + N + W + U$$

Z - für Zeit (0-5 Punkte): Wie viel Zeit investiert man beim Aussuchen?
      0 Punkte: blind vom Wühltisch ....
      5 Punkte: sorgsam gewählt

I - für Interesse (0-5 Punkte): Wie groß ist das Interesse des Beschenkten
      am Schenkenden?
      0 Punkte: von egal ....
      5 Punkte: Die Liebe ist heiß und innig.

N - für Nutzen (0-3 Punkte): Welchen Nutzen hat das Geschenk für den
      Beschenkten?
      0 Punkte: wird nicht gebraucht ....
      3 Punkte: entspricht dem Wunsch des Beschenkten

W - für Wert **(keinen oder 1 Punkt):**
      Der Preis des Geschenkes ist unerheblich, deshalb wird
      auch nur maximal ein Punkt vergeben.

U - für Umtauschmöglichkeit **(keinen oder 1 Punkt):**
      0 Punkte: wenn keine Umtauschmöglich-
            keit besteht
      1 Punkt: Geschenk umtauschbar

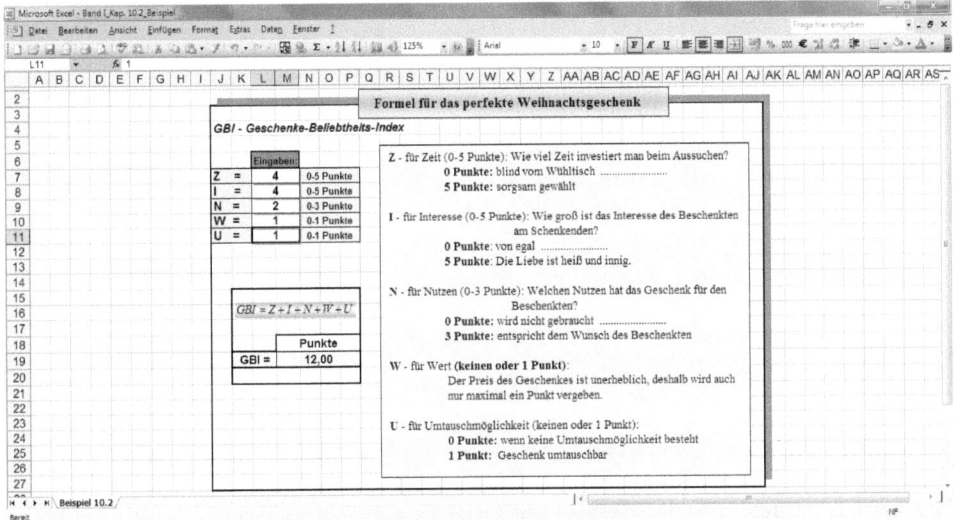

Abbildung I_10.2.1: Geschenke-Beliebtheits-Index (GBI)

Erreicht Ihr Geschenk nach dem GBI 12 Punkte, dann haben Sie das perfekte Geschenk gefunden und bei weniger als vier Punkten ist es reine Geldverschwendung.

10.3 Ewige Kalender

Die Erde dreht sich in einem Jahr einmal um die Sonne und an einem Tag einmal um sich selbst. Durch exakte Beobachtungen hat man festgestellt, dass ein tropisches Jahr 365,24219052 Tage und somit rund 365,2422 Tage dauert. Diese Abweichung ist auch der Grund dafür, dass Julius Caesar im Jahr 46 v. Chr. den bis dahin geltenden Römischen Kalender gründlich reformierte, indem er mit dem Julianischen Kalender das Schaltjahr einführte. In jedem vierten Jahr wurde dem Monat Februar ein zusätzlicher Tag angehängt. Ein Jahr dauerte im Durchschnitt 365,25 Tage. Der Julianische Kalender war im Schnitt rund 0,0078 Tage (365,25 – 365,2422) zu lang. Nach etwa 128 Jahren (1/0,0078) entstand deshalb eine Differenz von einem Tag zwischen Kalender und mittlerem Sonnenstand.

Im Jahr 1582 betrug die aufgelaufene Differenz bereits 10 Tage. Papst Gregor XII. ließ deshalb auf den 4. Oktober den 15. Oktober 1582 folgen. Des Weiteren wurde die Schalttagsregelung modifiziert, so dass alle Jahre, die durch 4 teilbar sind, Schaltjahre darstellen. Von dieser Regelung sind alle vollen Jahrhunderte, die durch 100, aber nicht durch 400 teilbar sind ausgenommen [10.8] bis [10.11].

Die Jahre: 1960, 1964, 1992, 2004, 2012 ......
                   - sind Schaltjahre

                   1700, 1800, 1900, 2100, 2200 ......
                   - sind keine Schaltjahre

                   1600, 2000, 2400, 2800, 3200 ......
                   - sind Schaltjahre

Der Gregorianische Kalender dauert im Mittel 365,2425 Tage. Hiermit sind noch nicht alle Abweichungen korrigiert, aber eine Abweichung von einem Tag entsteht erst nach etwa 3.333 Jahren (365,2425 − 365,2422 = 0,0003; 1/0,0003 ≈ 3.333).

Die Gregorianische Kalenderreform beinhaltet weitere Punkte:

- Die Berechnung des Osterfestes wurde neu festgelegt
- Der erste Tag des Jahres (Neujahrstag) beginnt mit dem 1. Januar
- Im Schaltjahr wird der zusätzliche Tag nach dem 28. Februar eingefügt

10.3.1 Bestimmung des Schaltjahres

Das Excelprogramm „Ewiger Kalender" berechnet für den Julianischen und Gregorianischen Kalender, ob es sich bei der eingegebenen Jahreszahl um ein Schaltjahr handelt. Das Programm zeigt Schaltjahre (↑ Abbildung I_10.3.1) bis zu vierstelligen Jahreszahlen (maximal 9999) oder bis zur nächsten Kalenderreform an. Die Eingabe der Jahreszahlen erfolgt unter Eingaben (Zellen B6 bis B9).

10.3.2 Wochentag

Häufig fragt man sich, bin ich ein Sonntagskind, an welchem Wochentag wurde Amerika entdeckt oder man möchte nur zu einem beliebigen Datum den Wochentag wissen. Zur Ermittlung des Wochentags benutzt man den Ewigen Kalender (Kalenderformel). In der Literatur findet man viele Formeln zur Wochentagsberechnung.

10.3.2.1 Gaußsche Wochentagsformel

Vom großen Mathematiker Carl Friedrich Gauß wurde eine Formel für den Gregorianischen Kalender aufgestellt. Die Herleitung dieser Formel finden Sie unter [10.8].

Gaußsche Wochentagsformel:

$$w = \left(d + \left\lfloor \frac{29}{11} * m - 0,2 \right\rfloor + y + \left\lfloor \frac{y}{4} \right\rfloor + \left\lfloor \frac{c}{4} \right\rfloor - 2 * c \right) \bmod 7$$

$$w = \left(d + \left\lfloor 2,6 * m - 0,2 \right\rfloor + y + \left\lfloor \frac{y}{4} \right\rfloor + \left\lfloor \frac{c}{4} \right\rfloor - 2 * c \right) \bmod 7$$

d:	- Tag von 1 bis 31
m:	- Monat: März = 1; .... Januar = 11; Februar = 12
y:	- letzten beiden Stellen der vierstelligen Jahreszahl, Für Januar und Februar muss die Jahreszahl um 1 gemindert werden
c:	- ersten beiden Stellen der Jahreszahl (Jahrhundertzahl)
w:	- Wochentag (↑ Tabelle I_10.3.2)
⌊⌋	- Gaußklammer
mod 7:	- sprich: Modulo 7

Die Zählweise für die Monate wird aus dem Julianischen Kalender übernommen, damit der zusätzliche Tag im Schaltjahr am Ende des Jahres steht. Ein Jahr läuft demzufolge von März bis Februar. In der Formel muss man für Januar und Februar y und ggf. c um 1 mindern.

Tabelle I_10.3.1: Werte der Gaußklammer für die Monate m

Monat	März	April	Mai	Juni	Juli	August	September	Oktober	November	Dezember
m	1	2	3	4	5	6	7	8	9	10
[2,6m -0,2] =	2	5	7	10	12	15	18	20	23	25

Monat	Januar	Februar
m	11	12
[2,6m -0,2] =	28	31

Tabelle I_10.3.2: Wochentage w für Gaußsche Formel

Wochen-tag	Sonn-tag	Montag	Diens-tag	Mitt-woch	Don-nerstag	Frei-tag	Sams-tag
w	0	1	2	3	4	5	6

Hinweise:

- Die Gaußklammer $\lfloor x \rfloor$ - entspricht „div":
   liefert bei der Division eine ganze positive Zahl ohne Nachkommastellen.

Beispiele:

8 div 3 = 2,   weil 8 : 3 = 2,......
9 div 6 = 1,   weil 9 : 6 = 1,......
4 div 7 = 0,   weil 4 : 7 = 0,......

- mod (Modulo):

   heißt Divisionsrest, die Zahl, die als Rest nach der Division bleibt.
   Modulo 7 bedeutet, dass der Wert durch 7 geteilt wird und das Ergebnis ist der ganzzahlige Rest. Für w ergeben sich Zahlen zwischen 0 bis 6, die den Wochentag des Datums angeben. Bei negativem Ergebnis müssen 7 addiert werden.

Beispiele:

45 : 7 = 6 Rest 3	45 mod 7 = 3	- Mittwoch
49 : 7 = 7 Rest 0	49 mod 7 = 0	- Sonntag
-20 : 7 = -2 Rest -6	-20 mod 7 = -6+7 =1	- Montag

10.3.2.1.1 Beispiele zur Gaußschen Wochentagsformel

Wochentagsberechnung:

1. März 1900

$$w = \left(d + \lfloor 2,6 * m - 0,2 \rfloor + y + \left\lfloor \frac{y}{4} \right\rfloor + \left\lfloor \frac{c}{4} \right\rfloor - 2 * c \right) \bmod 7$$

d =	1
m =	1
y =	00
c =	19

$$w = \left(1 + \lfloor 2,6 * 1 - 0,2 \rfloor + 00 + \left\lfloor \frac{00}{4} \right\rfloor + \left\lfloor \frac{19}{4} \right\rfloor - 2 * 19 \right) \bmod 7$$

$$w = (1 + 2 + 0 + 0 + 4 - 38) \bmod 7 = -31 \bmod 7 = -3 + 7 = 4 - Donnerstag$$

15. Oktober 1582

$$w = \left(d + \lfloor 2,6 * m - 0,2 \rfloor + y + \left\lfloor \frac{y}{4} \right\rfloor + \left\lfloor \frac{c}{4} \right\rfloor - 2 * c \right) \bmod 7$$

d =	15
m =	8
y =	82
c =	15

$$w = \left(1 + \lfloor 2,6 * 8 - 0,2 \rfloor + 82 + \left\lfloor \frac{82}{4} \right\rfloor + \left\lfloor \frac{15}{4} \right\rfloor - 2 * 19 \right) \bmod 7$$

$$w = (1 + 20 + 82 + 20 + 3 - 30) \bmod 7 = 110 \bmod 7 = 5 - Freitag$$

1. März 2000

$$w = \left(d + \lfloor 2,6 * m - 0,2 \rfloor + y + \left\lfloor \frac{y}{4} \right\rfloor + \left\lfloor \frac{c}{4} \right\rfloor - 2 * c \right) \bmod 7$$

d =	1
m =	1
y =	00
c =	20

$$w = \left(1 + \lfloor 2,6 * 1 - 0,2 \rfloor + 00 + \left\lfloor \frac{00}{4} \right\rfloor + \left\lfloor \frac{20}{4} \right\rfloor - 2 * 20 \right) \bmod 7$$

$$w = (1 + 2 + 0 + 0 + 5 - 40) \bmod 7 = -32 \bmod 7 = -4 + 7 = 3 - Mittwoch$$

1. Januar 2000

$$w = \left(d + \lfloor 2,6*m - 0,2 \rfloor + y + \left\lfloor \frac{y}{4} \right\rfloor + \left\lfloor \frac{c}{4} \right\rfloor - 2*c \right) \bmod 7$$

d =	**1**
m =	**11**
y =	**99**
c =	**19**

$$w = \left(1 + \lfloor 2,6*11 - 0,2 \rfloor + 99 + \left\lfloor \frac{99}{4} \right\rfloor + \left\lfloor \frac{19}{4} \right\rfloor - 2*19 \right) \bmod 7$$

$$w = (1 + 28 + 99 + 24 + 4 - 38) \bmod 7 = 118 \bmod 7 = 6 - Samstag$$

10.3.2.2 Zellers Wochentagsformeln

Die gregorianische Kalenderreform beinhaltete die Streichung von zehn Tagen, so folgte auf Donnerstag, den 4. Oktober Freitag, der 15. Oktober 1582. Bei der Berechnung des Wochentages für den 4. Oktober 1582 (Julianische Kalender) gilt die Gaußsche Formel nicht mehr. Der Mathematiker und Theologe Christian Zeller hat für beide Kalender Formeln zur Berechnung des Wochentages aufgestellt.

- Gregorianischer Kalender:

$$w_{greg} = \left(d + \left\lfloor \frac{(m+1)}{10} * 26 \right\rfloor + y + \left\lfloor \frac{y}{4} \right\rfloor + \left\lfloor \frac{c}{4} \right\rfloor - 2*c \right) \bmod 7$$

$$w_{greg} = \left(d + \left\lfloor \frac{(m+1)}{10} * 26 \right\rfloor + y + \left\lfloor \frac{y}{4} \right\rfloor + \left\lfloor \frac{c}{4} \right\rfloor + 5*c \right) \bmod 7 \quad [1]$$

- Julianische Kalender:

$$w_{jul} = \left(d + \left\lfloor \frac{(m+1)}{10} * 26 \right\rfloor + y + \left\lfloor \frac{y}{4} \right\rfloor + 5 - c \right) \bmod 7$$

$$w_{jul} = \left(d + \left\lfloor \frac{(m+1)}{10} * 26 \right\rfloor + y + \left\lfloor \frac{y}{4} \right\rfloor + 5 + 6*c \right) \bmod 7 \quad [1]$$

[1]   Ist das Ergebnis (mod 7) eine negative Zahl, so muss 7 addiert werden. Die so entstandene Zahl entspricht dann dem Wochentag. Damit sich generell positive

Zahlen ergeben, werden –2 * c im Gregorianischen Kalender und –c im Julianischen Kalender durch +5 * c und +6 * c ersetzt.

d:	- Tag von 1 bis 31
m:	- Monat: Januar = 13. und Februar = 14. Monat des Vorjahres; März = 3 .... Dezember = 12
y:	- letzten beiden Stellen der vierstelligen Jahreszahl, Für Januar und Februar muss die Jahreszahl um 1 gemindert werden
c:	- ersten beiden Stellen der Jahreszahl (Jahrhundertzahl); Bei Januar und Februar kann ggf. die Jahrhundertzahl um 1 gemindert werden (Beispiel: 2000 → 1999)
w:	- Wochentag (↑ Tabelle I_10.3.3)
⌊ ⌋	- Gaußklammer (↑ Kap. 10.3.2.1 Gaußsche Wochentagsformel)
mod 7:	- sprich: Modulo 7 (↑ Kap. 10.3.2.1 Gaußsche Wochentagsformel)

Tabelle I_10.3.3: Wochentage w für Zellersche Formel

Wochentag	Sonntag (So)	Montag (Mo)	Dienstag (Di)	Mittwoch (Mi)	Donnerstag (Do)	Freitag (Fr)	Samstag (Sa)
w	1	2	3	4	5	6	0

10.3.2.2.1 Beispiele zur Zellers Wochentagsformel

1. März 1900 (↑ Abbildung I_10.3.1)

$$w_{greg} = \left(d + \left\lfloor \frac{(m+1)}{10} * 26 \right\rfloor + y + \left\lfloor \frac{y}{4} \right\rfloor + \left\lfloor \frac{c}{4} \right\rfloor + 5 * c \right) \bmod 7$$

d =	1
m =	3
y =	00
c =	19

$$w_{greg} = \left(1 + \left\lfloor \frac{(3+1)}{10} * 26 \right\rfloor + 00 + \left\lfloor \frac{00}{4} \right\rfloor + \left\lfloor \frac{19}{4} \right\rfloor + 5 * 19 \right) \bmod 7$$

$$w_{greg} = (1 + 10 + 0 + 0 + 4 + 95) \bmod 7 = 110 \bmod 7 = 5 - Donnerstag$$

15. Oktober 1582 (↑ Abbildung I_10.3.1)

$$w_{greg} = \left(d + \left\lfloor \frac{(m+1)}{10} * 26 \right\rfloor + y + \left\lfloor \frac{y}{4} \right\rfloor + \left\lfloor \frac{c}{4} \right\rfloor + 5 * c \right) \bmod 7$$

d =	15
m =	10
y =	82
c =	15

$$w_{greg} = \left(15 + \left\lfloor \frac{(10+1)}{10} * 26 \right\rfloor + 82 + \left\lfloor \frac{82}{4} \right\rfloor + \left\lfloor \frac{15}{4} \right\rfloor + 5 * 15 \right) \bmod 7$$

$$w_{greg} = \left(15 + 28 + 82 + 20 + 3 + 75 \right) \bmod 7 = 223 \bmod 7 = 6 - Freitag$$

4. Oktober 1582 (↑ Abbildung I_10.3.1)

$$w_{jul} = \left(d + \left\lfloor \frac{(m+1)}{10} * 26 \right\rfloor + y + \left\lfloor \frac{y}{4} \right\rfloor + 5 + 6 * c \right) \bmod 7$$

d =	4
m =	10
y =	82
c =	15

$$w_{jul} = \left(4 + \left\lfloor \frac{(10+1)}{10} * 26 \right\rfloor + 82 + \left\lfloor \frac{82}{4} \right\rfloor + 5 + 6 * 15 \right) \bmod 7$$

$$w_{jul} = \left(4 + 28 + 82 + 20 + 5 + 90 \right) \bmod 7 = 229 \bmod 7 = 5 - Donnerstag$$

1. März 2000 (↑ Abbildung I_10.3.1)

$$w_{greg} = \left(d + \left\lfloor \frac{(m+1)}{10} * 26 \right\rfloor + y + \left\lfloor \frac{y}{4} \right\rfloor + \left\lfloor \frac{c}{4} \right\rfloor + 5 * c \right) \bmod 7$$

d =	1
m =	3
y =	00
c =	20

$$w_{greg} = \left(1 + \left\lfloor \frac{(3+1)}{10} * 26 \right\rfloor + 00 + \left\lfloor \frac{00}{4} \right\rfloor + \left\lfloor \frac{20}{4} \right\rfloor + 5 * 20 \right) \bmod 7$$

$$w_{greg} = \left(1 + 10 + 0 + 0 + 5 + 100 \right) \bmod 7 = 116 \bmod 7 = 4 - Mittwoch$$

1. Januar 2000 (↑ Abbildung I_10.3.1)

$$w_{greg} = \left(d + \left\lfloor \frac{(m+1)}{10} * 26 \right\rfloor + y + \left\lfloor \frac{y}{4} \right\rfloor + \left\lfloor \frac{c}{4} \right\rfloor + 5 * c \right) \bmod 7$$

d =	1
m =	13
y =	99
c =	19

$$w_{greg} = \left(1 + \left\lfloor \frac{(13+1)}{10} * 26 \right\rfloor + 99 + \left\lfloor \frac{99}{4} \right\rfloor + \left\lfloor \frac{19}{4} \right\rfloor + 5 * 19 \right) \bmod 7$$

$$w_{greg} = (1 + 36 + 99 + 24 + 4 + 95) \bmod 7 = 259 \bmod 7 = 0 - Samstag$$

10.3.2.3 Wochentag in Excel

Das Tabellenkalkulationsprogramm Microsoft Excel speichert Datumsangaben intern als Zahlenwerte. Die Excel-Zeitrechnung beginnt am 01.01.1900 mit der Zahl 1. Jedes Datum nach diesem Tag wird als Zahl ausgegeben, wenn für die Datumszelle das Standardformat aktiviert ist. Wendet man für diese Zelle folgende benutzerdefinierte Formate an, so ergeben sich folgende Ausgaben des Wochentages:

Tabelle I_10.3.4: Wochentage in Excel (↑ Abbildung I_10.3.1)

Datum	benutzerde-finiertes Format **TTTT**	benutzerde-finiertes Format **TTT**	benutzerdefi-niertes Format (Tag im Monat) **TT**	Standardformat (Anzahl der Tage seit 01.01.1900)
24.03.1900	**Samstag**	**Sa**	**24**	**84**
13.03.2000	**Montag**	**Mo**	**13**	**36598**
01.01.2010	**Freitag**	**Fr**	**01**	**40179**

Mit den Excel-Tabellenfunktionen **WOCHENTAG** und **KALENDERWOCHE** kann man für ein Datum bestimmen, ob es sich um einen Tag am Wochenende oder einen Arbeitstag handelt und in welcher Kalenderwoche dieses Datum liegt.

WOCHENTAG (*Datum; Typ*)
- *Datum*: In diesem Argument wird das Datum eingegeben, von dem der Wochentag ermittelt werden soll.
- *Typ = 1,2 oder 3:* Dieses Argument bestimmt den Rückgabewert.
  - *1:* oder *keine* Zahlenangabe bedeutet: *1 (Sonntag)* bis *7 (Samstag)*
  - *2:* *1 (Montag)* bis *7 (Sonntag)*
  - *3:* *0 (Montag)* bis *6 (Sonntag)*

KALENDERWOCHE (*Datum; Rückgabe*)
- *Datum*: In diesem Argument wird das Datum eingegeben, von dem die Kalenderwoche ermittelt werden soll.
- *Rückgabe:* Dieses Argument bestimmt den Rückgabewert, der festlegt mit welchem Tag eine Woche beginnt.
  - *1:* Standardeinstellung – Woche beginnt am Sonntag
    Die Wochentage sind von 1 (Sonntag) bis 7 (Samstag) nummeriert.
  - *2:* Woche beginnt am Montag
    Die Wochentage sind von 1 bis 7 nummeriert.

Nach dieser Excel-Tabellenfunktion liegt der 1. Januar generell in der ersten und der 31. Dezember in der 53. Kalenderwoche (365 Tage : 7 = 52,143; 366 Tage : 7 = 52,286). Dies trifft nicht für alle Jahreszahlen (↑ Kap. 10.3.5 Kalender) zu.

10.3.3 Sternzeichen

Kennen Sie die Daten der Tierkreiszeichen? Wenn nicht, so hilft Ihnen ein Excel-Programm „Ewiger Kalender - Tierkreiszeichen". Dies liefert Ihnen das Tierkreiszeichen für ein Datum ab den 01.01.1900.

Tabelle I_10.3.5: Tierkreiszeichen (↑ Abbildung I_10.3.1)

Sternzeichen	**STEINBOCK**	**WASSERMANN**	**FISCHE**	**WIDDER**
Zeitraum	22.12. – 20.1.	21.1. – 19.2.	20.2. – 20.3.	21.3. – 20.4.
Sternzeichen	**STIER**	**ZWILLINGE**	**KREBS**	**LÖWE**
Zeitraum	21.4. – 20.5.	21.5. – 21.6.	22.6. – 22.7.	23.7. – 23.8.
Sternzeichen	**JUNGFRAU**	**WAAGE**	**SKORPION**	**SCHÜTZE**
Zeitraum	24.8. – 23.9.	24.9. – 23.10.	24.10. – 22.11.	23.11. – 21.12.

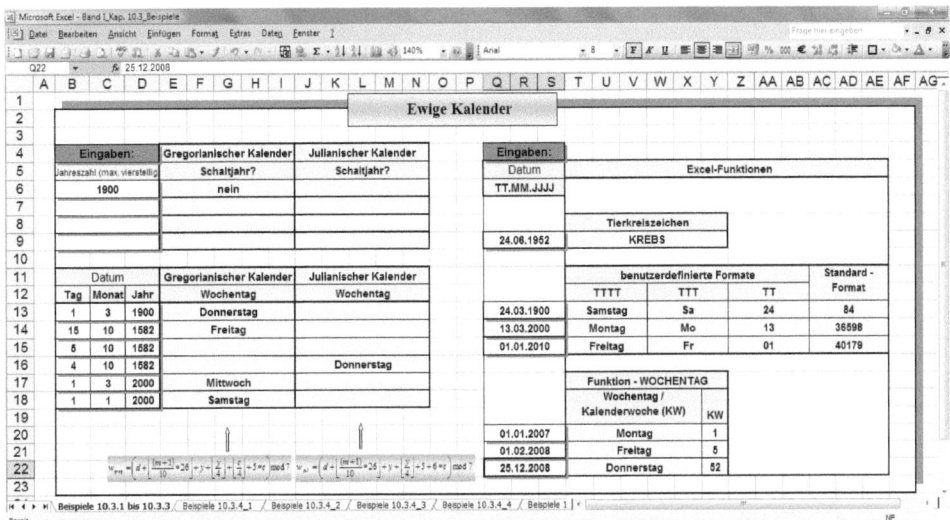

Abbildung I_10.3.1: Schaltjahr, Wochentag, Tierkreiszeichen und Excel-Funktionen

10.3.4 Osterformel – Berechnung des Ostersonntags

Ostern wird nach Beschlüssen des ersten Konzils von Nicäa 325 n. Chr. am ersten Sonntag nach dem ersten Vollmond des Frühjahrsanfangs (nördliche Halbkugel) gefeiert. Frühlingsanfang wurde auf den 21. März festgelegt. Fällt der Vollmond auf den 21. März, so ist der 22. März der früheste und der 25. April der letzte Ostertermin. Ostern hat den Charakter eines beweglichen Feiertags (35 verschiedene Termine) und hat eine zentrale Rolle im Kirchenjahr [10.8], [10.9].

Folgende unregelmäßige Feiertage eines Jahres leiten sich von diesem Tag ab:
- Aschermittwoch ist 46 Tage vor Ostern
- Pfingstsonntag ist 49 Tage nach Ostern
- Christi Himmelfahrt ist 10 Tage vor Pfingsten (39 Tage nach Ostern)
- Fronleichnam ist 11 Tage nach Pfingsten (60 Tage nach Ostern)

Carl Friedrich Gauß hat 1800 die Gaußsche Osterformel, genau einen Algorithmus zur Ermittlung der Ostertermine aufgestellt. Im Jahr 1816 veröffentlichte Gauß eine Korrektur zu seiner Osterformel, denn fällt der Frühlingsvollmond auf Sonntag den 19. April, so ergibt sich der 26. April als Ostertermin. Dieser Termin ist nicht zugelassen. Von Heiner Lichtenberg wurde die Gaußsche Osterformel modifiziert, so dass Ausnahmen vermieden werden. Im folgenden Berechnungsalgorithmus (Punkte: 1. bis 10.) wird für eine vierstellige Jahreszahl X der Ostertermin berechnet. In den Gleichungen bedeuten „mod" (↑ Modulo) und „div" (Gaußklammer), die Bedeutung finden Sie im Kapitel 10.3.2.1 Gaußsche Wochentagsformel.

Tabelle I_10.3.6: Berechnung des Ostertermins nach Lichtenberg

	Berechnungsformeln	Bemerkungen
1.	K(X) = X div 100	Säkularzahl
2.	M(k) = 15+(3*K+3) div 4 – (8*K+13) div 25	säkulare Mondschaltung
3.	S(K) = 2-(3*K+3) div 4	säkulare Sonnenschaltung
4.	A(X) = X mod 19	Mondparameter
5.	D(A, M) = (19*A+M) mod 30	Keim für den erster Vollmond im Frühling
6.	R(D, A) = D div 29 + (D div 28 – D div 29)*A div 11	Kalendarische Korrekturgröße
7.	OG(D,R) = 21 + D - R	Ostergrenze
8.	SZ(X, S) = 7 – (X + X div 4 +S) mod 7	erster Sonntag im März
9.	OE(OG, SZ) = 7 – (OG-SZ) mod 7	Entfernung in Tagen, die der Ostersonntag von der Oster-grenze hat (Osterentfernung)
10.	OS = OG + OE (-31)	Datum des Ostersonntags als Märzdatum (32. März = 1. April evt. 31 subtrahieren)

10.3.4.1 Bestimmung des Osterdatums

Im Beispiel werden die Ostertermine für die Jahre 2007 bis 2010 berechnet.

Tabelle I_10.3.7: Ostertermine

	Berechnungsformeln	2007	2008	2009	2010
1.	K(X) = X div 100	20	20	20	20
2.	M(k) = 15+(3*K+3) div 4 – (8*K+13) div 25	24	24	24	24
3.	S(K) = 2-(3*K+3) div 4	-13	-13	-13	-13
4.	A(X) = X mod 19	12	13	14	15
5.	D(A, M) = (19*A+M) mod 30	12	1	20	9
6.	R(D, A) = D div 29 + (D div 28 – D div 29)*A div 11	0	0	0	0
7.	OG(D,R) = 21 + D - R	33	22	41	30
8.	SZ(X, S) = 7 – (X + X div 4 +S) mod 7	4	2	1	7
9.	OE(OG, SZ) = 7 – (OG-SZ) mod 7	6	1	2	5
10.	OS = OG + OE (-31)	8. April	23. März	12. April	4. April

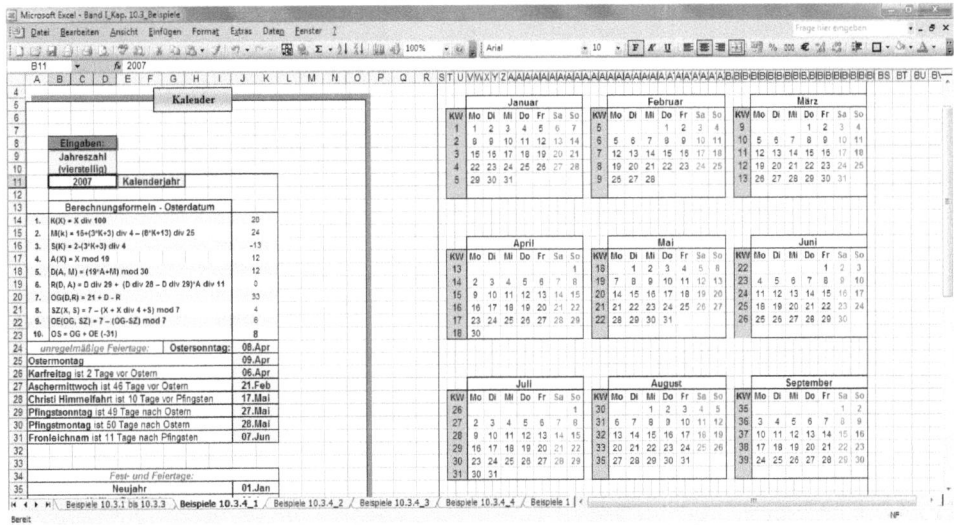

Abbildung I_10.3.2: Unregelmäßige Feiertage für das Jahr 2007

Die Ostertermine für die Jahre 2007 bis 2010 finden Sie in den Excel-Programmen Band I_Kap. 10.3_Beispiele 10.3.4_2 bis _4.

10.3.5 Jahreskalender

Das Excel-Programm „Kalender" berechnet den Ostertermin und die unregelmäßigen Feiertage eines Kalenderjahres. Hierzu ist im Eingabefeld nur die vierstellige Jahreszahl einzutragen. Für diese Jahreszahl wird auf der 2. Seite der Jahreskalender mit Kalenderwochen berechnet und dargestellt.

1. Kalenderwoche (KW)

Die Berechnung der Kalenderwochen für den 1. Januar (Neujahr) und 31. Dezember (Silvester) erfolgt nach folgenden Regeln:
Fällt Neujahr auf die Wochentage Montag bis Donnerstag, so beginnt das Jahr mit der 1. Kalenderwoche (KW). Ansonsten wird mit der letzten KW des Vorjahres begonnen.
Fällt Silvester auf die Wochentage Montag bis Mittwoch, so endet das Jahr mit der 1. KW des Folgejahres.

Beispiele zur Ermittlung der Kalenderwoche:

1. KW:	MO, 31.12.2007	DI, 01.01.2008
1. KW:		MI, 31.12.2008 DO, 01.01.2009
53. KW:		DO, 31.12.2009 FR, 01.01.2010
52. KW:		FR, 31.12.2010

2. Markierung von Fest- und Feiertagen

Möchten Sie die unregelmäßigen Feiertage, die Fest- und Feiertage im Kalenderblatt farblich kennzeichnen, so sind folgende Schritte vorzunehmen:

1. Den Tag, der gekennzeichnet werden soll, mit der rechten Maustaste auswählen.
2. Beim Icon „Schriftfarbe" die gewünschte Farbe (Rot) anklicken.
3. Achtung, für ein neues Kalenderjahr müssen die farblichen Markierungen rückgängig gemacht werden. Hierzu wird nach den Schritten 1 und 2 die Schriftfarbe auf Schwarz geändert. Etwas schneller geht es, wenn Sie die Tage (Mo - Sa) eines Monats mit der rechten Maustaste markieren. Anschließend wird beim Icon „Schriftfarbe" die Farbe Schwarz angeklickt. So müssen alle Monate mit zusätzlicher Kennzeichnung behandelt werden.

Hinweis

Vom ausgedruckten Jahreskalender (Blatt 2 - Format A4, ↑ Abbildung I_10.3.3) können Sie einen Taschenkalender erzeugen, wenn Sie diesen mit einem Kopiergerät entsprechend verkleinern.

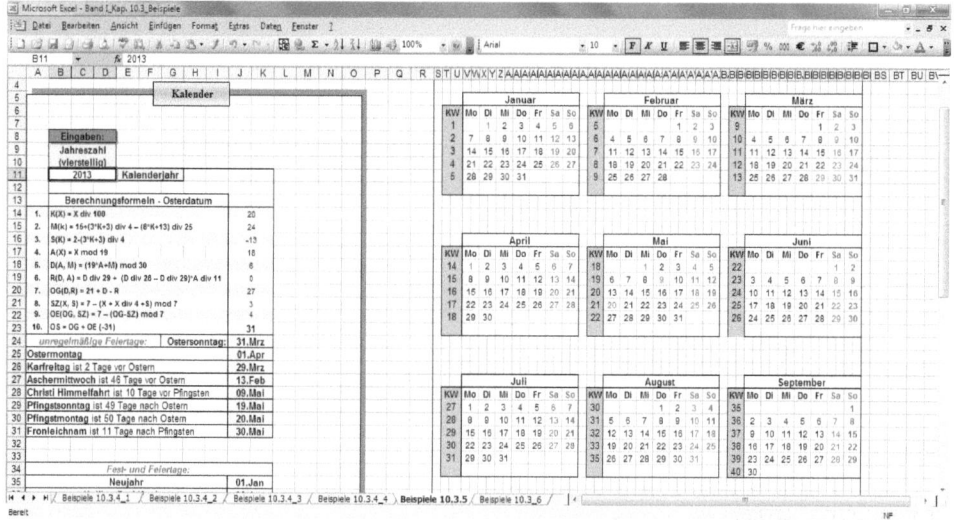

Abbildung I_10.3.3: Jahreskalender 2013 und unregelmäßige Feiertage

10.3.6 Wandkalender

Ein Wandkalender (↑ Abbildung I_10.3.4) entsteht, wenn Sie auf dem ersten Kalenderblatt im Excel-Programm – Band I_Kap. 10.3_Beispiel 10.3.6_1 im Feld „Monat Jahr" Januar und das gewünschte Kalenderjahr (vierstellige Jahreszahl) eingeben. Die Kalenderblätter für die Monate Februar bis Dezember ergeben sich dann automatisch. Sie können natürlich auf dem ersten Kalenderblatt einen beliebigen Monat eintragen. Das Programm beginnt mit diesem Datum und erzeugt Kalenderblätter für den Zeitraum von einem Jahr. Die Kalenderblätter sind mit Bildern von Rechenbeispielen aus dem Band I gestaltet. Sie können diese Bilder durch eigene ersetzen und die Blattgröße anpassen und können somit Ihren eigenen Wandkalender kreieren (↑ Excel-Programm - Band I_Kap. 10.3_Beispiel 10.3.6_2).

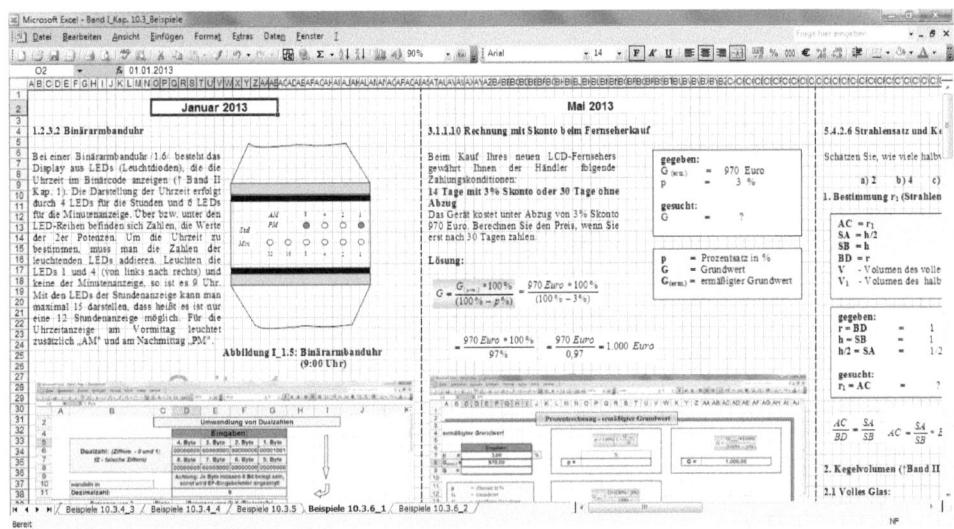

Abbildung I_10.3.4: Wandkalender 2013

Achtung!
In dem oben aufgeführten Wandkalender können Sie nach Kap. 10.3.5 Punkt 2 die Fest- und Feiertage markieren.

10.4 „Toastbrotformel"

Nachdem Sie das Kochen des Frühstückseis (↑ Kap. 10.1 Formel zum Eierkochen) nicht dem Zufall überlassen haben, wenden wir uns der „Toastbrotformel" [10.12] zu. Wahrscheinlich ist Ihnen auch schon ein Missgeschick mit einem beschmierten Toastbrot passiert. Das Toastbrot landet auf dem Boden und zwar auf der Marmeladenseite. Es läuft wie folgt ab, das Toastbrot wird über die Tischkante geschoben und beginnt eine Drehbewegung.

Nach einer halben Drehbewegung landet der Toast auf der falschen Seite auf dem Boden. Schuld daran sind zwei Standards, zum einen ist die Esstischhöhe mit 75 Zentimeter europaweit genormt und zum anderen misst das Toastbrot genau 9 x 9 Zentimeter.

Mit folgender Formel kann man die Anzahl der Umdrehungen berechnen.

1. Anzahl der Umdrehungen

„Toastbrotformel":

$$u = 0,956 * \sqrt{\frac{g}{l}} * \frac{1}{2\pi} * \sqrt{\frac{2h}{g}} + 0,083$$

$$t = \sqrt{\frac{2h}{g}}$$

$$u = 0,152 * \sqrt{\frac{2h}{l}} + 0,083$$

$$u = 0,152 * \sqrt{\frac{2*75cm}{9cm}} + 0,083 = 0,7035$$

u:	- Anzahl Umdrehungen
g:	- Erdbeschleunigung (9,81 ms⁻²)
l:	- Länge des Toastbrotes (9 x 9 cm)
h:	- Fallhöhe (Höhe-Esstisch: 75 cm)
t:	- Fallzeit

h =	75 cm
l =	9 cm
u =	?

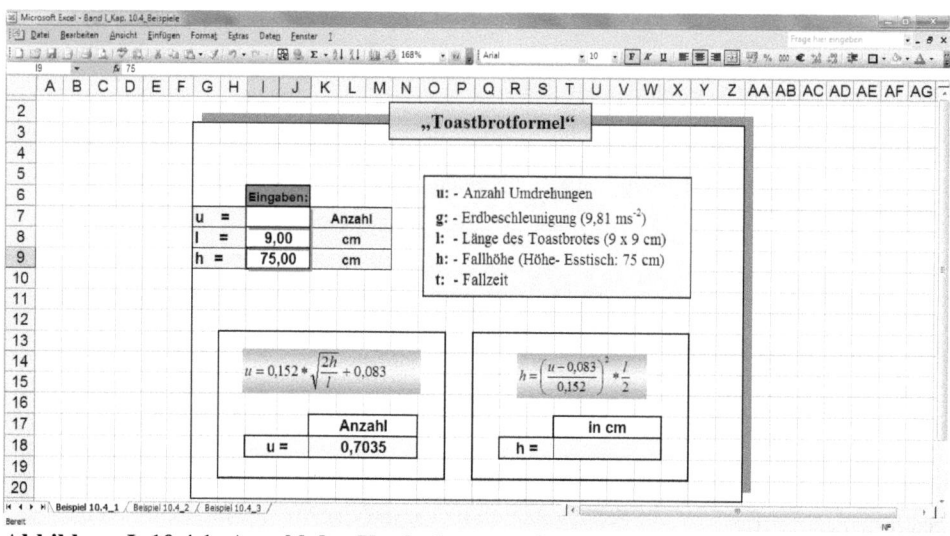

Abbildung I_10.4.1: Anzahl der Umdrehungen eines Toastes

2. Fallhöhe

Beim Fall vom Esstisch schafft der Toast keine volle Drehung und landet auf der Marmeladenseite. Es gibt mehre Möglichkeiten dies zu verändern, so könnte man kleinere Toastbrote verwenden oder die Fallhöhe verändern. Je größer die Fallhöhe, desto länger die Fallzeit und der Toast kann sich weiter drehen.

Bei welcher Fallhöhe macht der Toast eine Umdrehung und landet somit auf der Unterseite?

$$u = 0{,}152 * \sqrt{\frac{2h}{l}} + 0{,}083$$

$$\begin{array}{ll} \mathbf{u} = & 1 \\ \mathbf{l} = & 9 \text{ cm} \\ \\ \mathbf{h} = & ? \end{array}$$

$$\frac{u - 0.083}{0{,}152} = \sqrt{\frac{2h}{l}} \qquad \left(\frac{u - 0{,}083}{0{,}152}\right)^2 = \frac{2h}{l}$$

$$\sqrt[n]{a} = b$$

$$a = b^n$$

$$h = \left(\frac{u - 0{,}083}{0{,}152}\right)^2 * \frac{l}{2} \qquad h = \left(\frac{1 - 0{,}083}{0{,}152}\right)^2 * \frac{l}{2} = 163{,}78 cm$$

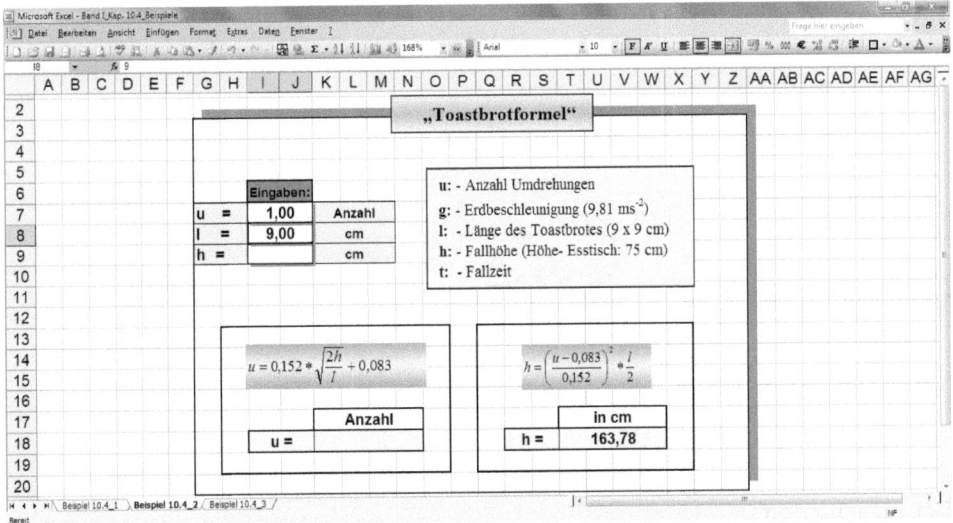

Abbildung I_10.4.2: Fallhöhe eines Toastes bei einer Umdrehung

3. Günstige Fallhöhe

Experimente haben gezeigt, dass eine Fallhöhe ab 120 cm ausreicht, damit das Toastbrot auf die Unterseite fällt.

Für diese Fallhöhe ergibt sich Folgendes:

$$u = 0,152 * \sqrt{\frac{2h}{l}} + 0,083$$

$$\begin{array}{rcl} h &=& 120 \text{ cm} \\ l &=& 9 \text{ cm} \\ \\ u &=& ? \end{array}$$

$$u = 0,152 * \sqrt{\frac{2*120cm}{9cm}} + 0,083 = 0,868$$

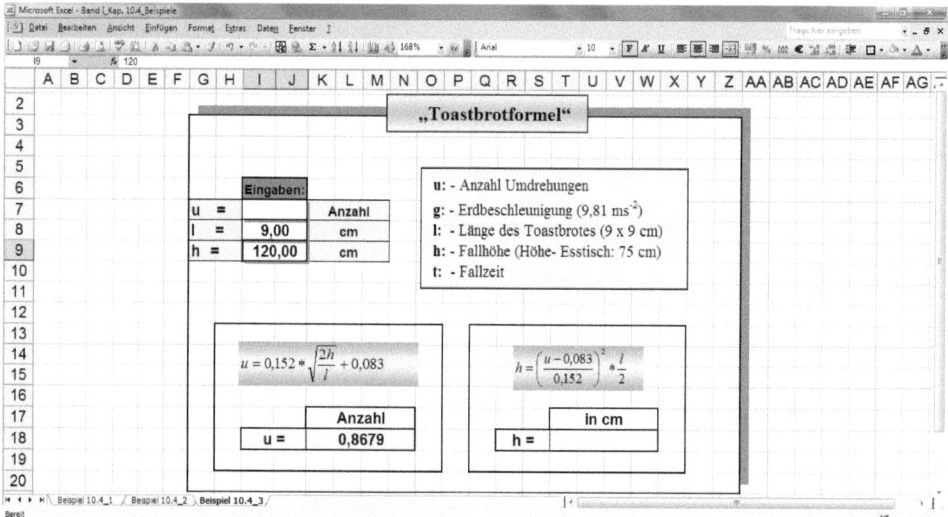

Abbildung I_10.4.3: Günstige Fallhöhe eines Toastes

Um dieses Problem zu umgehen, könnte man im Stehen frühstücken.

348

10.5 Übungsaufgaben zum Kapitel Verschiedenes

10.5.1 Bestimmen Sie die Kochzeit für ein perfektes Frühstücksei (weich). Das Ei hat einen Durchmesser von 36 Millimeter, lagert im Kühlschrank und soll unter normalen Bedingungen gekocht werden

10.5.2 Welche Jahre (1500, 1582, 1700, 2000) sind Schaltjahre?

10.5.3 Am 12. Oktober 1492 entdeckte Christoph Kolumbus die „neue" Welt (Amerika). Berechnen Sie den Wochentag.

10.5.4 Bestimmen Sie den Wochentag vom 10. Oktober 1582.

10.5.5 Berechnen Sie nach der Excel-Zeitrechnung (Beginn: 01.01.1900) die Zahl für den 02.01.2010.

10.5.6 In welchem Sternzeichen liegt der 13. Mai?

10.5.7 Für das Jahr 2014 ist der Ostertermin und Kalender zu bestimmen.

10.5.8 Ein Marmeladentoast misst 5 x 5 cm und fällt von einem Tisch mit der Höhe von 75 Zentimeter. Landet das Toastbrot auf der Marmeladenseite?

10.6 Lösungen zu den Übungsaufgaben zum Kapitel Verschiedenes (↑ Band II_Kap. 10.6)

Index

Literatur

[1.1]   http://uni-koeln.de/rrzk/kompass/69/wmwork/www/k69_17.html - Mega, Giga, Tera – Was kommt danach?
[1.2]   Floting Point Operations per Secound - Wikipedia
[1.3]   Universum – Wikipedia
[1.4]   Römische Zahlendarstellung - Wikipedia
[1.5]   elektronik-kompendum.de - Duales Zahlensystem (Dualsystem)
[1.6]   http://www.getdigital.de/produccts/binaerarmbanduhr
[1.7]   http://www.getdigital.de/produccts/binaeruhr
[1.8]   stern.de Rubriken: Digital 08. Juni 2012 Web-Standard IPv6 - Baustelle Internet
[1.9]   IPv6 – Wikipedia
[1.10]   American Standard Code for Information Interchange (ASCII) - Wikipedia

[2.1]   Broschüre der Bundesversicherungsanstalt für Angestellte (BfA) „Rente" – 22. Auflage (1/2005) S. 4 ff „Die Rentenformel", „Entgeltpunkte"
[2.2]   Th. Dommermuth/ M. Hauer: Die neue Rente – © 2002, Rudolf Haufe Verlag GmbH & Co. KG, Niederlassung Planegg b. München S. 19 ff „Entgeltpunkte"
[2.3]   Beitragsbemessungsgrenze - Wikipedia
[2.4]   Aktueller Rentenwert - Wikipedia
[2.5]   Durchschnittsentgelt - Wikipedia
[2.6]   Broschüre der Bundesversicherungsanstalt für Angestellte (BfA) „Rente" – 22. Auflage (1/2005) S. 6 ff „Zugangsfaktor", „Rentenartfaktoren"
[2.7]   Broschüre der Bundesversicherungsanstalt für Angestellte (BfA) „Rente" – 22. Auflage (1/2005) S. 16 ff „Die Berechnung einer Altersrente"
[2.8]   http://www.hifi.de HDTV Hintergrundwissen „HDTV Fernseher"
[2.9]   http://www.iptv-anbieter.info HDTV Technik, Grundlagen, Auflösung und Probleme
[2.10]   Chip 02/2010 S.120 ff - Willkommen in der HD-Welt
[2.11]   http://www.eltern.de – Wachstum: Wie groß wird mein Kind werden?
[2.12]   http: //www3.ndr.de/ndrtv   NDR Fernsehen – Metabolisches Syndrom: Übermaß, das krank macht.
[2.13]   http: //www.bmi-rechner24.de/figurtest - Taille-Hüfte-Verhältnis
[2.14]   Wasser - Wikipedia
[2.15]   Tropfen - Wikipedia
[2.16]   Jürgen Brück Mathematik für jedermann © 2009 Compact Verlag München, S. 72 „Kleine Tüftelei"
[2.17]   Papierformat - Wikipedia
[2.18]   Ranga Yogeshwar Sonst noch Fragen? 6. Auflage 2009, © 2009 by Verlag Kiepenheuer & Witsch, Köln, S. 168 ff „Was bedeutet DIA-A4?"
[2.19]   Christoph Drösser Der Mathematikverführer 6. Auflage Januar 2009, Rowohlt Taschenbuch Verlag S. 107 ff DIN-Formate
[2.20]   National Television Systems Committee (NTSC) - Wikipedia
[2.21]   Phase-Alternation-Line (PAL) - Wikipedia

[3.1]   www.polar-1-apo.de/herzfrequenz-Zielzonen
[3.2]   LOW-FAT Fibel © Naumann & Göbel Verlagsgesellschaft mbH,
        Autorin: Dr. Karin Hoppe S. 14 ff „Weg vom Fett"
[3.3]   LOW-FAT Fibel © Naumann & Göbel Verlagsgesellschaft mbH,
        Autorin: Dr. Karin Hoppe S. 7 ff „Energieträger unserer Ernährung"
[3.4]   LOW-FAT Fibel © Naumann & Göbel Verlagsgesellschaft mbH,
        Autorin: Dr. Karin Hoppe S. 12 ff „Weniger Fett macht fit"
[3.5]   Wirtschaftswoche vom 14.12.2009 Nr. 51 S. 89 ff „Perfekte Übergabe" -
        Erbrecht
[3.6]   Erbschaftssteuer in Deutschland -Wikipedia
[3.7]   Wirtschaftswoche vom 11.08.2008 Nr. 33   Seite 1 „Brot und Spiele"
[3.8]   Gold - Wikipedia
[3.9]   Silber - Wikipedia
[3.10] Feingehalt - Wikipedia
[3.11] Pschyrembel Klinisches Wörterbuch, 258. Auflage, Walter de Gruyter Berlin •
        New York 1998, S. 1691 „Widmark-Formel"
[3.12] Blutalkoholkonzentration – Wikipedia
[3.13] www.kenn-dein-limit.info/promille-und

[4.1]   Ratenkredit - Wikipedia
[4.2]   Dispo - Wikipedia
[4.3]   Effektiver Jahreszins - Wikipedia
[4.4]   Nominalzinssatz - Wirtschaftslexikon
[4.5]   Sollzins - Wikipedia
[4.6]   Habenzins - Wikipedia
[4.7]   Adams/ Oligschläger/ Schenkelberg/ Wamper Kaufmännisches Rechnen für
        berufliche Schulen 5. Auflage © Copyright 1988: Verlag H. Stam GmbH Köln
        S. 143 - Laufzeit von Zinsen
[4.8]   www.festgeldvergleich.org/abgeltungssteuer
[4.9]   James Trefil 1001 Rätsel der Natur Copyright © 1993 by Rowohlt Verlag GmbH,
        Reinbek bei Hamburg Ausgabe 2005 S. 76/ 77 - Wachstum von Populationen
[4.10] www.bauzinsen.com/hypothekendarlehen
[4.11] Tilgung (Geldverkehr) - Wikipedia

[5.1.1] www.mathematik-lexikon.at/grundlagen/ - Längenmaß, Flächenmaß, Raummaß
        Litermaßeund
[5.2.1] Starthilfe - Wikipedia
[5.2.2] www.ivenacker-eichen.de/ - 1000-jährige Eichen
[5.3.1] http://blog.zwergenzone.de/2008/07/12/das-ozeaneum-stralsund-ist-eroffnet/
[5.3.2] http://www.zeit.de/2008/16/Stimms-Gold
[5.3.3] Mensch in Zahlen - Wikibooks

[5.4.1] SCHÜLER-DUDEN Die Mathematik I, 5., neu bearb. Aufl. – 1990,

S. 373 – pythagoreisches Zahlentripel

[5.4.2]   www.rp-online.de/digitales/tv/sitzabstand   - Tipps für die optimale Entfernung
Sitzabstand beim Fernsehen: Bildgröße berücksichtigen

[5.4.3]   Chip 03/2009   S.60   Monitore

[5.4.4]   Christian Haasz unter Mitarbeit von Kai Schwarz (Kapitel 11 und 12)
Digitale Fotografie   Zusammenarbeit: Zwischen ADAC Verlag GmbH, München, und Franzis Verlag GmbH, Poing   © 2005 ADAC Verlag GmbH, München, © 2005 Franzis Verlag GmbH, Poing
S. 91 ff – Gestaltung nach dem goldenen Schnitt

[5.4.5]   Meyers kleine Enzyklopädie Mathematik 14., neue bearb. und erw.
Auflage hrsg. von Siegfried Gottwald ... - Mannheim ; Leipzig; Wien; Zürich:
Meyers Lexikonverl., 1995   S. 253 – Höhenmessung des Försters

[6.1]   SCHÜLER-DUDEN Die Mathematik I, 5., neu bearb. Aufl. – 1990,
S. 85 - Durchschnitt

[6.2]   SCHÜLER-DUDEN Die Mathematik I, 5., neu bearb. Aufl. – 1990,
S. 300 ff - Mittelwert

[6.3]   Jürgen Brück   Mathematik für jedermann   © 2009 Compact Verlag München,
S. 334 ff - Das arithmetische Mittel

[6.4]   Jürgen Brück   Mathematik für jedermann   © 2009 Compact Verlag München,
S. 341 ff - Das geometrische Mittel

[6.5]   Jürgen Brück   Mathematik für jedermann   © 2009 Compact Verlag München,
S. 342 ff - Das harmonische Mittel

[6.6]   3sat.online: Arm und reich – EU-Definition misst am mittleren Einkommen

[6.7]   3sat Sendung „nano" am 02. Sep. 2011 - Beitrag: Arm und reich

[7.1]   Jürgen Brück   Mathematik für jedermann   © 2009 Compact Verlag München,
S. 109 ff - Dreisatz

[7.2]   http://www.mehr-geschenk-
ideen.de/stricken/index_schal_wolle_selber_stricken_anleitung.php

[8.1]   SCHÜLER-DUDEN Die Mathematik I, 5., neu bearb. Aufl. – 1990,
S. 214 – Kombinatorik

[8.2]   Jürgen Brück   Mathematik für jedermann   © 2009 Compact Verlag München,
S. 315 – Permutationen beim Skatspiel

[8.3]   Jürgen Brück   Mathematik für jedermann   © 2009 Compact Verlag München,
S. 317 ff - Das Lottoproblem

[8.4]   http://wiki.zum.de/Lotto_6_aus_49

[8.5]   http://de.wikipedia.org/ wiki/Lotto

[8.6]   http://www.lotto.de/naviggation/lotto-6aus49/spielregeln/

[8.7]   http://www.lotto.de/naviggation/lotto-6aus49/lottolexikon/

[8.8]   http://www.onlinegewinnen.info/2013/neue-lotto-regeln/

[8.9]   http://www.onlinegewinnen.info/2013/06/04/gewinnwahrscheinlichkeit-beimneuen-lotto-6-aus-49/

[8.10]   http://www.lottozahlenonline.de/ gewinnwahrscheinlichkeit-beim-lotto-6-aus-49.php

[9.1]   SCHÜLER-DUDEN Die Mathematik I, 5., neu bearb. Aufl. – 1990,
S. 126, 268 – lineare Funktion

[9.2]   Ohmsche Gesetz - Wikipedia

[9.3]   E&E Faszination Elektronik Ausgabe 4 Juni 2009
S. 16 - Dem Widerstand auf der Spur

[9.4]   Prof. Dr. med. J.P. Schadé Lexikon Medizin und Gesundheit, © MedicaPress
AG, MedicaPress Inc. © 2002 Serges Medien GmbH, 50667 Köln
S. 179 ff – Body-Mass-Index

[9.5]   Metin Tolan, Joachim Stolze   Geschüttelt, nicht gerührt
James Bond und die Physik Taschenbuchherausgabe 11/ 2005 © 2008 Piper
Verlag GmbH München ungekürzte Taschenausgabe
3. Auflage Juni 2011 S. 011 und 012

[9.6]   www.bussgeldkatalog.de/ - Abstand

[9.7]   Design & Elektronik Heft 06/2011 S. 37ff - Grünes Licht

[9.8]   Kompaktleuchtstofflampe - Wikipedia

[9.9]   SCHÜLER-DUDEN I Die Mathematik I, 5., neu bearb. Aufl. – 1990,
S. 126, 375 - quadratische Funktion

[9.10]   www.2cu.at/anhalteweg/

[9.11]   Apotheken Umschau 15. November 2008 B, S. 38 ff – „Auf der hohen Kante"

[9.12]   Bettina Stiekel (Hrsg.) Kinder fragen, Nobelpreisträger antworten
Taschenbuchherausgabe 11/ 2005 Copyriht © 2001 by Wilhelm Heyne Verlag
GmbH & Co. KG München, In Zusammenarbeit mit dem Süddeutschen Zeitung
Magazin, München www.heyne.de , Printed in Germany 2005, S. 179 ff
„Warum gibt es Jungen und Mädchen?" – S.180 Teilung von Hefezellen

[9.13]   Gerthsen Physik Herausgeber: Dieter Meschede 21. Auflage Springer - Verlag Berlin New York Heidelberg   S.99 - 3.1.6 Der Atmosphärendruck

[9.14]   Meyers kleine Enzyklopädie Mathematik 14., neue bearb. und erw. Auflage
hrsg. von Siegfried Gottwald ... - Mannheim ; Leipzig; Wien; Zürich: Meyers
Lexikonverl., 1995 S. 547 - Barometrische Höhenformel

[9.15]   www.deutscher-wetterdienst.de - Luftdruck

[9.16]   Luftdruck - Wikipedia

[9.17]   www.physikon.de - Barometrische Höhenformel

[9.18]   www.elektronik-kompendium.de - Dezibel; Lärmskala

[9.19]   www.frawo.de - dB-Tabelle

[9.20]   www. tagesspiegel.de/wissen/eins-gewinnt/974272. html

[9.21]   Quarks & Co Sendung vom 12. 11. 2002 Die Wissenschaft vom Zufall

[9.22]   Angsgar Dorneich „Benfords Gesetz und seine Anwendung in der Betrugsauf-deckung" vom 23.01.2009

[9.23]   SCHÜLER-DUDEN Die Physik, 2., vollständig überarbeitete und ergänzte
Auflage – 1989, S. 156 ff – geneigte Ebene

[9.24]   Meyers kleine Enzyklopädie Mathematik 14., neue bearb. und erw. Auflage
hrsg. von Siegfried Gottwald ... - Mannheim ; Leipzig; Wien; Zürich: Meyers
Lexikonverl., 1995 S. 264 ff – Trigonometrische Bestimmung von Höhen

[9.25]   www.navtec.de/deutsch/bl2.htm - Ampel-Leitsystem für Blinde

[10.1]   Grubers Welt – Warum kocht man mit einer Kaffeemaschine Eier? – CISCI – Cinema and Science
[10.2]   www.eierrechner.de
[10.3]   www.lebensmittellexikon.de/ s000077.. - Druckabhängigkeit der Siedetemperatur
[10.4]   www.leifiphysik.de/web_ph09/umwelt - Druckabhängigkeit der Siedetemperatur
[10.5]   www.bild.de/BTO/news/aktuell/2006/12/04/geschenk-formel/geschenk-formel.html
[10.6]   www.quarks.de – Weihnachtswissen mit Ranga Yogeshwar
[10.7]   www.pfeff-net.de/kalend.html - Ewiger Kalender
[10.8]   Gaußsche Wochentagsformel", „Osterdatum" - Wikipedia
[10.9]   http://floisdorf-info.de/Osterformel.htm
[10.10] http://www.ptb.de/de/org/4/44/441/oste.htm - Wann ist Ostern?
[10.11] SCHÜLER-DUDEN Die Mathematik I, 5., neu bearb. Aufl. – 1990, S. 197 ff - Kalender
[10.12] Ranga Yogeshwar Sonst noch Fragen? 6. Auflage 2009, © 2009 by Verlag Kiepenheuer & Witsch, Köln, S. 178 ff „Warum fällt der Toast immer auf die Marmeladenseite?"